阎锡山日记

全编

山西出版传媒集团 三晋出版社

關於同意出版《閻伯川先生感想錄》的函

三晉出版社：

　　知悉貴社有意在大陸整理出版家父的日記（即《閻伯川先生感想錄》），此爲好事，謹予同意。

　　此致

安祺

2011年2月7日

阎锡山晚年在台北菁山

中为治事之极则得中则成失
中则毁

赞良先生

仁尔佳
仁乃施政之根本安仁固善利

阎锡山

出版说明

阎锡山(1883年—1960年),字伯川,山西省五台县河边村(今属定襄县)人。他早年留学日本,学习军事,并加入同盟会。回国后,在山西太原任清军八十六标标统。1911年武昌起义后,率军在山西推翻清廷统治,首任都督,统治山西达三十八年之久。一九四九年,退居台湾,著述自保,直至去世。

阎锡山是整个民国历史上举足轻重的人物,举凡辛亥革命,军阀混战,抗日战争,三年内战,他都在核心圈中扮演过特别的角色。因此,阎锡山是中国近现代史上不能忽视,不能回避的人物。在辛亥革命百年之际,尘封了五十馀年的《阎锡山日记》在大陆面向普通读者公开出版,不仅是进一步认识阎锡山的重要史料,也是研究民国史的重要文献。

阎锡山的日记,始于民国二十年(1931年)2月17日,止于1950年,前后近30年。1938年之前,基本为逐日记述,之后则时断时续。他曾自述其记述经过,"其时余适居大连,二十一年(1932年)春,余出任晋绥事,事繁而日记未停。多于晨起盥洗时间为之。抗战军兴,作战、训练、穿衣、吃饭等事之策筹,已使人精疲力竭,故其日记亦不能按日记载。"其记述方式,则是口授,由秘书抄成正副二本。其正本由阎氏带到台湾,之后断续再记,止于1950年。他去世后,由阎氏纪念会整理,并于1997年正式出版,此为本社出版所据之本。

《阎锡山日记》副本现存太原,1986年,由曾经随侍阎锡山的李蓼源先生主持整理。1991年10月26日,曾与阎锡山长期打交道的薄一波同志给整理日记的山西省政协文史委员会来信说:"总的印象,它不是历史资料,而是在每一个历史阶段表达他的思想,可一读。阎已是历史人物,看看他的日记,不难想到他的为人。"2007年,山西文史月刊杂志社,将《阎锡山日记》以内部出版形式出版,仅印刷500部。2010年,山西省地方志办公室及山西省档案馆联合影印出版了《阎锡山日记》,也用的是副本,由社会科学文献出版社出版,惜印数极少。

2010年9月,三晋出版社社长张继红先生赴台参加海峡两岸图书交易会,在台北拜会了曾任阎锡山侍从秘书的原馥庭先生等,原先生持日记相赠,并慨允可在大陆公开出版。后又经原先生商请在美国居住的阎锡山之子阎志惠先生,取得先生书面授权。为此,对阎志惠先生谨表感谢!并感谢原馥庭先生及台北山西同乡会的先生们,以及在美国居住的另一位阎锡山的侍从秘书郝振笃先生。还要特别感谢李蓼源先生提供的指导与引荐。

《阎锡山日记》的特点,正如薄一波同志所言,"是在每一个历史阶段表达他的思想",用阎自己的话说,"不记事而记事之理","记事是主观的,记理是客观的;记事是为自己留痕迹,记理是给人类贡献作准绳";"余不愿为自己留痕迹,愿对人类有贡献,故记理不记事"。所以,他的日记以总结事物之理见长。了解山西历史乃至整个民国史的读者,或者可从其所记之理的背后,看出相关的历史人物与历史事件,看出阎氏对这些历史人物与历史事件的评价。

《阎锡山日记》的台湾印本,由"阎锡山先生纪念会"编,原作《阎锡山先生感想录》,是《阎锡山日记》最全之编本。其中1949年以后内容记录了阎锡山在台湾的行踪与思想,为大陆刊本所无,有很重要的史料价值。由于大陆本中阎锡山为父亲庐墓期间与赵戴文之通信,非日记体裁,台湾本日记出版时,已抽出另出单行本,故本次出版,未收这部分内容。台湾本与大陆本在行文顺序、内容多寡方面微有不同,不予一一对照统一,惟民国三十年七月后日记及民国三十一年、三十二年、三十三年日记为台湾本所无,此次出版,予以编入,并按其时间顺序重新排列,故此本可称《阎锡山日记》迄今为止之全编。由于台湾本是繁体竖排,且在标点整理方面有不尽统一处,此次整理出版统一为简体横排,以方便大陆读者阅读。又台湾本对原文中提到的人物与事件偶有简注,在此一并保留。对于在整理中的不周及错讹之处,敬请读者指正!

整理者
2011年10月

目　录

民国二十年（1931年） …………………………………… 1

民国二十一年（1932年） ………………………………… 85

民国二十二年（1933年） ………………………………… 135

民国二十三年（1934年） ………………………………… 177

民国二十四年（1935年） ………………………………… 213

民国二十五年（1936年） ………………………………… 265

民国二十六年（1937年） ………………………………… 315

民国二十七年（1938年） ………………………………… 365

民国二十八年（1939年） ………………………………… 413

民国二十九年（1940年） ………………………………… 423

民国三十年（1941年） …………………………………… 443

民国三十一年（1942年） ………………………………… 473

民国三十二年（1943年） ………………………………… 497

民国三十三年（1944年） ………………………………… 499

民国三十六年（1947年） ………………………………… 501

民国三十七年（1948年） ………………………………… 507

民国三十八年（1949年） ………………………………… 511

一九五〇年 ………………………………………………… 525

民国二十年

(1931年)

二月十七日（辛未正月初一日）

太原提早革命与全局关系：废清宣统三年，九月初八日，光复太原时，我在被选为山西都督的大会上说：今虽不崇朝而据有太原，大家不可认为成功。革命如割疮，我们已过等于医学校的学生，今天我们才是临床的大夫，亦可以说今天才是革命工作的开始。原与孙中山先生约定河南陕西动后山西再动，今不得已而早动，早动我们的困难甚多，但对全局的关系甚大。愿与诸同志，本革命的精神，与清军作战，先求固守。

燕晋联军与吴禄贞：太原光复，吴禄贞将军愿联合晋省革命军，截断石庄堵袁世凯进京，并愿先会面于石庄。余欲往，众恐受骗，阻之。余曰：革命党人，岂有骗人之吴绶青乎（绶青为吴将军之字）。众坚阻，咸主先请其来，以观真象。余遂即电话约吴在娘子关会面，吴绶青慨允而来。初见面，吴先云：君不崇朝而据有太原，可谓雄矣，但今日之革命，不在山西一隅，而在阻袁入京。盖袁入京，无论忠清与自谋，均不利于革命，愿晋军出石家庄，合组燕晋联军，君正我副，时已迫矣，请将军速决之。余曰：君谋极佩，机不可失，即开晋军全部到石，合组联军，君正我副。遂决定吴为燕晋联军大都督余副之。临别，吴问君何时开动。余曰：第一列军车，随君车之后即发，惜吴将军返抵石家庄旋即被刺而计划未果（吴禄贞清军第六镇统制）。

祁县渠晓洲资助革命军：辛亥秋，太原光复之后，军饷无着，众议向富户百家捐银百万两。余曰：光复之初，人心未定，与其找百家，莫如找一家，向祁县渠晓洲一户借银四十万两，指定委员三人往借。临行，余曰：须言词恳切，晓以大义，动以利害，事必须成功，切不可过伤人情。委员归复命，以初难，经再三说明之后，慨然应允。

光复包头，重光太原：太原光复，清军第三镇曹锟率全镇破娘子关，晋军决定分向南北退守。我与诸同志言：初七晚（农历九月初八日即国历十月二十九日）决定起义之深夜，即得悉武汉大智门被清军克复之讯，恐影响义军之情绪，始终未与诸将士言。我敢断定，失政之清帝已为国人所厌弃，绝无再挽回人心之法。今后革命军必随全国人心而蜂起，最后之胜利，必属于我们。革命工作是以小敌大，以寡胜众，考之历史无不是经百败而后才能成功的，我们的同志，必须百折不回，向国家的敌人奋斗到底。今日之分退南北，即建将来合攻之基，愿共勉之。乘马出太原北门之后,与总参议赵次陇说,如释重负之语今始知之,四十五日之未脱衣、未就床,亦未感其苦痛,今则感到身轻,随马颠之势,跃跃欲飞也。

到包头城外十五里地时,包头清守军欲以供给军饷为条件,希望不入包头城。我令总司令孔庚答之,限两小时腾出包头,否则即攻。其实实力不如包头清守军远甚,而包头守军,即在两小时内,撤退包头。晋军入包城后,继攻归绥,中途折将,前敌总指挥王伯轩阵亡,士气颇馁,夜聚诸将,均言绥远守军为第一镇,乃清帝近卫军之次要部队,且有绥远为清帝退路之说,进攻恐全军覆没。我曰:胜败之机,不在敌人,在我们,转败为胜,正为好机。诸将散后,赵公次陇说,观诸将之志气,进攻恐难有利,将如何?我曰:回攻太原,绥远是我们的副目标,最后的目标是进攻太原,我亦知攻绥不利,绥远人多向绥远,但不愿先告诸将,以防今夜即遭不测甚至回军时被敌追击。遂即下令进攻归绥,前进五里后停止待命。后向东走五里转向南进,到山西神池县时,天主教外人言,已宣布共和,诸将兴奋。我曰:共和既已宣布,回太原尚须奋斗,不宣布共和我不悲观,宣布了共和,我们倒不敢乐观,更要整饬军纪,争取民心。阴历除夕,赶至忻县,翌日,即接到段祺瑞电,请在忻县小住,勿攻太原,将令山西巡抚让防,和平接收太原。我于民国元年二月十七日即阳历四月四日二次光复太原。

二月十八日

军国主义谭:民国二年进京,晚赴梁士诒宴,梁曰,总统决定打日本,我负财政之责,现在军事委员会正计划中。至军事委员会,见主任唐质夫(名在礼),乃问以袁计划打日本事。唐曰,有,但在二年以后。我曰,日本之军国主义,经过中日战争、日俄战争鼓励之下,已成一不可解之祸国祸世界疯狂而不可自拔之团力,以我新造之民国,何堪与之挑衅。唐曰:我们内部人不好进言,希望你们外间的大员建议。我晋见曾力言日本不可轻视,袁命详呈之,回晋后作《军事问答》万余言,亦名《军国主义谭》,呈之,阐说日本武力已成为政治性的侵略武力,待之犹恐不抵,攻之必不可犯。

揽权跋扈与任劳任怨:梁士诒说,在我是任劳任怨,大家攻击我是揽权跋扈,如何是好。答曰:揽权跋扈和任劳任怨,是说居心,从外边看是一样,周公尚有流言之惧,只要得到自谅,不难求得人谅。

无理谩骂可资警诫：太原大国民日报，每日对晋政指责，甚至于谩骂。一日书一《袁世凯阎锡山厥罪维均》的标题诋毁之。袁阅后，由总统府秘书长梁士诒函嘱将该报馆封闭。我答曰：革命初成，旧去新来，性未收敛，行未入轨，正当的批评固好，无理的谩骂亦可以资警诫，若只骂总统，我必封之，连我并骂，则可留之，留之有利于晋，封之有碍于总统之大量。袁乃许之。

二月十九日

良药苦口利于病：孔庚为晋军总司令，病、不服药。我晚睡于床，审其药方，翌日告之曰：此药可治汝病，应服之。孔曰：服之太苦。答曰：你向来和我说：忠言逆耳利于行，我今可告你，良药苦口利于病。孔笑而服之。

为六政三事答徐世昌：山西兴办六政三事（水利、蚕桑、种树、禁烟、天足、剪发，谓之六政，种棉、造林、牧畜，谓之三事）。晋之老者惧致乱，进京告徐世昌。徐乃派高级顾问田应璜持函到并传谕，政尚无为，应人民所求，来一事处理一事可耳；中国之吏役多不良之徒，与人民接触等于蛇蝎，多一次人民受害多一次，举办各种兴利除弊的事，利难见而害易生，力言勿多事，为为政之常道。答曰：总统长久从政之经验指示后辈，自应加以审慎。但我国自与世界交通以来，民智、民力、国家、财用、相形见绌，每战必败，割地赔款，几无存在之余地，爱国之士是提倡改革；总统所言，如同服工者器不利，利器可耳，不能因器而废工。且施政应适合人民之要求，舆论之希责，国识之指导，立国之需要，请令山西试试看，我当谨防流弊，健全吏役，谨慎为之。

田曰：总统力主之将如何？

答曰：我想总统不会力主，况今日维新为国家之要求，国外之同情。后果誉晋为模范省、为我授勋。

鸣谦是吉鸣豫是凶：前对一般县长指示，以兑卦说服争取，以艮卦戒始求深大无功。并曰：鸣谦是吉，鸣豫是凶，做官必须鸣谦。况清末政疲多年，贪污成风，人民以为无官不贪，无吏不污，今日吾人应当鸣谦，向人民公开宣布勤苦廉洁，如属吏诈索贪污者举发必究，对富庶县份多戒奢励勤，对贫瘠县份以勤劳利生活，多下乡，少用文告。

亲民以振其心，新民以兴其志：新任偏关县长请训时，曾指示曰：偏关贫瘠，又处边陲，人民感政惠甚少，汝去应抱亲新两字。亲民以振其心，新民以兴其志,当多下乡,少文告。下乡要与人民说明利何兴,弊何除,使民知其趋向。贫瘠县份施政易显功效,你要父母其心,公仆其身,勤劳热心为之。

严刑峻法须先之以说服:太谷县长临行请训(民国十一年),曾指示曰:太谷县初以商富,后溺于惰怠,烟赌等嗜好普遍,田野荒芜,你到县应拯溺励勤,本己溺己饥为怀,多下乡,多劝说。

又问是否要用严刑峻法?

答曰:严刑峻法须在说服以后用之。

再问:说能以振衰去弊乎?

曰:说之效果甚大,说以先民,民忘其劳,说以犯难,民忘其死,但说的心理要真诚,说的事理要利贞。利民之言,民易从。禁嗜好,勤农业为太谷施政之重要目标,须振兴之。

以信安民心,以严制民妄:或问某地人心不正,我去治之严如何?答曰:只严不行,必须信之,而后严之,以信安其心,而后方能以严制其妄。

问:使人民信什么?

答:皮面上的是政信,说到那里做到那里,绝不以政罔民。骨子里的是人信,信你这个人,不会偏私自私,做不利民之事。政信与人信均够之后,人民信过你之所做均是为民为之,宽严可随人民之安宁幸福所需要而施为之。

又问:世谓县长为亲民之官,亲民是不是减赋税施赈济?

答曰:需要减,需要赈,减之赈之,是亲。不需要减,不需要赈时,减之赈之,不只不是亲,反足以纵民欲而害政事。因民情喜惠,赋税重不如轻,轻不如无,赈济无不如有,少不如多。人民之赋税,即是国家之富强文明,亦即发达人民财富知识及保障安全幸福之资本,减轻负担即是减低发达人民财富知识及保障安全幸福之资本,你不可以秦始皇大一统之后,无敌国外患以财力修阿房宫颐和园的眼光看人民的负担。

至于如何亲,应激之以人情,明之以事理,爱之以守法,禁之以非议,罔违道以干百姓之誉,罔咈百姓以从己之欲。

先求民隐兴利除弊:临汾县县长赴任请训时,曾指示曰:临汾为晋南首要县份,学校较多,晋南文武荟萃之区,地方绅士权亦大,但派别亦多。你到任以后,见人各说各是,难得真象,你可先到四乡考查考查乡民的隐情。你的工作目标,第一是调和士绅的派别,争取文武的一致。惟须突破士绅的包围,针对人民的痛苦与不平,兴利除弊。始求深于大无功,应切戒之。

二月二十日

努力所当为不听预言:唐生智民国十九年春,远来专告以吉兆预言,急忙阻之曰:余之修养,不敢听预言。预言吉,可使吾人放肆而妄为,预言凶,可使吾人沮丧而致败:不知吉、不知凶、谨慎小心,努力与所当为,尚不能免于陨越,多年不见,我们话旧情可耳。

处人与自处:恕道可以处人,我不愿人之加诸我,吾应不以加诸人,即所谓己所不欲、勿施于人,此为恕道。以此处人,无往而不顺利。日晷为钟表之准的,处人以恕道为准的。恕道之形式有三:一为线的恕道,一为体的恕道,一为面的恕道。

线的恕道,即己所不欲,勿施于人。就是自己不欲人之加诸自己者,自己亦勿加诸人。亦就是施诸己而不愿,亦勿施于人,己所欲者,亦应先施于人。己所不欲,勿施于人,是不刺激人之恶。己所欲,先施于人,能启发人之善。孟子说,以善服人,未有能服人者,以善养人,然后能服之。己所欲而先施于人,就处人上说,是以善养人,就教育上说,是以善启善。以善启善是以灯燃灯。故期人好,必须有诸己而后求诸人。责人坏,必须无诸己而后非诸人。

体的恕道,即所恶于上者,毋以施诸下。所恶于下者,毋以事诸上。所恶于子者,毋以施诸父。所恶于父者,毋以施诸子。所恶于弟者,毋以施诸兄。所恶于兄者,毋以施诸弟。以所求于上者施之下,所求于下者施之上,所求于父者施之子,所求于子者施之父,所求于兄者施之弟,所求于弟者施之兄。

面的恕道,即所恶于前者,毋以施诸后。所恶于后者,毋以施诸前。所恶于左者,毋以施诸右。所恶于右者,毋以施诸左。所恶于邻者,毋以施诸邻。所恶于里者,毋以施诸里。所恶于朋友者,毋以施诸朋友。以所求于前者施之后,所求于后者施之前,所求于左者施之右,所求于右者施之左,所求于邻者施之邻,所求于里者施之里,所求于朋友者施之朋友。

所恶所求是欲,行之易。毋施和先施是理,行之难,处人欲得其当,必须驯欲彰理,是处人的必要,亦是自处的基础,亦是一生做不尽的工夫。

再者处人,不可以太不好之居心猜人以伤人情,人多有善心者,何至于太无心肝然。亦不可以太好之存心不防人以中伤,人亦有恶心者,亦何至于不能做出恶事。但须不逆诈,不臆不信。

问:此原则甚对,但每于无意之言,激人之辨,甚至惹起对方之忿怒。

答曰:有什么、损著什么就要拼命。伤什么、触著什么就要拾命。你一定是损及他之有,触及他之伤,故处人切忌损人之所有,触人之所伤。

问:人有不明处我当不当以理明之?

答曰:好为人师,人之通病,彼虽有不明白处,若当众之下以理明之,易触其病,反激其辨。

自处如何?

答曰:自处要化己之所有,化己之所伤,使己无所有无所伤,则人无从损无从触矣。化其所有不是弃其所有,是解其所有,而不为有所累。化其所伤不是避其所伤,是素其所伤,而不为伤所病。惟其能解其所有,有等于无有,始可无所不有,不为有所有,有其所当有,虽有不为有所累也。惟能素其所伤,伤等于无伤,始能无不可伤,不为伤所伤,伤其所当伤,虽伤不为伤所病也。如斯始能脱了烦恼、痛苦、危险,才能够自由的主的把握住生活。

问:何为不自由不自主无把握的生活。

答曰:有所有有所伤,你就粘在所有上,陷在所伤里,如何能有自由。你有所有有所伤,损著你之所有触及你之所伤,你当然就要被动的舍命与人拼命,你如何能自主。你的舍命拼命,因外来之感触而动,你的生命均操之于人之手,外来之刺激要你生气,你就得生气,要你犯法你就得犯法,要你拼命你就得拼命,你的生活还有什么把握。

欲化己净,须要时时化。化就能化,时时化就能化净。不化就不会化,不时时化就不能化净。用什么化?用心化。心怎么样化?心在就是化。主人翁常醒,醒就是化。必有事就是化的事,这化是极简单极笨气的,但这化就是道理。可知道理亦是极简单极笨气,若从复杂巧妙里寻道理,则无道理可寻。

二月二十一日

作旅之道:入乡问俗,入国问禁,勿异其俗,勿犯其禁,即为作旅之道。待人以厚,处人以和,行为要光明正大,勿琐碎,勿取巧。旅费可宽筹窄用,见人要见良善,避见不正之人,因人观客,观其所往来者。但勿得罪于恶人。谨门户,慎火灾,多了解,少议论,旅则无咎矣。

言不可吝,亦不可奢,不失人亦不失言:问:应诲人不倦,何以有时吝教？答:人不求食,不可与人饭,人不求明不可与人理。古人说:可与言而不言失人,不可与言而言失言。智者不失人亦不失言。言固不可吝,亦不可奢,诲人不倦,是指可教者而言,若教不可教者,等于砂地里下种,农夫不为。能管者教之亦可,不听管者则不能教。如何能不失人亦不失言？答曰:言情理,人皆懂,但易触其过错,触其过错,人多不受听。言智慧,程度不齐,难得其懂,不懂亦不受听。言知识,知识是从外来的,所入不同,不同亦不受听。彼不问,我不答,但答问须就其问的现实高一点,能如豆发芽,一听即悟,一突即破。即可不失人,亦不失言。

问:现在尚讲演,尚宣传,亦适用此例否。

答曰:宣传讲演亦须人能接受,欲人能接受,亦须如此。中人以上可以语上也,中人以下不可以语上也。中人以上语下,中人以下语上,均是白说。强使向上,求己可,教人不可。强人知、强人勤、强人巧,亦是白做。

在理智中培植感觉:

问:感觉与理智是交互表现效用的,学派中有重理智轻感觉者,似亦非当。

答曰:感觉如马,理智如乘马之人,千里马千里人配合起来,才是千里行程的效用。为发达感觉而放纵感觉,乃是毁灭感觉。培养感觉,才是发达感觉。如何培养感觉？以道理发达感觉,亦如同以人练习马走,是培植马的力,若放纵马蹦踢。是毁坏马的力。以理智驾驭感觉,感觉力愈大,理智表现愈大。感觉离开理智,感觉力愈大,背理智愈甚。故人应在理智中培植感觉。

做事的前提与条件:说到做事方面,当下的小事比将来的什么大事亦大,舍了现在应当做的小事,而说将来的大事,永远是说。因无论何时,均有比现在应当做的事还大的事,舍现在而说将来,是完全将现在撂了。撂了现在,就算是完全撂了。至于做事的条件,身体是做事的工具,必须有强健的身体,做事始有强健的工具。知识是做事的力量,必须有充分的知识,做事始有充分的力量。人格是做事的根本,有良好的人格,做事始有良好的根本。计划是做事的依据,必须有确当的计划,做事始有确当的依据。条理是做事的道路,必须有分明的条理,做事始有分明的道路。赏罚是用人的把握,必须有确当的赏罚,用人始有切实的把握。考核是赏罚的标准,必须有真确的考核,赏罚始有真确的标准。求身体的强健,知识的充分,人格的良好,是终身时时不可不努力的。求计划的确当,条理的分明,赏罚的恰当,考核的真确,是每遇事不可不努力的。如此具备,则可以做事矣。

培植光明化除糊涂:

问:糊涂与明白,两不并存。去了糊涂,处人利、做事成。去不了糊涂,处人动辄得咎,处事百事无成。糊涂与明白交战,感到明白总胜不过糊涂,当如何努力,方能使明白胜过糊涂?

答曰:糊涂是黑暗,明白是光明,光明一出,黑暗即消,欲去糊涂,是要培植光明。

又问:如何培植?

答曰:惊事来,当以不惊处之,若以惊处之,是自己的稳定被惊夺去了。怪事来,当以不怪处之,若以怪处之,是自己的平淡被怪夺去了。怕事来,当以不怕处之,若以怕处之,是自己的镇静被怕夺去了。急事来,当以不急处之,若以急处之,是自己的从容被急夺去了。逆事来,当以不逆处之,若以逆处之,是自己的顺被逆夺去了。生气事来,当以不生气处之,若以生气处之,是自己之理被气夺去了。以惊处惊,愈长其惊。以怪处怪,愈显其怪。以怕处怕,愈成其怕。以急处急,愈形其急。以逆处逆,愈增其逆。以生气处生气,愈激其气。不惊不怪不怕不急不逆不生气的精神,是明白的;要惊要怪要怕要急要逆要生气的精神,是糊涂的。欲惊事不惊,怪事不怪,怕事不怕,急事不急,逆事不逆,气事不气,非将糊涂化为明白不可能。化之之法,要用自己的智慧,才能化自己的糊涂为明白。

糊涂是有根的,拔不了糊涂的根,平时虽有点明白,遇事糊涂仍要发现,结果还是糊涂。

二月二十二日

何以处障碍:遇障碍可以排除,不可与之致气。要谦之以词,动之以情,明之以理,说之以利害,使障碍自撤为上计。最忌因障碍而生气,致障碍上更加障碍。做事如行车,行车是以走过去为目的,不可与拦路的人致气,使更增行路之障碍。做事亦以能做成为目的,不可与阻碍者致气,徒增做事之障碍。

问:言之易而行之难,每因人之无理,即激起我之忿怒。

答曰:说到平时在涵养,说到临时要用智慧。知忿怒之害与不忿怒之利,和其颜,悦其色,则可不生气。

问:遇到过于无理之人,不易制压忿怒,则忘其利害。

答曰:到那时,止心于不生气之顺利,而固执之。

何以领导人:看住人做事,不若鼓励人做事的法子好。因看住人,人是被动的。鼓励人,人是自动的。被动的是表面的力量,不能长久。自动的是里面的力量,能长久。且看住人做事,只能管理少数人,鼓励人做事,能管理多数人。

如何鼓励?以金银鼓励,有时穷,且一次是一次之效。以名誉鼓励人,是无穷的效,且是长久的。以人格鼓励,使人知为自己之人格努力,则自动自发,其努力可永远不懈。

有自己能管束自己的人,有必须规则管束的人,有必须罚之责之始能管束的人,有罚之责之亦管束不住的人。不用规则管人,即用罚责管人,是弃人。能自管的人,强以规则管之,能以规则管的人,滥用罚责管之,均弃人也。至罚之责之亦管束不住的人,只好以禁闭管之,但禁闭之后,亦当示以教,促其悔悟。无论用何管法,均当得其情,哀矜而勿喜。

何以处过错:不原谅人之过错,是自己不能处人。不检点自己之过错,是使人不能处自己。

过是过火,如蒸饭锅焦了。错是不针对,如该上盐上了醋。过不及是竖的不对,错是横的不对,故曰,对是一,不对是千万。

何以处自己之错:处事怕错,更怕讳错,尤怕饰错,最怕执错。错是损,讳错是智损,饰错是名损,执错是身损,所以说错是自身最吃亏的事,但能知错认错改错,尚能补救。最怕是有错不认错。错是一错,不认错又是一错,一错变为两错,是最不聪明的人。故处人处事,莫好于认错,自处莫贵乎改错。沈气化急,去错求对的工夫,一时不可松手。错是自身的弱点,亦是事上的弱点,欲去弱点,须先改错。如何改错,见事理不明就问,言行说错做错就改,这就是修正做事做人处事处人的好方法。但改必须先树立改的念,改的念基于问与觉,然问与觉不一定就是改的念,在问与觉上再加向上的意才能发出改的念。尚须固执之而不放松的改,所谓得一善则拳拳服膺而弗失之与择善而固执之是也。

何以处他人之错：人错了是人的错，不可因人错而自己亦错，反取消错人之错而益己之错。但不因人错己亦错，实在很难，必须见的真，把的紧，思的深，走的熟，也只能不远复。若欲自然，必须销脑中之反射性，始能不费力的不因人错己亦错。

自错是错，因人错而错亦是错，谁错了谁吃亏。谁错了是谁的错，不可因人错自己亦错，而反取销了人的错，但不因人错而自亦错是很难。外面的错事是因里面的错心发出来的，去不了错心，不会没有错事。

反应人错的心是心的自组织。打不破心的自然组织不会不反应人的错，即不能不因人错而自亦错。如何始能打破心的自然组织，我仍觉著无路可寻。

所恶于智者为其言利也，仁者以安为本，智者以利为本。仁者是以对求安，不对则不安。智者是以对求利，因不对不能利。

成功而谦，是仁之道也。成功不居，是智之道也。惟其不居，是以不去，其不居是为著眼于利也明矣。不居功于成功的名以外，更加不居功的名，并得了个功不去之实，是要利上加利。

谁错了谁不对是仁之道也。谁错了谁吃亏是智之道也。不因自己之错反取销了人的错，其不错是为著眼于利也明矣。自己不吃错的亏，更不愿因自己也错反取销他人因错吃了的亏，也是要利上加利。

如何使人去恶改错：人事之不良现象，半由于恶，半由于错。恶是由贪恨嫉发的，不易使人改。错是由不知发的，说明了人就能改。欲使人去恶，须以己之善化人之恶，亦如以灯燃灯，己无火则不能接人之火。欲使人改错，是要善说。欲使人明白，可以理喻，不可以气嗔。以自己的明白始能使人明白，不能以自己的糊涂使人明白。

自己有错，非特不能责备人之错，而且不得说明人之错。责备人之错，人当然要返来责备自己之错。说明人之错，人亦以己之错处报之。可以说，自身有错即失管人教人之资格。

二月二十三日

"中"与"仁"：情理合而为中，情之中要讲理，理之中要言情。舍情言理，为不尽情。舍理言情，为不讲理。如情理不能兼顾时，理爱当重情，欲爱当重理。爱父母是理爱，爱妻子是欲爱，故剧之桑园寄子可，若寄父则不可。孟子以为舜当穷负而逃,穷父而逃可,穷子而逃则不可。

不近情,不说理,皆是毁灭"仁"的种子。如证父攘羊,以直己躬,是执理而灭情。至溺情而灭理者,举世皆是,俗语所谓,管情不管理是也。以理御情,则得"中",得"中"、"仁"的种子才能发芽。所以儒者要拿上理在情上做工夫。孟子敢断言舜穷负而逃者,是为保持"仁"的种子。

中和之道:喜怒哀乐之未发谓之"中",这"中"是什么的现象,是情理相乘的现象。惟是情理相乘的"中"始能发出中节的"和"来。平常人不能发出中节的"和",就是未得了情理相乘的"中"。求学问要向求情理相乘的"中"处用力,求得了"中","和"就有把握。

求情理相乘的"中",要从不中节的喜怒哀乐处用力,始能修正情理不相乘处之偏也。但理解易而体会难,实践更难。有理解才能有体会,有体会才能有实践。故求学亦如打靶,先求射程能达靶,再求子弹能中靶。不到靶是力不够,不中靶是术不够。"仁"力也,"智"术也。求学不能贯彻,是"仁"不够。不得窍,是"智"不够。必须"仁"够,才能再求"智"够。欲"中"、"和"互表,须培仁砺智。

物至而不为物化:游旅顺归来,有感而曰:损著自己所贵,仍是应之以嗔,平素讲的物至而不为物化的道理,又被黑气遮了。这样的道理,等于能看不能吃的果子,有什么用处。不知如何用功,才能得到说的出做的到的把握。

作人处事之道:舍了当下的对,求作人处事的道理,等于唱戏,如何装作的好,亦不是真的。反过来说,求作人处事的学问,是为矫正言行的不对,若不能将作人处事的道理由行为上表现出来,这道理等于镜中之果,画上之饼,是无实际的。故作人处事,必须把握住现实。现实是时地皆有,努力现实是实效。将来是时地皆无,希冀将来是空想。

处事要以公道为标准。尺子是长短的标准,称是轻重的标准,公道就是处事的标准。所处的事能否走通,全看处的公道不公道。公道一定能走通,不公道一定走不通。处事得公道,如行船走顺水,运重若轻。爱人以仁,处事重义,仁是爱,义是公道。古人治国如反掌,即是得了仁义。

二月二十四日

恒心及方法:做事最怕没恒心,没恒心,一日勤劳十日懒,有始无终,不能成事。做事尤怕没方法,没方法终日忙碌不见功,有苦无智不能成功。

恒心由立志而来，方法由观摩而来。三人行必有我师焉，见其有优于己者，慕而行之。见其有劣于己者，戒而勉之。见其术之巧者，集而崇之。积其多数，连系而贯通之。只要树其志，用其心，不难也。但志无尽，术无穷，所谓做到老，学到老，即此意也。

智仁勇：

客曰：智仁勇是三达德，我早年见关帝庙上挂有智仁勇三字的牌匾，其他处则少见，我心上疑为具备这智仁勇三字的古人很少，独关公是具备智仁勇的。我又对关公的何以智，何以仁，何以勇，尚不能确然认定。我认定智仁勇三字，为作人举事必具之条件，应当知，应当学，应当养，应当成。究竟如何知，如何学，如何养，如何成，我常常摸而不得其道，故问之。

答曰：对你此问，我亦愧然，我可就我所知者答之。先就古人说，好学近乎智，力行近乎仁，知耻近乎勇，这是说近乎智仁勇，还未到智仁勇。好学可以益智，力行可以达仁，知耻可以奋勇，故曰近。古人正面说智仁勇，是智者不惑，仁者不忧，勇者不惧。

问：不惑不惧很明白，不忧与圣贤忧天下之忧是否有违。

答曰：圣贤要忧天下之忧，忧天下之忧是仁，这不忧亦是仁。忧天下之忧，是对天下人忧，如禹视天下有溺者犹己溺之也，稷视天下有饥者犹己饥之也，这是忧天下之忧的"仁"。仁者不忧之忧，是不忧自己，素贫贱行乎贫贱，素患难行乎患难，贫贱患难之来，素而处之而不忧。天作孽犹可畏，自作孽不可活，不自作孽即不忧。不因人错己亦错，人错是人的忧，自己不错以处人之错，亦是自己不忧。

人之处事，第一要不惑，若智而不惑，就是自己无错。仁者全以爱人为出发点，忧患之来，非由自招，故不忧。

如自错之后，则不能不忧，亦不能不惧。但自错之后，承认错亦可解忧惧，易经说无咎者，补过也，能补过，就可以无咎，无咎则可不需忧不需惧。

见义勇为，知义是智，存义是仁，为义是勇。孟子的舍我其谁，知舍我其谁是智，愿任是仁，找的担任是勇。孔子为鲁司寇，知为是智，能为是仁，不税冕而行是勇。

好勇斗狠以危父母，是不智、不仁、不勇。好是不智，危父母是不仁，斗狠是不勇。

桃园三结义,知义是智,守义是仁,秉烛待旦是勇,这是关圣之智仁勇。

桑园寄子,知兄弟之义是智,存兄之子是仁,寄自己之子是勇。

日常切身之事,欲表现智仁勇,须见事理不明就问,觉著做错就改,这问是智,要改是仁,能改是勇。故智莫切于知理,仁莫切于修己,勇莫切于改过。智仁勇重在修正自己,方能在举事上表现效用。智要先知己错,仁要先认己错,勇要先改己错。自己能知错、认错、改错,始能知人之错,匡人之错,改人之错。智仁勇的功用,应先用在自身,然后可施之于他人。

处人要悯人之错,不可疾人之错。悯人之错人感,疾人之错人怨。但非去了疾人的意念,才能不疾人,生出悯人的意念,才能悯人。不疾人之错是智,悯人之错是仁,能不疾能悯是勇。人的错不伤著自己不疾很易,伤著自己不疾很难,必须无我的人,人之错虽伤著自己方能不疾。关系自己痛痒的人,悯他的错易。不关系自己痛痒的人,悯他的错难。必须人我不分的人,才能无论关系自己痛痒或不关系自己痛痒的人的错,皆悯。这无我和不分人我,是很不容易做到的事,能把这很不容易做到的事做到,非智仁勇三者具备不可。

有什么形,必要现什么影。有斯心,必要现斯事;欲不现斯事,必先去斯心。去的标准是恕,离恕则不知何者当去,何者不当去。去的凭依是智仁勇,非智不知去,非仁不肯去,非勇不能去。

至于举业,须见机而作,挺身而任,勇往直前的做,这是智仁勇的实践。

仁足以厚生,智足以利事,勇足以忍辱,乃真智仁勇也。

智仁勇三者是有关联的,且是互效的,并以仁为本。智而不仁则诈,勇而不仁则暴,智为仁之始,勇为仁之成。如孔子说,智及之,仁不能守之,虽得之必失之。智及之,仁能守之,不庄以莅之,则民不敬。智及之,仁能守之,庄以莅之,动之不以礼,未善也。故人须不断的砺智培仁养勇,藉智砺智,藉仁培仁,藉勇养勇,潜心学之,不难成之。

智仁勇不够的人,可以学补之,不过是要适要恒,古今中外智仁勇的人很多,智可以补智,仁可以补仁,勇可以补勇。但是借补智仁勇的程度,要适于自己的程度,借补若距自己的程度太高,借补不易为效,刚高一点最有效。恒即不断的补,借到老,补到老,一定能补足。这如同禾苗成熟一样,要天天生长,这亦和农夫锄禾苗一样,要如孟子说的勿忘勿助长,久则熟而成谷。

孟子说,待文王而后兴者,凡民也,若夫豪杰之士,虽无文王犹兴。自己待文王而后兴,就是借文王的智。孟子又说,闻伯夷之风者,顽夫廉,懦夫有立志,即借他人之廉,补己之廉,借他人之志,助己之志。精神感应最速,就看戏而言,观悲而悯,见恶而恨。读智书闻智学,当下就启智。闻仁勇之言,见仁勇之行,当下就增仁益勇。与智人相处增智,与仁人相处增仁,与勇人相处增勇。所谓精神感召,丝毫不爽。学智仁勇贵时学,补智仁勇亦贵时补,只要能补,不患不足。

孔子的行为,无不表示智仁勇。学不厌智也,教不倦仁也,厄于陈蔡而不乱勇也。知其可为而为是智仁,知可为是智,为可为是仁。知其不可为而为,智仁勇具备矣。孔子治鲁,三月而鲁大治,知治是智,能治是仁,诛少正卯是勇。齐人归女乐,季恒子受之,三日不朝,孔子行。知其不可为而为,知是智,不能为而为是仁,不税冕而行是勇。学而时习之是智,不亦乐乎是仁,人不知而不愠是勇。孔子不只是个智仁勇,而且脱化了智仁勇,从心所欲不逾矩,智仁勇亦无所用。

关岳传见关由曹操方面去袁绍处,毫不顾袁绍对他的恶感,此时为智仁勇兼备,知道义是智,其义在我是仁,不顾斩颜良文丑是勇。岳是鸭子过河,可以学。关是象过河,不可学。

仁与义:

问:儒者是仁的哲学,仁的体用如何?

答曰:仁的体是爱人,仁的用是恶不仁,故体要固,用要严,体不固不能成其大,用不严不能显其效。

问:禁人为非曰义,用什么心理禁人为非,始能合乎义?

答曰:禁人为非,要以惜人为非的心去禁,是我之动机在明,以明可以启明。以嗔人为非之心去禁,是我之动机在暗,以暗反要激暗。禁而不效,即当惩人,亦要用悯人为恶之心去惩,不可用恨人为恶之心去惩。以悯人为恶之心去惩,我之动机在仁,可以引人之善。以恨人为恶之心去惩,我之动机在恶,反而激人之恶。禁之惩之是"义",均在本乎"仁"。欲本乎"仁",须去"嗔"去"恨"。能去嗔去恨,才能露出恤与悯。

赏与罚:赏罚是治乱之枢纽,竖考历史,横观中外,无不以赏罚得当而治,赏罚失当而乱。如何行赏罚,始能反乱而致治?罚以戒人恶,赏以劝人善。好荣恶辱之心,人皆具之,作恶者需要罚,守善者需要赏,赏罚失其当者乱,无赏罚亦终必归于灭亡。但赏易而罚难,赏是给人之恩,顺乎人情,故易涉于滥。罚是结人之怨,逆乎人情,故每流于弛。赏之效小,罚之效大,古人有九罚一赏天下治,九赏一罚天下乱之说,为政必须罚行始能致治。

赏罚是双方关系的事,有损益于人或人群利益的事而行赏罚,属于义。就行赏罚者说,这义是由仁发的,在国家社会上说,是以义表仁。欲赏罚行之得当,必须先有由仁而义的人主持其事。单仁则失之于弛,单义则失之于苛,等而下者,欲大者必失之于滥,私重者必失之于偏。若用之得当,如火牛阵,其势有不得不然者,其效有不可思议者。舜有天下选于众,举皋陶不仁者远矣,汤有天下选于众,举伊尹不仁者远矣,故赏罚之行必须得仁而义之主管,尚须有坚定不移之事务官。北平(北京)有真如镜胡同,行赏罚尤要真如镜,是个什么照个什么,赏罚自然得当。

在法治国家,司法独立,行法尤须重人。就行赏罚而言,欲赏罚得当,须有左列五条件:

一、主管对赏罚之于政治,必须有确当之认识,始能有坚切的决心。必须有不为一切所动摇的态度,事务官方敢负责,据实陈述。必须有督促事务官之方法,信赏必罚,始能定人之趋向,尽人之能力。

二、赏罚由事实而定,理事须有专责。执此务者为事务官,事务官必须有责任心,能遵照主官之正直,按照法章,有计划有步骤,能返而整理其已过,能预为规定其将来,频频督促于前,切切考核于后,不通融、不遗漏、不失时,据实陈述,使政务官虽欲忘却而不可得,虽欲忽略而不可能,始终如一。必须有如此之事务官,始能信赏必罚,否则赏罚尽被人偷,反为送人情、供报复、作威福之用。

三、赏罚得其当,始能赏者劝而罚者勉。然得当之道,重在考核,考核在得人,其人必须智足以明其事,勤足以行其事,品足以呈其实。有的确的考核,赏罚始有的确的根据。

四、赏罚非当其时不可,失早失迟,均减其效力。然当其时不易,当事者所管既非一事,又非一人,非注意周到,不能当时。

五、赏罚须预有明示,使人知所趋向,又须准人情合事理。不合乎人情,则人不堪,不合乎事理,则事不举。

二月二十五日

勿做求人原谅的事：有人喜欢的说，今日虽有点错，但得到人的原谅。答曰：求人的原谅，是低人一头，能原谅人，是高人一头。处人要高人一头，不可低人一头。高人一头是超乎人，低人一头是不若人。今后顶好你再不做求人原谅的事。

辨理与致气：有两人因辨理而致气，乃曰：可以理使人自明，不可以气使人反昏。与人说理时，万勿带上气，带上气，有气的人与你致气，无气的人笑你生气，反把理的效果灭了。与人说理勿发急，发急是使人亦急，两急相触，尚有什么理可说。你们今日两病俱犯，是气淹了结果，愈辩愈不明。不过不以气淹理很难，荆公变新发尚不能尽弃其气，故说理应不发急，不动气，说之方能有效。

有备无患：我已过常说，未旱开渠大事小做亦成成，临渴掘井小事大做亦无益。今天我是和你说，人当天天预备死，年年预备灾，夜夜预备盗，有备无患，有备不惶。

预备盗，预备灾易，预备死难。预备死时的安排易，预备死后留点物难。留物易，留功难。留功易，留德难。易预备者该预备，难预备者更该预备，更该加紧的预备，赶不上是可惜的，是后悔的。我的预是努力预备我死。

礼宜俭学当纯：

问：绘事后素理后乎，孔子以为商对他有所启发。又礼与其奢也宁俭，似含有贬礼之意，我以为礼是人类文化的进展，且有规范人的效用，贬之似乎不应当。

答曰：不一定是贬礼，戒繁也，礼繁则伪。礼是理之节文，原始人的理很素，素礼即人情，后世理繁而奢，素理上加上粉饰，离开人情，所以后世的人情就不如原始的人情纯白，所以礼戒奢而尚俭。说到今日学术旁杂，言论纷歧，穿凿不已，深之又深，是现在的人情，如素上又画上浓厚的彩色，使原始的人情更不易表现，虚伪日多，欺诈日甚，智愚贤不肖的距离日大，社会上的不良倾向日增，今日不只是礼要俭，学亦当纯。

学以研理，研理要深入浅出：古人说研理要深入浅出，就是要使道理与人情常常合起来。无论道理怎么样深，亦不可离开人情，离开人情的道理，就是灭情。灭情的道理，高亦是高出人情之上，好亦是好出人情之外，皆足以伤情。

智德可以清己，仁德可以济世：

或谓：学以致用，为表现效用之常规，今有以不仕为清高者，是否合理？

答曰：这是官规坏了以后的一种现象，不过清高亦是一种德、是智德，任是仁德。孟子说，非其君不事，非其民不使，治则进，乱则退，伯夷圣之清者也。何事非君，何使非民，治亦进，乱亦进，伊尹圣之任者也，智德可以清己，仁德可以济世。故古来三月无君则吊，三个月无官可做，大家就为他伤吊。孔子说，手无斧柯，奈龟山何。书经说，欲济无舟楫，这皆是说学以致用。学理是学处事，是为用。以事显理，是以行为表现道理；以理夺事，是以道理规范行为。以行为表现道理，是学圣贤才是圣贤。以道理规范行为，是要治下人人皆成圣贤。智德每每是自己作圣贤，仁德是要使人皆圣贤，故治亦进，乱亦进。学必求致用，儒家的学统是重致用，道家的学统是重清高。人类的强凌弱、众暴寡、富欺贫、智诈愚是人类的悲惨，须仁者出来制化之，吾辈当学儒。但学贵实用，理贵实行。实用是去蔽益能，学不能去蔽，学愈多能愈减。理不能实行，等于说食，与饱无益。

何以处功：功不可居，亦不可不居，更不可矜功，不可夸功。只有一个"谦功"。对人不可争功，与人共功，是要"让功"。书经上说，汝惟不矜，天下莫与汝争功；汝惟不伐，天下莫与汝争能。易经"谦"卦六爻皆吉，处人须"谦"，处功尤须"谦"。劳谦君子，有终吉。书经又说，有其善，丧厥善。有其能，丧厥功。孔子曰，劳而不伐，有功而不德，厚之至也。语以其功，下人者也，德言盛，礼言恭，谦也者，致恭以存其位者也。成功既不可居，又不可不居，居不居以如何为界？居功致慢，易使人嫉妒，不居功致伤，易乖赏功者之情。其居与不居的界限，就是"谦"有功，而"谦"为正当的处法。

儒佛耶之别：释道灭情以显理，儒道达情以复理。故释道离开情做工夫，儒道就著情做工夫。释道避人事，儒道重人事。譬如杏仁，仁之中有能发芽的种子。释道是要就此仁子之中求得种子，若非毁了此仁子，不能求得种子，故非灭性不可。儒者是要使这种子从仁子之中发出芽，成其种子。两道的法子完全相反，绝不能并进，故绝不能并学。

耶教亦是博爱，博爱易失掉对老不能自养者以奉养报恩的责任。

儒道用功的把子，就是见错攻错，完全不舍当下。舍了当下，就失了把子；失了把子的读书讲理，等于唱戏，事实与自身不干。

儒家重情,是走了人道,平实通正。怕是是重情轻理而落于凡庸。佛家重理是走了神道,高玄神奇,怕是是神通广大而入于妖魔。

情理之别:我之情是我之情,人之情即是我之理。以我之情处人之情,即是显我之理。若图遂我之情而伤人之情,即是我之理失其功用。故处人,由人方面说,当重情,逆情即伤理;由己方面说,当重理,失理即伤情。

二月二十六日

明明德:明明德的道路有二:一为自学,一为受教。明明德的法子有二:一为钻木取火,一为以灯燃灯。走自学的道路,只能用钻木取火的法子。走受教的道路,才能用以灯燃灯的法子。钻木取火是很费力的,以灯燃灯是很难得的。

至善:

问至善,答曰:什么叫至善?情理两不偏重,使情理相称,谓之知止。知止以后不为财色物利之欲、及矜才使气邀名贪道成圣成神之妄心、与偏僻傲慢妒谄狂邪之性情移动了所止,谓之定。使此定常稳定而无不定,谓之静。就是不为所摇动谓之定,无所来摇动谓之静。静到极处,旧染化尽,谓之安。做发出新来之工夫,谓之虑。新发出来即得至善矣。

道理在从容中:你论道理很有见地,但尚欠从容。道理是在从容中存在的,从容的说,从容的做,道理易显。因为自己的从容能使对面从容的来认识道理,若急迫的说,急迫的做,自己的急迫,惹起对面的急迫,道理就为急迫掩了。道理存在从容中,从容说做人始从,如以急迫来表显,惹人急迫碍理真。

洗心:

客与游于海滨,云:古人说,观于海者难为水,我愿以海水洗心。

答曰:"洗面洗耳愧兹水,洗心尚嫌海有边,无边之心有边海,有边何能洗无边。心本干净何用洗,能洗之心即非心,误认污垢为心非,染垢之心亦非心"。

并云:汝意云何。

客曰:悟矣!吾欲洗之心,即非我之心。

问:如何能令如流水:

答:使令切乎需要,当须义以为质,逊以出之,礼以行之,信以成之。如此可得到有力者及多数人之同情,则令如流水。

问:施行新政,先难得到人之认识。所谓新政,即是离开现在的认识,每生扞格,如何改变认识,行新政才能顺利推行。

答:应遵从《易经·兑卦》,那兑卦很明白的指示说,说的本质要刚内而柔外,言的性质要利贞。如此说,则能说以先民,民忘其劳,说以犯难,民忘其死。

刚内而柔外,即志要坚,词要婉,志坚不怠,词婉入耳。所谓利贞:即与人言必须是于人有利的。利贞是个正义,以正义而有利与人之言,再婉而言之,一次不行十次,十次不行百次,一定能使人从。故行政最怕人误会其政旨,当公表者必须公表,当解释者必须解释,当忌言者必须忌言,当先言后行者必须先言,当先行后言者必须先行,当言而不行者只言,当行而不言者只行,当略言者略言,当详言者详言,当婉言者婉言,当直言者直言,当顺言者顺言,当逆言者逆言,当错言者错言,当湖涂言者糊涂言。合其理,成其事而已。故在民主政治下,尤其重宣传,大政治家重讲演,亦即以说而实现其政也。

如何变当值如旁观:当值者昏,旁观者明。试问当值者昏时,他旁观时之明跑到那里去了,旁观者明时,他当值之昏跑到那里去了。找见明使他常明,捉住昏使他无昏,能如此用功,当值者就能如旁观者之明。开始应从"恕"字入手,替人想想,己所不欲,勿施于人。再以智上用力,知当值之昏,是益害取辱。根本上要去己,己是自己的私,不是对面的光,能去了私,才能当值亦明。

贵贱高低及多少:今会客毕,曰:得不到贵的,不能不矜夸贱的。探不到高的,不能不宝贵低的。有不了多的,不能不争夺少的。

二月二十七日

如何解除困难:对面的困难,即自身的困难,欲解除自身的困难,先解除对面的困难。不能除了厨夫的困难,就解除不了你做饭的困难。解除不了你妻子的困难,就解除不了处家的困难。解除不了下级的困难,就解除不了自己职责上的困难。解除不了士兵的困难,就解除不了自己作战上的困难。解除不了人民的困难,就解除不了施政的困难。

万能万对一能一对如何分别:有万能,有一能,万能包一能,一能包不了万能。有万对,有一对,万对包一对,一对包不了万对。只认住一能一对,必要时对万能万对。若使不反对万能万对,必得认识了万能万对。就形式看,万能万对是演绎,一能一对是归纳。就成就上看,万能万对是不器,一能一对是器。就用功上说,万能万对是求"中",一能一对是求识。

格物致知宋儒的派别孰是：果的至处在平天下，因的起点在格物。若格物不得其道，则平天下一无其门。程朱讲格物，即凡天下之物，因其已知之理而益穷之，谓之格物，而一旦豁然贯通，谓之物格。陆王讲格物，本良知格心之染物，谓之格物，一旦格尽，谓之物格。程朱是由内向外，容体上表现道理，难学，但是苦工夫可及。陆王是由外向内，以道理融和感觉，易能，但须有大力量方逮。学程朱如登阶，可一步一步的上进。学陆王如飞升，必须有大智慧方能不半途而废。学程朱如刻鹄不成尚类鹜，学陆王恐则画虎不成反为狗。

可知与不可知：

或问：你常说什么亦是个不可知，一是一，二是二，真是真，假是假，始是始，终是终，何以能说不可知？

答曰：你这是就可知上说可知，就连带的不可知。数由可知推到至处，是个不可知。真假推到微处，亦是个不可知。始终推到始终处，亦是个不可知。如求一物之"中"，手按之易得，指按之难得，针尖按之更难得，小于针尖百倍千倍万倍以至于不可数则不可得矣。如建一物，预算几千几百元易，几十几元难，几分几厘更难，几厘之几十几百几千几万分之一则不可知矣。即知之，所以莫能破，所以莫能载，亦不可知。孔子说，语大莫能载，语小莫能破，莫能载大无比，莫能破小无比，由不能破完成载。莫能破莫能载是不可知，破是始，莫能载是终，宇宙究竟什么是始，什么是终。所以孔子说，愚夫愚妇可知也，及其至也，虽圣贤亦有所不知。凡事及其至及其细及其大，均不可知，不过在不可知中取其人生需要之所在，可知者知而为之可耳。

如何交友：无友不如己者，友长于己者。取人之所长为己之所长，凡人之长皆己之长，易。鉴人之短，去己之短，凡人之短，皆以补己之短，难。故孔子戒人无友不如己者。果能鉴人之短，去己之短、补己之短，友不如己者亦有益处。孔子曾说，与朋友交，言而有信，信之。不只是对交友，即行政处世，均必须信，才能有己，表现自己的效用。若人不信，你虽是实心，人也能认你是欺诈，不只借人的钱借不来，即与人金，人亦能疑成铜，与人银，人亦能疑成铁。政不信，人不从，言不信人不听，品不信人则不与。交友尤贵信，无信，则无交。这是个人和个人以外的人交往的基本条件，若无信则断绝与人相交之途径。

思想与言行：思想要高，言理要深，但表现到行上，要低要浅。高深是独自有的,浅低是共同有的,独有的是少数人,共有的是多数人,表现不低不浅,难得多数人的赞同。所以思想道理要深入浅出,卑之无尚高论。学以致用,就是思想要高,道理要深,致用要浅要低,即高亦须由卑而举,故曰登高必自卑,行远必自迩。如登阶,上了一踏再上一踏,无论多高,亦是一踏。比如行远,走了一步再一步,无论多远亦是一步。思想言论及做事,最怕躐等,如求学,由小学而中学、中学而大学,是年限的问题,若不小学而中学,不中学而大学,躐等则无成。

客问言行之要?

答曰:言行是作人处事的基本,言不顺行不正,尽惹烦恼。你这言行,是包括一切说,这言行的道理,儒书上说的很多,你要多看书,看见与自己的病相投的,把的紧紧的改,不过改很难,有人说二十年改不了一个性子,只要努力的改,一日有一日的效。

言行均是与人与世接触的媒介,且是有反应的,顺利与祸害皆由言行招致。所以说言为心之声,行为心之显,言行第一是要慎。孔子说:君子居其室,出其言,善,则千里之外应之,况其迩者乎。居其室,出其言,不善,则千里之外违之,况其迩者乎。言出乎身,加乎民,行发乎迩,见乎远。言行君子之枢机,枢机之发,荣辱之主也。言行君子之所以动天地也,可不慎乎。又说:乱之所生也,则言语以为阶,君不密则失臣,臣不密则失身,几事不密则害成。又说:惟口出好兴戎。驷不及舌。讷言敏行。易其心而言。言之非艰,行之惟艰。仁者其言也讱。

成德与成名:

客问:儒者之学,零碎而无系统,名词复杂,一个理有多少名词代表,又加以佛道名词,再加上日本译来的西洋名词,更为复杂,使人很不易学。应当有个整理,有系统的说明儒者之学,使人易学,亦易用。

答曰:你说的这话亦需要,但是个匠艺工作。为什么说是个匠艺工作,儒者的学问,是成己成人,成己是"仁",成人是"智",如镜照人,明镜是成己,照物是成人,须因人施教,不能以教使人。你所说的整理一个系统与名词的这个工作,做成,就做的本身上说亦是在镜子上画了许多形像,等于匠艺工作。孔子对人问同一的"仁",而答的不同,同一问"智",答的亦不同,同一问"政",答的不同,所答正是问者之所短者,真正成己成人之学,是内功,是智慧,是实力。把他编成系统,是个智识,是个表现,所以孔子述而不作。述是为教人,作是为传世,仁者急以教人,智者乃谋传世,孔子就是在成人成己的实际工作上不愿意一时抛弃,说些事理卓识。

客:说些事理卓识,亦可以使后人看看,短甚的补甚,有甚病的去甚。

答曰:岂能舍了现在成己的工夫说成人,亦岂可舍了现在的人而不成说成将来理想的人。

客:孔子作春秋是不是作呢?

答曰:孔子作春秋,为使将来乱臣贼子惧,是以乱臣贼子的事实,阻止乱臣贼子的理伐也。

客:你以前主张的定名词,名词乱则思想乱,学说乱,事理乱。事理乱了则言乱,言乱则国亦乱。今日定名词,与孔子作春秋的功效相同。你这主张是不是亦是作呢?

答曰:这是有目标的,亦可以说是心理伐乱,这如镜子,甚来照甚,不是镜上画像。

客:我对这一个整理系统确定名词谓之为匠艺工作,我心上还不能安。

答曰:你的动机是舍了现在说将来,心理上是落空,不是人生的结果成就,是人生知识的表现,那是在自己说,是表现自己的工作,不是成就自己的工作。在事上说,是著书立说的工作,不是就人教人的现实工作。做一个智者可如此,做一个仁者不可如此。

客:何以说做一个智者可如此?

答曰:仁者愿成德,智者愿成名,成名者愿成现在之名,更愿成将来之名,成长久之名。

二月二十八日

仁义礼智可以利身,贪恨私忿足以祸身:你问如何观心。我的知识皆因我的心产生,母不能观子,我拿什么观心,但自己能了解自己,我有心,当然能了解我的心。心是无时间、无空间、无顶无底无边、无始无终、大不能载、小不能破,是个不可知。产生出许多可知的来,但可知的尽头处,还是个不可知,故无论如何多知的人、深知的人,最后还是个不知。心不能观,亦不必观,与其观心,莫如观物,与其观物,莫如观己。观物可以成物,观己可以成己,成己成物是生的义务,亦是生的收获,当下的祸福利害全由己致,却祸致福趋利避害之不暇,何暇观心。邵子说,身在天地后,心在天地先,天地由我造,其余安足言,你信否?(客答:我信。)你信亦不算信,你不信亦不能算不信,恐怕你是或信或不信。我想不只你是或信或不信,恐怕邵子亦是说是说,信是信,说时信,说罢未必能真信,邵子亦是或信或不信。信亦无益,不信亦无损,信则信,不信则不信,信不信无关于心,又何必说,又何必听。

客问:你常说造化造人以后,造化寄之于人,就没造化了;宇宙间就是有个种子,抽了种子,有宇宙就等于没宇宙了。你的收获的宇宙观,亦是要纯收理性种子,你这一套说法,是不是和邵子的思想一样。

答曰:你信我的话么?

客曰:信。

答曰:我恐你亦是或信或不信,不只你是或信或不信,我亦是或信或不信,在我是说等于不说,在你是信等于不信,与其信这个,不如信仁义礼智可以利身、贪恨私忿足以祸身、为切合人生。

忍:忍有二义:一为修己之忍,一为忍人忍事之忍。仁者其言也讱,为之难,言之得无讱乎,此必修己之忍。忍人忍事之忍,即所谓忍耐。忍人之无理是忍人之忍,忍事之难成是忍事之忍。然忍要直、要正,不可过、不可诈,过则不直,诈则不正。义以为直,适以为正,所忍合乎义则直,适于情则正,所谓以直报怨是也。过当之忍则过,越情之忍则诈。

问者:请举例以明之。

答曰:苏格拉底行于街,无故被棍击,睹者不平欲为之报复。苏曰:驴踢人一蹄,人岂可还驴一脚,此与孟子与禽兽有何难焉同,乃是不直之忍。余少时见一乡人,被挤而踏倒梨贩之筐,梨贩怒以脚踢其身,乡人俟其怒息而告之曰,踏倒梨筐汝固不快,但非我有意为之,乃因被挤而不可抗也。汝如此怒,假使我与汝一样的不能忍,势必互打,互打必互伤,两受其害,甚至因之起诉,则花钱误时,更能影响你我家庭的生活,较之踏倒梨筐害大百倍。希你想想,处世不可不忍小痛,不忍小痛就要致大害,今我虽不幸致辱,但我能忍未扩大其害,你虽不能忍小害,你亦未致受大害,但你遇我,我幸你亦幸,你若遇非我,你怒他亦怒,必至两致大害,愿你今后戒之。梨贩闻之而愧曰对者屡屡,睹者亦称善不置,此则所谓以直报怨也。

在太原读书时常出西门观汾水,河边有种菜者,园中有径,一日来人走其园中,径小行人众,一人被迫踏其园,菜园主人以掌重击其颊,路人皆责园主无理,被击者反笑而言曰,我错亦,击我一掌应该,且可教我,我谢谢你。因之益园人之暴,园人其后屡击人,而终被祸。此以诈报怨也,所谓多行不义,必自毙,虑忍所不取也。

吾乡邻之东冶镇,徐润第号广轩,清之名进士也。其子为徐继畬号松龛,官福建巡抚,著《瀛环志略》,为西学入国之先导者。广轩先生于冬之一日,穿肥厚之衣走市。乡邻之定襄县陈家营村人到市卖席,席卷立市,广轩先生以肥厚之衣碰倒其席卷,卖席人责之以拳,并恶骂之。毕,市人向卖席人说,汝知彼为谁乎?卖席人说不知,市人说此乃松龛公督抚之父也,两指宽之纸条,可送你县衙,你得了乎。卖席人曰:闯下祸了,当如何?市人曰,速请市中士绅同你到徐府赔情可耳。卖席人从之,请士绅数人同往赔情。广轩先生闻曰:余近数日,并未出门,何有此事,想是卖席人认错了人。众闻此言,以为进士不愿了此事,恳请原谅,跪以求饶。广轩先生乃正色而言曰,余未出门,亦未受此辱,君等必欲以受辱加诸我乎。众退出,称道为有学问,有涵养,乡之附近传为佳话。但余以广轩先生此一处法嫌近于佛,先生学佛,为当时最有所得者,如此处法,不是以直报怨。苏格拉底是受辱承认其受辱而不报,以其不值得报。广轩先生是不承认而不报。假使告卖席人曰:席倒你虽不快亦无大损,你因席倒致怒而责骂,被责骂者与你互击成伤成讼,甚至于遭人命,席何贵而命何贱,小不忍则受大害,今后再不敢如此,则教人忍而益世多矣。

如广轩先生之忍,不是以直报怨,亦嫌过情。苏格拉底与孟子之忍,是不直之直。广轩先生是过情之忍。踩菜园之人的忍是诈忍。乡人之忍是真正之忍。

孟子的与禽兽有何难焉的忍,仍然是忍的忍,不是不忍的忍。忍的忍是智,不忍的忍是仁。智的忍是利于忍,仁的忍是安于忍。利的忍是利,安的忍是对。但知对与不对,仍是智的作用,悯人之不对而忍,才是仁的作用。学忍要学义,直之忍,忍不只是要安己,而且要诲人益世。胆欲大而心欲小,智欲圆而行欲方,智圆可以安己,行方可以诲人益世。一切皆忍,耐扰耐烦,不以小不忍而阻碍了所企图之事业。独立不惧是忍于勇的方式,遁世无闷是忍于仁的方式,不见是而无闷是忍于智的方式,可谓之大忍。忍是个把持,是个工夫,不是一个成就,但工夫即是成就的过程,亦是智仁勇的保险,如不忍则仁能失之弛,智能失之凿,勇能失之暴。

举事及举业:以真理定宗旨,以事实定方法,是举事的道理。至举业有整知整能,有零知零能。整知整能是生知生能,零知零能是学知学能。整知整能是母,零知零能是子。整知整能是体,零知零能是用。整知整能是事理,零知零能是事窍。要依据上整知贯通了零知,拿的住整能,精熟了零能。欲得到整知整能,要去蔽。欲得到零知零能,在增识。去蔽须克己,增识须益己。益己易而克己难。克己须理,理贵恕。益己须学,学贵专。恕要不器,学要成器。不器须通,成器须精。通而精即为举业之道。

夸则困穷:会客后有感言曰:宝贵什么,就要以什么胜人。有物的夸物,有功的夸功,有名的夸名,有知的夸知,一夸就不宝贵。不特不宝贵,还要惹反感。惹来反感,就成了烦恼。烦恼就能变成暴厉,暴厉即是树敌,树敌广则动辄得咎,陷于困穷,无可为矣。故处世应严禁夸。禁夸必须智知之,勇抑之,谦养之,仁守之。

人生五要:人生有五要:一要有强壮的身体,二要有正当的职业,三要有精巧的技能,四要有足用的知识,五要有益世的道德,有此五者,可以生矣。

求学:学问是理,成学问之质,亦如同种子成全种子。求学的功用是为规教自己的行为,行为是一种力量的表现,表现的原动力根于脑质的组合,脑组合成什么质,就要表现什么的行为,所以改良行为要化质,化质就是学。但习早成质,成而后化不如未成质以前易。所以孟母三迁教子,即恐学已成质。同一人也,得师为圣贤,不得师即为常人。得师早者易学,得师迟者难改。师亦可向大众中取之,孔子说,三人行,必有我师焉,但要善择。

学以益智增能,可以利生。学以去邪存诚,可以成生。利生成生,皆为人生不可少之条件。利生可以裕世,成生可以济世。所谓学问,即不知而学而问,学与问是一事,不如分开说,学是学,问是问。学贵专,问尚博。学不善易朽,朽则痴,问则病少。所以孔子赞美孔文子敏而好学,不耻下问,舜好问。学是自修,问是求师,当自修与求师皆尚,成就易。

三月一日

一定与不定：自处要有一定，一定的起睡饮食，一定的劳勤休息。处事要有一定的情理。做事要有一定的目的，达目的的方法，是不一定的学问，要随时进步，随时选择。知识要随时增加，心上的障碍要随时减少。

处人之恶：处人当不计较人之恶，但不可不提防人之恶与分别人之恶。若不提防人之恶有伤己利，若不分别人之恶有伤公理。故以德报怨，等于以怨报德，处人之恶，应本以直报怨之道。以直报怨，是教人以善，使人不长其恶，不是计较其恶，并留以报德，以励人之善，使人善可长。以怨报德，是人格上的损失，你的损失，就是对面的收获。以德报怨，是精神上的便宜，你的便宜，就是社会上的吃亏。以直报怨，双方均无损失，均无吃亏，可以普遍行，可以长久行，这是处人之道亦是治国之道。

不习无不利：习是习染，不只不是真知灼见，且遮蔽了真知灼见，因习染的知见是假知假见，且是过去的，如同物上涂红，不是真光，是旧不是新。不习是日日新，如时针与地球，不只是不快不慢，而且是正合。能如此不习，当然无不利。

问：如此，是不是不习无不利即等于孔子所谓圣之时者也？

答曰：不习是时圣的花，不是时圣的果，不过有花就能结果，但须加以培植。不习既不利上，应当再加以博学、审问、慎思、明辨、笃行、才够一个适时。观世之陷于不利者，其妄为者无论矣，固执成见而不利者，皆习之过也。

习是由惹性而来的。若就现象上说，惹性是欲，本性是理；惹性是私，本性是公；惹性是利，本性是义。若就根本上说，本性是智慧，如明镜，物不来不照，来个什么，照个什么，但是照而不留。惹性是知识，如照像底版，照善即留善，照恶即留恶，无论善恶均是习，习即遮蔽本性之明。必须化习净惹，方能达到明心。必须习化惹净，方能露出本性。明心见性，即是断了旧生命，发出新生命。使是非分明、行为与道理合一、利己利人、成己成人，入世以济众生，有为等于无为，出世以成其志，无为等于有为。扼要的说："惹习在外心在里，接物惹习在心先，化习净惹非他事，里外颠倒即圣贤"。

为政：

问何以为政？

答:民之所利为之,为不通说服之。民之所害阻之,阻之不若解释之。

领党领政:

问:何以领党?

答:地天泰,天地交而万物通,上下交而其志同。

问:何以领政?

答:地天泰,天地交而万物通,上下交而其志同。

处困处余:

问:何以处困?

答:知足。

问:何以处余?

答:知止。

素其行:

问:何以处患难?

答:素其行。

问:何以处毁谤?

答:素毁谤受乎毁谤。

三月二日

裁成辅相与人定胜天:

问:易经的易字怎么讲?

答:易者移也,如钟表之指针,随地球之自转而不停息,周而复始恰当的移。但此周而复始,不是循环式的,是螺旋式的,横同而竖不同。

问:时钟本地球而移,易经的易本什么而移?

阎公答曰:本天象而移。

问:为什么要本天象而移?

答:在天成象,就要在地成形,在地成形之后,人在这形象中一动一静,就有了吉凶悔吝。

问:为何古人作易,易有何用处?

答:孔子云,作易者其有忧患乎。示人以在种种天象地形时如何施为,以趋吉避凶。所以易经就个人说,不是告你吉凶,是告诉你如何趋吉避凶。就政治说,是告你在这个形象中如何裁成辅相,以补造化之不逮。

问:裁成辅相是不是人定胜天?

答:是。不过胜有可能胜的范围,如天将旱,预为掘井开渠,可以胜天之旱。年将饥,预为存粮,可以胜天之饥。胜天亦须有胜的条件,条件够就能胜,条件不够就不能胜。

问:人定胜天与回天意,有何分别?

答:回天意在成象之前,此道理我不知道,人定胜天是在成象之后。

问:机器发明,生产力加大,但因经济侵略惹起世界大战,这是不是不能人定胜天所致。

答:这不是人定胜天范畴,是人谋不臧的问题。如同涉大河,不用船而徒涉,被水所淹。当使金代值改为物代值的货币,尽量把工厂仓库的产品移到市场仓库,则机器发明,不只无害,反可加大生产,提高人类的幸福。

三月三日

智者可以利己,不能安人:民初命张鹤峰率军出石家庄讨复辟之逆,对欢迎者避而不见,余责其不当。张曰,成功不居。答:你是惟其不居,是以不去,是在成功之名上还要要个不居之名,智者之为,非仁者之道,智者可以利己,不能安人,为将可为帅不可也。

从心所欲不逾矩:

问:子在齐闻韶,三月不知肉味,何义?

答:味的觉停了,所以不知肉味。因韶、舜乐也,当时孔子的境界尚不及舜,故闻而味觉停。味觉停、方能从心所欲不逾矩。

兴利除弊民必从之:英国驻华公使朱而典,民国初年来曰:我在华很久,没有见过你这样胆大的人,你提倡剪发(禁男人留长辫)、天足、禁烟(鸦片)、开渠、植树、蚕桑,强制人民实行,把一省的人民全得罪了,岂不危险么?答:只要是人民幸福之所需,初或有不赞成者,有嫌烦累者。禁缠足,妇女反对,男人却赞成。剪发,男人反对,妇女却赞成。为人民兴利除弊,人民终会认明利害,协力以赴,而使政事顺利推行。

三月四日

把握时机贯彻始终:张季直先生曰:你的见识太快,我自己办一事,须五、六年的筹备、调查、统计、培植人、作计划,你要在短期内做成事,快倒是快,但易失败。答:你是无政权,是凭你的才能,我虽是一省的政权,但可依政权举事,规范纠正的力大,我的病处不在快,而在不能贯彻。为政应把握时机,亦须能贯彻始终。

三月五日

问:处人处事处己之道。

答曰:以己所不欲勿施于人处人。以不撂了当下的对处事。以知止知足自处。

问:自诚之道可以前知,是不是近于玄?

答曰:自诚之道可以前知固然,但重在自诚,不重在前知。以祯祥妖孽为征,恐懈人之志,且恐启乱臣贼子之心,不若以为善为恶为征有益。以为善为恶为征,为善得善果,为恶得恶果,可使人强恕而行。至于现乎蓍龟动乎四体之说,尤恐开神道之门。盖由智处发端,即不免有此病,若由仁处发端,则可勉人于知其不可为而亦为之也。

三月六日

问:如何处行不通?

答:行有不得者反求诸己,走道走不通,不可怨道,要寻自己走通的办法。说理说不通,不能怨人,应寻自己说通的办法。如你说通,人还听不通,亦不能怨人,仍是怨你不该向不懂理的人说理。凡说不通做不通时,总是要求诸己,总有说通做通的可能。若怨不通,不只是永走不通,且增加不通的程度。

假使造化有一个自然的电影器、自然的留声器,将自身的一切行为一切言语全照上留上,用这带声的电影演出来,使大家听大家看,你怕不怕,说到这里,真是怕死人。

三月七日

问:如何改错?

答曰:易犯什么错的人,应时时提防犯什么错。这比如瞎子牵驴,不敢松手,一松手就跑了。只要不松手,慢慢的由勉强而自然,由自然而熟习,由熟习而快乐,自然就可将向来犯的去尽,去尽之后,即如海阔由鱼跃天空任鸟飞,任他跑去可感到无比的快乐。

解其所有的用功法,是最后一步的用功法,若未到最后一步即用此法,则不适用。比如走路走不到头,是不能停止的。试问解其现在所有之后,能否不再有,一定不能,应当是用进其所有的用功法,如原来是有货利之欲,进而为名誉之欲,再进而为道德之欲,道德是欲的尽头,无可再进,然后并将道德之欲亦解了,就到了至善。反过来说,进不到名誉之欲,决不能解了衣食之欲,进不到道德之欲,决不能解了名誉之欲,如果真解了,是槁木死灰了。着于利者,不知名之可爱。着于名者,不知德之可贵。着于德者,不知圣之可宝,着于圣者,不知不着之为圣。欲不着须解着,解着要用进的法子,不可用退的法子。进的法子如生龙活虎,退的法子似槁木死灰。著于名者,必解于利。著于德者,必解于名。著于圣者,如解于德。若知解著为圣者,始能不着于圣,著圣亦著也,仅高于著利、著名、著德,然著则一也。到地头才算到了,若停在中途不算到了,返回来更不算到了。学问亦非由著利经过著名著德著圣而至于无著,才算成功。若著于利而未到著名,即不著于利不能也,强能之,是使活泼的心成槁木死灰。

物至而人化物,十分痛苦。物至而物化人,十分畅快。不知何时脱了这人化物的境界,到了那物化人的程度。

矜是激人忌、激人争的。矜富,则人忌其富。矜才,则人忌其才。矜能,则人争其能。矜功,则人争其功。这矜的结果,在自己落下个矜的名,并惹起他人忌与争的实,真是一错吃二亏。

不矜是很利的,但不矜是很难的。有矜的心,就要露矜的言,若欲不露矜的言,必须先去。

三月八日

管城因丧其妻而悲痛,告曰:死的是死啦,活的不能不活,尤其不能尽的在痛苦中活。这痛苦不痛苦是一转念的事情,你赶紧转过念来,把已死的情摆开,想补救的法子。补救的法子是什么呢?再娶个女人,再生几个小孩。只悲伤无益于他们,且不利于你,应拿出聪明智慧来消灭痛苦与悲伤。庄周鼓盆而歌有点不尽情,子夏之哭子伤明未免失其中。古人说:素患难行乎患难,我们可以说素悲伤行乎悲伤,万不可伤于悲伤,是要补救悲伤。

三月九日

冲人心之所著,碰人心之所矜,反人心之所迷,由人方面说,是激人生气,由己方面说,是招人来逆。盖人心之所著、所矜、所迷,皆成于己,伤著己即要动气,当戒之。

问:如何得到自由自主?

答曰:自由是不被牵,自主是不依靠。攀登而升名曰攀登升。不攀登而升,名曰飞升。攀登升是依靠的,是不自主的。飞升是不依靠的,是自由自主的。不假借思想而思想,不假借知识而知识,是不受牵,是飞升,是自由的,是自主的。

以理夺事,是知。以事显理,是行。只能以理夺事,不能以事显理,是知行不合一。若能使理由事显,即是知行合一。学问不求旁的,只求个自己所知之理,由自己的行为上表显出来。

三月十日

以理胜人,固要惹起人之糊涂,以理明人,亦要惹起人之糊涂。惹起人之糊涂,即伤人之情。理方面的事,当重情。

三月十一日

失了自己的地位的言行,就是取辱的。在不当与人分利的地位与人分利,不当与人争名的地位与人争名,不当与人辩理的地位与人辩理,这均是取辱的。

正圆是一点成的,椭圆是两点成的。正圆是有中的,椭圆是没有中的。没中的人,不只不懂中,而且要反对中,应不与之言中。

触人之己,激人之怒也,明辩理是很对。但证明人之不对,是触人之己,伤人之情也,反更不对。

人为己的进言,即使事理不合,亦不当辩。若辩、则合事理之言,人亦不肯进矣。以气堵人人不乐于进门,以理堵人人亦不乐于进门,不堵人人即乐于进门,欢迎人人更乐于进门。听人的言,读人的书,是为与自己添知识,不是为寻人的不对,如要寻人的不对,何必多此一举。在不可轻于表示意向之地位,表示以后,再想听人的真话是难了。

刺激是促进步的,昨日受刺激较多今日进步亦多。

以气惜理事,理事气俱损,二十年中苦,觉于一饭中。

三月十二日

只两人谈理,各无容心,两人在多人场中谈理,各有客气,仍是怕负于人之己心所致。此己不去尽,气仍不能沈。

矜、执、嫌与惜理,四者之己去不尽,此四者之病亦不能去尽。

人说山难移,性难改,改不了不好的性,即是平常人。

三月十三日

损著有,仍是以糊涂的黑气应人,非去有不可。今日复大伤当有望说词数段。

> 人以糊涂错,我以糊涂嗔;两糊涂相遇,焉能不纠纷。
> 人以糊涂错,我由理路引;以理喻糊涂,糊涂焉能久。
> 说理甚为难,理有千千万;各说各的理,终还是纷乱。
> 理虽千千万,每事只占一;一事说一理,千万就是一。
> 一是在中间,生出就是二;二一又生二,生生不尽二。
> 以一衡二,二即是一;以二寻一,一即是二;
> 来时向东,去时向西;能知来去,便识东西。
> 一由东来,一向东去;说东虽同,来去却异;
> 一离开东,一到了东;不能分此,因之迷蒙。

三月十四日

不能容人的人,即是不能用人。不能用人,即不能借人成事。容人要有若无,实若虚。

传贤是君主政治的理论,传子是君主政治的事实。选贤是民主政治的理论,选能是民主政治的事实。论理者用理性,作事者用欲性,所以理论与事实每每不合。

人之行为上的错,是怎么样的实际形成的,是二的实际形成的。二者为何,理欲是也。如果只有理不会错,只有欲不知错,所以至愚不知错,至圣不会错。可以说错的这个字在至愚与至圣之间存在的,还是递增递减的。

人是有理性的,但人是由欲成的,欲性包住了理性,才成了个人。至愚不是无理性,是理性被欲性包的厚,包的浓,包的坚,突不破欲性的包围,尽是欲性应事,理性显不出功用,虽有亦等于无。至圣不是无欲性,是因欲性包理性,包的薄,包的淡,包的松,理性突破欲性,不让欲性应事,欲性失其功用,虽有亦等于无。

五千年来,没有自己退可带上他人的一场大战,走了的机会,失了真可惜。此理见的很到,拿心很坚,被移的原因,动机是仁,结果是欲,的确是学问不够的过。

子澄叔返津,临行谈,有以恐惊天上神。答:愿求人间子者真是顶天立地的男子,愧哉,此可与恨不相逢未嫁时之立地顶天的女子相对。恐惊天上神,是本人的境界,不若愧对世间人,更不若恐亏自己心,唯人不能贵智及,贵仁守,说无益。

三月十五日

本日开始举行"新村制度研究会",讲"物产证券与按劳分配"。

平道,去费的力与来费的力相等,仁者走之。下坡道,去费的力小,来费的力大,智者走之。上坡道,去费的力大,来费的力小,勇者走之。平道是中道,其余一过、一不及。过者吃了过的亏,不及者吃了不及的亏,吃亏相等。

去财色名气,由财色名气入手是由枝节入手,不若从恕道入手,是一去百去。

一日会客,客辞,或问,此人很精明?答曰:嫌露锋芒。

槁木死灰的生龙活虎,才是真的生龙活虎。

问:什么是槁木死灰的生龙活虎?

答曰:大智若愚,大巧若拙,智的愚,巧的拙,才是真智真巧。

三月十六日

说理说不对,固然不算,说对也不算,做对才算。说的虽对,亦不能以说代做。因为说对的理是理的理,做对的理才是自身的理。理的理遍地皆是,很贱。自身的理唯己有之,很贵。万不可重贱而轻贵。

不怕心不够用,心在就用之不尽,若心不在,还说什么用。

问:星期有何好处?

答:善用之有好处,不善用之有坏处。

问:如何善用,如何是不善用。

答:人的做事难免有积累。子路有闻未之能行,惟恐有闻,孔子并嘉美子路说,子路无宿诺,就是说无存诺言,答应了人的话,一定当下就做,如子路可是无积累。平常有积累,可在星期六清理积累下的事。人的身心均用了之后,必休息方能再发生力量。一日夜一小休息,七日再一休息,可以使工作力充足,且可在星期日静以回顾,理身休身,进德修业。如星期成为纵欲放情,聚赌学嗜,则成为受害之日,星期日妄为,星期一打盹,反把工作日变成休息日。

三月十七日

问:利字有两个意义,一是利心,所谓利欲,这好懂;一是利事。利事之利如何解释?

答:元亨利贞就是利事的利,俗语说利壳子。事想做成,必须得到利,大利大成,小利小成,不利不成。休养上亦是要利,不拖泥带水之谓利,生活上得之则畅,学问上得之则通,通则不取辱,畅则不烦恼。

问:如何能利?

答:物简则易理,事简则易成,法简则易守,理简则易明,技简则易精,学简则易通,求简则易得,责简则易从。以公道处事事则易行,以恕道处人情则易通,以谦道自处人则易容,得一则易应万,知止则易处余,能定则易处乱,此简、公道、恕道、谦道、得一、知止、能定,利之本也。

三月十八日

客:说话甚难,每犯他人之病?

答曰:触人之己,伤情并碍事。发言当避人之己,为美其情感固应当,为明其事理亦应当。而己不同,必须不触其己如同一己,则不言为愈。

三月十九日

问:你现在用什么功?

答:我常想如果跌到万丈深沟底那骨粉肉泥的当下,试想想自身还有什么,还短什么,还爱什么,还气什么,还贪什么,还怕什么,还愁什么,还急什么。可以说,原有什么,就有什么,原短什么,就短什么,短的是明白,有的是惑突。所以当有的要赶快有,当去的要赶快去,到了不能有,不能去的时候,才想有,想去,均赶不及。赶不及,就是个后悔。最怕的是那个当下,只有个后悔。我急的是这个,我的预备也是这个。

问:对和好的区别?

答:对是对,好是好,好不是对,对不是好。今人有将对与好相混,论事者遂著眼于好,使世人亦向好上用力,以致人各争好,人各弃对。争好则纠纷愈甚,弃对则埋理益深,世之治乱,亦由此判矣。

对是绝对的,一事只有一个对,对是双方共享的彼方对此方亦对。

好是比较的,一事能有许多好,好是一方独占的,此方好彼方绝不好。

对在不对的中间,好在不好的反面,反面易求,中间难找。

三月二十日

问:如何去烦恼?

答:正则定,邪则乱,非正定不能去邪乱,邪乱即烦恼丛生,快乐灭尽。

问:学问之道。

答:学问重在务内,不可务外。务外即惹人来争,务利则惹人争利,务名则惹人争名。争利则夺,争名则谤。

好逸恶劳,人之恒情,所以人无无目的之劳动。

三月二十一日

问:今日是非不分,每以自己之错阻挠他人的对,对这些人应如何处?

答曰:一错阻对,得助则解。群错阻对,置辩则解。

问:与他们辩明如何?

答曰:能辩明者辩明,不能辩明者置辩。因辩易动感情,激动感情之后,即成无理由的阻挠。

问:中与对的关系?

答曰:原来是个一,人得之则为二,将二平衡为中,由中发之于事谓之对。可以说,在人心谓之中,在事理谓之对。亦可以说,一即是中,中即是对。

求学以得中为目的,处事以处对为目的。求学之得中,即为处事之处对。学问不能得中,处事即不能处对,学问偏于高处,事则偏于过。学问偏于低处,事则偏于不及。高与低其失中则一也,过与不及其错则一也。回忆数年前曾书"求对是务,成败不与"八字,刻于太原总部侧门,由今思昔,今犹愧昔也。

原来之一字,古今皆云然,余向亦云然,今为以科学补助说明人事学计,应将一字改为零字。一是一,也是零,就算学上说是个零,就化学上说是个一。

按数理说,零不是数,但数是由零生出来的,零只有一个实际,古人所谓一者,是形容零只有一个实际之意,此一不是数之一,是形其只是个一也。若数则有无量数的实际,而无量数之数可分为二类:多于零者为益数,少于零者为损数,益损的数亦均为无量数。若数之一,则一为益损数之起点。若云一为中,则无量数皆可谓为中矣。若云一为对,则无量数皆可谓为对矣。若云零为中,零为对,则无量数即不能谓为中、谓为对矣。故零是中、零是对的说法,是合乎科学的。

以做人说:情理相乘谓之零,既未偏于理,亦未偏于情,则情不掩理,理不压情。若偏于理,是过于零者,所谓智者过之,贤者过之。若偏于情,是不及于零者,所谓愚者不及,不肖者不及。

以做事说:因与果相符合为零,零是对我之因大于所得之果,是我的负,即对方的正。我之因小于所得之果,是我的正,即对方的负,正负皆不对。

三月二十二日

不粘不脱之谓利,粘则不是利,脱亦无利可言。要入在里边不粘在里边,才够个利。志在成仙成佛,离开人道,说利不够个不脱。志在舍己救人,德怨不分,是陷入人道,说利不够个不粘。

三月二十三日

客:我这几天做事乱的很,何以制乱?

答:你是怎样的乱。

客:这个说做这好,那个说做那好,我不知究竟怎样好,所以觉著乱的很。

答:定则不乱,不能定是不知止的缘故。欲定当从知止上用力。言之体当止于和,言之用必适于当。和则不伤人之情,当则不激人之辩。伤情激辩均不若不言。人不伤我之情我易以和处,人不激我之辩我易以默处,人伤我之情我仍能和,激我之辩我仍能默,则是知行合一。不知止有不知止的实际,不能止有不能止的实际,知止有知止的实际,能止有能止的实际,成不了这个实际,就不是这个实际,学问是内里的,不是口头的,这知止能止才是知行合一。

三月二十四日

仍觉自己道理的力量小,非道理的力量大,如何能使小者大,大者小。

以公道处事,以恕道处人,以谦道自处,守此标准,可使小者大,大者小。如何能公、能恕、能谦? 同声相应,同性相补,理之当然。自己的公不足,应以他人之公来补。自己的恕不足,应以他人的恕来补。自己的谦不足,应以他人的谦来补。不怕不足,只怕不补。言公、言恕、言谦是智,人皆能之。行公、行恕、行谦是德,非有德者不能。智可以益智,德始能补德,藉补贵智而尤贵德。

恒其为自成之阶乎,一次不足则十次,百次不足则千次,只要不已,一定可以补足。

恒之基在先立不易之方,而后恒之不已。人一己百,人十己千,何患不成。唯当恒之以渐,始不可求深。恒当其事,功不可图大。深与大皆不当也,终亦无成而已矣。

三月二十五日

勿做颐中物,颐中之物,必为人所除。勿见义而避,见义而避,必为世所弃。颐中物乎,义之任乎,辨别甚难,但辨别不可不清,一混则大错矣。

正乘乘是大加盈,正加加是小加盈,正除除是大减盈,正减减是小减盈。负乘乘是大加亏,负加加是小加亏,负除除是大减亏,负减减是小减亏。正加正乘是益,正减正除是损。负减负除是益,负加负乘是损。正号是盈,负号是亏。

三月二十六日

不为威迫易,不为情迫难。不为利诱易,不为善诱难。此次错成德之良机,失做事之势利,非迫于威利,乃动于情善。不错良机,可以为君子。不失势利,可以做豪杰。

三月二十七日

心之有所,其如官之有衙乎,征之心不在焉,视而不见,听而不闻之事实,可以说心不在视所,则视而不见,心不在听所,则听而不闻。儒家亦云,之其所而辟焉,明言心有其所。释家言,有五十一心所,以无所住而生其心为学佛之结论。儒家亦以不之其所为不辟,以意必固我为当无意必固我所也。无意必固我亦即无所住而生心之义,亦即不之其所之义。心之于所,其为学问之关键乎。心之于所之所以为关键,其为学问之事实乎。儒家言所略而不详,释虽详言,但何以之善所,何以之恶所,亦未言其究竟,是做人学问尚无科学之途径也。

三月二十八日

问:孔子说:智者过之,愚者不及也,贤者过之,不肖者不及也,什么是智者贤者的过?

答:佛是智者过之,耶是贤者过之。智者过之是智离开仁,是撂了爱人。贤者过之,是仁离开本,是撂了亲亲。

问：佛大慈大悲，岂能曰不爱。

答：但是爱人之理，不是爱人之情，是尽力于人之死，不是尽力于人之生。生死相合乃是人生的那一回事，情理相乘乃是人生的那一个果。撂了一半，就敢说便宜话，敢做便宜事。比方走路，若定了往而不返，一定要走下坡路，以省其力，正所以显其智也，故智者以利为本。智者是寓义于利，以为合义始能利，是为利而行义也。仁者是寓义于理，以为合义始尽理，是为安而行义也。前所言以谦道自处，犹不若易之以忠道自处。谦道是益己的，忠道是尽己的。谦道是顺人的，忠道是直人的。理寓于情，故理亦蔽于情。佛认情是理之障碍，故灭情而成佛，情灭尽而佛成。儒认情为理之寄托，故尽情而成圣，情尽尽而圣成，灭情成佛而清高，尽情成圣而中正。清高是智，中正是仁。情包住理，始成了个人。但尽情后之理与未包住前之理，质异而效同。未包住以前之理，充满于无量，尽情以后之理，唯我是具。以其效同于充满无量，故其效亦等于充满无量。人生之意义其在斯，人生之结果其亦在斯。

三月二十九日

论事理不可含有喻人之意，更不可带矜昔之形。一有喻人之意及矜昔之形，是自己已与现事离开，则闻之者亦必离开所论事理以拒喻与拂矜。此时两方之言词虽仍在题上，然神已乖其实矣。离者固错，以离应离者亦错。以错驳错，事理焉能明乎。

人之生也，当尽其性，并尽物之性。尽其性全其生也，尽物性显其用也。有理性者，固吾之同类也，有情者亦吾之同情也。有生者吾同生也，有成者吾同成也。同理者愿与之合其理，同情者愿与之尽其情，同生者愿与之享其生，同成者愿与之共其成。人固吾之同类也，无生物也、有生物也、动物也、植物也、亦皆与吾人有所同也。均足以愉吾人之情，兴吾人之趣，喻吾人之理，乐吾人之性也。皆助我者，非赢我者，皆我之与，非我之敌也。

同其理，人与我无间。同其情，动物与我无间。同其生，植物与我无间。同其成，无生物与我无间。无间则人与我同其理，动物与我同其情，植物与我同其生，无生物与我同其成。既同之也伤则共伤，全则共全。伤物之成，即伤己之成，伤物之生，即伤己之生，伤物之情，即伤己之情，伤人之理，即伤己之理。全物之成，即全己之成，全物之生，即全己之生，全物之情，即全己之情，全人之理，即全己之理。伤则共伤,全则共全也。

如是,则不动一土,不贱一草,不杀一禽为宜耶,非然也？理之生贵于情之生,有情之生贵于无情之生,生贵于无生,以贱养贵,是用之也,非伤之也。植物吸收无生物是发挥无生物的精华,动物吸收植物是发挥植物的精华,人吸收动物是发挥动物的精华,因用而伤之,正所以成其用也。然过量之用,则伤用,伤用则伤其同也,伤同即是伤己。成之伤之,间不容发,成其用则己同成,伤其用则己同伤,成之伤之,当细辨之。

佛学易于成也在灭情,乖于道也亦在灭情,既灭情也则不重生可矣。灭情而重生,则视人等于禽虫矣。努力于禽虫之放生,乃忌侧身政治,是置强杀弱、众灭寡之人道痛苦于度外,而念念于禽虫之被危,是反视人而不若禽虫矣,其亦错之至者也。人是人也,不当离开人道而成佛。儒则入于国家社会家庭之中,不泥于情,不背于理。其负责也,人溺己溺,人饥己饥,一夫失所其责在己,栖栖皇皇,尽力于义之所当为,由亲亲而仁民,仁民而爱物,必至物各得其所而后已。真是入世。其为学也,毋意毋必毋固毋我,朝闻道而始可以夕死,并无遗于出世,尽忠于内,乐在其中,诚于中,推恕于外,万物一体形于外,其生也乐,其用也宏,其结果也诚。较之抛情出世、离人拒物以求生外之结果者,其于人道之顺背为何如哉。

复张鹤峰函

鹤峰(培梅)如晤:

一别三阅月,两地睽违,殊想念也。二月初三日之手函及封面所书均悉。劳资合一只到个各人做下是各人的之公道程度,尚未到货恶其弃于地不必藏于己力恶其不出于身不必为己之大同程度也。以制度而言,公道正为恰当。以圣人所期望于人者而言,大同方为满意也。来信所谓恐不合乎我国人之心理者,想系指世俗之人心而言,非指古圣贤之心而言也。至封面所云:借钱者亦有人格,此非借钱人出利与否之问题,乃是制度之问题。井田时代农夫,未有将所获无故分出三分之二与人者,今之佃农则必须分所获三分之二与地主。古之农夫不与,无碍于人格。今之佃农不与,非特有碍人格,且有碍于法律。此无他，私产制度有以致之也。古之农，养八口之家，尚有余。今之佃，养四口之家而不足，其劳苦古今未尝有异也。古之农，今之佃，劳苦同而所得不同。古之农八口之家可以全生。今之农仅凭佃而养家者，果有八口之家，必须制死四口，余四口始能不饥不寒而生。故今之纯佃，过四口之家，则不易生，此无他，养不足也，亦即私产制度继续的普遍的盗去佃农家家三分之二粟，亦即继续的普遍的杀死佃农家家之四口人。

人盗人盗也，制度盗人亦盗也。人杀人杀人犯也，制度杀人亦杀人犯也。人盗人其盗也小，制度盗人其盗也大。人杀人被杀者少，制度杀人被杀者多。人盗人怕皆欲除之，制度盗人反护之。杀人之人人皆欲去之，杀人之制度人反欲存之。此无他，人群欲之政治势力使然也。实则人盗当除，制度盗更当除；杀人之人当去，杀人之制度更当去。果有圣人出焉，其于杀人之制度，必不能一日容也。谓为尚非其时而不必言则可，谓为不合乎我国人之心理则不然也。

惟此理在中国埋没将三千年矣，若于埋没此理以后之历史中求此理不可得也。即于现在私产制度下之社会中求此理更属为难。只好从吾人心头求之。余到大连以来，身心俱好，惟忆及偕冯公出洋之志未能遂，是失自身社会国家之一良机耳，此外无动心者。特复。山手

再若以地主虽获三分之二，其养牲畜、补农具、储籽种、制肥料、所费不赀，更加之以负担过重之今日地主并无大益为此，则不当也。负担重为偶然之现象，非制度之事实。至其开支亦正为资本，井田时之农人亦均会养牲畜补农具储籽种制肥料，且其为种田地之开支与国家之负担，按之光绪年间，亦不过仅合全收获之三分之一，故今之佃农，以所得三分之一可养四口之家。井田时之农及私产制下之自耕农尽其一人之能力，亦只能使八口之家不饥不寒也。此正所以证明全收获之三分之一为农田之开支与负担，为平常之事实。山又及

三月三十日

昨游龙王塘之蓄水池，问其船主曰船可乘否，此念之动，贪之过也。水有我

游多之何,水无我游少之何。我游之于水我多之何,我不游之于水我少之何。何不顺而乘,顺而不乘。问之念即贪乘之念也,故说是错。

宇宙有我多什么,宇宙无我少什么,我生忙什么,我死短什么。忙的尽是短的,就是道。忙的不是短的,就是痴。

问:"寂然不动感而遂通"是什么景象?

答曰:这是去了动的说不动的。动时劳什么,休时息什么,这劳的息的均是自己的,不是大家的,是动的。动时不劳休时不息的那个是静的,才是大家的,才是宝贵的。动是自己的,不动是大家的。只要你没有自己的全是大家的,自然感而遂通。

三月三十一日

星期原为养息人之身心,乃反纵情玩乐作践人之身心,世事中目的与结果相乖,若是之人者比比皆是。模仿人者当知所警戒。

逞智而得中讨厌,逞智而不中取辱。逞能而得中招忌,逞能而不中惹羞。

四月一日

文过者必加过于人,文恶者必加恶于人,他人闻之,如见其肺肝然。文之无益,徒反益其过恶耳。

问:你把感觉力比为马,道理比为骑马的人,感觉是不是也是愈大愈好?

答曰:离开心的感觉愈强遮心愈甚。离开中的道理愈高离中愈远。离开道理的知能愈大危险亦愈大。离开心的感觉愈强遮心愈甚,离开感觉的心愈明离事愈远。合上心的感觉愈强表心愈多。合上感觉的心愈明作事愈对。

离开亲亲而言博爱,是弃其爱也,乱爱之道,卸爱之责,故所以弃其爱也。

人各亲其亲进而为不独亲其亲,人各子其子进而为不独子其子可,若舍其亲而亲人之亲,舍其子而爱人之子,是乱其亲,乱其子矣。结果必至亲无所亲,子无所子。亲无所亲则老无所以养,子无所子则少无所以长。

求学当如大喇嘛的称,丝毫不为外动。处事当若真如镜,来甚照甚,活泼泼的槁木死灰,死板板的生龙活虎。

四月三日

欲莫难于处妻子,理莫难于处父母。能处妻子可以使人,能处父母可以事人。

四月四日

孔子说,过则勿惮改,我不是惮改,是实在难改。改过为修正处人处事之唯一方法,亦为做人做事之良好阶梯,改到无过的时候,就是做人做事到了顶上顶效的时候。改过其难乎。非智无以知过,非仁无以认过,非勇无以改过。改过其难乎。改过其易乎,心在则无过,改过其易乎。安得时时心在,做得无过事,说得无过话,落得无过人。心在其难乎,不能离开物生活,凡物皆可引吾人之心不在。不能外情欲而索心,情欲足蔽吾人之心使之不现,心在其难乎。心在其易乎,不为物引,不为情欲蔽,心就在,心在其易乎。难则难之,易则易之,难易全在乎己。

想想自己,一旦跌在万丈深沟的底,当骨粉肉泥的当下,遗憾的是什么,即是现在当努力的是什么。

上凌下,一语千钧,不可不慎,下侮上,一语见心,不可不戒。凌下侮上,上下不交,其志不通,否。上规下过,一言九鼎,下劝上善,忠心耿耿,上下交而其志同,泰。否当力避,泰当共保。避否保泰,就是否极泰来。

什么是义?自身当下的事,就是自身的义。当为以为为义,不当为以不为为义,忽略了当下,就是忽略了义。

四月六日

问:智。

答曰:人心危险、毒害、阴诈、忌恨、骄傲、怠惰、邪迷、狂妄、逞能、逞智、矜富、矜才、夸功、夸名、自尊、自大,人心之复杂,不只于此,其应付也不亦难哉。

危则不可犯,犯则不利。险则不可与,与则不利。毒则不可触,触则不利。害则不可接,接则不利。阴则不可不防,不防则不利。诈则不可轻信,轻信则不利。忌则不可显已,显已则不利。恨则不可逆意,逆意则不利。骄傲则不可与之商事。怠惰则不可与之成事。邪迷则不可与之共事。狂妄则不可与之言事。逞能不可藐其能。逞智不可藐其智。矜富不可轻其富。矜才不可轻其才。夸功不可贱其功。夸名不可贱其名。自尊不可慢其尊。自大不可小其大。处人不可不深知而善应。否则祸患之来,不知其时,则非智之道也。

智者觉而不疑,愚者疑而不觉。疑人则生事,被人疑则害事。故智者不疑人,亦不致人疑。

四月七日

问：如何治家？

答曰：预就是治家的好法子。谚语云："常将有日虑无日，莫待无时思有时。"余向谓：有力升天易，无力上阶难。有钱有势时，奢靡放纵，若不预计到无钱无势时之艰苦困难，其悔也必矣。世人常言：未穷而先穷可以不穷，未富而先富必不能富。已富而不富可以久富，已穷而不穷必致大穷。语云：凡事预则立，不预则废。治家尤不可不预。

四月八日

问：处人？

答曰：以大度量容人是德，以谦道处人是吉，人之一生，当向容与谦上继续不断的做工夫。

四月九日

不能脱开旧习惯以求真理，是真聪明被旧习惯遮了。不能抵住新潮流以求真理，是真聪明被新潮流掩了。强要脱开合乎真理的旧习惯，是真聪明被盲从的趋时心遮了。强要抵抗合乎真理的新潮流，是真聪明被顽固的守旧心遮了。

人处事若用不上真聪明，比如坐上没舵的舟，骑上没眼的马，碰在礁石上，跌在崖底下，是应当，碰不在礁石上，跌不在崖底下，是万幸。

四月十日

问：处人以和为贵，我感到每每不能和，惹许多麻烦，怎样休养能得到处人的和？

答：我给你说一说和的意思，和是中的一个表现，且是美感的变现，如同花草开花，是花草美感的表现，必须由花草的种子始能表现花的美感。人的和亦必须由内心的中才能表现和的美感，就和的休养说，不是根本的解决。若就休养上说：第一须谦，己谦则人气平。第二须恭，己恭则人气舒。第三须容，能容则己不易伤。第四须忍，能忍则己不易怒。谦之不得则恭，恭之不得则容，容之不得则忍，亦可做到表现的和。但和若不能以礼节之，则易伤直。

问：礼节的标准是什么？

答：礼节的标准是义，就是不能一味是个和，义上当直不能不从直以应之。不过直是里，和是貌，虽然当直时貌亦要和，这是节和的一个标准。古人说和而不同,言辞可以和,但道理不可与不合道理的同,这是要和而不流。和的病就是怕流,欲不流必须以义为直,以礼节之。

四月十一日

八日观日舰队,最大者为长门、陆奥,余观长门最详,排水量为三万三千八百吨,船面一千八百二十坪,约合中国十亩,时速二十三海里,官兵一千三百三十六人。此舰为日本吴港造船厂制造。是日日人观者甚众,由军官对其说明造舰须人民负担,但立国非有此不可,以增进日本国民预备国际战争之观念,藉参观向国民宣传,其不失机亦大可钦佩,岛国之兴,良有以也。其招待人员和蔼沈静,说明简要有序,尤足显其教育之功能。日本妇孺参观毕多曰,此为保护国家之利器,亦即保护国民之利器也。余则深感此为自卫之利器,然亦不能不谓之为侵略之凶器也。

四月十三日

去病要去根,防病须防因。

四月十四日

问:求学的实际在那里?

答曰:突不破包围,抗不住牵引,生没有兴趣,死没有结果。包围者何,情欲是也。牵引者何,外物是也。求学的实际就要破包围、抗牵引。

问:儒佛的真区别处?

答:断不了生根不可死,摆不开生趣不能生,此佛法也。尽不了生根不可死,善不了生趣不可生,此儒道也。

古人说,人为天地心,虽是比喻之言,很是体会之语。假使宇宙间无人,理无所明,藏无所用,物无所能,造物之功能不显,宇宙之精华不现。即世人所谓国家也、社会也、精神文明也、物质文明也、科学也、非科学也、亦皆人类之产物,阐发造物之奥妙。谓人为天地心,实为有体会之言也。

四月十五日

问:随缘不变、不变随缘,是与儒家什么话一样的道理?

答曰:与木石居,当同木石愚,不同木石愚,则弃木石矣。与儿童居,当随儿童戏,不随儿童戏,则失儿童矣。

无钟子期,伯牙无所显其技。无伯牙,钟子期无所显其智。

注：民国三十二年十二月二十八日，阎锡山《祭赵次陇先生文》中曰："你归我不痛，惟觉知音稀。"

四月十六日

问：学的目标？

答曰：义义直内，敬以方外，忠以尽己，恕以推人，谦以自居，学其庶几乎。

四月十七日

如何处人处家处世自处？答曰：以公道处事则事顺，以恕道处人则人服，以和道处家则家睦，以谦道处世则世容，以忠道自处则无愧。

问：人生的第一要事是什么？

答曰：职业是生活的凭藉，亦即尽人事之道路，故人必须有职业。尤当以强壮的身体与热心，勤于职业，精于职业，并须求职业上相当的知识与技能，以免劳倍功半。

问：什么是不粘不脱？

答曰：一旦跌到万丈深沟底，躯壳骨粉肉泥之后，那时有什么牵系，这时即应努力解了什么。解了什么是要不粘不脱。不粘不脱什么，不是离弃了什么，是要不为什么累。何能不粘不脱？能粘能脱才能不粘不脱。粘为那个不粘的上，就是能粘，脱到那个不脱的上，就是能脱。

问：如何避祸？

答曰：与人共事须服人之心，不可以口角折人，不可以法律罔人，不可以势力压人。若以口角折人、法律罔人、势力压人，皆取祸之道，心不服故也。

以势力压人之祸大于以法律罔人，以法律罔人之祸大于以口角折人。

问：心理与物则有何关系？

答曰：心物不分。处置物须本乎物则，不合乎物则则违乎心则，违乎心则则损心，物无所谓损也。

问：单独负责制度好，抑是多人共同负责制度好？

答曰：单独负责任的制度，其负责人的心理忌讳多，其短处举人之恶不易，其长处为恶亦不易，责任不能推委故也。共同负责任的制度，负责人的心理忌讳少，其长处举人之恶易，其短处为恶不易，责任易于推委故也。弹劾责任宜于共同负之。处置责任宜于单独负之。

四月十八日

问：何为智圆？

答：初以为不必求解亦解者，继则深求而不解。

问：如何能得到智圆？

答曰：就智的本体说，能打的过滚才叫圆。就智的效用说，能走的通才是智圆，此可体知而不可说知。

智藏则圆，用则方。亦惟圆智，始可以运转。若强转方智，伤己并伤人。智以知人，不可以智胜人。智者可以助人明，不可以使人明。智当藏内，仁当显外。智不藏则荡，仁不施则朽，言不讷则轻，事不敏则误。

圆智不过胫，方行不遗肢。过胫之智不成圆，遗肢之行不成方，不圆则不转，不方则不直。与瞎人处，有眼就是祸根。与聋人处，有耳就是祸根。与愚人处，有智就是祸根。与偏人处，有中亦是祸根。知此则智可圆矣。与瞎人逗眼，与聋人逗耳，与愚人逗智，与偏人逗中，取祸之道也。即与瞎人说色，与聋人说声，与愚人说窍，与偏人说中，亦徒费口舌耳。所谓智者知此为智。所谓中者能此为中。不能此何贵乎中，不知此何贵乎智。

问：处世？

答曰：法是为不尽情不说理的人设的，亦是为防人情入险而定的，杀人罪的法是为杀人的人而定的。但反有以法为不尽情不说理的依据。自己的行为当守法，但不可以法罔人，尤不可乘人在法上漏有空隙假法以绳人。自处不可不以法绳己，尤不在法上漏有空隙使人乘隙假法而绳我。法有过乎人情不及乎人情者，故处人当重情，防人应顾法。立法之义本在合情，但为防诈，亦有伤情处。合情处法可作训条。伤情处可以防人，不可以处人。

问：使人。

答曰：使人、对人之智能不可高看，高看则有求备于人之病。处人、对人之品格不可低看，低看恐招藐视轻侮之祸。使人必须知其所长，知其所短，然后用其所长，避其所短。用非其当，非特无功，且失其人。自期应当不器，使人必须以器。

谈其所知，则言者有兴，闻者有趣。谈其所不知，则言者无味，闻者无聊。鼓其所能，则为者有兴，鼓者有趣。鼓其所不能，则为者无味，鼓者无聊。

问:处人。

答曰:自成不可有疵,处人必避其疵。自身不可有忌,处人必避其忌。自处不可矜长,处人当表其长。

日人某作成功者共同之性能二十项:

一、志大心雄。

二、勤勉努力。

三、坚忍不拔。

四、人有求于我者尽力以应之。

五、有威力。

六、言忠信。

七、有自信力。

八、有热心。

九、不固执。

十、机警。

十一、心身愉快。

十二、能明断。

十三、虚心纳谏。

十四、观人真确。

十五、有记忆力。

十六、衣帽整洁。

十七、身体康健。

十八、能权轻重。

十九、经济上有办法。

二十、任人不疑。

余拟成功者共同之性能二十项:

一、胆大心小。

二、智圆行方。

三、知人善任。

四、信赏必罚。

五、识中知对。

六、通情达阴(世有通情达变之语,是指处事而言,达阴系指处人言)。

七、明断适机。

八、善因善变。

九、轻财重义。

十、计精用省。

十一、知利知弊。

十二、能节能恒。

十三、身健心泰。

十四、意专情热。

十五、有责任心。

十六、有忍耐性。

十七、能以大喇嘛的称定己。

十八、真如镜处事。

十九、不习无不利处时。

二十、能独立不惧,遁世无闷,不见是而无闷处闷。

知止为节之体,不知止无能为节。办事无节,人无以从,事无以恒,无从则无助,无恒则无功。用物无节,则人不能备,物不能给。不能备则用无以应,不能给则用无以终。

入乡问忌,并当从其所尚。人之所忘己亦当忘之,人之所尚己亦当尚之,但均须以义为准。

力小者不可以图大,智浅者不可以言深,见乖者不可以说对,志气薄弱者不可谋远。无中之人不可以说中。

问:修身之道?

答曰:修身须诚心。身是表现心的道理的,心是管束身的行为的,二者相合则诚,二者相违则坏。心不能管束身的行为,身败。身不能表现心的道理,心枯。故修身须诚心,诚心须端身。心内也,身外也,内者向外是端身,外者向内是诚心。心诚则身端,身端则心诚。身不为气候所病,心不为外物所胜,身心皆健矣。

四月二十日

问:身心关系?

答:身的行为是表现心的效用的,心的效用是管束身的行为的。故心的劳动时不可离开身,身的劳动时不可丢去心。这劳动是合理的、进步的、发明的。若离开身的心劳动是灭心,丢去心的身劳动是杀身,是不合理的、不进步的、不能发明的。

四月二十四日

问:情理关系?

答:情为理化,虽苦不苦。理为情牵,虽乐不乐。

问:是否与情理兼顾有违?

答:情为理化,是理兼情。理为情牵,是情昧理,与情理兼顾为中并不违。

四月二十五日

一压即掀的感觉,不堪受不中的接触,如何能压不掀?答曰:成了大喇嘛的称就压不掀。

四月二十八日

问:对过情之请,奢理之求,应怎样应付?

答曰:过情之请,奢理之求,为不恕且难继,不拒于先,必贻忧于后。

四月二十九日

问:如何能不取辱?

答:知止不辱。请益,答:寡言不辱。再请益,答:介亦可不辱。

问:介何以不辱?

答:介虽非圣之体,但可以节之基,漫于仁者能介则不以仁取怒,漫于义者能介则不以义招尤。

四月三十日

问:复卦谓"能见天地之心"何义?

答曰:阴尽阳来为复,阴尽则蔽散,阳来则真显,故能见天地之心。

五月一日

问:人生怎样能得到结果?

答曰:做事就是人生的结果,做的事多就是此生的结果大,做的事少就是此生的结果小,为做人即应做事。

问:国事频危,挽救之术为何?

答曰:势成则难遏,错不胜对固然,但寡不胜众亦然。小人之势成则君子不易显其用,非理之说盛真理则难显其效。国家事当谨之于初,涓涓不绝将成江河。滋长不断,将用斧柯,拔茅连茹,可不慎哉。

五月二日

客云胡事出。余曰能悔则吉,不悔则凶。

浅识者不可以言深,无远见者不可以言预,无悟心者不可以言譬。

气浮于理之上者苦,理升于气之上者逸,下气为安己之紧要工夫。

五月四日

问:处事?

答曰:称物必须两对相合。称物之要,在得其中,此为一对。称之本身要在定盘星于未称物时能平,此又为一对。两对相合为真对,处事亦然,当从吾心之所安,此如称物得其平。心之所安必须情理得中。由己及人也可,由人及己也亦可。已以此处上也可,下以此处己也亦可。先得合中之心而后从其心之所安,始为两对相合。

五月十一日

问:用人?

答:用人之先,须知人。用人之后,须有赏罚。赏罚须有考核,考核须有执其事者,执其事者须无私心,不姑惜,见解中正,有责任心,判断明敏。

问:今日为政之要?

答:当此舆论倒,政权委,邪说横流,人欲放纵之时,与人以权,以权为私,不与人以权,责任委弃,非有振纲作势之法,不易为政。

五月十二日

会客有感曰:人能不自暴自弃,亦难矣。

五月十三日

客问,在太原时同白崇禧说过,小人误国害小、君子误国害大的话。

答:说过。

问:看亡国史皆是小人亡的。

答：那是君昏暗所致，小人不是逢君之欲，即是欺君之愚，其责在君，不在小人。若君子或执义理或囿于环境，若非明哲之君，即易被其所误，且易为当时社会上之赞许。宋荆公之变法，即阻于君子，宋祚亦因而亡。

问：圣贤误国否？

答：圣贤能鉴往知来，通权达变，独立不惧，不见是而无闷，如何能误国。

五月十六日

问：今日社会尚动的哲学。

答曰：无益之动不若静，且静是动的动力，无静则无动。

问：有谓静是动的动力是唯心论。

答：静乃道之根，动乃道之行，动不失其静，方见道之成。

五月十七日

问：交友。

答曰：可以为善可以为恶者，决不可与恶人友。

五月十八日

问：怎样作一无过之人？

答曰：天理人欲相合而为一，事实与理论相合而为一，可作无过之人。

五月二十日

问：仁义恕？

答曰：仁是爱人，义是说理，恕是尽情。不爱人是爱人的心芽没有发出来，不说理是说理的心芽没有发出来，不尽情是尽情的心芽没有发出来。

问：这爱人说理尽情的心芽如何能发出来。

答：从自己感受到他人不爱人不说理不尽情的痛苦处用力，就能发出心芽来。

问：人禽之别？

答曰：下爱是欲性，禽兽均能之。上亲是理性，人独能之。是孝亲为人禽之别。私爱是欲性，所以亲自己的儿子，禽兽均能之。公爱是理性，所以亲他人的儿子，人独能之。若人只能亲自己的儿子，不能亲他人的儿子，就丢去人比禽兽的好处。所谓人独能之，亦不能说平常人皆能。大同篇之不独亲其亲不独子其子为政治之最高目标，亦为儒者最终之学问，孔子七十而从心所欲不逾矩，就是亲他人父母子女同亲自己的父母子女一样。为什么这样？父母亲自己的子女，不要从心所欲亲就能不逾矩，对他人父母子女亦能从心所欲不逾矩，就是从心所欲不逾矩之心，没有人我之界，是人生最高的需要，也是最难为的学的最高的终点。

戒子：劳动是人生的原则，不劳动是不对的。依劳动所获的生活，是合理的。不劳动靠人的劳动的结果而生活，是不合理的。人应人人天天劳动，不可依靠祖产而不劳动，更不可依靠生息而不劳动。

问：求学？

答曰：求当值者明。旁观者明，当值者迷，为人生一大缺憾。学问就是要求做到当值者亦明的一件事，自古的大错事，均是由有大聪明的人做出。当时妇孺皆能道其错，旁观故也。大聪明反做此大错，当值故也。洪宪帝出，家人谓现既民主，何能再帝，所谓大智反愚也。能当值如旁观则智矣。

五月二十四日

问：交友？

答：执一偏之见的人，不能处人并不能共事。不可与交友，亦不可与共事。

五月二十五日

不能节饮食，身体不能愈。不能节理论，精神不见佳。

不能从容是急躁未去，不能敛智是含蓄未成。

五月二十六日

问：作战的要诀？

答曰：无要诀，是实际的智能与辛苦。智是要知己知彼，能是要精密的计画，辛苦是要能完成知己知彼精密计画的资料，这是就军人的本质而言。至于就作战的效用而言，就是个决心与主动，作战就是凭的决心，打的主动，惟主动才能有决心。日本军人的信条，是未定决心之前，必须要精密的计画，既定决心之后，必须坚决贯彻其决心，无论成功失败，均归诸命运，这虽不是最高原则，但简而易守，可收十分七八之效。

问：处世？

答曰：仁不节则贪，义过严则刻，礼过繁则俗，智过用则伤。节仁正义简礼敛智可以处世矣。

五月二十七日

何能无悔？答：思深虑远，审微察渐，慎始图终，可以无悔。惟思深虑远之策，审微察渐之计，慎始图终之谋，不可与浅人道。盖浅人看眼前重，实急功好利，不知策远，不能计渐，不乐图终，策远计渐图终有碍于眼前之功利也，终必悔。思深虑远，审微察渐，慎始图终，方可以无悔。

得中其难哉，智者过之，愚者不及也，贤者过之，不肖者不及也。释智耶贤皆过乎中者也。但释高而耶普，释利于人死，耶便于人生，儒则兼生死之道，而以生之尽道而完成其死。

不及乎中者以力伤人者。过乎中者以道伤人者。以力伤人伤身。以道伤人者伤心。但释高而耶普。就智者言，可藉世以修佛，释胜于耶。就政治言，可藉教以范人，耶胜于释。

五月二十八日

问：处家？

答：亲是亲，错是错。明白的人自己的亲的错了亦认错。不明白的人亲的错亦是对，不亲的对亦是错，这是糊涂至极的人，决不能与人处。婆婆之于媳妇，继母之于前子，前子之于继母，多如此，尤其不对。

问：如何找中？凡事均由相背之两素合成两素之相乘处为中，寻著中处以处事则得其道矣。

五月二十九日

问：自成之道？

答：藏智显仁，讷言敏行，自成之道。

五月三十日

问：模仿与自觉？

答曰：学问当向先觉者求，但要保存自己的心，磨道上驴的足迹，走来走去，虽总在那里，然无一绝对相同者。藉人之学问修正自己之行为也可，若模仿人之行为代替自己之心则不可。社会亦然，改良自己的习惯，即是表现自己心的效用。若模仿他人的习惯，即是消灭自己心的效用，一人之心的效用消灭，一人必穷困。一国之心的效用消灭，一国必灭亡。今日酬酢玩戏典礼忌尚均舍我而学人，反将人之科学之所长，勤劳节分与专一而置之，非特灭心，而且纵欲也。前者不维新是虚痨症,今之假维新是疯狂症。前者人亡其国,今者自亡其国,可不速醒而急改之。

五月三十一日

问:知人?

答曰:言者心之声,有斯心者而后发斯声,有斯言者即是有斯心也。闻声可以知器,察言可以知人。

六月一日

问:某因其妻于新年以饺子哄其小子而先使食之,伊见即痛打之曰,吾父母尚未食,而何与子也。其妻因之气而死,此是否孝道?

答曰:所谓舍情言理不尽情者也。内者向内陷者易犯斯病,固应不为恶移,尤当不为善蔽。恶移人皆非之,自亦非之,其为祸小。善蔽自是之常人尚不知非之,而且称道之,故其为祸也亦大。

六月二日

问:何以处人。

答:尽其在我,宽以处人。

问:自处之处?

答:尽力向上,以善其因,安心处逆,顺受其果。

六月三日

问:如何能得到自由自主?

答曰:被包围者凡人也,突破包围谓之通,通而后始有自由,始能自主。

问:做人处事的道理?

答曰:舍了当下的对求做人处事的道理,等于唱戏,无论装作的怎样好,也不是真的。反过来说,求做人处事的道理,是为矫正行为的不对,若不能将做人处事的道理由行为上表现出来,只求在言语文字上的道理,这道理等于镜中的果子,画上的饼子,是无实际的。

问:何为自暴自弃?

答:同声相应,同性相补,自己的智不足应用他人的智来补,自己的仁不足应用他人的仁来补,自己的勇不足应用他人的勇来补,自己的智识不足应用他人的知识来补。差的多多补,差的少少补,不愁补不足,只怕不求补。

补之之法,读他人之书,听他人之讲,观他人之行,借他人之知识道德(智仁勇)补自己之知识道德。

知识道德是人人应该有的,且是愈多愈好,所以补知识道德的事,无论老幼男女是应常常做的。能看书的看书,不能看书的听人讲理。

不肯求补的人,是利欲与嗜好将自己的心灵遮了,只觉著利欲与嗜好是离不了的,反不知道知识道德之不足是枉生的,这就是自暴自弃,甘心作一个无知识无道德的人。

人到了自暴自弃,甘心作一个无知识无道理的人的程度,即无人生之趣味,除癫狂自杀犯罪佯活外,别无结果。

六月四日

问:错与恶的区别?

答曰:错是不对,恶是妄为。错非智者不易认识？恶则妇孺皆识。

问:恕?

答曰:不恕不可以行之妇孺。

问:人生的结果?

答曰:人以生为原则,人生以结果为最终目的。人生的要素有二:一为物质,一为精神,故人生的结果亦有二:一为物质的结果,继续是也。一为精神的结果,成仁是也。做人须二者兼成。

问:处人?

答曰:处事如称物,非两得其平不可,遇事须先替人想想,再定自己的做法。

自己占便宜是使人吃亏。使人吃亏,以自处说是不智,以处人说是不恕。不智不恕其结果必吃大亏,当力戒之。

问:处事?

答曰:处事能处的下去与处不下去以公道与不公道为标准。

问:公道又以何为标准?

答曰:公道就在你心,遇事问问自己的心,就知道公道不公道。

问:舜好问而好察迩言,孔子称道之,似乎不够个称圣君的话。

答曰:在上的不对在下的看的最清楚,政府的错误人民看的最明白。在上的不能常常征询在下的意见,以补其错,故孔子称述舜为好问而好察迩言。

问:言?

答曰:道理明者自明,不明者说亦不明。一言而能使之明者,可与之言。一言而不能使之明者,多言亦不易使之明,言亦罔也,非徒罔也,人之见解如其面,一人一样,即一人也,且一时一样,因所见不同,与言亦徒费口舌。可与言而不言失人,不可与言而言失言。智者不失人亦不失言为言之最好标准。失言则人弃我,失人我弃人。失人失我皆有损于效用之表现,有害于事业之成功。欲不失言失人须去了主观的矜式,纯依客观的程度言之则可。

见一尺者与之言尺一,尚可期其觉悟,见一尺者与之言一丈,徒费而已矣。故善与人言者,不言其已知,亦不言其距知太远。言其已知无需于言,言其距知太远无益其言,反招其惑。

事由言成,亦由言败,言其为成败之枢纽也,故慎言为举事之本。欲慎之须先审之,欲审之须先虑之,欲虑之须先思之,欲思之须先智及之。

失生道者得死症理固不爽也。一日某客出,次陇(赵戴文)曰,某将死。余曰:何以知之,次陇曰,某之言词背乎生道。某果死。

身病易医,心病难医。心病易医,性病难医。医不了性病做一生凡夫。

六月六日

问:处人之道?

答曰:欲人对得起己,舍由己对得起人处用力外,再无他法。

六月七日

问:管人管事?

答曰:去处人处事之障碍,得处人处事之窍要,则可以管人管事矣。用人做事,应矜式人之所长,不可常视人之所长。大学说,人之有技,若己有之,是用人做事之好道理。管人当宥其错,惩其恶,严其限,密其则。宽以待之,专以责之,节以使之,明以考之,秘以察之,当以赏罚之。

问其所短?答曰:社会上说,病由口入,祸由口出。这口真是病与祸之根。乱吃乱喝为得病之根,乱说乱道为招祸之根,当特戒之。

六月八日

问:处人?

答曰:处人上最忌反激,多一点反激,留一点伤痕,减一点完美。

六月九日

问:用人?

答曰:能举千斤者,力尚不足为,乃责之于仅能举百斤者,反怨其未逮,不智之甚者也。

因果相应,若影随形,失立道者必倒,失生道者必死。自作自受,理固不爽也。怕倒者不可失立道,怕死者不可失生道。

问:管事?

答曰:行路能回头看,撂不了物。管事能回头看,撂不了事。事有能一做即了者,有须继续检点者,不回头检点,必致忘记,事之撂于忘者不知多少,有须一星期回头检点者,有须一月一年回头检点者,应有备忘录,分别记载,定日检点。

戒族人:积善者生庆,积恶者杀身。勿以善小而不为,为小善积则成大善。勿以恶小而为之,为小恶积则成大恶。

理根愈深愈单纯愈难见。祸根愈远愈切突愈难拔。动机愈微愈真确愈难窥。只好待诸智者。

深言勿与交浅者谈,深理勿与见浅者道。交浅言深反生疑,见浅理深反生障。

六月十一日

问:智仁勇?

答曰:智知之,勇不能济之,无济于事。智知之,仁不能成之,无成于事。

问:何以处错?

答曰:错为自身最吃亏的事,但能知错、认错、改错,尚可补救。最怕是有错不认错,错是一错,不认错又是一错,一错变为两错,是最不聪明的人。

不可因人错而自己亦错,人错了是人的不对,不可因他人的不对换出自己的不对,反取消了他人的不对,落得等于人或胜于人的不对。

问:处人?

答曰:不原谅人的过错,是自己不能处人。不检点自己的过错,是使人不能处自己。处人不可以太不好的居心猜人,以伤情。人皆有善心者,亦何至于太无心肝。然亦不可以太好的居心不防人以中伤,人皆有恶心者,亦何至不能做出恶事。处人要悯人之错,不可疾人之错,悯人之错人愧,疾人之错人怨。但必须去了疾人的心,才能不疾。必须生出悯人的心,才能悯。不是空话能做到的。如何去,如何生? 就良师,结良友,学古人,交今人,但全在自己立志,尤须一刻不放松的去,一刻不放松的生,久则必去必生。

问:身心兼成之道?

答曰:理施欲敛,是身心兼成之道。

问:唯心唯物孰对?

答曰:我不懂,以明白的知识格物,以公道的心理处事。不要离开物理以格物,不要违背心理以处事。儒者是平平淡淡的,仁也者人也,合而言之道也。急急迫迫一沐三握发,一饭三吐哺,三过其门而不入,要这顶好的心为办顶好的事。舍了事要心干什么,舍了心那还有事。撂了物者家必败,国必亡。撂了心者家必离、国必乱。什么是唯心唯物,证不明,辩不清,各说各对,你不必费那心,还是现实的事要紧。

问:你这一番话引起我的一个感想来,孔子是仁政仁学,但子罕言利与命与仁。

答:孔子说仁全是从仁的效用说,不从本体上说,因本体上说亦是证不明说不清的,这证不明说不清的话说出来,难以取信,反惹起争辩,智者不为。

问:为什么仁的本体证不明说不清。

答:仁是种子,如桃仁杏仁瓜子仁,在人上说仁就是理性种子,是不可思议的,无法证明的,如何能说。

问:何为不可思议?

答:比如一个鸡蛋,说它是能飞能跳能叫的无量数的鸡子,能思议能证明么。

问:孔子亦说利,君子喻于义,小人喻于利,又如五十而知天命,天命之谓性,何以说他不说利与命?

答曰:孔子罕言之利是利壳子的利,因利是智者之道,言之则违仁。至于不说命,因命涉及天道,亦是证不明说不清的,所以不说。

问:思想家为什么要从那个证不明说不清处说呢?

答曰:思想的最高点就是从证不明说不清处起,孔子亦是如此。但孔子为免人与争辩,故只说其效用,不说本体。

问:你为什么说你的收获的宇宙观、种子的宇宙论,岂不是亦要惹起人的争辩?

答曰:当然,但我那是为答山西大学学生的问,实际亦是多话。

问:将来是不是能根据上科学将证不明说不清的能证明能说清?

答曰:我想百分之九十九可以证明说清,恐怕那一还是证不明说不清。

问:佛家是不是将证不明说不清的说了尽净?

答曰:释迦牟尼说了尽净,但证不明说不清三千大千世界,你信么?信者信之,不信者不信,亦等于说不清。不只释家如此,儒家亦说大明始终。究竟是有始有终的,抑是无始无终的,你试想想有始有终是何始何终,无始无终是无到什么境地,恐怕不只是想不来,恐就不敢想,亦就不能想了。想且不能还说证明,说的清么?

问:取辱?

答曰:不顾人的利害只顾自己的利害的行为是不通的,强行之,不只是必失败,且要取辱。由不觉着人的痛苦,只觉着自己的痛苦,不晓得人吃了亏,只晓得自己吃了亏这一个心理上发出来的言行,不只不能得人之同情,亦是必然失败的,且是取辱的。如何能不取辱,遇事之来,先置身于对面,替人想想。人如有屈,替人补屈。人如有著,替人解著。自己心上走的通,方能求人心上走通。

六月十四日

煦南曰:政治家当有主义,使同者来而异者去,当结合人材,处事当果断敏捷。余曰:甚是此后当勉之。

自私自利之风行,国家不易为矣。

人生有欲,无主乃乱,今也名为民主而实不主,故变乱相寻不已,非有使一部分人民负起主张公道之责,不易过渡,此监察制之所由定也。

浮气者所著是也,有所著,动其著,气即动,去不了著,气不能沉。

六月十五日

说的聪明话,做的糊涂事,这说话的是谁,做事的是谁,可见人之精神有聪明与糊涂两者。说的糊涂话,做的糊涂事,是糊涂将聪明灭了,谓之下愚。说的聪明话,做的聪明事,是聪明将糊涂灭了,谓之上智。胜的过糊涂就是聪明胜,胜不过糊涂就是糊涂胜,求学之道尚矣。环境帮助聪明则聪明胜,环境帮助糊涂则糊涂胜。糊涂一定帮助糊涂,聪明一定帮助聪明,择友之道尚矣。

六月十六日

中其为天地之心乎,中道不显,世乱不已。得中则和,不中非刚则柔。天道偏阴则云,偏阳则燥。地道偏水则陷,偏火则崩。人道偏情则私,偏理则过。治国家偏于心则虚弱,偏于物则争乱。

太古尔(印度哲学家泰戈尔)问余曰:东方文化为何?余曰:中道。太古尔曰:何为中。余曰:难言也。比之鸡子,真鸡子所多于假鸡之一点是也,其效用有不可测者。

见偏者不可言正,见浅言不可言深,离者不可言复,陷者不可言出,自暴自弃者不可言上进。

六月十七日

有主性善说者,足征性有善也。有主性恶说者,足征性有恶也,主性善说者,意在使人扩充。主性恶说者,意在使人攻克。主善恶说者,意在使人为善去恶,其实非去恶善不能扩充,非为善恶不能攻克。天下事不如他是个什么就叫个什么,说的易说,听的易听,做的易做。

为一国之全利害主持一国之事,为公。为一部分之利害主持一国之事,为私。私之范围愈小,反对者愈多。

直接的三多二少,人皆知之,转一两湾的三多二少,中人以上的者始能知之。转三四湾的三多二少,非上智不知也。

仁向外则功,智向外则损。智向内则育,仁向内则朽。

六月十八日

或曰:崇古不若崇今。

答曰:崇古崇今不若崇对。

六月十九日

不慎之于初,必陷之于终。

或曰:儒者重情,岂不是撂了理么?答曰:推情即理,重己之情私也,重人之情公也。亦如己之利为利,人之利即己之义也,故拾金不昧义也。己之情为情,人之情即己之理也,己所不欲是己之情,勿施于人己之理也。

人有错,当矫正者矫正之,当置者置之,当惩戒者惩戒之。管事者不可生气,生气顶好能落个无害。与有一分气的人生气受一分害,与有十分气的人生气受十分害。

六月二十日

当如红炉点雪,不可滴水成水。

言行以道,以合天也。能合天则与天同。天无奇能,天亦不贵,能合天,则不自作孽耳。何为道,中是也。高于中为过,低于中为不及,过乎中者误于理也,不及乎中者陷于情也。偏于仁则弛,偏于义则刻。本仁以行义,由义以成仁。仁非义不成,义无仁不彰。仁义由中而发,合中之仁必义,合义之仁则中。中仁义之本也,惟中始能仁兼义,义不离仁。仁根于情,义根于理,情理相乘即仁义相得也。

六月二十一日

以一易言而致杀人者,不慎之甚者也。子乔病,某视病,出语其家人曰,吾友某善医者,可请医之,一药而亡。社会上如此者,比比皆是也。有女生父母早定婚,校风皆非之。其父商之某某曰,毁婚不义。其父强女嫁,女自缢而死。父母定婚是乡俗,自由结婚为学风,两者不合而强走一端,过渡时代之今日,如此而死者,日有所闻也。愚者遇事每欲就决于智者,幼者遇事每欲就决于长者,当值者遇事每欲就决于旁观者。智者、长者、旁观者,当审慎至当而后可言,如有未安,缺之可也。易其言而败人事、杀人命者,不仁之甚者也。

六月二十三日

"私产制"有三罪:一为强盗罪,一为杀人罪,一为扰乱罪。三罪定案,经济革命始有劲。私产制度罔民之制度也。有是心必须有是政,有是政始能去斯病而显斯效。此"私产"系指供生产之产,非供生活之产,即指供生产之私人资本而言。去斯病,须变私人的资本生产为全民的资本生产。求均不能用按需分配,亦不能用按劳资分配,须用按劳分配,资由公给。

各尽所能各得所值,易于生产,难于分配。各尽所能,各得所需,易于分配,难于生产。然皆足以灭强盗与杀人犯。劳资合一,是使盗不盗物,犯不杀人,分配无各得所值之难,生产无各得所需之难,调子唱的不高,不至迷人,实行易于见效,可以去病。近乎人情,合乎人道。政不繁,政病不易生。权不专,人病不易生。

六月二十三日

不为利害所动,始能行义。

当以尺量长短,不当以长短量尺:余曰:我劳动所得为我所有,你劳动所得为你所有,公道不公道? 皆曰:公道。又曰:你劳动所得我夺其若干,公道不公道? 答曰:不公道。你劳动所得由你惠人,合情不合情? 皆曰合情。一人少迟曰:当看在何制度之下。余曰:原理生制度,岂可以制度绳原理,当以尺量长短,岂可以长短量尺耶。或曰:合情则当准人遗产也,即使不准遗产亦属防弊,非为不合情也。

当道的荆棘,不是人要锄他,是他要妨害人行为。人处世不可等于当道的荆棘。作一人之荆棘,必为一人所锄,作社会之荆棘,必为社会所锄。

六月二十五日

为政当自处有界限,有定时,有定事。凡事必须有专责,处事本国利民福,待人以君子,防人以小人,有监察己者,有监察官者,有共治者,有与全范围通情之道路,有兴业防弊之法,则使奸邪无隙可乘,使智雄无口可藉。选人材,专任使,确考核,当赏罚,由人治速过法治,由无主速到民主。村村无讼,家家有余,公道森严,舆论正确,各尽所能,各用所值,用以自生、互生、共生、助生。自生者自生也。互生者家庭之生也。共生者公共之生,即今之所谓一切负担也。助生者,扶助他人也,今之所谓捐施也。

行有不得者,反求诸己。路走不通,不能怨路,若怨路,永走不通,当怨自己走的不对。人处不住,不能怨人,怨人永不能处人,当怨自己处法不对。处正人有处正人的道理,处邪人有处邪人的道理,处君子有处君子的道理,处小人有处小人的道理,法子对什么人也能处,法子不对什么人也不能处,只有反求诸己,是第二次的出路。

当随遇而安,随遇而安是仁者之道,亦是智者之道。随遇而安是最上算的路子,若不安于所遇,祸必临。小不安受小祸,大不安受大祸。

六月二十六日

亲而疏者,当存心疏,疏而亲者,当存心亲。继母之于前子,前子之于继母,皆亲而疏者也。

六月二十七日

与无益于某事者谋某事,非特无益,且受其碍。

六月二十八日

与自是者言理,等于与患吐者进食,非惟白作,而且惹憎。

采对置错,以听众议,则可以主会议矣。

六月二十九日

知识由浅说,大致相同,由深说,相差甚远。可从相同处说,不从相异处说。

六月三十日

力致之而不至,力避之而不免者,自然也。

七月一日

为国为晋只求其心安而已。

七月二日

仁者以财发心,不仁者以心发财。

知有天地者始知有心性。知有心性者始知有善恶。知有善恶者始知有神鬼。知有神鬼者始知人生何为。知人生何为者,始知人为天地心,天地亦以人为贵也。

仁不节则驰,义不节则刻,礼不节则繁,智不节则乱。

七月四日

大喇嘛的称钩与提绳在一孔中,虽千斤万斤亦称不下一斤,以致人民税草豆者无交了期,五台陆令知而劾之,罪大喇嘛。二喇嘛语人曰:若以吾升,吾将使称之钩孔与提绳孔为无量长,虽眼不能见之毫毛,称亦得称而显之。

处听诸在人者,如逆言错语、富贵贫贱、权威名功与夫治国行道,当如大喇嘛的称,使皆不足以动其心,是使外者向内成功。处尽其在我者,虽一饮一食,一应一对,一钱一物,一言一诺,一刻一寸,当如二喇嘛的称,使皆得其义之宜,是使内者向外成功。二者兼备,才够个儒。

七月五日

烦恼皆由自取。慷慨之举,自己难于继续,过量之求,他人难于继续。

不出邪道,不能入正道。不入正道,则不能无鬼蜮之行为,其败也必矣。

自强而曰我不能者,自弃也。

滴水成冰,快乐灭尽,烦恼丛生。红炉点雪,烦恼灭尽,快乐无间。

心支配物则治,物支配心则乱。心支配物,则心之用显,物之效宏。物支配心,则心之用灭,物之效失。物则非藉心则不显,心则非假物则不彰。心与物如人与车,车无人御则车之效不显,人无车御则运之能不彰。

七月六日

对的起父母易,对的起妻子难。对的起众人易,对的起交着难。

死易生难,优于生者始可以死。

七月七日

孟子曰:王如用予,岂徒齐民安,天下之民皆安。孟子将用何法以达此目的?吾人应当研究,得之则可为今日之孟子矣。孟子曰:夫天未欲平治天下也,如欲平治天下,当今之世,舍我其谁也。孟子所恃者何?其方法为何?吾人能有其所恃,得其方法,吾人亦可曰,夫天未欲平治中国也,如欲平治中国,当今之世,舍我其谁也。

七月九日

圣人之大宝曰位,手无斧柯、奈龟山何。孔子三月无君,则皇皇如也,士三月无君则吊,是儒家合天心处,亦所以异于佛老者也。田不耕农之责,器不修工之责,天下不平儒者之责也,孟子若以此义阐答周霄可省后儒辟佛。

七月十日

或曰,南京以为义和团亦民族之勇气也,此言何如?曰民族之妖气,何得谓之勇。曰彼以为外族无理已极,怒而一击之亦一勇也。曰怯之至也,何得为勇。前者鲁议员团到晋,以日本输送吗啡快枪于鲁,杀我精神,乱我国家,不人道者也,彼以不人道对我,我岂可忍而受之,当不顾一切与彼奋斗,欲以此鼓晋人。余答曰:日本以不人道施之于我,固非彼立国之道,然何以彼不送之于美、英、法、德,而独送之于我国乎。彼之不人道于我,故有由来也,不自强而徒逞一时之愤,实足以益其祸也。且勇者以自振为正意,非专用以制人也。义和团由国家之安乐危亡而变为不祥之举,不能自强不仁也,不知人强不智也,何勇气之足云乎,当国者出此言,国害无穷矣。

七月十一日

与盲人说看,与聋人说听,不能怨盲聋,怨己不智也。

讥讽之言不应辩,责备之言不当辩,错误之言不必辩,若辩徒激之甚耳。逞能之言不必答,答亦无益,求正之言应当答,答亦不可距伊太远,使之莫及。顺以止之,主会之良法,辩以止之,不可能也。不言之言贵,不辩之辩高。口之言效小,心之言效大。言在心,其言效大。言在口,其言效小。

或曰,知行本是合一的,何必又讲知行合一。曰赌博对乎,曰不对,曰汝定不曾为赌博也,曰未能也,曰何知行不合一也,当用知行合一之功。

七月十二日

德日进可以生,从心所欲不踰距可以死。人生如炼钢然,死如蘸火然,炼的精者钢好,蘸的当者器好。

七月十三日

梦偕玉堂(冀贡泉)宿管常中之店,见守先伯,而闻寄生在内。梦本常也,录此可以促进德整业,以预备死。

七月十四日

铸成即是大错之事,但有一分可虑处即当考虑,一成即无法挽回,可不惧哉,可不慎哉。

七月十五日

只有树正销邪,为将来坦途。正己而不责于人,为自诚之大道。细事计之不精,秘事为之不密,均足害成。

七月十六日

善始谋终,方能无悔。

七月十七日

方法是第二层,必须是当为之事而后可求方法对。若为不当为之事,好方法适足以助其恶。

七月十八日

孟子曰:大国五年,小国七年,可为政于天下之言屡见之,是有所计划而言者也。吾人能索而得之,合以一省亦可然也。详思之,不外如何发扬人群公道,培植人材,训练人民政治军事能力,开发物质四者而已。回想已过,不免错误,若切本王道今较古虽难,大省七年,小省十年,亦可成功。惟省之权不若国远甚,是为问题耳。

七月十九日

不恕即不知止,充其量即为天地所不容。

七月二十日

心十分安的事,可为之。至少亦须有七八分安,方可为之。

七月二十一日

反击之语,完全是害,决不可言之。合心之语,须防顺甜与侦察。

七月二十二日

不到红炉点雪,处事处人不能恰当。如何能使黑气变为红火,是应着力处。

能到大放光明的时候,才是真快乐,才能够行王道,平社会。

七月二十三日

虽当危急存亡之秋,亦应为国家谋,就不若成功有把握时易为也。

若非为仁义所迫,不当由安而入危。若为欲望所引,其悔无涯。

七月二十四日

知止是学问的初步,知止始能上求学的路径。

七月二十五日

心志未坚,身体未健,是吾忧也。真知若昧,大智若愚,不能若昧若愚,即不是真知大智。

七月二十六日

默采众见,公表责成,实行考核,信其惩罚,用民监察,可轻轻而治。

七月二十七日

理溅则散,敛则聚,非不不可矶不可。

辩之不得已,亦如刑之不得已,得已则可不辩。

七月二十八日

法如道路人如车,车好路坏等于路好车坏,偏重者知其半者也,行之必泥。

脱落一切污秽,留下就是干净。干净是光明的,精健的,仁慈的,谦和的,恰当的,成功的。

七月二十九日

跳出陷阱,始可以入坦途。拔陷当用力,若不用力,终困于陷而已。

七月三十日

柄不在手,转不由己。

八月一日

明明德,止至善,互为体用。能明明德,即能知止,能知止,即是明明德。由明明德而止至善,是自明诚。由止至善而明明德是自诚明。智弱者当由明明德入手,勇逊者当由止至善入手。

八月二日

始终如一则直,或二或三则辱。

八月三日

与他人之企图相乖者,必不可相藉赖,事先则当戒,见几则当谋善之之道。

八月四日

表里不一致,终有途穷之日现也。

八月五日

本日由大连飞大同之行程:四点半出发,四点五十分见日,五点五十分过海到陆,六点三十五分过开平,丰润间,六点五十分过玉田,七点二分过三河,七点二十分过通县,七点三十五分瞭过北平,七点四十二分过昌平,七点四十五分过南口,七点五十五分过怀来,八点十分过新保安城,八点二十五分过宣化,八点三十三分望见山西境,同时望过张家口,八点五十分过怀安,五十五分入山西境,低飞行,九点过天镇,九点二十分过阳高。

飞不觉快,高不觉危。

行两千里不劳,进十里地很累,振作与颓败可同日语哉。

八月六日

造物是依心表现物的效用的,用物是依物表现心得效用的。造物是人与物的关系,在内源于智,在外成于艺。用物是人与人的关系,在内源于仁,在外成于道。

八月七日

集怨必发,不恕必返,虚伪必困,相乖必离。

八月八日

管理物的方法,不用科学式不生效。

八月九日

全凭天雨,终有饿死之日,当思人力补救之法。

八月十日

突如其来,观感不能纯一。

八月十一日

心不为物转,其难乎。

八月十二日

知止守分,为处世之素。

八月十三日

易人之已否之事,非十分融洽之后不可行。

八月十四日

执错之错甚于错。

八月十五日

应需要,精计画,专责成,严考核,当赏罚,为为政之道。

八月十六日

清斋兄曰:何处黑了何处住,何时断了何时接,任其自然可耳。余曰:事有在乎己者,当尽力而为之。事有听诸人者,当如兄言处之。

八月十七日

无中者不足以言中,强与之言中,失言兼失人。

八月十八日

欲掩己之不善,比欲掩太阳尚难。

八月十九日

车之尖轮为利己之心之表显,结果人己皆不利。平轮为共利心之表显,结果为人己皆利。

八月二十日

当三复白圭以谨言,三复潜龙以谨行。

八月二十一日

以气处事其害为正比例,动若干分气,受若干分害。以理处事其利为正比例,占若干分理,得若干分利。

八月二十二日

或曰:家族自治财产,不虑起族人争端乎。曰自己之财产留予子孙,亦难免其争,既不因其虑起争端,而不为子孙留财产,亦不应虑起争端而不为族人留财产。

八月二十三日

或曰:何为人材。曰懂的三多二少,就是人材。或曰孰不知乎。曰:眼前的三多二少尽人知之,眼前的二与远处的三尚能分别知其多与少,有几人哉。果能知以二换三者,可以富家,亦可以富国。

八月二十四日

族产能行发达族人公道与热心,是以有价之物换成无价之宝,其次发达族人知识技能,其益亦够千倍万倍,最怕供子孙作毁身体名誉德性之资,则大不上算矣。

八月二十五日

重亲近之轻人,忽疏远之正人,事必败。

八月二十六日

仁是义礼智信的源,爱是仁的质,爱能化仁,亦能杀仁。故化爱为仁,是儒者的独一工夫。

八月二十七日

人心险诈莫测,万不可授人以柄。授人以柄恐受人制。世人因慈善授人以柄反受人制者,乡间不鲜,亦可叹也。

八月二十八日

能容大逆者,始能受大任。能忍大辱者,始能成大事。

八月二十九日

声非和不入,言非顺不从,理非直不立。

八月三十日

习惯之抗力甚大,无论善恶,打破皆难。

八月三十一日

顺而止之能,逆而止之,对方则另谋他法。

九月一日

离开物用心,愈用心愈朽,离开心用物,愈用心愈乱。

九月二日

言非简要不为功。

九月三日

非严厉不足以振已堕落之心。

九月四日

非严惩罚不足以除弊,非群力不足以兴利。

九月五日

逆对言者败亡,逆错谏者亦困,人不以为拒错以为拒谏也。

九月六日

行己意而宣传,何若行人意之入人深也。

九月七日

安固不可入危,危亦不可苟安。

九月八日

非节无以恒,非恒无以从。

九月九日

代人作主受过,侵人之权受辱。

九月十日

言否效小,面否效大。面否效小,心否效大。故否其耳者,不若否其目,否其目者,不若否其心。

九月十一日

妯娌仇人,十之七八。兄弟仇人,十之四五。家庭办法,应当改善。

九月十二日

拖泥带水不利,界限分明寡欸。

九月十三日

王之平远来谈学曰:文明是心不是物,黄帝时无飞机大炮,传国于今矣。

曰：黄帝时无飞机大炮，岂无战车，今日飞机大炮与黄帝时战车有何分别。假使当时黄帝被蚩尤打死，能否传国。今君当知离开心的物固是杀人，离开物的心要被人杀，其错维均。

九月十四日

山中情厚，湿处多水，亦自然之理。

九月十五日

做酷吏未受酷刑，若使亲受酷刑，必不敢作酷吏矣。

九月十六日

课川至学生题：弃地之利，与国家之贫弱成正比例。山西一万二千余编村，河边为编村之一，弃利若干，试列举以对。

九月十七日

有燃火性，拒燃不得。无燃火性，招燃不来。

九月十九日

知止可以处余，知足可以处困。

九月二十日

不识皂白的人，不可以言皂白。

九月二十一日

自身之事，当本责己不责人之道。国家之事，责人与自勉均系责任。

九月二十二日

对言当从而矜饰之，错语当拂而矫正之，偏见当置而弗激之，恶意当过而顺止之。

九月二十三日

欲仇人者，乃消人误国之罪与以定国之功，不智之甚者也。

九月二十四日

夺人之功仁不足。抢人之罪智不足。

九月二十五日

见解不同如其面，故非有负责者不易决定。

九月二十六日

脑是被动的，心是自动的，人多重脑轻心，故易宣宾夺主，所谓主观太重，成见太深者即是也。

九月二十七日
造产增人为中国今日图存之要件,当有分年计划。

九月二十八日
有成见者,强人跳崖,不许人问沟深浅,真是无法。

九月二十九日
院内干净街巷脏,屋内干净屋外脏,最证明无社会性之公心。

九月三十日
无论如何明白的道理,不能使有遮蔽的人明白。

明白不能与糊涂接触,接触易反射,故非有耐糊涂之明白皮不易保护。

十月一日
本日阴历八月二十,添过易而改过难。

十月二日
以毒药进人而不承认要命者,非离即陷也。

十月三日
对方心理必相殊甚远,不可据我之强处对方之弱处决办法,应参照我之弱处对方之强处谋对策。

十月四日
能合人之利害,始中人之心。

十月五日
学校所学与社会所做不合,国事无进步。

十月六日
不审知人民之利害而施政,不行之令。

十月七日
闻有河清之说,未闻有河干之说。吉县知事阎桂芳谒谈,十八年冬至左近吉县龙王辿一带,黄河有数十里长一段午间忽干一小时。又十九年约有数十里长一段忽澄清数小时。并云在民国六年曾有河清之事。

十月八日
人的见地在那里,是非即在那里,见地不同,是非则异。但此是非不是真是非，真是是一，是外皆非，且真是在见解之内，去不了见解露不出真是，也就是见地合不了真是即是我见。

理不可与不懂者说，事不可使不会者做。做无益害有益，不如不做。客来为客自计，不能满客意不若婉辞。

德国政府为维持失业工人，有改为四点钟工作之令，是资本主义原为改进生产之先导今则为生产之障碍焉。

十月十日

作人要受中国文化之陶冶，作事要受科学知识之指导。

十月十一日

否人不可迎头，迎头则恐压伤，或激乱。尽了人意而后言，尽知人隐而后劝。

十月十二日

进言者原则大都皆对，惟难合乎事实。

十月十三日

以盗得者，盗思夺。土可亲，水可爱。

十月十四日

农家秋忙，劳而乐，有兴固也。负人者言甘而面惭。

十月十五日

恢复整个的党，统一的国，实现均权制，安内以御外。

十月十六日

损人之事为要名、报复，而痛快为之必有后患。

各取所需是圣人制度。各取所值是贤人制度。劳资合一是常人制度。私产生息是盗贼制度。常人多只好行常人制度，贤人多可行贤人制度，圣人多始可行圣人制度。

私产生息之罪案有三：（一）强盗罪、（二）杀人罪、（三）扰乱罪。各取所需，各取所值，劳资合一，皆足以消其罪，即是能使之不杀人，不抢人，不扰乱。惟各取所需澈底而难于生产，各取所值公道而难于分配，劳资合一迁就而易于实行。

十月十七日

社会间反对试验,失败之习惯太甚,为进化之一大障碍。

十月十八日

理是明的,气是黑的,理是公的,气是私的,气不足以明人,理斯能明人,说理不可带气。

知非当从今日始。不可求当面语言之胜利而乖事实。

人心同处是一点,不同处是千万。主义当得人之同处,方法预防人之异处。

十月十九日

跳出陷坑,冲出包围,卧薪尝胆,突破顾虑,破釜沉舟,造产增人,救国之危。

定事要知止,作事要有节。继事要有恒。

十月二十日

俭字是系对滥费者言,不是为尽事者言。妄费的钱虽少亦当惜,应花的钱虽多不当吝。

十月二十一日

早视坟工,遇管家营阎隆红者衣服破烂,要于坟跪,请曰:有求。令起。问:何事,何跪为。曰:余于水泉湾滹沱河上架一桥大半已成,惟有五丈馀正流无法完成,请施以援助。问:谁令汝架此桥。答曰:自愿。问:何故发此愿。答曰:余乃姨母所生。数十年前,余迎姨母归,过滹沱河,姨母漏冰,几致损命,余当时即发愿誓架此桥以济众。问:至此共花若干钱。答曰:二千馀。问:钱由何来。答曰:卖产者半,募化者半。问:愿我如何助。答曰:助铁梁两根。问:以外用钱何来。答曰:余去年与人佃地,可分粮七石,将粜此以为之。问:汝姨母在乎。答曰:在。问:粜此汝母将何食。某默久答曰:有此身在,自不难以图养也。余曰:汝归,善养母,此桥余完全助汝成。余派工程师往查勘后,即酌定做法。余令从者导经街归。某曰:余愿走村后。问何故,答曰:不愿村人笑我也。余曰:村人之笑汝者正村人之所不及也。某走后,做工者有曰:何栖栖为致人笑也。余戒曰:此人类之宝也,惜其少耳,非仅汝等所不及,余亦有愧。

外侮之来,可以理御,不可气激。

十月二十二日

非用恐怖的精神打破顽固与迷信,不能澈底的兴利除弊。

十月二十三日

养以为质,礼以行之,孙以出之,信以成之,为做事之顺道。多少好事,因礼不周,言不孙,信不孚,致生障碍者,比比皆是。心离者言支,意乖者言乱。

慷慨虽发于观感而根于自性。性难改是常人,志难夺是豪杰。

十月二十四日

事有可以往可以来者为之。有不可以往不可以来者弗为之。可以往不可以来者为而弗受。可以来不可以往者受而弗为。

训练人民政事能力,军事能力,更应训练其管事能力。

十月二十五日

山西十年九旱,非特为造产增人上之一大障碍,且有减少农人兴趣之病,应有根本救济之计划。

除作人外,生活与做事均当用科举的方式。

次陇由大连归,深感外患急而内部不能团结之危险。

十月二十六日

河边有弃地之利三百万,建安亦有弃地之利三百万,欲振兴此利须有智识与组织,智识尤要。

十月二十七日

奢则累德,俭亦累事。

十月二十八日

话人之力若干,而骄人之力亦若干。

不及多少少多少,过了多少亦少多少,过与不及吃亏相当。

十月二十九日

铁杵磨针的事,以早种晚收的心理做去,绝不成功。

十月三十日

善事非有严切的界限,不易图终。

按桑干河每秒钟可流五百立方尺水,全年计万万立方尺,价值一千多万元。全省河流直冲京汉线者,计有十三,水流之多,大小虽不等,比而算之,全省水之流出境者,亦值一万万元,而黄河不与焉。

十月三十一日

人心是诚诈兼具的,应事当敬其诚而虑其诈。

十一月一日

权操于己,意勉从人。

十一月二日

急迫之言,虽对,亦减少其效力。

十一月三日

理可喻人,情可感人,气则激人。能理情兼用,处家处世均可。不得已处家重情,处世重理。

十一月四日

疏于周旋,则败人兴趣。

十一月五日

作事要脱利,祸害皆由拖泥带水招来。

理如镜,气似云,气动则遮理,故人能沉下气去始能说理。理寓于情,亦毁于情。

十一月六日

河边村弃地之利三百余万元之多。东西大建安三村亦一编村,地亩虽较河边为少,弃地之利亦有一百万元之多。整兴各村弃地之利,为今日政治当务之急,亦即科学显著效用之途。否则政治茫不见功,科学亦不见效,民困不能纾,国危不能解。

招人之忌不可,受人之怜亦不可。

十一月七日

创事当使有经验知识者为之。

十一月八日

非等级分明,分际恰当,不足以处宗族。

十一月九日

合理之主张定可获得最后之胜利。

十一月十日

仁以自爱,智以自知,勇以自制,此体也。仁以爱人,智以晓事,勇以行事,此用也。

十一月十一日

十年树立公道,培植人材,训练人民,厚积民生,而后以王道方法奠定国家,以经济平等原则建设新国,志定誓也。

十一月十二日

触有必伤和,养和须先化有。

一事、大言之人则惊奇,小言之人则笑庸。黑不遮明,明斯真。

十一月十三日

平心静气之言收效大。

十一月十四日

去不了遮光的不能现光,去不了障善的不能显善,此由外向内之说也。发不了光不能去暗,发不了善不能化恶,此由内向外之说也。容刺始能藏秘,纳谏而后止奸。不知己闯祸,不知人败事。

山西十年九旱,每遇旱时,政治的精神进行上即受其打击,且农民每虑其荒旱肥料,工作俱多迁就,关于社会经济及民食则更无论焉。以中国言,应以造产增人两事为觉悟。以山西言,应加防旱一事。若能在全省凿每秒钟流二加仑水之井十万眼,则山西亢旱问题可以解决。反而言之,不论开渠凿井凿泉蓄水,每秒钟能有二十万加仑之水量以灌地,则此项问题亦可解决。

十一月十五日

不能光明灵觉,不足以合同一之人心。不如枯木顽石,不足以耐万殊之人性。

十一月十六日

不与不够程度者接触,昧于社会上被指挥者之情形。久与不够程度者接触,失却指挥社会之效用。

十一月十七日

易于先者难于后,谋其始者成其终。

十一月十八日

智者我人两益,愚者我人独利。两益易应,独利难允。

十一月十九日

对是无论大小一样难。

十一月二十日

井不可以作窖,犁不可以作耙,不识其器而用之,非器之错,用器者之错。

十一月二十一日

路各有去向,去向定,应由何路去是一定的。不言去向而问路,人无以答复。不问去向而指路,人无以承受。世人论事而能明此理者亦甚不多。

十一月二十二日

事须有经验有计画者做之,方能成功。

十一月二十三日

与人以隙,授人以柄,皆足以长人欲而启人奸。

十一月二十四日

成功是成功,失败亦是成功,君子为之。失败是失败,成功亦是失败,不肖者为之。成功是成功,失败是失败,豪杰为之。

进德、增识、储才,三者为作事之基本工作。进德当进到君子义以为质,礼以行之,孙以出之,信以成之之程度,增识当增到知当务之急与现在之学。

博采众议可,筑室道谋不可。

话与受者言,事与称者谋。与不受者言失言,与不称者谋乱谋。

十一月二十五日

非我不可时,要以等若无我态度处之。

十一月二十六日

为人谋,刚比人见高人易受,过高则人不及矣。

十一月二十七日

心安而后理得,凡心不安处,均不可轻放过去。

十一月二十八日

拙者惮巧,愚者惮智,藏巧始能处拙,藏智始能处愚。

十一月二十九日

安徽寿县志士张崇礼由太原步行二百馀里于十一月二十八日至河边村,呈血书,促起而领导国民,挽救危亡,请示自强救国方策,经与晤谈,来函及谈话,见年谱一六五四页。

对不着错,错每误对,知此可以处错。

十一月三十日

机事不密则害成,密事不机则败露。

十二月一日

处事要中中则成。行事要和和则顺。

十二月二日

诤言不可忽,佞言不可辨,险言不可入,愤言不可激。

十二月三日

感觉上之错易改,性情上之错难改,学问上之错更难改,学问上之错不易知。

十二月四日

虽极支离之言,亦当玩其着点所在。

十二月五日

由内向外之事,先行后言则利于行。由外向内之事,先言后行则利于行。

十二月六日

欲购凿井机,询价以电较函速两星期,有为省费阻电用函者,余曰:做事是人生结果,两星期价值甚多,当用电。

十二月七日

民国十一年二月六日,英、美、法、日、意、比、荷、西、中九国订条约于华盛顿,其要点如下:(一)尊重中国主权及领土行政的完整。(二)为维持中国政府之稳固予以无障碍极完全的机会。(三)树立有效之商工业机会均等主义。(四)不得因中国状态谋特别权利而减少友邦权利。(五)不得赞助本国人在门户开放之中国要求特权。

十二月八日

原则不难定,惟难合事实。至愚之人不懂原则。中常之人懂原则而难合事实。欲事实与原则相符,非上智而无成见者不可。

十二月九日

刚愎自用与优柔寡断,其错维均。不合理的自信与合理的不自信,一样败事。

十二月十日

何君亚农来函附诗一首录后:

别西汇·忆百川兄

忽忽相逢又隔年,欢然话旧酒樽前。

山深地僻尘嚣远,水到渠成(河边村渠成是日河水正来)畎亩连。

翠柏栽成千万株,清泉凿就百重悬。

桃园境界君修得,半日来游我亦仙。

十二月十一日

苏俄之现势:

(一)苏俄之军事训练。列宁高唱赤军为联邦之后盾,世界革命之前卫,至今精神教育以共产主义为铁则,正规教育时间约占业间时间三分之一,兵卒特权较一般市民为优。世人因其自由主义的教练不能作战,实由与事实相反。其化学战之设备及空军,已能完整,士气旺盛,不可忽视。

(二)现有之陆军兵力。正规军及民兵军之基干人员约五十六万二千,民兵约四十万,国家保安队十三万。(甲)步兵,正规师团二十九,民兵师团四十二。(乙)骑兵师团十二,旅团九。其火器之装设比之列强毫无逊色。此外空军达二千一百机,民间航空会社二,空军力倍于日本。

(三)外交之形势。对英已复交,美仍绝交,对德意交亲,对日虽有交,但以满蒙关系历史有争,利害相反如下:一、日得远东俄迫其吐出。二、俄得南满日又夺回。三、俄进中原日修吉会。四、俄侵外蒙,日进吉黑……对华在彼以赤化西北以入中原为步骤,忌在共管。今后在华为赤白两主义之竞争舞台,首祸者必西北也。

综以上现在情势以观得下结果:

（一）俄必侵西北，在日本夺得东三省，进窥热河之时，及内部帝国共管纲显著之时。

（二）俄必利用外蒙以入西蒙及新、晋、陕诸省，元人主华夏之局复出。

十二月十二日

行之难言之得无切乎，切言为德之始。

十二月十三日

凡事七日不过心则废弃也。

十二月十四日

添过之日，未尝非悔过之时。

十二月十五日

生有日，死无期，当以有日备无期，不当以有日累无期。

十二月十六日

处人能知人之痛苦，始能安人之心。

十二月十七日

做事应当尽量的向踏实处做，去替客观方面想。

十二月十八日

无完全处理权的事，不可轻意表示完善的方法。

十二月十九日

非办好不可的事，不可急迫求之。

十二月二十日

中国大家庭，父子兄弟不如路人。外国小家庭，父子兄弟等于路人。应当走强于路人的办法。

十二月二十一日

急事来，从容处置，即胜一筹。

十二月二十二日

中央政府法令残贼省之安全与发展，固是中央政府之错误，但中央既有残贼省之权，则只可于委曲中求方便，不可率意创改，致生障碍。

十二月二十三日

于可能范围之内，创设一事务，须得对方或足以代表对方心理者之审查。

十二月二十四日

揄扬之时勿显露,毁谤之时勿隐藏。

十二月二十五日

人之思想复杂,见解奇特,有不可思议者,触则易生反感,故与言不可不审也。

十二月二十六日

什么是个我?痛时只觉着痛是我痛,岂是个我。怒时只觉着怒是我怒,岂是个我。喜时只觉着喜是我喜,岂是个我。苦时只觉着苦是我苦,岂是个我。究竟什么是个我,我是个什么。

十二月二十七日

每一事中,含有若干个中,有主有从。从中不得,事则受伤。主中不得,事则致命。

十二月二十八日

拖泥带水易生枝节,欲不拖泥带水须斩断连绵。

十二月二十九日

远近是比较的,长度是一定的。或曰河边到太原远否近否,应之曰比忻县远,比太谷近,但若干里是一定的。是之比较说者,是未寻见一定的,是之相对说者,是未找着绝对的。

十二月三十日

公道是对不是好。占便宜是坏方面的不对,吃亏是好方面的不对。公道可以施诸己,并可以施诸人。吃亏只可施诸己,占便宜只可施诸人。吃人亏者谓之好人,占人便宜者谓之坏人,不吃人亏不占人便宜者谓之对人。

民国二十一年

(1932年)

一月一日

心的用项是为发挥物的能力,若心不用到发挥物的能力上,是白用。物的用项是为表现心的效用,若物不用到表现心的效用上,亦是白用。

一月二日

言是知,本乎理,易公。行是力,本乎欲,易私。所以古人要讲知行合一的学问与切言讱言的工夫。

一月二日

凡事都含有矛盾的两个性,矛盾之间有中,不及中与过了中,其错一也。使两个矛盾的为不矛盾是中,使两个不相称的为相称是对。对是一,是绝对的。不对是万,是比较的。

一、宇宙本体是中,中是不偏,不过,不不及,横不碍其他,竖不碍将来。

二、中是正当恰好,部位上不偏左不偏右,程度上不过不不及,关系上横不碍其他,竖不碍将来。

三、理之中即为事之对。中在不中的中间,不在不中的反面。对亦在不对的中间,不在不对的反面。中道文化是在不对的中间找对,非中道文化是在不对的反面找到。在不对的中间找对,是以对的一规律不对的万,使不对归于对而人事常治。在不对的反面找对,是以这一端的不对否定那一端的不对,使不对与不对递相否定而人事常乱。欲安和世界,非中道文化莫属。

四、中非折中的当中之意,乃是恰当的、圆满的,亦非静止的、机械的之意,乃是进步的、发展的。人实在是离不开中的,一离则偏,偏则有损。凡能得理之中,始能求事之对。即在理为中,在事为对。

五、中是理的极则,对是事的极则,中为体,对为用。求理之中即为得事之对。

一月三日

各取所需与以德报怨,同等好,一样错。

一月四日

支出每易超过预算,收入每易少于预算时,当注意及之。

一月五日

若以好、过好、坏三名词而论,好即是对世俗所谓之好,皆超出对之上。余故曰好不是对,对不是好,好超过对也。牛谓之牛,马谓之马,此谓之对,不必谓之好也。秤一斤之物,与以一斤之钱,此谓之公道,不必谓之好。占人便宜是坏,吃人亏是好,但坏不可由己施诸人,好不可强人施诸己。若以公道,横说,可以施诸父母妻子兄弟邻友乡党以及于世界,凡有人类之处。竖说,已过若干万万年及未来若干万万年,凡有人类者均可也,以故尚对而避好。

一月六日

迷信不可也,迷不信亦不可也。由内向外不澈者,易犯迷信之病。由外向内不澈者,易犯迷不信之病。想到什么就以为有什么,是迷信。看不见什么就以为没什么,是迷不信。

一月七日

痛快之言难继,过当之言难行。损己之事难继,损人之事难行。

一月八日

以人利己人不从,以己利人力不逮。

一月九日

平心静气是清朗的,感情冲动是昏秽的。

一月十日

瓮口上积米易,瓮底上积食难。

一月十一日

中国人错用了心,结果是个贫弱。西洋人错用了物,结果是个战祸。

一月十二日

哄小孩吃药,当用甜物引之。纠常人错误,当以婉言喻之。

一月十三日

心用在物上则发,物用在心上则德,心用在心上则枯,物用在物上则乱。心以格物,物以表心,心离开物心朽,物离开心物乱,心朽则贫弱,物乱则暴殆。

一月十四日

德国柏林通报新闻记者蒲兰德来访,蒲谓鄙人专来晋有数事请教:

(一)问:先生对日本在东三省之行动,有何感想?

答:深感国际间和平藩篱尽毁,从此将益陷于悲境。

(二)问:先生向所主张整个的党,此次南京团结能否达到先生之主张。

答:即或不能完全达到,总可说已上了此路。

(三)问:先生对中国过去作何感想,将来有何筹划?

答:中国过去是错用了心,使心向精神上用,致成贫弱之今日而自杀,将来应使心向物质上用,当可臻富强。

(四)问:先生对世界作何感想?

答:世界上错用了物,使物离开心的发展,致成侵夺之现象而杀人,先生认为然否?蒲曰然。

(五)问:先生主张之十年计划案脱稿否?

答:余以主张建议耳,案之脱稿政府之责。

(六)问:先生开发西北实业计划定否?

答:正在筹拟中。

(七)问:山西之交通有计划否?

答:山西交通,欲以窄轨完成同蒲干线,并修七支线,惟此为中国国营,地方无力主持。

(八)问:以汽车作交通何如?

答:须先解决汽油汽车自产问题。

蒲曰:鄙人欲请教者已毕,先生有何意见表示?

答:我有数意与先生谈:

(一)国际间正义假面具,已被日本一足踢破,被压迫的国家,应当找一有效办法。我以为德国的科学与被压迫的民族合起来,是一条解脱压迫的有效路径。

蒲:同情。

(二)俄国五年计画完成后,闻有一千七百万陆军动员之准备,其用兵方向,非华即德,先生以为此事系正当之认识,抑系过虑。

蒲:据我所闻亦决非过虑。

(三)余在大连时,日本报上登载,德国因工人过多,减为四小时之工作,以均食。当时余虽不敢信该报所载为事实,而曾假定为事实,作简单之论断,以国家说,造产愈多,社会上之用愈宏。今乃以减少工作时间,藉均工以均食。是违造产愈多用愈宏之原则,其违此原则,必由制度之错误。先生以为如何。

蒲：物品滞销，供过于求，不减作工时间无以救济失业工人之生活，此确系德国之事实，亦世界各国之事实也。余曰：此系世界资本国家之事实，恐非社会主义国家之事实。蒲曰：供过于求恐难逃此事实也。余曰：余对此有一段论文，尚未脱稿，脱稿后当寄先生一阅，以求正。蒲曰：最善，留一通信地址，务请脱稿后即以汉文原文首先寄赐。又曰：余得最先消息，俄德战争恐难避免，且为期不远，此事恐与贵国与日本之关系不无影响。先生以为何如？余曰：影响恐不小，惟战争之焦点为何？蒲曰：德国共产主义与法西斯主义原本平衡，今共产主义大被压迫，行将不支，俄国为援助共产计，故急于与德宣战，即将来战事之焦点也。

一月十五日

复中医改进研究会理事时逸人函云：接阅所送改进中医计画，大体与余往年所主张者多所吻合，如学术改进之子丑寅及计画说明之第三等项，皆甚得窍要。兹并将余往年改进中医旨趣详述于后，用备参考。

中医改进研究会之设，其目的在增进治病之效率。吾国医学不振，真传失绪，尤其在增进吾国国人治病之效率也，直言之即以治病为主，不画中医西医畛域，举凡中医西医之良法，以及社会上流传之偏方。甚至针砭按摩，何者有效，即用何者，此应改进者一也。

中医之医理，率近虚玄。西医之医理，纯按科学。虚玄者多独得难得之秘，科学者有普遍可能之法，化虚玄而日进于科学，此尤为中医改进切要之图。例如医者诊病，中西俱用切脉，中医凭手，固能诊察多端，然查察脉搏缓急，究与西医器材诊察之结果精粗不同，其他如验热度、征血压、听呼吸，类皆如此，此应改进者二也。

病者之服药，疮者疽者之割治，本皆为不得已之举。然西药丸散或用糯面制筒装之或用糯面制皮包之，则化苦为不苦，变噎而不噎。中医则一仍其旧，不加改善，以致视服药为畏途。又西医之割治疮疽，或用全身麻醉，或用局部麻醉，而中医则此法久不通用，但凭患者医者之胆力，以致视割治为畏途。其他如发明霉菌之后，预防传染尤为治病所不可少之举，关于此点，西医常用预防注射及护口具消毒水等预为之，皆为我中医之所不讲求，此应改进者三也。

病体之变化，时有不同，药力之效果，每多转易，西医之于病者之于药力，通常则日三验之,而重者尤繁,中医则不守病人,不时究药力之结果,以致绝好经验,付之东流,此应改进者四也。

一医具一长,百医具百长,设教育以教之,设研究团体以交换之,则彼此互益,一医可获百长。不特此也,医学流传,时有进步,此世进步三尺,有教育有组织,则下世可以继三尺,而进为六尺,再下世继六尺而为九尺,然中医历来纯重书本,无教育之设置,无系统之研究,无互益之团体,以致人只一长,世只三尺,寻见五千年之中医,将不免为幼稚之西医所扑灭,此应改进者五也。

至于方法,一、亟应改订《本草纲目》等书,将西药之确有效验者,分类添入。二、亟应改订医书,以病症为主,将验方不分中西,悉数列出,合中西古今药目验方于一堂,以为治病之准则,有功于世,何可胜计。

余曩年与张季直先生有约,拟募资若干,专请德医化验中药,以为改进中医之嚆矢,惜其早逝,未遂初衷。盖吾国社会,需医甚多。若废中医而改用西医,则以五百人平均用一医士,每年毕业医士两万,又按通常医学须学七年计,即每年须有十四万医生学习,递至四十年后,方足敷用也。且中医之奥妙,实亦有西医之所不能及者,逾此过渡时代,亦再无改进中医之机会。此余所以毅然有中医改进研究会之设也。总之,中医改进决非排斥西医,专守重中医,盖一为取中西之所长,增进治病之效率;二为利用科学之发明改进中医之缺点;三为唤起中医之人道主义,改进历来生意式之陋习;四为确定病症征集验方,俾一人独得之妙法变为万人共具之技能是也。希执事即本斯旨,努力进行为要。

一月十六日

当将政治摆在桌面上以求治,不当将政治统在袖子里以致乱。

一月十七日

与不相当之人直接谈事,当场易受其迫,事后易受其牵。

一月十八日

决大事应大变,当先有明确的认识,细密的推测,坚决的主张,周到的应付。

一月十九日

美国考古局局长往甘肃考查古迹。经晋来晤,余曰:君专为此来,何不惮辛苦乃尔。某曰:余为考查中国文化之进步程序,岂惮辛苦。余曰:中国文化有两种：一是人与人关系之文化。士负其责，此之谓高等文化。一是人与物关系之文化，工负其责，此之谓低等文化。君此行只知考查低等文化，而未注意高等文化也。余以此段话述于吴稚晖，稚晖返京后寄语于余曰，请告阎先生如再谈人与人关系的文化，则中国亡矣。今有人曰：陶知行有言，要在劳力上劳心，不可在劳心上劳心。余向有身的劳动时不可丢开心，心的劳动时不可离开身之论。陶之言余完全同情，吴之言恐有所蔽，人与人的关系无办法，则人与物的关系决不会有办法也。

一月二十日

不能突开自谋之窠臼，不会为国谋。不能踢破小范围，不能跳在大场中。不能跳出主观的，不会认识客观的。

一月二十一日

处人须适情，处物须适则，处事须适理。适则得中，完全适者成，完全背者败。完全适者成如望日之月，完全背者败如晦日之月。

一月二十二日

国际间抑强扶弱的假面具，现在被日本一脚踢破了，强者存，弱者亡，眼看就是世界的大混战。中国要能急起自强，还能存在，否则必遭灭亡。中国苟欲自强，简单一句话，就是无论男女老幼，统通向造产路上走，做的向造产路上做，学的向造产路上学。美国人的生产能力平均美金四百元，合我国币一千六百元，而中国人的造产能力平均二十五元，仅得美国人六十分之一，这样薄弱的造产能力，如何能强国呢？凡是阻碍造产的一切势力，无论是人，无论是机关，无论是习惯，无论是学术，都应该合力消除之。

一月二十三日

凡事须有计画，必须实行计画，不可轻易更改计画。

一月二十四日

做事须有章程，必须实行章程，尤须改良章程。

一月二十五日

处事勿急勿惜，急与惜皆足以累其成，勿迫勿巧，迫与巧皆足以成其败。

一月二十六日

凡事未决定做法时，不可轻易行之，决定做法后，当专意进行，不可使其有所诱移。

一月二十七日

以和平坚毅四字办事,事必成。但亦须主客分明,和平当由主观方面决定,坚毅须由客观方面决定。若由客观的和平恐陷于懦,由主观的坚毅恐陷于固。

一月二十八日

利人之事当毅然决然,利己之事当审之慎之。

一月二十九日

建设应分为三种:一心理建设,二社会建设,三物质建设。心理建设要有民主正义,互助热心,及进取精神。社会建设要有民主互助及进取之事实。物质建设要造产尚用,其目的要达到出超。

注:中央政治会议今推先生为军事委员会委员。

一月三十日

心理之错人皆知之,所谓人同此心。知识之错非有相当知识者不知。

一月三十一日

不能改造外面之环境,是能力不足。不能改造内部之组织,是勇气不足。

二月一日

日军攻沪,政府迁洛,汪、蒋、冯约余同往,余电辞。次陇闻之,着汉三专回,意谓:国难方兴,宜去洛,否则恐失国人之同情。余答以吾人当以国家利害为目的,不当以得国人之同情为目的,因未能跳出自谋之窠臼,不能入谋国之轨道也。

二月二日

治人是能,自治是勇,治事用能,主事用德。

二月三日

开咨询会议时,虽支离失当之言,不可不使之尽量宣泄,若使之不言,反足塞适当言论者之口。

二月四日

等于死人的活人是真活人,等于无智的智人是真智人。

二月五日

能无我斯能真现我,能无物斯能真有物。

二月六日

(阴历年)知非之年已至,知非之实尚未。

二月七日

读书贵能用书,若不能用书,书反蔽智。用书之道理,与时间空间相合是也,离开时间空间而言理,则是空理。

二月八日

现今之论理学真是论言学,论言学是定说话的标准,论理学应定是非的标准,有尺而长短无争,有称而轻重无争,必有论理学始可使是非无争,能使是非无争,始可称为论理学。余在海滨时,有意述此未果,今犹动此意。

二月九日

突如其来之事,必有隐情,惟隐情审真不易,审不真必吃其亏。

二月十日

建设应分为两种:

(甲)政治建设:

(一)社会安宁。

(二)政治廉洁。

(三)取民有制。

(四)财政公开。

(五)发扬公道。

(六)培植适用人材。

(七)训练人民:(子)军事。(丑)政治。(寅)卫生。

(八)培养民德:(子)民主毅力,(丑)爱国热忱,(寅)互助精神。

(乙)经济建设……目的要达到出超:

(一)入口货之监别:(子)准入品,(丑)仿造品,(寅)代用品,(卯)停用品。

(二)出口货之促进:(子)改良,(丑)创增,(寅)奖励。

二月十一日

事之成功,根于适当之计画。事之失败于不适当之计画者不知凡几,失败于无计画更不知凡几。

二月十二日

规则之于事,如水之渠道,如房之架子,什么规则结果是什么事实。

二月十三日

物各有则,非心不显。心不合则,物效失,心效亦失。

二月十四日

欲平心静气,非有方法不可,遇事替对面想想,是平心静气的好法子。

二月十五日

日本以倒蒋张遮欲倒蒋张者之眼,以倒国民党遮欲倒国民党者之眼,乘隙侵略中国,而中国人均上其当,此一般人之错也。当局者若不澈底觉悟,切实悔过,诚恳团结,以期一致对外,则当局之错也。

二月十六日

非自己能主持之事绝不有所主张。

二月十七日

事每有不误于糊涂而误于精明者,祸每有不闯于胆大而闯于胆小者,罪每有不成于反抗而成于服从者,此皆知浅不知深,知近不知远,知利不知害之所致也。

二月十八日

为政有一分私心,就事上说要生一分障碍,就自身说要受一分祸害。

二月十九日

不怕他人对不起自己,只怕自己对不起他人。他人对不起自己祸由外来,可御。自己对不起他人,祸由自招,难逃。

二月二十日

事业是由智慧与辛苦成的,有辛苦而无智慧是徒劳,有智慧而无辛苦是无补。

二月二十一日

祸由自招,去不了招祸的心,不能到无祸的地步。

二月二十二日

言事宁不及而使人疑,勿过量而使人惑。

二月二十三日

作事当天天预备坏,作官当天天预备去,作人当天天预备死。

二月二十四日

重人轻法是中国已过政治上之病,重心轻物是中国已过学术上之病。

二月二十五日

政治之目的,在做到村村无讼,家家有馀。村村无讼,当由去土匪、去强盗、去窃盗做起。家家有馀,当由村有馀、县有馀、省有馀做起,目的在做到出超。

二月二十六日

慎名器,集众意,详计画,戒铺张,任专家,重法治,明考核,严赏罚,树风声,持恒久。

二月二十七日

从此以前对不起自身者丝毫不介意,从此以后对不起国家者丝毫不放松。

注:先生就任太原绥靖主任,指挥晋绥军事。

二月二十八日

无论如何大事,已就者不惊不急不惜。无论如何小事,将成者必惊必急必惜。

二月二十九日

答复难,问尤要简当明快。

知己之错与知人之错,其知为一乎二乎?次陇答曰:一。

曰:何以知人之错易,知己之错难?

答曰:知己之错难,是私心蔽于外也。知为公,知是一,并非有二。

曰:私心不蔽公知,知始能显其效,则余向所谓公心在内,私心在外,可藉此以证明。

答曰:然然。

三月一日

学联会来曰:旧省党部复将胡为,请注意。余曰:只要咱不错,谁错谁吃亏。

三月二日

智者之进,必须无阻。

执政最怕有挂碍,但心理上有挂碍,则事实上不能无挂碍,故当去心理之挂碍。

三月三日

为政完全以客观为主,国家社会当时用着什么,就可做什么。如当时用不着者,虽好事亦做不成。

执权者之心理所向,人皆趋之。向正则人争正,向邪则人争邪。

三月四日

尚心则心离开物,心离开物,初则感于贫弱,继则苦于贫弱,终则不甘于贫弱而反尚物。尚物则物蔽其心,物蔽其心则狂乱,初则矜奢,继则杀人,终则自杀。

三月五日

以巧处物可,以巧处人不可。错不可掩,愈掩愈彰。功不可彰,愈彰愈掩。

三月六日

做事者做而不说,欺人者说而不做。

逆来逆应是增逆之力量,逆来顺应可减逆之力量。仁者固乐为斯,智者亦利为斯。

三月七日

嗔不去则身不健,事不活,威不立,恩不显,嗔之为害大矣哉。

动念不对,次陇负进言之责。处事不对,梁巨川、煦南、王子伟、曲清斋、靳祥垣、张惠卿、宁子高负进言之责。

三月八日

不计到死者不善于生,不努力生者不足于死。

山阴水利公司办事原则:

(一)不许损人民利益而图公司之利益。

(二)不许损公司之利益而见好于人民。

(三)当于人民公司两利处用力。

三月九日

以气责人,激人之气,有损无益。以理责人,动人之情,始克有效。

不敢做的事,即不可说,说则近于做。不敢使人知的事,则不可做,做则人必知。

三月十日

话不到说之时说则无益。事不到做之时做则有损。

宁吝言使人起事理上之疑猜,不当侈言使人责前言之不践。

三月十一日

人有所商,必须详加考虑,不可应诺太速。关于心理者,必须合乎人情。关于法律者,须有所根据,方可答复。

三月十二日

费力之言效小,入情之言效大。俭言效大,奢言效小。

为政动机须公,动机虽错亦易收拾。动机若私,虽对亦难结果。

三月十三日

为政当善用人为,不可善自为。善用人为则人皆能者,善自为则人之能者亦将无所用其能矣。

事当责成人为,不可代人为。责成人为人则负责,代人为人则诿过。

三月十四日

为政亦当有所不为,有劝余开种烟禁,借以减社会经济之输出,并可救济省财政之不足者,是不知为政之道也。

以下所列二十四字为此后为政之道:立信守 应需要 选专才 索计画 专责成 善指导 严考核 当赏罚

三月十五日

兴与才相借而长。奋人之兴,可长人之才。压人之兴,即减人之才。指挥人者,于此当注意。

凡事最初决定当慎重,事后更改勿轻为。

三月十六日

先使人尽其言,而后发表己见。露锋芒之言必惹刺激。

三月十七日

反其主张,每招拒抗。

逞能之言勿驳,顺以导其逞,使之自觉。矜长之言勿压,扬以满其矜,使之自悟。

三月十八日

诺人须求吝,心上打算诺十分,口中只可诺八分,以留自己余地。多言易乱听,寡言易入耳。

三月十九日

牺牲己利人赞,牺牲人利人抗。牺牲己利为好,难于继续。牺牲人利为坏,难于实行。利己利人为对,初为人即赞同,继久人更希望。

三月二十日

做事无预计不易成功,生活无预算入难敷出。恒由节成,不节无以济其成。

三月二十一日

此次国难发生,当局手无所措,国人徒呼奈何。余乃深解孔子读鸥鸦诗断论之语。

三月二十二日

话不由说者心坎中出,则不能入听者心坎。

三月二十三日

嗔人以理人服,效大。嗔人以气,人激,效小。

三月二十四日

靠人做事,先以极不可靠的法安排,然后以极可靠的心待之。

三月二十六日

情由理发则和,可以启人之和。情由气发则暴,必即激人之暴。

不以学甚者作甚,则用人者所用非所学,被用者所学非所用。

三月二十七日

有计画而行事,虽缓实速。无计画而行事,忙而无助。

三月二十八日

界限分明进始有功。奋人之兴则事生,抑人之兴则事滞。

三月二十九日

日常事件须案无留牍,兴办事件须了一件再提一件。

三月三十日

责任分明,始易考核。醒人之语,须中人心坎,始克有效。

三月三十一日

君子不受人之所不忍、不强人之所不敢为。

四月一日

以恶养人人亦感其德,以善服人人只称其善。学则为己,政则为人。

四月二日

甘肃宁夏青海三省每年各项税捐收入如后:

甘肃——地丁捐一百四十馀万元,百货税捐三百馀万元,皮毛税捐七八十万元,烟酒税二三十万元,烟亩罚款三百馀万元,禁烟善后捐七八十万元,盐税四十馀万元,以上各税通年约收一千一百馀万元之谱。

宁夏——地丁捐四十馀万元,百货统捐一百二三十万元,皮毛税捐二十万元上下,烟亩罚款一百八十五万元,禁烟善后捐八九万元,盐税六七十万元,烟酒税三万余元,以上各税通年约收四百余万元。

青海——地丁捐十七八万元,百货统捐七八十万元,皮毛税捐三四十万元,烟亩罚款十二三万元,禁烟善后捐二三万元,盐税四五万元,以上各税通年约收一百六七十万元。

四月三日

求好不可太快,快有颠覆之虞。贪事不可太大,大有难周之虞。

四月四日

对上海华联社特派记者白超然谈话:

问:现在国难日深,将用何法了之?

答:中国国难可分三种:一、已过国难。二、现在国难。三、未来国难。我们看已过国难怎样了,则可知现在之国难当用何法了之。已过之国难,当时未尝了,而其结果是个未了。中英事起,割香港以了之。中德事起,割胶州湾以了之。继而中俄事起,又租旅大以了之。愈了愈大,愈了愈多。今日之国难,则已过的未来之国难。已过的是了了当下的国难,而未了了未来的国难,故了现在的国难,应了了未来的国难。余意能了了未来的国难,才算能了了现在的国难。况今日民智已开,非昔日可比,糊涂了事,贻祸将来,恐非人民之所允许。了现在的国难在签字,了未来的国难在自强。今日的国难了后,政府宜急领导人民抱定自强自救的决心,化除一切私见,决定十年自强救国计划,定各级政府贻误罪,定各级政府妨碍罪。使全国咸能感觉到将来之国难可了。现在之国难不得不忍辱了之，一致发愤，以图自强。

问：主任前主张十万精兵守锦州之理由如何？

答：立国之道有二：一未雨绸缪，一慷慨赴义。二者俱备，人不敢我悔。吾国既不能未雨绸缪，则必须慷慨赴义。未能未雨绸缪，至少二十年来之当局同负责任。不能慷慨赴义，乃是我国民党之责任，此等大不幸之下，不有大牺牲，对内振不起人心，对外引不起同情。立国根本无从树立，中国国魂安所寄也。牺牲固为民族大不幸，然当牺牲时，牺牲愈大则价值愈高。余所主张十万精兵守锦州之理由如是。

四月五日

事之有后患者当力戒之于初，事之有后利者当努力于初。为政当重名正。

四月六日

常存自己脱离政治以后，仍能继续进行之心理创政，始不至人存政举，人亡政熄。

四月七日

敛欲化气，是自身的刷新。从容不迫处变，日不暇给处事。

四月八日

尽人谋、尽人言、尽人力以使人，则劳半功倍。

责成人人始敢负责，信任人人始肯负责。

四月九日

非自身无挂碍，外间不能不挂碍。

四月十日

不到染不着时，即不能不染，因到处皆色故也。

凡事行有不得者，皆反求诸己，必通；若不求诸己而责人，愈塞。

四月十一日

非到克己复礼，不能天下归仁。

四月十二日

思着己过心着坎，事得友诤理更明。故闲居不可不思过。处事不可无诤友。

四月十三日

为政以名正为紧要,名正言顺事成。名不正言不顺则事不成。必须说得来,才可做。

知人难,善任尤难,善任又须善御才能澈底。

四月十四日

古人说,机事不密则害成。火柴大王克路义格有言曰:凡人能守秘密,为万事成功之母,余对此言深以为然。凡事不到不说则受害或减效时,则不必说。

四月十五日

国民党若仿效鼓动工农利用工农之手段,结果必是害国害民,杀党杀身。损人利己是不义,害国害民是不仁,杀党杀身是不智。不义不仁不智之行为,其危险如万丈深沟,愿爱国爱党之真正同志,行已临崖迅勒马。

四月十六日

中国文化以忠尽己,以恕推人,故和。以仁成己,以义处事,故平。中国社会制度是自由发展,不成文法之制度。中国社会组织,田多自种,房多自营,衣食多自做,是家庭独立生活之组织。中国社会组织习惯是出入相友,守望相助之习惯。本中国之文化制度组织习惯,按乡村自然界限组织全民团体,以义务的、牺牲的、净白的下层工作,尽力唤起全民,实行全民参政,非特军阀不足擒,国际平等亦甚易易。如此必得国人同情,其安稳如行平坦大道,愿真正爱国爱党之同志上此坦途猛加鞭。

四月十七日

为政在使人人负责,最忌替人下手。替人下手,卸人之责,藏人之拙。卸人之责能者不用其能,藏人之拙笨者不显其笨,事一时虽举,领袖者精神转移,事复败坏矣。

四月十八日

对进山学校高中学生第一期问题如下:现代社会主义约分两派:其一主张各尽所能,各得所值。其一主张各尽所能,各得所需。究竟二者各何所谓。并现在社会情形是各得什么,试简明以对。第二期问题如下:政治有君主、民主、党主之别,所主者为何,利弊何若?第三期问题如下:西洋伦理,有持严肃主义者,有持功利主义者,各是其是,辩争不已,究竟二者对于社会各有何影响,试简明以对。

人类自古即高唱和平,但实行甚为困难,和平之时期极短。最近由滑沙滑国际法协会统计而发表,据此则已往三十四世纪即三千四百二十一年内有三千一百五十三年战争,即和平之时不过二百六十八年耳。且此比较的短少期间内,尚有民族间、国民间之小冲突,依然不断。而此三十四世纪间,以永远和平之目的而缔结之和平条约数几达八千,此等条约发挥效力者,平均只有二年之短命。其后即成一张废纸而且相流血矣。四月十八日时报

苏维埃制度下之工会与资本主义制度下之工会,性质迥殊。因苏维埃制国家即雇主,而工会亦为国家所管理,故其作用乃在训练工人增加生产力,并非在保护工人而与雇主对抗。

四月十九日
评论人是知,做事是行。评论人易公,做事易私,可谓知公行私。知行合一即是化私为公。公在内,行在外,故知公行私。内外通在,则知行合一矣。

四月二十日
做事当细针密缕的计画,大刀阔斧的施行。应画定界限无虑的做。

四月二十一日
今天顶要的问题,如何无为而治。

四月二十二日
政治建设之基础,在民主的能力,第一的踏石是良好的警察。经济建设之基础,在社会款出少入多,第一的踏石是嘴吹大洋。

四月二十三日
以一处人,以二做事。

四月二十四日
为政最坏是唱高调,高调愚者易为所惑,智者亦难补救。为政谨防善毒,恶毒人人知攻之,善毒智者亦难补救。

四月二十五日

不负责之官吏,误事甚于贪劣,贪劣人人得而攻之,不负责易于避免。

四月二十六日

人之见解不同如其面,虽极显明之理,亦必有反对者。令人尽其言,人始乐言。

四月二十七日

对进山学校高中学生第四期问题如下:社会之组织其原动力安在,试究明以对。

对进山学校高中学生第五期问题如下:在昔学者有认国际贸易于一国有利,必于他国有害,此种观念,是否?试各以对。

对进山学校高中学生第六期问题如下:先儒言知易行难,总理言知难行易,王文成公言知行合一,均各有其出发点,试阐明以对。

四月二十八日

非机智不能用智,非显仁不能聚仁。

四月二十九日

己果死谋人之心,人即死谋己之心。己果决惩奸之念,人必敛做奸之行。

四月三十日

用适人,立适法,百事可举。施政者当顾名思义,监政者当综核名实。

五月一日

一人忙不如千万人忙,一人智不如千万人智。有政权的人说时不若做。

五月二日

开会要如听人讲,不可使人听讲。

只要向那条路上做,即跟上走。说向那条路上走,反易生碍。

五月三日

能纳不对之言,对之言始言。为教须诲人不倦,为政须受诲不厌。

五月四日

最忌当场说人错己对。若愚之智始称大智,为政当师之。

五月五日

雪亮之明易伤人之情,为政当戒之。能如海量以纳言,人自乐言。

五月六日

登高只要有级段,多高总可上去。建设只要有计画,有步骤,多好也可做到。

你撂了他,他就离开你,无论做事处人皆然。

五月七日

投好之奸非久不易发现。平心静气,处事省力而效大。

五月八日

期望人不可太高,当由平常着眼。平常以上多一分加一分喜欢,上等以下少一分增一分责备。

对进山学校高中学生第七期问题如下:对在不对的中间,抑在不对的反面,试深究以对。

对进山学校高中学生第八期问题如下:西洋伦理学者,关于良心之起源,约分先天后天两说,按诸生体验,究以何说为是,试阐明以对。

五月九日

处人是知易行难,处物是知难行易。作人是知易行难,做事是知难行易。立德是知易行难,立功是知难行易。建设国家是事功,应兼重知难行易。

五月十日

知易行难当努力于行,知难行易当努力于知。

不动产变为动产,动产变为货币,可谓一效变为二效,亦可谓无用变为有用。

五月十一日

嘴吹大洋的根子入款多于出款,入款多于出款的事实,在人货出,杜人货入。欲人出须做工力强而工资小,欲货出须货好价低。

宋朝之亡,受苏程等之害不小,使荆公之变法成功,元朝焉能亡宋,盖丢了物的心,愈贤达离富强愈远。

五月十二日

防贫防病防祸易知而难行,非智勇兼备者不能也。

致治于未乱,保安于未危,非圣哲不能。

五月十三日

绕胡子树与良材树之所以异者,在统(整修)与不统之别也。愚昧人与明达人之所以异者,在受教育与不受教育之别也。统树之于树,如教育之于人,必须适术适时,始能有效。

五月十四日

下恭维不住上即是乱子,上容忍不住下即是麻烦。

处事勿费气力,费一分气力减一分效。

五月十五日

见到不可说,说人亦不信。做到不必说,不说人亦信。

五月十六日

预字为人事最紧要的一个字,凡事能预无不成之功,无不了之事,无不防之患。

处世非浑厚不可,精明亦是要浑厚的精明,不可成刻薄的精明。

五月十七日

俭字用在消耗上可,用在发展上不可。

社会上说,人心没尽,实在是人欲无穷。此人之所以胜于禽兽处,亦即危于禽兽处。

五月十八日

知易行难的道理是内者向外。知难行易的道理是外者向内。两者并之内圣外王。

牧一羊而使之强,栽一木而期其活,亦必须费到相当心机,况为政乎。

有耳不用着听时,使之等于无耳。有眼不用着看时,使之等于无眼。有口不用着说时,使之等于无口。有心不用着想时,使之等于无心。

五月十九日

山河大地何时毁,人生能有几何,山河大地有时毁,人心那有始终。有始终者有终始,无始终者无终始。

五月二十日

身在一日表显心一日,心在一日管束身一日。身之本在亲,心之本在天,合天顺亲,为人生之规律。

五月二十一日

村建设当以优裕村民生活,善美村民关系为目的。欲达到此目的,在组织完密,章程适当,施行顺序。适乎情者为善法,法一分不适情,人类受一分损伤。

五月二十二日

能恕人之短者,始能用人之长。知己之过者,始能体人之艰。

五月二十三日

劳力者当助以心,劳心者当用以力。

死道易,生道难,善其生者,始可善其死。

五月二十四日

管人易自管难,能自管始可管人。

五月二十五日

钱财之于人如水之于器,能承受若干之器,始能容若干之水。过量则放溢而不可收拾。

五月二十六日

物质过乏则朽志,物质过量则放志。

五月二十七日

章则即事之模子,定下个什么章则,成个什么事出来。

五月二十八日

有治法而后有治人众人也,有治人而后有治法先觉也。

五月二十九日

法之于人,如转把(方向器)之于车,无之则进行无把握矣。

五月三十日

割不断情丝,即去不了牵掣,一分牵掣一分苦。

五月三十一日

人如器,扇风者不可用以御寒,知此则不必责人之不能矣。

六月一日

不矜其长者,始能不讳其短。

村村治,县无不治者。县县治,省无不治者。省省治,国无不治者。为治当由村始。

六月二日

多灌结瓜大,再耘出米多。

六月三日

执简御繁,以易处难。

六月四日

得意路上易出险。

六月五日

对进山学校高中学生第九期问题如下:意志自由说与意志必然说各有论据,以何者为近,试各抒所见以对。

六月六日

忍耐为渡难关之秘诀。

六月七日

欲以虚伪解除当下的困难,其结果困难更甚。为博得他人当下的痛快,其结果必使人不痛快更甚。

六月八日

分开督促与考核,即是为督促者之督促。撂开督促者而考核,实行者损失实大。

六月九日

雪亮聪明的人不足以担大任,一偏聪明的人不足以任全事。

六月十日

能实行养身之道,身始可以壮。能实行养心之道,心始可以清。

六月十一日

做鬼事的是鬼,人欲不是鬼,人须先不做鬼事。

六月十二日

动之以情,明之以理,绳之以法,必行。

六月十三日

人心复杂无比,有触即发,须思深言浅,虑远行近,以避免之。对复杂无比之人心,秘密为良好之预防,诚实为惟一之抵抗。直接的平易的,可避免复杂人心之纠缠。

六月十四日

审知人心之阴恨险诈,非特机事当秘密,即学问见解亦不可轻于发露,致遭阻滞。

六月十五日

各官署办理建设事业,须有如下之步骤,始能有效:

应需要　详设计　选专才　索计画　立契约

专责成　善指导　勤督促　严考核　当赏罚

六月十六日

兵战须兵精气锐,始能战胜。商战须货好价廉,始能战胜。货好在技术,价廉须用政治力量。

六月十七日

军事侵略之防御在要塞。商品侵略之防御在关卡。

六月十八日

睡眠本是死活人。修养要成活死人

六月十九日

中是使矛盾的不矛盾,冲突的不冲突,不平衡的平衡,不调和的调和,不存在的存在,不发现的发现,当有者有,可无者无。

六月二十日

事有由我者,有由人者。由我者当尽其在我,由人者当听诸在人。世语说:常将有日虑无日,莫待无时思有时,可为尽其在我者之好原则。世语又说:何时黑了何时住,何处断了何处续,可为听诸在人者之好原则。

六月二十一日

做事是知难行易,做人是知易行难。重知行合一,是指儒家学问成就以后之景况言也。学问未到知行合一之前,顶好要防为恶,助为善。防为恶须自设其阻滞,使之难行。助为善须自设其便利,使之易为。

六月二十二日

智非圆不周,行非方不稳。

六月二十三日

人生一日须有一日之效用。其效用有三:一、尽人事,二、改过,三、劳动。三者俱进,始不是枉生。

六月二十四日
一日一日错不减少,是当忧也。

六月二十五日
好身体,未必是好精神。惟好精神必须有好身体,始能充分表现。

六月二十六日
国中无负正义之责者,必乱。

六月二十七日
默以代辩,缓以代驳,力省而效大。化险为夷是处事之则,怒来喜去是接人之则。处事要得窍,卡主咽喉,一指可以制死命,脚跟刺,刀不着劲。

六月二十八日
应诺难,诺之不可轻易。事之败坏于漏者,百分之九十九。恒当如日月四时以昭信,变当如风云雷雨之不测。

六月二十九日
脱不了烦恼,入不到快乐。去不了旧错,添不上新对。去不了旧恶,添不上新善。武断的医生,其杀人之祸不减于毒菌。

六月三十日
矜功则减功,谦功则益功。矜能则减能,谦能则益能。

天花乱坠之进言,皆阴为己谋利,鄙人也。世之作傀儡者,皆为彼辈之利用品,惜哉。

七月一日
不善用心者,不知心之效用多大。恶意人之益己语,亦当采取。

创办事,必须详细的查考,精确的计算而后办,失败始少。

七月二日
自己露锋芒处,即是人受刺激处,一分锋芒一分害。

此次出来进言者之中,使人最动心之言有二:一为公末次战争失利,客军晋钞人民损失不少,此后注意勿作得罪人民事。一为公此次离晋后,人民追念公之纪念固亦有之,但为数甚少,此后当注意多为人民作留纪念事。以上两段话,真是一语千钧。每一忆及,情感无量。

权与富双有,为今世界之所不许,因权得富,祸害尤深。

七月三日

以其术祸人者,人即以此祸己。

有以盐水洗患处而懒于去土者,模仿者见之,遂于净盐中加土洗患处。世事之如此者不可悉数,不尽为人类惜。

七月四日

证实臆度,只可探听其事,不可并说出臆度。持己之事,见到做到,其见始贵。频于更改之错,在轻于决定。

七月五日

救济资本掠夺劳力之病有三:各得所值,各得所需,劳资合一是也。各得所值是对,各得所需是好,劳资合一是易。

以卫戍条例求社会之安宁。以考核条例求建设之进行。

七月六日

主病如主兵、须侦察明白,用医如用将要慎选专长。多请医以广征经验,慎吃药以防免误投。

七月七日

亲病重而感孝亏是平素未尽子道之过。

七月八日

人与人是感情,不可使之少伤。环境之关系愈脱利烦恼愈少。苦己悦人,乐己恼人。

七月九日

难得心灵如电,心死如灰。

七月十日

智不圆之人,不可与之谈进一步之理。与之谈进一步之理,反使之惑。

去不了有,即免不了触,一触之下即难收敛,改性其难哉。

七月十一日

矫人之行错,人易认而难改。矫人之知错,人难认而易改。

七月十二日

一天了一天,备死之良法。一事说一事,处事之良法。

脱利环境,专其所成,易得结果。

利己之事,可以做可以不做,则勿做。利人之事,可以做可以不做,则做。

七月十四日

观察世人,有智圆者,有行方者,惟智圆者行多不方,行方者智多不圆,故贵智圆而行方。

办事应取行方者,主事应取智圆者。

七月十五日

理之服人,情之感人,和之悦人,人之天性然也。

知死为利易已,为功易劝。为利不知已,为功不知劝者,顽人也。

七月十六日

人性之善颖,如女子之颜色,不着意培植,甚易毁坏。

七月十七日

人性中有公道爱人,如种子中有木叶花果,要在使之发出来。

现世之社会,如冬时之地冻的未开,国利公益之事业万难发达,非变冷为热新政不易收效。

七月十八日

言多固丢,少亦丢,言迟固丢,早亦丢,言其难哉。

说话最忌枝节,一分枝节一分障碍。多数人之错,亦不可轻视。

七月十九日

不表心之物死物,不理物之心枯心。

省政考绩办法完竣,若不规定县政考绩办法,则村政实施细则仍难澈底。

当政者一意孤行到底,则误国将不知胡底。

使人如使器,用其所能,弃其所不能。言事亦如此,说其才之所能懂,置其才之所不能懂,在人则得益,在己则省言。

七月二十日

处置事如蘸钢,要适时,先时后时皆为失时,失时之后则枉然矣。

言者心之本也,心如此,言始如此,听其言,知其心。心者性之发也,知其心,则可以明其性。性不易改,勿轻碰人言。

七月二十一日

担当国者始能误国,担当事者始能误事。担国者能悚于误国,担事者能也悚于误事,则善矣。

知非要改,守誓要固。责人易刻,处人易宽。

七月二十二日

作伪碍人害事甚大,减少社会作伪一分,增加人群幸福一分,政治当努力为之。

药以医病,假药误人,最为可恨。当用严法取缔作假药人、用假药医。

七月二十三日

医无良果,就其存心而言,若存心善,医能显效。但医之存心善,非别有学问者不易。故世人戒子行医,亦有相当观察也。

存防旱灾之心易,存防水灾之心难,因水灾不常有,人易忽之。

七月二十四日

对父母尽孝,可进前一步,父母之失望少。对子女望孝,可放松一步,自己之失望少。

社会上说,亏众不亏一,尤应亏富不亏贫。村中处事,当以合理为原则。

七月二十五日

人之一生,铸成大错后,则悔莫及之事太多,觉悟愈迟,补救愈难。欲觉悟须向尊善师、亲良友、多读书、常反省数端用力。

七月二十六日

欲坚必不承认者,须急允其应承认者。欲友善友者,须严拒其不善良者。

七月二十七日

以心解物者富,以物表心者贵。以心解心者穷,以物表物者贱。

制服人易,制服己难。原谅己易,原谅人难。为人一生当向制服己、原谅人处做工夫。

七月二十八日

财产是身外物,易于失靠。技能是身上物,身在即有。人生当重技能。

审慎随之以敏捷,审慎始不至延成失机。敏捷先之以审慎,敏捷始不至误为孟浪。

七月二十九日

中国学问偏于作人,欧美学问偏于做事。作人做事均为人生两要,惟应于做事中求作人,不可撂了做事求作人,因富强文明皆由做事中求得也。

七月三十日

人人有工做,即是人人有饭吃。但机器发明以来,一人做数千人之工,生产过剩,则工人失业,当以多用物销其过剩。此必由政府分配用物,分配工作,始能调济。

七月三十一日

鹿为角死,麝为香死,人为贪死,贪愈甚者死愈速。

书是人心的颜色,看甚么书就要染甚么色。友是行路的引导,交甚么友就要走甚么路。

八月一日

费心做下的事效大,费心作下的文错多。费心用力,力借心显。费力用心,心借力显。费力用力力衰,费心用心心转。

八月二日

告韩使——今春韩复榘使人来云:欲共攻平津,以驱张拥公再出,但许拒冯加入,何如?余答以外祸方殷,岂可再生内讧,且山东已在日人虎视中,若此正所以与敌以隙,国事更不堪问矣。使者曰:公如不然,请为向方守秘密。

告段使——合肥使人来云:北方军人一致倒张,倒后段可收回东省,北方另成政府以抗南,只俟公一诺。余答曰:未闻内乱愈张而外患能息者。日大国也,不可测度,请段公勿受其欺,此为四月间事。五月间复专使来云,愿推公主持北方军以驱张。北方军由段担任,一致听命,余答以十九年欲出洋息内争未果,变为内战,至今思及,尚为痛心,余岂肯再为内战之发动者。合肥老矣,当此国难之时,当局者刚愎固有遗误,元老当以原谅心理,以国民资格扶助,裨益国家当不为少,请转陈鄙意为盼,使者遂返。七月下旬复由王军长寄语云:外交内部均已办妥,拟入宋哲元军中,效马厂誓师法,通电抗日驱张,只得公一诺,即行发动。余曰外患已成,国固不幸,然负咎有人,段公此举,恐以救国之心,蒙乱国之责,老矣,不若静心为愈。希转达为盼。

注:有谓王系王总长揖唐者

八月三日

使人耳听的学，不知使人眼看的学易会。

八月四日

管束用人，两无碍处不妨放的松，有碍人处务须严予限制，以免生事。

八月五日

不黏不脱是连带的事，不能不黏就不能不脱。不能不黏私的，就不能不脱公的。黏不住公的，就是黏住私的。脱不了私的，就是脱了公的。要想不黏，须先不脱，由内向外是黏公，由外向内是脱私。

八月六日

人身有大蠹，能使人大错，人之勇若不能胜之，终必为蠹化。

八月七日

执简御繁，为施政之要诀，但须在窍中，若不得其窍，则无简可言。

八月八日

万物各有能，到其兴来，各现其能，能为他物所不能者。

八月九日

忽于近者，必不能精其远。忽于粗者，必不能精其细。

八月十日

余夏日负病归乡，伏头洒雨，村人甚急，恐应此间淋伏头、旱伏尾之俗语。有沁县人云：该县亦有下破伏头、晒破石头之说。果入伏七八日无雨，村人某云，抬头望雨，将燕窝毛磨去，余遂有"伏头洒雨情斯急，燕窝无毛眼若穿"二语以纪之，写乡间急雨情况也。山西十年九旱，全凭天雨，社会人心政治建设均难稳定，应力谋人力补救之法。

尽其在我，听诸在人，为处世之良法。能尽其在我，固亦未能听诸在人，不能尽其在我，必不能听诸在人。

八月十二日

精密到之执简御繁，简始易执，繁始易御。

八月十三日

人已费力之事，虽错亦须明其辛苦，而后改正之。

八月十四日

有因争路而求断于余者,余乃作诗与之:"邻家相处要平和,只为争路来找我,让他走走路无损,诉讼不已花钱多。"

八月十五日

气以激气,情以动情,处人应当敛气发情。

八月十六日

理丝不得其道益纷,治国不得其道益乱。

八月十七日

自己做事,须有计画。有计画则有轨道,有程序,易检点,可按日记功。用人做事亦须有计画。有计画则有轨道,有程序,易考绩,可按日检点。但计画须精密周到,执简御繁。

八月十八日

事要在做时努力,若到不能做时,努力亦枉然矣。

八月十九日

大错成于渐,大病成于微,大患成于细,大富积于零。

八月二十日

施政计画不可尚理论,要能坐言起行。

八月二十一日

仁心为政治之本,法为体,财为用。

八月二十二日

有治国之法,有乱国之法,有名为乱而实治,有名为治而实乱之法。今定一治国之策,见诸实行而国反乱者,不识治国之道也。

八月二十三日

欲人登高而去其梯,欲人行远而绊其腿,在古今政治与学术甚不罕见,而今日中国尤多。

八月二十四日

利害不相同不可合事,见解不相同不可论事。

八月二十五日

机事不机,密事不密,明事不明,隐事不隐,显事不显,均足以害其成。

八月二十六日

首席参事崔文征于八月二十日偕参事张至心、张汉三、宁子高、潘太初等四人持山西省政十年计画草案来村报告,以五日之力修正而返。

八月二十七日

谋人者人亦谋己,怨人者人亦怨己,害人者人亦害己,利人者人亦利己,欲求人先求己,方有着落。

建设县当由村入手,建设省当由县入手,建设国当由省入手。

八月二十八日

人有争执,不可先认人为有意,当从人情不得已处相为之解免,解免之后仍争执不已,始可认为有意。

八月二十九日

偏私为肇祸之源,公道为服人之实,去不了偏私,遍地荆棘,动辄得咎。

八月三十日

知界限不严之非,知拖泥带水之非,知轻违亲意之非。

八月三十一日

无不败之家,欲不败先不成,又焉可。无不塌之房,欲不塌先不建,又焉可。

九月一日

昼以勤苦为事,睡眠非矣。夜以休息为事,劳动非矣。国有外敌如昼,百事当兴不兴则国必亡。国无外敌如夜,百事当息不息则民必怨。秦以上为昼,清以上为夜,自海禁大开,本由夜转昼,清不识机,误国自误,至今犹有以振兴为误者,是大梦之馀也。

九月二日

事当为,为则对矣,为之若错,是错在错上,非错在为上。事不当为,为之则错,为之虽对亦为错也。因错在为上,非错在对上。

九月三日

费力说话乱其听绪,故不能入,对亦无益。

九月四日

本日即阴历八月四日,观水洞,觉水患易来而难去,心患易增而难减。

九月五日

新有二义,以事(人与物之关系)说适之为新。以学(人与人之关系)说化欲为新。事新易而学新难,事新智及则可,学新必须智仁勇三者均衡。

九月六日

谋国必须未雨绸缪,不可临渴掘井。但既未未雨绸缪,则必须临渴掘井,虽无益尚可以做将来。若临渴而尚不掘井,则等于顽石朽木永无复兴之望矣。

九月七日

强顽石而成美玉不能,强美玉而成顽石亦不能。

九月八日

必须以小人防人,以君子待人。不以君子待人,无以处君子。不以小人防人,无以处小人。以小人防人,君子乐之,小人幸之。以君子待人,君子安之,小人荣之。

九月九日

次陇答问者:说佛家的愿力力大,儒家是横遍十二方,佛家是多了个竖穷三际。予答问者:说儒家之愿力对,佛家的愿力比儒家的愿力大了多少,就是大出人道道上多少去。人的愿力大出人道多少,就是错了多少。大了的那多少,无论如何努力也是做不到的,反把能做到的应当做的撂了。

九月十日

知错易改错难,人与人之关系是知易行难。

九月十一日

不能成了活死人,就不能不躁、不急、不慌、不乱。死就是要死这躁、急、慌、乱,活就是要活这不躁、不急、不慌、不乱。但是活不了当活的,就死不了该死的,死不了当死的,就活不了该活的。

今日深感官吏转一个湾子,利民病民即能倒置,有一分不为之注意到即要贻误。深觉建设计画,应有详密周到之指导施行办法,始能减少错误。

九月十二日

陷在烂泥滩中,拔不出,不算健者。陷在贪嗔痴中,突不出,不算豪杰。

欲痛改前非,非悔过自新不为功。惟悔过易,自新难。悔过是知,自新是行。知是识,行是勇。能否悔过,在知识够不够。能否自新,在勇气足不足。生平勇弱于知,每悔过而不能自新,使多少苦恼缠绵不退,将误此生。

九月十三日

言闻者不首肯,不足以动其情,闻者不畏惧,不足以约其欲。

与人交,当不竭人之情,不尽人之忠,以继交也,竭尽之后,交则变矣。

人心浮躁至极之今日,举措一政,若自己未代做者想澈底,想到堵其错误之路,中途必出漏子。

九月十四日

用有阴谋的人完成一事,每到中途必生变。

应当自己说的话不说,与不应当自己说的话说,是一样的错。

九月十五日

过好之令,不适情,不适时,救人反害人,救国反害国。

一国之事,不应根据一地之情况,下绝对之令。今年粟贱,钱贵,当息四五分,平民不堪生活,拟准当商出纸币,限制利息,不得过二分半,调查结果,因事实关系,商尚须赔累,定为三分或尚勉强可行。事已定局,平民闻之甚慌,乃因国府有息不得过二分之令,省府惧违国令而止。遂使国府体恤人民之令,反为滞碍人民之令矣。

九月十六日

事有绝对不能者。男人不能生孩是显而易见,欲求男人生孩,非特徒劳无功,又必害之。凡事时不至、情不适而强求之,其害亦有如此者。今之政治上,以为民之心行害民之政,以救国之志行误国之实者,比比皆是,皆因时不至、情不适而强为之故也。

非权限之所当为,而以情势为之者,久必生滞。

九月十七日

贪嗔痴是贪嗔痴,我是我,何时能使贪嗔痴摆不动我,我才能快乐。

明知一撒手就苦恼灭尽,快乐丛生,然而不能者是豪气不能胜凡庸之故也。

九月十八日

人多爱虚面子,矫人之错,必须单独言之。

九月十九日

养和须先去躁,去躁须先去执,去执须先去有。有则恐损其有,则不能不执。既执恐伤其执则不能不躁。既躁则融和之气消尽矣。

情理兼尽之事最好处,若理上无办法之事,当以情处之,情上无办法之事,当以理处之。

九月二十日

第十九次纪念周讲"经济建设之难关"。

今日世界各国完全以商战争,国家之生存,兵战胜利不过为半胜利,商战胜利始为全胜利。实则兵战之目的,亦在求商战之胜利也。商战攻击,以物美价廉为唯一利器,防御以关税自主保护贸易为有效阵地。吾国制造与贸易如此落后,欲图攻击,已丝毫不可能矣。而关税不能自主,贸易无法保护,并防御阵地亦完全失败。故当今日不但一切精细之制造品丝毫不能与各国相抗衡,以致外货遍及腹地,已呈百孔千疮之势,即退一步就原料品及食料品而言,美国之棉花面粉木材,日本之米煤炭,其他各国之生铁等,亦大批侵入,是原料品食料品亦渐不能抵抗外货矣。观海关统计,贸易入超逐年增加,二十年内总数已至六十万万元,国家之经济绝命,将可立待。本省近作"十年建设计划方案"草成之后,两经审查,现正在详慎编订,惟就经济一部论,当然以设立工厂,实行制造为主要部分,而详细估计,无一种工厂可有相当把握者。即就推广原料品言,如皮毛棉花蛋白蛋黄等现产数量尚无销场。至于矿产,除金银矿不虑无销路外,如煤与铁等以现在小规模之开采出产能力,已可超过销场十分之五。制造品、原料品、矿产品等既如此,尚有何物可能建设。故此时欲实行经济建设,难关层层,若不打破,即无从着手。即选一二勉强为之,幸而一时成功,一受物美价廉之利器攻击,终必归于失败。今既不能不于经济生命将绝未绝之时实行经济之建设,以救经济生命之危亡,而层层难关若不能打破,则经济建设势难进行,诸君有何意见,请书面条陈。

九月二十一日

君子喻于义,小人喻于利的话,原本不错。但是讲不周到,适足以为经济建设之障碍。前此中国之士大夫,每以尽力从事于实业之发达而为小人之事,以故每办一工厂公司终归失败,至今此风犹未尽改,实因义利未辨别清楚,以为做官是君子,办实业是小人,说理是喻义,整理工厂是喻利,以致物不美而价亦不廉,一入商战之场,即遭失败。商战失败,兵战随之,是皆君子喻于义、小人喻于利讲不周到之故也。孔子会计当,牛羊茁壮长,是牧场商场之利,即孔子自身之义也,自身之利为利,他人之利即为自身之义,所以拾金不昧是义。

九月二十二日

乐其所以亡,矜其所以乱,务其所以败,幸其所以死者,不可救药矣。

替人想到人即乐从,只为自己想人即离怨。

九月二十三日

贪嗔痴发出来,就是盗杀淫。化不了贪嗔痴,就了不了盗杀淫。化贪嗔痴须智知之,勇为之,仁恒之。智不足补智,勇不足补勇,仁不足补仁,短的少少补,短的多多补,必须死以前补的足,化的过,了的了,始不枉此生。

九月二十四日

勇无气方为至勇,仁无贪方为至仁。

九月二十五日

能将知难行易之知做到,能将知易行难之行做到,作人做事皆有把握,且自觉清快、人感贤哲。

九月二十六日

做什么,为什么做什么,能否达到为什么的目的。凡做一事,就此三语加以考量,则不至南辕北辙,徒劳无功。

九月二十七日

确信有鬼神,则不敢得罪鬼神,切信有因果,则不敢种其恶因。迷信固不可,迷不信亦不可,当信者信,不当信者不信。

九月二十八日

莫现乎隐,莫显乎微,怕人知兮莫施为。莫显乎微,莫现乎隐,怕人知兮莫动心。

欲求晋绥文武对得起我,舍我从对得起晋绥人民路上走无他法,无所谓恩与怨,不必分亲与疏,建设者扶之,反之者斥之,得之耳。

与险诈人共事,要如瞎子登阶,步步小心,免受其欺。

九月二十九日

说到对处反发急,必有隐情。

九月三十日

身体之健壮,不足以充分表现其精神之宏愿时,当修正身体。精神之涵养,不足以充分维护其身体之健壮时,当修正精神。

十月一日

理论为事实之母,事实为理论之果。理论必须合于时合于地,始能有事实发生。

十月二日

与无益者谋事,与无知者论事,非只失言而且惹非。

十月三日

欲实践早起,须先实行早睡,始觉易为。欲寡其过,须先化贪嗔痴,始能有效。

十月四日

个人与国家,均不敢使病与命相连为一,若相连为一,去病则连命一并去之,不去病则命终为病所害,故病命相连,则虽有圣者,亦无如之何亦。

十月五日

善争者与天争,不与人争,与人争胜有限,与天争胜则无穷。

凡一事,均含有相反的二素,其不反处谓之中。

十月六日

自馁的事要在做以前努力自止,否则有悔莫及之伤。

十月七日

生日在人当庆寿,在己当思恩。

十月八日

自利之事易倡,共利之事难兴。

十月九日

托人办事,自己意思当说之在先,不可怨之在后。

十月十日

输送量不及标准轨之原则时,修轻便铁路较为有益,拟用兵工筑路,十年内至少修轻便铁路三千里。

十月十一日

要想在忙时闲,须先闲时忙。要想危时安,须先安时危。

十月十二日

失信病在轻诺,更改错在轻决。医失信之病须从不轻诺用力,医更改之错须从不轻决用力。

以成己之心成物有着,以救人之心杀人无亏。摆脱一切做一切,不粘不脱。从知难行易之知上、知易行难之行上用力,自修有入手处,教人有起点处。知我者其在天乎,罪我者亦其天乎。化贪嗔痴为智仁勇,可以荣,可以辱,可以危,可以安。注重了身外物,则失掉了身内物,结果是个空。注重了眼前的利害,忽略了将来的利害,终久是个损。教的不会看的会,应躬行实践以为师。知止可以处余,知足可以处困,知命可以处危,知分可以处卑。余不知止,困不知足,危不知命,卑不知分者,必殆。好好的做事以善生,好好的作人以善死。裘葛均为美衣,但须用之适时。冬裘夏葛,裘葛均可以保身。冬葛夏裘,裘葛均足以伤身。

十月十三日

上山费力而平安,下山省力而危险。处世亦然,逆境难处而谨慎,顺境易处而放肆,谨慎则多得平安,放肆则易生危险。曲高和少,行难伴少,见深同少,病久侍少,难久友少。困久挫志,富久丧志。不怕家穷,入多出少久必富。勿恃家富,出多入少久必穷。生活要卫生化,做事要技术化,处世要公道化。嗜好胜于生命者,生命必为嗜好所杀,不仁不智不勇之甚者也。

致定襄邓县长函

余此次旋里,每遇定襄人辄谈定襄县社会经济状况,均说甚感穷困。询其所以,概因东西两口商业凋敝,以致入款项减云云。余细为之计,谈县入不敷出,每年约在四五十万元左右,查该县人口为十一万余,约二万二千户,平均每户每年购用外县货物须在二十六元之谱,内计棉花布匹费十五元,蓝炭石炭费七元,干菜纸张炮糖费二元,胡麻油费一元,煤油费一元,以二万二千户计共合五十七万余元。解省赋税五六万元,特别用炭费如烧酒熬盐等约十五万元。全县人民之吸食鸦片者,以人口百分之四计之,约为四千余人,每人每年约需五十元,约共合二十万元。总计以上各项出款,约共为一百余万元。而全县入款之总数,至多不过有其半,是则全县每年不足当在四五十万元。由此观之,该县社会经济又安得而不穷困乎。就大者言之,国之入不敷出者,其国必穷。省之入不敷出者,其省必穷。就小者言之,村之入不敷出者,其村必穷,家之入不敷出者,其家必穷。而县之入不敷出者,其县必穷。故为之长者应预为之谋,使之出入平衡,以资救济。古人所谓家国一理,今以经济绳之,尤觉不爽。余数年前,道经该县,曾告知该县人民,在东西两口之商务,将不可靠,应预谋救济之法,惜未能早为之计。今后东三省热河及外蒙古之商务绝难恢复,而该县入款向以此为大宗,一旦失之,非有确实补救之办法不能维持。该县社会经济现状,余之所计,出款从未能尽符,而该县出入不敷甚巨,切为事实,应如何设法补救,执事宜招集该县绅商,详切考究。以余思之,该县河北各村农田土质最宜种棉,而地亩为数又复不少,应竭力提倡种棉,每亩收量可四五十斤价值约十五元,假定种棉三百顷,则能有四五十万元之抵补,此其一。如能再提倡纺织,将所收之棉花织成布匹,除供县内居民使用外,犹可出售他处,则其收入更可增多,此其二。再能将鸦片一项出款消减,又可减少二十万元,此其三。此外尚不无可为之事,该县绅商必较余所知更详,希执事招集该县绅商详与妥筹为要。

至五台王县长函

查该县社会经济向来出入款项概为一百万元,而入款十分之六以上为蓝炭石炭输出于忻、定、崞等处之收入,故该县前未沾晋人经商全国之利益,今亦未受全国晋商凋敝之损失,能于此全省社会经济入不敷出现象中而仍可维持其出入平衡之现态。惟该县将来有一极大之危机,实不可不预计及之,即同蒲路修通以后,由太原运煤一吨(合计一千六百八十斤)至忻县运费不过二元,而现在该县之炭一吨运至忻县需洋十元以上,待至彼时该县之炭非特不能运销于忻县,并定襄而亦不可能,则该县之入款势必减少过半,倘不早为之计,届时全县经济必起恐慌,其关系民生实非浅鲜。希执事招集绅商预为妥筹救济方法为要。

十月十四日

孟子说:菽粟如水火。人无不仁,今乃粟丰农困,其病仍在社会经济组织之不善。

人之行为根于心。心之发动分自动与外迫两者。惟是心能自主,不因外迫所动者甚少。且一般人多因处境而易其行为,故衣食足而知礼义,隔物引而近贤人。

十月十五日

审知当时当地第一当做什么,并得了做什么的窍要,定能成功。为其所不适为,或适为而不得其法,均难成功。故做一事之前,不可不有精密之考虑。

计算一年,不若计算一月。计算一月,不若计算一日。计算一日,不若计算一时。计算一时,不若计算一刻。一刻之间,所省所益为数虽少,而累之于年,则为数甚多。

十月十六日

有贵于贵者,有富于富者,有功于功者,有名于名者,故有时贵不足贵,富不足富,功不足功,名不足名。

当知我是什么,认定什么是我。常常使我作主张,行由我行,言由我言,一本乎义利壳子,赤条条生无所累死无所牵。

十月十七日

从主观作人,从客观做事。人心之崎岖险峻一如道路,招护不住触即受伤。

突如其来相约者,百人中有百人为己而来,老实说其来意者又不及其半,会客其难哉。

十月十八日

晋绥两省拟修一万里轻便铁路预算:每人每日平均用蓝炭石炭共二斤余,两人平均每年用一吨,晋绥一千六百万人,平均每年须用八百万吨,其半数四百万吨平均运一百里远,运费每吨每里以五分计,每吨运费为五元,四百万吨共为两千万元。晋绥产粮地共为一百万顷,平均每亩产粮以一石计,共可产粮一万万石,每人食粮以三石计,约共需六千万石,其余四千万石以半数铁路运输,平均每石运费以一元计,共为两千万元。以上两种运费共为四千万元。其余日用货物及乘客运费作为铁路管理费。修一万里轻便铁路,用兵工修筑,工资不计外,以现时价格计,材料费约四千万元。利息折旧共以一分半计年需六百万元,管理费需四百万元,除利息等外每年净利有三千万元。按铁路运输量,三十年加四倍计,三十年后每年收入有一万万六千万元,每年除去管理及修理费一千万元外,每年可赢余一万万五千万元。惟以上预算中,未除去行车费。

世人说,仇人作弟兄,恶人作妯娌,详察社会间大半为此言所中,但非天性为然,实因家庭组织不良使然。如改善共同生活办法,与宅院建筑方式,则可减少积怨胶葛,非特不是恶人,必能较邻居路人相亲相敬也。

十月十九日

老不能自养,少不能自长,孤老之啼饥号寒,为人群之所最难堪,亦为为政之所当急务者。市村均设孤老院,市村中之孤老不能自生者使入院公养之。

省造产,时当以刻计,人当以个计。时不计零而计整,人不计寡而计众,费力多而成功少。

十年建设之障碍,在我而不在人,我之障碍去后,人之障碍不难去也。

十月二十日

今日旧历九月二十一日为父亲七十二寿辰,古人喜惧交加之情,今日感之尤深,决率领子侄辈为村公社造纪念林万株,以作本年父寿之纪念。

十月二十一日

穿鞋时削脚适履者少,做事时削脚适履者多。数数时不知三多二少者少,做事时不知三多二少者多。转湾子少的事,削脚适履、不知三多二少者少。转湾子多的事,削脚适履、不知三多二少者多。转的湾子愈多,不知者亦愈多。

十月二十二日

凡事能从容处置,即胜一着。使不从容是惊急两字,看利害重的人去惊难,看事功重的人去急难。

十月二十三日

计算为成业之母,凡做一事即当计算真确,同一资本劳力时间而从事,其效果大者则成业亦自大。今详考村人,不知计算而使资本劳力时间徒费损失之数,实不在少,国家社会个人之穷,此其总因也。世人说,穿不穷吃不穷,估算不到一世穷,真成业之良语也。

十月二十四日

努力于在己有功,勉强于在人取怨。

十月二十五日

地上的草、树上的叶、牛羊吃上就是肉。草与叶撂了可惜,肉撂了可惜,此理当使人人知之。

十月二十六日

有种地而麦苗稀者,问其故,答曰,下种少。问何以少,答曰为省种。问较邻地将少收获若干。答曰将少收三四斗。问省种若干,答曰三升。问三升多三斗多,彼乃哑然而不答。可知看近的人,看将来之三斗麦不若目前之三升种。

十月二十七日

能自管者,始能管人。能爱远者,必能爱近。

向对跑,跑的愈快,距对愈近。向错跑,跑的愈快,距对愈远。做事务必寻着对后再用力。

十月二十八日

拿上等于死了的心,做活人的事,能减少许多的痴粘。

今日建设新兴国家,其道路与方法,是知难行易。其坚洁勤劳,公而忘私,信赏必罚,破除情面,是知易行难。果能知其难知,行其难行,自亦可以成其事。

十月二十九日

人除骨肉筋血之外,尚有二心:一为自动的,一为被动的。无所为而为者谓之自动的,此超乎政治之上,他可以为政,政不可以为他,且为单一的,十六万万人同一个样子,可谓照心。有所为而为者谓之被动的,此心人人殊,十六万万人是十六万万个样子,可谓留心。概别之为四等,第一等好德,第二等好名,第三等好利,第四等怕死,皆在政治范围之内,亦可谓之政治性。但千人中好德者一,有德可好,即可以使之动。好名者百,有名可好,即可以使之动。好利者最多,有利可好,即可以使之动。怕死者虽少,然不好德不好名不好利,只务嗜好邪僻者,则非以死不足以惧之。据此以论,纯以德强人,纯以死惧人,只能范围少数。以名利鼓励人,则可范围多数。然必须四者俱备,政治范围之内,始无漏网,政治能力始得谓之健全,政治万能亦因此而名。

十月三十日

休养生息是指继续穷兵黩武者言也,不可以此拦阻建设,且休养生息莫有效于建设。反言之,建设即休养生息之最有效方法。亦可谓休养生息是消积的休养生息,建设是积极地休养生息。中国五千年来只有消极的休养生息,人亦只知赞美其消极的休养生息,不知有积极的休养生息,无怪以休养生息而反对建设者,比比皆是。孙中山先生所谓之非艰,知之维艰者,正谓此也。

十月三十一日

欲做之事,必须是当代之需要,其需要之程度愈高,推行愈易。但仍须寻着目标及途径,善排除其障碍,秘密其布置,稳健继续的做去,必能成功。

十一月一日

做事精神是知易行难,完全要主观的。方法是知难行易,完全要客观的。

十一月二日

能精密的核算者,劳力时间效果,始能不吃亏。

十一月三日

能见人眉之尘,不见己面之垢,讥笑人时,当回思自身有无。

十一月四日

只知人错,不知己错,不可以处人。能自不错,不能使人不错,不足以为政。

调查、计画、研究、试验、推行是为完成建设必要之路程。

十一月五日

置不晓事理之人于身侧,不经心时,则受其累,用人之初则当慎选之。理性不能领导感情,感情则要淹没理性。

十一月六日

勿忙勿住,心力并用,有节奏而能继续的做去,凡事皆可成功。做事不难于向前猛进,难于向后检点,向前猛进十人九能,向后检点十人九不能。

十一月七日

致王靖国函

绥西屯垦区新村制实验村,中心画出十亩地,作一公园,此公园之经营费由我出。此致治安(王靖国)。

山手

十一月八日

以经济平等之新村方式,开发绥远,可一劳永逸。

人有错,开导之效大,怒骂之效小。开导时尤须明之以理,勉之以义,动之以情,喻之以法,晓之以利害。

十一月九日

选人要重理智,动人要用感情。政治领导者于政务人员须圆满其感情,增益其理智,不可纯尚理智而伤其感情。

十一月十日

事有益身益家益名益功益德者,有损身损家损名损功损德者,有一益者则当力为,全益者更当力为,有一损者则当力戒,全损者更当力戒。

十一月十一日

言之关系成败荣辱甚大,不可轻,不可能诞,不可吝,不可越,不可失喻,不可带蒂,不可经逆,不可着痕迹。

十一月十二日

若众人哄骗一人,政治前途则呈悲观。各谋自利,不谋公利,公营事业前途实堪忧虑。

十一月十三日

利己之事,勉强者即不可图为,勉强图为,非特难成,而且丢人。利人之事勉强者亦须图为,勉强图为,事虽不成,亦可表心。

十一月十四日

以权力管人,以智能管事。

十一月十五日

组织为事实之母。

十一月十六日

瓜不熟不落,时不至不成。

十一月十七日

轻诺于前,必困难于后。

十一月十八日

先行而人从,后行而从人,横则无空间,竖则无时间。先行人从我心即同人心,后行从人人心即同我心,如何能此,子理母理皆对,方可。

十一月十九日

自作障碍,事业吃亏。

十一月二十日

改性真难,少不存心,生性即现。

凡规劝进策献能之言,均须当面承受,默为取舍,不可当面指驳,又不可显为取舍。

十一月二十一日

自己漏下空,才启他人之奸。

十一月二十二日

有备可以消患于无形,先觉可以弭奸于未变。

十一月二十三日

权当紧操,利当力让。权不操之在我则乱,利不让之在人则争。

十一月二十四日

中难,不偏于心,则偏于物。

十一月二十五日

人之一生,应忙两事,一为仁慈的施为,一为经济的工作。

十一月二十六日

站在愈显明的地位愈不敢做瞒人的事。云彩乱飞,人不注意,或能瞒人。若太阳乱动,万目昭彰,决难欺人。

十一月二十七日

热可以助热,亦可以泄热,冷可以消热,亦可以激热。

十一月二十八日

过量的对敌行为,顷刻即招社会心理之不满。

十一月二十九日

孤注一掷智者不为,愚者为之。惟孤注一掷,未必一来就去,若援以为例,是愚上加愚。

十一月三十日

地位高者当让争。

十二月一日

处事最忌作伪。

十二月二日

山西图书馆基金保管委员会简章:

第一条 为保管晋北矿务局公股及公股所得之红利,以备筹设山西图书馆之用,设立山西图书馆基金保管委员会。

第二条 本委员会对于晋北矿务局公股及公股所得之红利负保管之责,晋北矿务局股东会开会时,公股代表由本会指派之。

第三条 本委员会以晋北矿务局创办人阎伯川先生为委员长,委员五人至七人,由委员长选定之(第一次选定委员樊象离、梁汝舟、耿步蟾、李尚仁、张之杰、刘笃恭、邱仰浚)。

第四条 本委员会会址设于太原。

第五条 本委员会设秘书一人,书记一人,承委员长之命办理会内事务。

第六条 本委员会经费由晋北矿务局公股红利项下开支。

第七条 本简章自本会成立之日施行。

十二月三日

真是人以类聚物以群分,吉凶生焉。国与国对无理性,党与党对无是非。

十二月四日

涉己之中,又要旁观,旁观则不昏。

十二月五日

矜言招忌,轻言招侮。

十二月六日

以旁观的心理定意,和平的态度说话,错误少,效果大。

十二月七日

入在里边不黏在里边,跳在圈外不离开圈内。

十二月八日

脱利无繁难。

十二月九日

行从志定。

十二月十日

道与功体用表里,功以现道,道以发功,无道之功不功,无功之道不道,故须志于道以成其功。

十二月十一日

谋事当图始虑终。

十二月十二日

表里如一,名实相符,做事易于成功,求人易得应允。

十二月十三日

行易欺人,心难欺人。

十二月十四日

乱世之人志弱心浮,难于图功。

十二月十五日

家产不清,每至妯娌成仇,弟兄争讼,为父母者当预为之计。

十二月十六日

洪水之下,泉水难为清。恶里之中,子弟难为善。

十二月十七日

只能就其所及,勉其为之。不能悬我所能,责其及之。

十二月十八日

就其所为而修正易,反其所为而更改难。

十二月十九日

大厦将倾,善居者应早避。大祸将临,善谋者应早筹。

十二月二十日

人心不测,险诈难防。古人说,年年防旱,夜夜防贼,可再加一句,时时防人。但防人不可低看人,是自己不与人漏空子。

十二月二十一日

就事方面说,有尽其在我,听诸在人者。就做事方面说,只有尽其在我者,听诸在人之语即属长余话,说不如不说,知不如不知。

十二月二十三日

靠人若得当,进度虽慢而易于继续。若只靠一手一足之力,有顾此失彼之虑。

十二月二十四日

非有止境,难免取辱。

十二月二十五日

险多由渐引而入,智者识其初而拒之,不为大利所动,不为大势所逼。

十二月二十六日

热心的为自己赚钱,平常人均能为之,热心的为公家赚钱少数之热心公益者始能为之。欲公营事业之发达,且继续恒久的不坏,非有适当之组织监察及奖励办法不为功。

十二月二十七日

有事功能光外,有德性始能光内,二者亦不能相赞,故不可偏缺。

十二月二十八日

成功不必自我,戒强为也。成功敢不自我,戒犹豫也。

十二月二十九日

计算是创业之母。

十二月三十日

河边村共有地一百六十余顷,农产物价值,十年平均每年不过五万元,假使遍植果木树,年可收入二百万元,能否固须试验,惟村人不计算,故无人试验也。

十二月三十一日

行为不可秘密,计画不可不秘密。

民国二十二年

(1933年)

一月一日

因劳力所获者归私有,不劳而获者归公也。

一月二日

今日资本主义国家所患者,为生产过剩之病。吾国今日所患者,为生产不足之病。欲救此病,须有生产与消费之组织。有生产之组织,无生产不足之病。有消费之组织,无生产过剩之病。

一月三日

知人与善任,两者并重。不敏与急躁,其错维均。

一月四日

谋国者,事前不可不未雨绸缪,临时不敢与敌以隙,二者有一足以致亡。今日欲御外侮,非有三十年之准备不可,自前清以至于民国当局皆醉生梦死,非特无未雨之绸缪,反江河之日下,而当局者又排除异己,党内分裂,与敌人以莫大之隙,前者既无,而后者又犯,国家危矣。

一月五日

知人易而自知难,制人易而自制难。

一月六日

能爱人者,始能恶人,能谄人者,必能骄人。

一月七日

叛之顺之,悉本其利害,义丧尽矣。

一月八日

预则立,不预则废,真是成事之母。但预颇不易,须智与恒皆称,方能作预。

一月九日

知人易而善用难。小错变为大错,一错变为万错,非特不可有此行,而且不可动此念。

一月十日

兴办一事必须有精密的计算与巧适的工作,始能经济。但精密的计算是主人之责,巧适的工作是技术人员之责。世人所谓拙匠人巧主人者此也。

一月十一日

物有轻重长短,事有成否损益,非称量不知物之轻重长短,非计算不知事之成否损益。故精密的计算为举事之母。

一月十二日

官吏蛮横武断,为封建之余毒,渐形成对人民不守信约,视为表示官吏之威严,以致官民间隔阂甚深,政治之效能因以大减。今欲图治,非恢复官信不可。

一月十三日

读书添智处固多,蔽智处亦不少,必须有消化若干书的内力,才可以读若干的书。

一月十四日

甜言是辣心的表现,谄容是傲态之先锋。自固是防人之良法。

一月十五日

染缸中抽不出白布来,恶化中找不出良品来。浸润中无干质,颓风下少良才。

一月十六日

懂情理始可以管人,明事理才可以管事。

一月十七日

只有正义是不磨灭的,此外皆海沤陆风,一阵就过去。

假使没地球日月星,造化功用显个什么。

一月十八日

撂了物质,就是没有物质。人生离不开物质,故学问亦不敢离开物质。

处置事,须事前虑到事后之曲折赞否。

一月十九日

用得其人,事克有济。

一月二十日

去不尽轻浮浅薄,不堪经大难。

一月二十一日

官营民监,可以减官营之弊端。民营官督,可以补民营之弱点。

一月二十二日

亡国固痛苦,强国亦非由痛苦中不能得到,不过分自动与被动耳。

一月二十三日

　　浮气与急躁,皆由刺激而生,欲改急躁与浮气,须于刺激上求化除。

一月二十四日

　　责任分明,界限确定,是团体工作之紧要条件。

一月二十五日

　　任其劳,任其怨,任其难,任其害,是与人共事之妙诀。

一月二十六日

　　心平气和之怒,鼓舞勉励之骂,收效愈宏。

一月二十七日

　　解决任何问题,须顾虑下列五点:一、人心。二、造化心。三、生产量不受制度之限制。四、分配之继续须不犯三大罪案。五、增大养人量。

一月二十八日

　　计画第一要求根据合理。根据不合理,无论如何精密,亦是完全错误,等于箱柜封锁的虽十分完密,使盗连箱柜盗去,则物与箱柜完全丢了。

一月二十九日

　　有进言者曰,国事垂危,南京当局仍率性孤行,若至南北军心尽失,非特外患无以抵御,内乱仍恐不免,国家沦亡,深堪忧虑,我公应痛切与南京当局言之。余曰:前者交深言深,尚且因疑生忌,今交已决裂,若再以深言,徒扩大裂痕耳。今我国无未雨之绸缪,侵侮之来,只有权不计失,利不计得,义不反顾,置赤心于国人腹中,以求共济。

一月三十日

　　目的地相背者,不可求偕行。

一月三十一日

　　认定此生目的,集中心力身力时间,以达其目的,一生当有结果。

二月一日

　　日将受英弄,日力澎涨,英俄日不利相等。日内瓦席上(国际联盟会议),英反袒日,迷于亲昵者殊不自觉。

二月二日

　　我求人者难继,人求我者亦难继,两相求者易继。

二月三日

各相责决裂破碎,各自责精诚团结。决裂破碎招外侮,精诚团结御外侮。口喊精诚团结,实则互相责难,欲御外侮,其可得乎。

二月四日

不遇汤武,不显桀纣吃亏。

二月五日

使者说的做甚不像甚的话,惮与之谈国事。不能赤条条无挂碍的,难期济大艰危。

二月六日

种下恶因得恶果,当然种下恶因反欲得善果,非特不可能,且恐其结果比恶果还恶。

古人说,养心莫善于寡欲,而养身尤须寡欲。

二月七日

智善为事,仁善处人。

二月八日

人的思想学问,撂了物人穷。国的政治教育,撂了物国弱。

二月九日

人欲以食为第一,色为第二,将来必有假色夺取政权者。

二月十日

明知大难将来,而不早为之计者顽人也。知人善任,执简御繁,是为政之道。

二月十一日

功烈与智能可以矜生前,不足以慰死后。

二月十二日

今日全世界所喊叫者,解决社会问题。惟何为社会问题,社会问题各项之焦点何在,未见道出,当然说不到解决。

二月十三日

一元钱月息二分年结账,一百年之本利和为二十二万万一千一百零六万八千四百八十四元,其数目之大,实堪惊人。说到社会,可知资产生息之弊害,说到身家,当知贷人银钱之惊惧。

以制服人为得意者,必招祸。强人为善不若助人为善人从。恶人为恶不若悯人为恶人感。

二月十五日

想想一旦跌在万丈深沟,骨粉肉泥的当下,自己是个什么现象。

坐的欲垫,穿的功袍,戴的名帽,背的贤妻,拖的肖子,如何滚的动。欲是自身的盗贼,自当化贼为子。功是分内事,名是身外物,成与不成,有与没有,听其自然。妻自是妻,子自是子,贤与不贤,肖与不肖,尽其在我。

我本若汽球,乃被多绳牵,一旦能割断,自然上升天。

二月十六日

国家的行政统系,应分三部:

一、管情之部,人伦是也。

二、管物之部,生活是也。

三、管力之部,防卫是也。

二月十七日

愈难过的关头,愈不可躲闪,困难关头的躲闪,增大难关的成数,是相乘数,不是相加数。

二月十八日

余立省营业公社,志在与省赚一万万元。深望各县为县赚百万元。各村为村赚十万元,则山西社会经济基础广厚,将不至得经济的脑充血病。

二月十九日

益事在能办时就要办,过时则难举矣。

二月二十日

现在社会上种种状况,不是表现悲惨,即是表现险恶,其所以纠纷若是者,根本是由社会制度之不良。又由于创造制度之依据不中,或重理而轻情,就个人言适于心生,而不适于身生。就社会言,适于群生,而不适于个生。或重情而轻理,就个人言适于身生,而不适于心生。就社会言,适于个生,而不适于群生。身生与心生,个生与群生,实相依为命。心生不成身灭随之,身生不成心灭亦随之。个生不成群灭随之,群生不成个灭亦随之。吾们欲解决社会种种悲惨与险恶,须探讨合理的社会制度。欲探讨合理的社会制度,须求得人生与人群生之适中根据。

二月二十一日

表示意见,要在必要时,不可轻易,须简单明显,不可含混。答问须恰当恳切,不可模棱浮泛。

二月二十二日

今日言事甚感理解复杂,难以对头,应规定研究事理规律,以免所指不同,各是其是,各非其非。

二月二十三日

事有是非,是非有四类:有是上之是,有非上之非,有非上之是,有是上之非。是上之是非上之非,中人皆认识。非上之是,是上之非,非特中人不认识,中人以上之人,亦每认住是者是其是,认住非者非其非,成为学术人乱,成为制度政争。

二月二十四日

惟一不能言,分一不必言,三以上乱言,言只好言二。因物变则为二,三是半变半不变,四是二变。言二实言之科学也。造物是个惟一,物与心是造物的二。是心物类的,分有生物、无生物。有生物中,有植物动物。动物中,有有理性动物,有无理性动物。错综而言,有男动物,有女动物,有能飞动物,有不能飞动物,分而细之,千千万焉,循二而言,有阶可寻,离二说千万,等于跳蚤乱奔,不特人不知其落在何处,自己亦不知其意在那里。

二月二十五日

能知善者,始能知恶,能思善者,始能不思恶。

二月二十六日

各是其是,各非其非,各利其利,各害其害,乃乱。同是其是,同非其非,同利其利,同害其害,乃定。

胜与败皆由过错而生,若无过错,则无胜败。胜是由敌人过错而生,败是由自己过错而生。

二月二十七日

身壮心明,二者应当并重,故卫生与明心的工夫,须要平衡。

只要有根子，不愁没有发芽的机会，故人做事当培根。

二月二十八日

人生计年不过七十八十，计月则有八百九百，计日则在三万上下，计时计刻则为数更多。善实业家每以秒计，则所谓一秒钟要做若干事，故其一生之事业，每有出乎人意料之外者。人之一生，无论求学，无论做事，于时间之计至大，不敢丢了日，一日之内应当竭力从事。

三月一日

人为天地心，假使无人，造物的功能无法表现。

三月二日

好不是对，好与对混，而天下乱。

三月三日

是其是是对的，非其非亦是对的。非其是是不对的，是其非亦是不对的。为其所当为是对的，不为其所不当为亦是对的。为其所不当为是不对的，不为其所当为亦是不对的。

三月四日

利害不一致下之合作，终必解体。人之聪明比若电灯，有百枝光者，有十枝光者。百枝光者能照一丈之明，十枝光者能照一尺之明。说到照一丈十枝光固不如百枝光，说到照一尺，则十枝光亦等于百枝光。此所以专门之学术尚矣。中等聪明人专一门，在此一门上足强于高等智识之不专门者。

三月五日

因迁就人而勉强承认，既承认则不可更改。然因勉强承认之故，延开时日，每易更改，反招失信之讥。处事最好是不迁就，如非迁就不可时，既迁就则不可更改。

三月六日

虽极困难之事，亦有宜尽力解除者。有宜如置若罔闻以图解决者，只要处置适当均得解决。

三月七日

自哄自易，哄国人难。不善生者易厌生。渐变不已必至突变。

三月八日

顺父拂子,是为子之正道,但亦当权其轻重,否则执矣。

什么是个我,心与身合上是个我。离开身说心是顶聪明的我,离开心说身是顶老实的我。但均是我的一半,不能称个我。心确知是是而当为,身确不知非是非而不当为。心管住身,身表示心,是我的成就。心管心说,身管身做,是我的破毁。

三月九日

聪聪明明的坏人,与糊糊涂涂的好人,皆不可使之任要职。

三月十日

以中成学,以对处事。

三月十一日

致石庄蒋委员长佳电:

齐戌电谅蒙钧鉴:

徐主席已于早二时起程,计当抵石。山稍事挬挡,即行晋谒。兹有鄙怀,特先电呈。前者主张出位,致萦廑虑,至今回思,愧对尤多。今者国难滋深,节麋南北奔驰,瘁劳国事。山向来追随钧座,受国家之优遇,亦当追随钧座,赴国家之危难。中央如为保全国土而忍辱,锡山愿与钧座分祸,如为发扬民族精神而奋斗,愿与钧座牺牲。深盼中央决定大计,抱定决心,痛布利害,昭示国人,或分阶段而运用,或一贯始终而健行,实际从事,齐一人心,山虽不敏,敢不勉旃,先布区区,敬祈鉴察。

去石之日,为国而责备者斯人,救国而动感者亦斯人。

三月十二日

义不反顾,是就值的顾而不顾言也,如不值的顾,人皆能不顾,今日外患之来,当局者应准国家利害,决定方针。

三月十三日

失重心之国家,人皆假国难而谋私利,致使国难愈烈,良可慨也。

三月十四日

轻言即是有轻心。交浅言深反致疑。

三月十五日

就事说事吉,就己说事凶。

三月十六日

和内始能御外,解铃系铃全在当局。

三月十七日

参谋本部来函征求用兵心得,三月十八日函复,分述政略、战略、战术、战斗之所见。(全文见年谱一七〇〇页)

三月十九日

群众事,创始不可忽略,因一成即改进不易。

三月二十日

一刹那是一刹那,千古是千古,是物的话。千古即是一刹那,一刹那即是千古,是心的话。实际一刹那是一刹那,一刹那亦是千古,千古是千古,千古亦是一刹那。

三月二十一日

由心说,心丽于物,无物心无所表现。由物说,物役于心,无心物无所效用。

三月二十二日

世须不长,心不许不长。处常事以常法,变事当以变法。

三月二十三日

为子弟择事,当从其所长,尤当从其所好。

三月二十四日

从高处着眼,从稳处落脚。检点是成事的要诀。

三月二十五日

创举之事,当为人起头。

一日之勤劳,十分勉强人为,亦可从命。百日之勤劳,一分勉强人为,亦难始终。

三月二十六日

理想不能发现为事实有三因,第一是理想不对。第二是理想虽对,无发现之权力。第三是理想亦对,并有此权力,但知行不合一。

三月二十七日

逆来可以理逆之,不可以气逆之。理不能逆者,气更不能逆之,以气逆之反足以助逆之势。

水过土难浓,浸润木易湿,染恶当防浸润,图功当戒水过。

三月二十八日

能掌握属下是会管人。能接合直上是会管事。

权利要上与,职务要下负。

三月二十九日

能由果寻因,始能由因知果。

三月三十日

拿定的主义,不可因感情而变更。不当说的话,不应因刺激而说出。

感觉如槁木死灰,心灵若生龙活虎,始能吸益而泻损。

三月三十一日

国家大难之来,必须有大人材以应之,无大人材以应之,国必危。

四月一日

必须痛耻而后可以免耻,必须交仇而后可以复仇。国人主张国事,每易玉碎,易动听也,且亦以此难当局。当局只有牺牲自己以应之。否则国必损。

四月二日

国与己两不并存时,应当牺牲自己以救国。谋国不可玉碎,自处不可瓦全。谋国不忠,国且不存,况无谋者乎。

四月三日

经济化之政治,首在计算的当。

四月四日

答蒋及汪使者——能自强始可忍辱,能得援始可奋斗。

四月五日

所恶而不阻,所好而不偏,其难哉。阻碍所恶,恶者即离,偏袒所好,好者即放,事其滞碍难行矣。

四月六日

不堪任使者,鞭策亦无益。创始之事,必须为之造成路径而后可以罢手。

四月七日

此生为何生,为的要集中,集中胜偏后,无阻与空同。胜偏中化偏,偏胜偏灭中。偏尽升无止,中尽沉无底。集中甚为难,中被偏绕环,突不破绕环,只有日勉强。勉强复勉强,突围终不难,一旦突围后,上下那有方。集中一分,突围一分。增围一分,蔽中一分。

四月八日

带燃火性甚的物不能拒火,只有离火远之一法。

四月九日

国家挽救之法,此时尚可说来。若到说亦不来时,当国者虽欲痛改其非,亦不可得矣。

应当修什么路,是修路的政务。什么路怎样修,是修路的事务。

四月十日

凡事吩咐彻底,尚恐不能做彻底。若吩咐不彻底,绝不能做彻底。

四月十一日

凡事能预先虑及,则不至束手无策,能筹画周详,即可游刃有余。

四月十二日

想什么未必能什么,该什么却逃不脱什么,此戒贪夫也。该什么要跳出什么,想什么要勉作什么,此励志士也。

四月十三日

人心险诈莫测,人言不可轻信。自心好恶常偏,人言不可轻不信。

四月十四日

做事第一步是做,第二步是常做,第三步才是会做。不做不能有知,不常做不能有得,不会做不能有成。学道亦如之,第一步是学,第二步是常学,第三步才是会学。不学不能有知,不常学不能有得,不会学不能有成。

四月十五日

社会上看人的错,认的很清,责备很严,有错不要打算白过去。

四月十六日

知道易,行道难,非以知御行者,不能以知现行。行对易,知对难,非以行御知者,不能以行表知。

四月十七日

父养老犬,行须数息,见则生惧。

以手植树死,以心植树活。以言教人违,以行教人从。以智知,以勇行,以仁继。

四月十八日

以恶报恩,君子伤心,常人即起报复之念,非无我者不能平淡过去,故处人者不可不择人,负恩者不可不思祸。

养身悦心孝之体,继志述事孝之用,举业成家孝之常,干蛊挽过孝之变。

四月十九日

同人于族推之同人于乡而后可以同人于国,不盈科不能言进,不自迩不能行远,不自卑不能登高。忽近而务远,忽卑而务高,未有能成之者。

功与德相表里,有德无功外虚,有功无德内弱。

四月二十日

立功者未必能立德,立德者必能立功。立德由己,立功须得时会耳。

此生结果,最怕总算账时不够本。

四月二十一日

眼带上色镜,素的亦看成色的。心存上成见,善意亦疑成恶意。

四月二十二日

义不当为之事,须戒之于初。义当尽之责,须努力于终。

强邻在侧,有隙必乘,自腐不复,虫生难免。

四月二十三日

己奋人勉,己敦人厚。

四月二十四日

与自己关连的事,人的困难即自己的困难,为人解除困难,即是为自己解除困难。与自己对持之事,为自己方便予人个困难,其结果,必致人反予自己个更困难。

四月二十五日

共爱之物,自爱当知人亦爱。独爱之物,自爱当知人不爱。他爱之物,自不爱当知人爱。

致南京汪精卫先生马未电

南京汪精卫先生大鉴:

栋臣兄来,承以国难下问,忽忽一谈,未尽所怀,连日思维,区区之意,复为左右陈之。今日救国不外两端:一为发扬民族精神而奋斗,一为保全国家领土而忍辱。惟奋斗须以得援为依归,忍辱应以自强为前提。不得援之奋斗是逞玉碎之一掷,不自强之忍辱是图瓦全之苟安。弟僻处山右,未能洞悉国际真相,我兄游欧方归,世界大势定极了然,奋斗忍辱究应何去何从,定有成竹。但无论如何,均非内部切实团结,难期实效。且内部若不真实团结,奋斗恐中途发生事变,忍辱虑内讧因之而起,徒与敌人以再度可乘之机,奋斗忍辱其结果皆足以促国家之危亡,取辱于千秋万世也。强邻在侧,有隙必乘,自腐不复,虫生难免。自古未有国内不和外侮能已者,前此之错误,大家应同警惕,今后之痛悔,大家应共努力。国危至急,而救亡之法尚能说之,若至说无可说,虽有救国之心亦无救国之路矣。介公大勇,我公神智,团已散之人心,挽既倒之狂澜,化险为夷,转危为安,必有良图。弟虽不才,必能追随左右,竭尽绵薄。如中枢决定大计,奋斗则同其牺牲,忍辱则分其谴咎。江天在望,不胜依依。弟阎锡山马未印。

四月二十六日

努力于乱,不努力于治,努力于亡,不努力于存,不仁之甚,不智之极。

四月二十七日

担政三年,无人不怨。

四月二十八日

立国不怕穷,怕无财政家。

四月二十九日

本非危事，乃为己便而发危言者小人也。本为危事，人不知其为危发为危言者君子也。

四月三十日

病与命相连，去病则并去其命，不去病则命必为病所制，一线生机只有病自化之一途，岂不难哉，今日之国家亦如之。

五月一日

与五分人出六分主义，其结果可强于五分。与五分人出十分主义，其结果不足五分。

人心多私。不能觉他人之私心用事，不足以担事。不能制他人之私心不发，不能成事。

五月二日

不可使轻人传重事，轻人传重事则事伤。不可使重人传轻事，重人传轻事则人亏。

五月三日

努力于自杀，愈努力结果愈坏。错路上跑步，跑的愈快，返回愈难。

五月四日

星辰的行动或可瞒人，日月的行动绝难瞒人。

五月五日

人心如水，有隙即泄。人心如气，有孔即入。

五月六日

怕反对的事，做时应预计反对来能否抗住。怕失败的事，做时应预计失败了能否着住。怕挨骂的事，做时应预计骂来时能否受住。

五月七日

图始易，而虑终难。

五月八日

救国无路责在人，全省乏术责在己。

五月九日

勇以成仁，勇以改过，此所谓以勇达知。坚决的决心，非有韧强的继续力不易实现。

五月十日
始求深,浅施重,小务大,皆凶。养和去躁,是应事之要。

五月十一日
制裁其自私自利之心理而用之,造产如逆水行舟。利用其自私自利之心理而用之,造产如顺风扬帆。

五月十二日
以处人说,触着人的痛处人就要反应。以自处说,有痛处人触着就要反应。顶好处人勿触着人的痛处,自处不使有痛处。

五月十三日
穿衣固不要华美艳丽,但亦不可污秽破烂。作人固不要轰烈奇异,但亦不可龌龊卑鄙。

蒙眼避色,塞耳远声,虽仍是包藏祸心,但亦未尝非救急之法。

五月十四日
己难者易同情人之难,伤也。己易者易轻视人之易,泛也。己难而慰人之难,己易而励人之易,难而不伤,易而不泛。

五月十五日
中是生活的法则,对是做事的法则,公道是交易的法则,然三者之中各有其中,各有其对,各有其公道存焉。

五月十六日
资本社会制度之罪恶有三,强盗、杀人、扰乱。弊害有二,就本身说,造产能力愈大,生活愈难,因之减少工作以维持其生活。就身外言,由劳动者方面说,努力劳动之结果,被残杀之余,供其杀人之具。由团体方面说,不以劳动所获供自生自安之用,反以之侵人扰人。医第一病之方法有三,各取所需,各取所值,劳资合一。就三方面而论,各取所需是好,各取所值是对,劳资合一是易。好则难强人难继续,易则易为而易违,对则尽情合理,公道得中,能久易继。医第二病之方法,商公办,工包制,发行购货纸币,废止金银代值纸币,公办对外贸易,统制汇兑。二病医后,可将恶风暴雨雷电纷驰时时危人人危之现状,变为晴天白日霁月光华时时安人人安之现状。

五月十七日

　　了解了对面,始能赞助人,始可反对人。

五月十八日

　　现社会制度之三大罪案,是为人类抱不平,为造化发慈悲。人之食衣住用行,非以人之劳动不可得,劳动之结果愈大,应当生活愈裕。现社会制度之国家,皆因维持工人生活而减少其工作,此病由于不以工作供生活,反以工作供争夺,其交点在以金银代值。

五月十九日

　　恐人吃不上饭,把麦子倒在海里,真是若颠若狂,但制度不良有以致之。

五月二十日

　　开会议讨论事件,必须列席人员相当,议题界限分明,发言有秩序,而适合于讨论事之程度为界限,方有效果。应编开会规范,以促进步。

五月二十一日

　　国民之权利心减了义务心,其所余数量愈大,国家之乱亡愈甚。

五月二十二日

　　涵气养和自优,理责法谴人服,就事论事少纠,本人驳人免枝。

五月二十三日

　　轻躁显露,人格事业两受其损。慎重诚讷,人格事业两受其益。

五月二十四日

　　踢不开窠臼,上不了新途。断不了牵引,达不了自由。

五月二十五日

　　灾害亡国易救,弊病亡国难救。弊病亡国易救,学术亡国难救。学术亡国易救,道德亡国难救。

五月二十六日

　　隐人之技而欲人效能,昧人之德而欲人效忠,当国可能乎。

五月二十七日

　　不见何能知其形,不摸何能知其体,不尝何能知其味,不听何能知其声,不做何能知其难,畏难而阻者,无进之勇也。

五月二十八日

错方向处用力,一分努力一分伤。侥幸路上成功,一分得意一分险。寻不见路,一步进前一步远。摸不着窍,几分用力几分差。

五月二十九日

知为肿毒而不早为之消,必溃。知为祸根而不早为之拔,必乱。

五月三十日

俗语说,瓦口水流到底,婆詈(不孝也)娘娘媳詈你,真是教的不会看的会。

五月三十一日

告蒋使云:黄河安,长江亦安。黄河危,长江亦危。

六月一日

黄郛使者云:黄北来时,汪处读公电,深佩"奋斗以得援为依归,忍辱以自强为前提"句,奋斗既不能,忍辱顾负责,未知能否自强。余曰:膺白苦心令人同感,自管自可耳,余致汪电,重在强邻在侧,有隙必乘,自腐不去,虫生难免,希归告膺白。今日国家之病命相连,吾辈真无处法。

六月二日

对人妥协对主义不妥协,尚不若对对妥协,对错不妥协。勇以制己,智以知人,仁以爱道。

六月三日

用人智,用人技,宁用一个高等的,不用百个平常的。

六月四日

施政其方针如战略,文字似武器,有一不利决难成功。

六月五日

不谨慎则害事,过谨慎则误事。

六月六日

脚踏两只船,终究要扯破腿。

六月七日

知行不合一,无以作人。事理不合一,无以做事。

大喇嘛的称称物无斤,有涵养的脑感物不动。

六月八日

有不求之于人而求之于法不可得者,有不求之于法而求之于人不可得者,颠倒则错乱矣。

六月九日

蓬生麻中固然是不扶自直,惟麻生蓬中,亦是不压自倒,故处人不可不择。

六月十日

制己曰勇,知己曰智,推己曰仁。不制己无以制人,不知己无以知人,不推己无以爱人。

六月十一日

关于多数人的成败,多少地方的秩序安宁,痛快的主张是不仁,轻率地承应是不慎。不仁终祸,不慎终悔。

六月十二日

轻施则害恩,轻怒则害威。

六月十三日

理以节情,情当厚,理当严。

六月十四日

不谋其始者,不易善其终。

六月十五日

咬住牙关忍,忍到头,即是胜利。挺起骨头撑,撑的住,即是成功。

六月十六日

由外向内的,须入在里边看里边,始看的清楚。由内向外的,须跳在外边看里边,方看的明白。

就住此身说,此身是儒。离开此身说,此身是佛。

六月十七日

关系利害事勿骑墙,关系是非事勿含混。

六月十八日

人有仁义,胜于禽兽,但人之欲望亦大于禽兽。故同类相残,反为禽兽所不忍为,而人为之。人之智能强于禽兽,但人之贪得亦甚于禽兽。保贵金钱反为禽兽所不屑为而人为之。

六月十九日

行政须审知当时当地第一当为之事,竭全力为之,其功十倍。自己想做什么就做什么是造孽,社会上需做什么方做什么是建功。

六月二十日

乡间固以长老为尊,而老者亦不可以老施老,长者亦不可以长施长。老是人老之,长是人长之,自老自长反失其老失其长。富招人忌,故施是仁,亦是智。

六月二十一日

中医是超科学的,社会上未上医书之医方甚多,惜未能集中。

六月二十二日

傅总指挥作义来村云,何(应钦)委员长讬商三事:一、外交方针如何定。二、华北如何安。三、察事如何了。余答:外交取均善。华北安须裁兵。了察事首位冯。

傅又云,黄(郭)委员长讬述数事:一、协定经过。二、日内部之主张。三、华北之困难,并商整理华北之方策。余答:整理华北须制定方案,征各省同意后实行。裁兵,整理财政,刷新吏治,从事建设,而根本之图,尤在培植民主能力与人民卫国之精神。

六月二十三日

台高级参谋(寿民)代表出席南京国防会议,来村请示方针,临行问曰:见院长汪公有何言?余曰:无他言,只可云求和而不自强是移祸于将来,发作愈迟其祸愈大。台曰:前钧座曾言,今日国家病与命相连,去病则病带了命,不去病病终制命,欲救国只有希望为国病者自行改善之一途,倘汪公询问如何改善,将何以答之。余曰:就人说,变使人怕为使人服,就政说,变制人夺权为引人上治,则治有余矣。愿作一个打钟人,惊醒国人,勿忘国危。

六月二十四日

谴责梦中作恶为惊醒时之行为。社会上说,山难移,性难改,有误国之性者,真非误国到底不可耶。因一错不知连带发生多少错,错之为患真大,故防错为人事之第一要着。

六月二十五日

非偕行不可的人,乃离开他走,无论走的如何快,仍非返回来偕他不可。知此，当勿急，急亦无益，非徒无益而且受害。逆以止之，止不住是溃，止住亦伤。顺以止之，言者易言，听者易受。

六月二十六日

对的起人易，对的起神难。对的起神易，对的起天难。不亏人即可对的起人，不伤神始可对的起神，不违天才能对的起天。再数十寒暑亦易过，如何始能对的起天。

若为立功而修路开渠凿井造林，则路渠井林在功在，路渠井林没功没。若为社会而为之，其功虽没，其心犹在。路渠井林之在人眼，犹之乎此心之在人心。

民国二十二年六月二十三日，余病小愈，入父室坐，父语余曰：汝年逾五十，须节劳，否则一病反减少许多工作。余唯唯。复曰：汝向无暇谈家事，今可略与汝言之。族之来历，今春祭祠堂毕，曾令汝锡祚兄向族人约略言之矣。至家世之转变，全在汝曾祖父兴泰公之身，则尚未道及也。公少年聪颖而家寒，其兄安泰公谓之曰：弟可安心读书以成就其大者，兄虽驮黑炭亦足以供之。公遂奋读，至十八岁，见其兄过日太艰，乃决意辍读经商。其师惜而勉之，公曰：学固所愿也，惟不忍再以读书累兄。近邻王维藩公闻之谓公曰：诚欲辍读经商，我可荐于广武镇余之永恒粮店中何如？公诺之。到柜后，掌柜之少君知公通文字，益敬重，凡柜中往来信件必先向公询问，有无错误，公一一告之，而嘱其勿对他人言。少君屡向掌文笔之先生修正之，先生久而异焉，意必有人告之，诘之少君，少君曰：固为他人所告者，惟他人不让告人，当守信。先生乃向掌柜言之，且曰：柜中往来信件之错误是柜中之羞，有明白者当使出而参与，藉资补救。掌柜询之少君，少君以实告。至是公遂得参与文牍，时入柜，始四阅月也。三年即顶股四厘，实为该号特别而又特别之事。三账即顶整股。公非仅文字为长，计算之才尤优，而记忆力亦甚强，并善用一掌经。存账时，伙友报数，公每是甲非乙。伙友异而问公，公乃以一掌经告之，店中过粮日百数十起。公既强于记忆，坐檐下闭眼听报，晚间阅账如有错误，尚能指出。公掌柜后，请一管账先生，当初到时店中，有一老管斗者，记忆力亦甚强，欲试之，乃将一日之粮过毕，始向先生报账，且言之甚快，先生窥知其有试己意，乃合账挂笔而听之。老管斗曰：先生嫌言之太快乎？先生曰非也，余欲听汝报完后，一气书之耳。管斗者报毕，先生一气书出。公曰:汝二人如有错误,余阅账即知之。阅毕一字不差。公整理事务,周到从容,经理该号十数年,该号生意之发达,非惟同行之首,且为全镇之冠,然亦因以积劳成疾,三十八岁即归家养病。伙友犹时来请夺柜事,虽筑室于场疗养三年,终未见愈,遂于四十一岁而病殁矣。公性仁慈,持家俭约,当病初归时,汝曾祖母一日以捞饭拌汤并进,公曰:以两顿之饭而一顿食之,将来如何过日。汝曾祖母曰:汝为病人,且赚钱人,与家人不同,不应以此为惜。公曰:赚钱之事不常有,过日子是经常事,今虽小康,不可忘先世之艰苦,而开子弟之奢路。公好读书抄录甚多,尤喜历史医药等书,见乡间婴儿因惊风而殇者甚多,特制惊风药一种,施舍乡间甚效。远近来求者甚多,公不准问其村名姓名,馈谢者尤为严拒。公没后,原方存柜伙某邻友手,仍继续施舍。自某邻友殁后,药方不存。汝祖父在世时,言及此方,每致叹息。而后,如遇此种良方,尚当继行公志。少息,复曰:当时永恒店三年一账,每股批银二三千两,村中以人力赚钱者,汝曾祖父为第一;假使延年,当时即可小康云。

六月二十七日

不孝亲者,子亦不孝。己不敬长者,幼亦不敬己。有志不立,即是懦夫。

人之智不达,可徐徐教之。不可急迫吓之。急迫吓之,其智愈不达。徐徐教之,其智仍不能达,只可悯之,不可嗔之。嗔之非徒无益,于彼有伤,于己且有损于事。

不可因修正人的错误打倒人的兴头。

私心盛的人,私心即是兴头。成见深的人,成见即是兴头。每因止其私心,破其成见,并倒其兴头,此等人难于有用。

非智无以知错,非仁无以认错,非勇无以改错。知错者少,认错者尤少,改错者更其少。

六月二十八日

事之不良处,无疑义的应当改良,但须知现在之不良即现在之自然,非费大力不易达到改良之目的,若轻轻为之,即欲收改良之效,不可能也。

作其他嗜好败家均有至限,惟赌博多大家产均能一赌输之。

财产是身外的靠,技能是身内的靠。身外靠有时靠不上,身内靠何时皆可靠。无论有多大家产不可忽于学技能。

结婚以选与自己志向相同,以互相成就其志者为第一义。敦厚醇朴以得善嗣者为第二义。温和巧能以整理家务者为第三义。徒尚美貌者则无意义之可言矣。

六月二十九日

祸难之来,避重就轻,人之常情,但亦须智者,若非智者,欲避重而反更重矣。

法由上违终必坏,法由上守久必成。司法、行政、经济三权鼎立,是将来的新途径。行政无秘诀,就当时当地所需要者,脚踏实地为之已耳。

智以知人,仁以处人,勇以胜人。不能知人无以显人之长,不能处人无以弥人之短,不能胜人无以振人之懦。

六月三十日

家世盛时如强弩,此时不可不节制,凡自肆者一切皆须节制,以保余力。此时不可不奋勉,凡便人者一切皆须奋勉。乘势输力,过此、强弩成末,虽欲输节亦无力矣。

生时不可不虑到死后,有时不可不虑到无时,能时不可不虑到不能时,壮时不可不虑到病时,少时不可不虑到老时,恩时不可不虑到仇时,拒人求我时不可不虑到我求人时,奢求人时亦不可不虑到人求我时。

七月一日

劳动是人生的结果,努力是成功的要素。撂了物的学问是穷,撂了心的学问是凶。通情可以管人,察物可以管事。

资产生息下之佃户短工,凭身力生活者,劳动终身,不得一住宅,应提倡建房合作社,利用农暇,合力建筑,分年成宅,使人人得有住所。着志宽读书之余,研究组织方法,先由本村提倡。

平常人皆系私心包围公心,欲用人公心作事,其结果顶好是个弛废,否则私心泛滥不可收拾,非卡住人之私心利用之,不易收功。

七月二日

名利事功在外,不能随遇而了。义在内可随遇而了。故心着于名利事功,遇动摇其名利事功之时,心即不能不动。若着于义,无从动摇,故心可不动。富心不可不有,富己亦当富人。名心不可不有,名己亦当名人。利心不可不有,利己亦当利人。安心不可不有,安己亦当安人。此仁学也,亦即人道也。只图富己不图富人,只图名己不图名人,只图利己不图利人,只图安己不图安人,此不仁之学,亦即非人道也。孟子说:仁也者人也,合而言之道也,此道即人道也。仁者得善果,不仁者得恶果,其理不爽。

七月三日

尽人而知之者常道也,常道不可违,违则凶。早苗得雨易长,旱树移栽易活。人亦然,贫家子弟易向上,富家子弟易向下,故富家子弟非特别立志向上不可。

为人留余地,即是为己留余地。不为人留余地,即是不为己留余地。

凡事留有余地,困难时容易过去。

七月四日

心以济世,身以显心,人当以强心济世,强身显心。

余此次回村,知村中为生产而死者多人,小儿因向来不善医病死者亦多,余体外祖父母之意,设一在左产儿医院,以纪念余外祖父母抚育之恩。治病审病之工夫当居制方工夫十分之八。主病者之效,又居医生十分之八,故非有善主病者,不易有善医生。欺人犹不可,何况欺神。求人犹有限,何况求神。不可迷信,在人者当惟人力是视。不可迷不信,在天者当惟天意是从。

七月六日

得中道者事长,积厚德者气长。得中道须智,积厚德须仁。只图修正人错,而不图修正己错,不能处人。只能修正己错,而不能修正人错,不能理事。但必须先修正己错,而后再图修正人错,人始服。无强壮之身体,即无伟大之事功。

七月七日

奉父命,愿就荒山与村造林十万株,谨遵命聘定技术员,作就十年造林计画如左:

一、文山　五万五千二百株:计杏树掌八千四百株,龙王堂九千六百株,枣圪塔一万零八百株,泰石掌一万二千株,曲石掌一万四千四百株。

二、青山　二万零八百株:计大关山一万三千五百株,小关山七千三百株。

三、凤凰山　二万四千株:计石佛梁九千六百株,洞掌一万四千四百株。

福寿山龙凤嘴在内完成一万株树,为民国二十一年,余父七十二岁过寿纪念林,名为寿林,亦为村公有。

七月八日

人欲无边,若不自行节制,天地犹所难容,况人乎。

处人当以热热的心,冷淡处之。作事当以急急的心,缓慢为之。

七月九日

我无恩仇,惟公利害是判,利于公者仇亦重之,害于公者恩亦轻之。

为善当勇,诺人须吝,惧不应也。利人的事能做即做,不必留馀地。利己的事,可止即止当留馀地。

七月十日

劳动当为身体留馀地,身体是劳动的资源。过日子当为疾病灾害留馀地,疾病灾害是人家之常事。自重人敬之,自轻人侮之。

七月十一日

积财不若积技,积技不若积功,积功不若积德。以善自处易,以善养人难。

七月十二日

人类间缺憾甚多,所贵有政治者,为补救人类之缺憾。今之为政者,每为人类增缺憾,实有乖政治之道,良可慨也。

七月十三日

为孝子难,为慈父亦不易。得病容易去病难,养生要在平时注意。

七月十四日

计画得当事过半矣,再能用人得当事可完成。能有适当之工作,再言勤。不吝适宜之花费,再言俭。

七月十五日

预字是做事的一位好师傅。凡事预则自然成之,失预费大力亦无以成之,故预为人事之第一宝贵者,亦即人类之无上大智也。细观世上赶不及三字误尽多少事业。

七月十六日

但是花木均现媚,凡为动物各具能。走上了走到亦不算的路子,是白走。

七月十七日

计算的笔头下有金钱,有太阳,凡事能计算得当,能省钱,能省日。

七月十八日

多巧的辩驳,不如不言人谅解。多笨的说明,亦比不言人明白。

七月十九日

以谦和的精神与人共事,以自身说,五分智能可以收六分的效。以事说,原来顺利愈顺利,原来困难少困难。不知人不可以联人,不知人不可以间人。

七月二十日

忠厚有馀,聪明不足,事业受损。聪明有馀,忠厚不足,人格危殆。以直报怨是对,以德报怨是好。对则能久,可往可来。好则难继,可往而不可来。知过难,改过尤难,了过更难。

七月二十一日

无善无恶是心,有善有恶是身。是善非恶是心,是恶非善是身。为善去恶是心胜身,为恶去善是身胜心。身胜心身心为二,心胜身身心合一。怎么能教他合一,内者向外,外者向内。

七月二十二日

避避避,断断断,化化化,是三步工夫。勉勉勉,续续续,通通通,为一等事功。

七月二十三日

知之谓知之,不知谓不知,是知也。能之谓能之,不能谓不能,是能也。强知强能,自弃误人。

七月二十四日

探一步的顾虑,方恐撂了当面的。过一步的希望,方恐阻住目前的。

七月二十五日

善用之财,能以发身。不善用之财,足以肇祸。

七月二十六日

摆脱开,摆脱开,粘惹上洗干净很不易。持的住,持的住,掉下去爬上来甚为难。

七月二十七日

得意时要为失意时留下余地步。富有时要为穷困时留下余地步。

七月二十八日

本不隐故莫见乎隐。本不微故莫显乎微。

七月二十九日

物之无奇不有,可见造物亦带几分逞能气。

七月三十日

亲自己的儿子是自诚明,可不勉而中,不思而得。亲侄子是自明诚,非存心固执之不可。

七月三十一日

日光、空气、咬烂、睡足,是四位好医生。

八月一日

一病缠身万事休,光阴虚度古人忧,此生尚有多少日,岁月何堪若此流。

八月三日

与人共事,唯公道是最便宜的。这方面占一分便宜,那方面至少亦吃一分亏。

八月四日

在喜怒哀乐未发时能养成个中,发时始能得中节之和。未发时不中,发时如何能和。如未射之箭不正,射出之箭即不能中的也。

八月五日

有大需要时来始能成大事业。无大把持而去终难得大机缘。

八月六日

做事之目的在成,其原则要利。不粘不脱之谓利,成事依其仁,利事依其智。孟子曰:所恶于智者,为其凿也。如智者若禹之行水也,则无恶于智矣。禹之行水也,行其所无事也。如智者亦行其所无事,则智亦大矣。不凿之智,始为真智,方能利于事。为政尤当行其所无事。

八月七日

越是急事越勿发急,发一分急反生一分障碍。

其言甘者,其心蓄有阴。

八月八日

有诸己而后求诸人,无诸己而后非诸人,始有效果。若无诸己而求诸人,有诸己而非诸人,非特无效,且招反声。

八月九日

以气征人激人之忿,以理责人咎人之惭。

八月十日

人因欲遂私心而发糊涂者,与之愈说明愈激其糊涂,反致哓哓不休以护其私,只有置其糊涂不触其糊涂,另辟矫正之途。

八月十一日

心以格物,物以表心。心能格物,富强文明。物能表心,仁义道德。二者互相为用,不可相离。心离开物心朽,物离开心物乱;心朽则贫弱,物乱则暴殆。

八月十二日

脑筋简单的人,不可使之任复杂的事。

八月十三日

生为完成死,生之日短,死之日长,不可以生累死。

八月十四日

金银代值,资产生息之制度下,人类生活太不公平。人生不过七、八十,做工不过四十年,日得工资五角,年做三百日,不过一百五十元,尚不及千元之利息,甚有仅等于百元利息者。

八月十五日

心之效能,非借事物不能表现。离开事物之学问,是毁心之效能。

八月十六日

在公营事业董监会章程起章委员会特嘱注意点十八条:

一、众人的老子没人哭,公共的钱没人亲,此为公营事业之极大难关。今欲打开此难关,非找着能亲公共钱的人不为功。此固属人的问题,然立法必须能使选出公共钱的人,亲公共钱的人始能被选,此当注意者一也。

二、选举制度,在选贤能。而贿选反为事实,贤能之人非特贿选不为,即运动选举亦不屑为之,与选贤能之意,适得其反。欲矫此弊,须知单一的选举权易于受贿,绝对的选举权易于行贿。此当注意者二也。

三、董事人数少,便于作事,亦便于作弊。董事人数多,难于作弊,亦难于作事。立法董事取少,使便于作事。监察取严,使难于作弊。此当注意者三也。

四、董事任期长,易于收效,亦易于作弊。任期短,难于作弊,亦难于收效。且公营事业规模宏大者多,计画筹备均须时日,立法董事任期取长,监察取严,以期易于收效,难于作弊。此当注意者四也。

五、备人采择,必以公心出之,因公犹恐人不纳。以权断事,每以私心出之,虽私亦以其权在我。故不经审查之施行权顾忌少,私心易于用事。经审查之施行权顾忌多,私心不易用事。直接的监察权易借以要挟,私心易于用事。间接的监察权难借以要挟,私心难于用事。绝对的制止权便于负气行使,私心易于用事。相对的制止权不便于负气行使,私心难于用事。此当注意者五也。

六、单式的施行权便于做事,亦便于作弊。复式的施行权难于作弊,亦难于做事。立法务使易于做事而难于作弊,始能事办而弊不生。此当注意者六也。

七、以防弊说,事权愈小愈好,愈分散愈好,愈牵制愈好。以办事说,事权愈大愈好,愈集中愈好,愈专一愈好。立法必须弊防而不碍于办事,事办而不至于生弊,权衡得中,始能久而不敝。此当注意者七也。

八、事不机密则害成,事不公开则弊生。立法必须防弊之事务求公开,机密之事务使不露,以求两适。此当注意者八也。

九、使当事者做事不掣肘,事始能进展,作弊难隐瞒,事始不毁败。使做事不掣肘须假人以权,使作弊难隐瞒须察人以密,此当注意者九也。

十、事之发展方面,烦琐的干涉,不若定其绩,考其成,人乐效力。事之防弊方面,若放任日久,弊已积成,毁人败事,挽救莫及。此当注意者十也。

十一、欲人做事,当使人兴致勃勃。监察宽疏,固易鼓人兴趣,但易使事败坏。欲事有成,当使弊病毫无。监察严密固易防事败坏,但易使人败兴。立法必须宽严得中,事始能发展而无弊病。此当注意者十一也。

十二、人是有私心的,在公设职用人为做事,每每任职人员有施行权者易营私舞弊,有监审权者易假公济私,古今事之败坏于此者,几尽然之。立法必须防其私心用事,事业始能不受私心之残贼。此当注意者十二也。

十三、人是有好名心的,若鼓之有道,励之有方,能使之有功必奖,有过必罚,则任职人员必尽力从事。古今事之成就者,莫不由此,立法必须于此明切规定。此当注意者十三也。

十四、公营事业之赔赚,须与经营之人发生关系,赚应重赏,以鼓励从事者之精进,赔应负责,以戒从事者之敷衍。但赏之轻重,责之大小,应定适中。此当注意者十四也。

十五、待人以君子,君子固应然,小人亦勉之。防人以小人,小人固应然,君子亦乐从。立法待人要尊重,使君子得以容,防人要严密,使小人有所惮。此当注意者十五也。

十六、百年的事业由日做成,考核督促不可遗了日,当规定适情监进之法。极大的弊病亦由日做成,检察防范亦不可遗了日,当规定严密监督之法。此当注意者十六也。

十七、公营事业成功难,保持尤难。欲继续不坏,须民众间有人负责,并须不受政局变化之影响。董监会之设,即所以达此目的。立法应本斯意规定董监会之权限与修改章程之手续,以期能独立不敝。此当注意者十七也。

十八、凡事有寄托始有根系,公营事业之缺点在无寄托,惟千人所指无病而死,众目所注怯为诡弊。董事不管经理,经理必作弊。监察不管董事,董事或支薪不问事,或假权图私利。人民不管监察,监察或形同虚设,或滥用职权,必须使全省公民认识此,注意此,爱护此,并养成为此主张公道,虽有牺牲亦在所不惜之精神,公营事业始有寄托。此当注意者十八也。

事功之尽其在我者当十分重视,若听诸在人者须弃若敝屣。

八月十七日

贤能是人类之稀罕,庸拙是人类之平常。自责要以贤能律之,责人要以庸拙宽之。

八月十八日

事之所当言,可自动的言。心之所欲言,须得机而言。

八月十九日

能干与可靠相辅而行,能干而不可靠,能干无所用,可靠而不能干,可靠无所显。

八月二十日

心不现于言易,不现于面难。

八月二十一日

非变成做什么的学什么之学制,科举教育不易打破。

八月二十二日

治水当顺水性,治人当顺人情。

八月二十三日

智恶其鉴,又恶其巧,鉴与巧皆行不通。

八月二十四日

心苦者其词甜。

八月二十五日

叮咛明白人的错而后矫正之,易使人败兴,非有纠正错的必要时,不可如此。

八月二十六日

不因人错自亦错,不因错误变罪恶。不因错误变罪恶易,不因人错自亦错难。与民争利与为民赚利,其区别在用途,其实在制度。

八月二十七日

由旧改新,新了个努力,其实仍在旧中,是中国的现状。可办的事很多,能办的人难得,得一人办一事,其事乃成。

八月二十八日

知人难,用人尤难。用人如御马,御之善可以行远,御之不善反能覆身。

八月二十九日

处利与害均要脱利,处利不脱利是不仁,处害不脱利是不智。

八月三十日

团体内的份子,见利而争,见害而避,此团体形如散沙,质同纸芦,一脚可以踢破,一口可以吹散。

八月三十一日

乱世之人,其能力与私心并增,一分能力表现一分私心。

九月一日

孟子说,人心有所同然,俗语说,人心不同如其面。所同者为公,所异者为私。公为一,私为万。

九月二日

转不过乱机,虽理乱之设施,其结果亦是助乱。

九月三日

处逆事尤须心平气静,一分心不平气不静,一分助逆势。

九月四日

嫖赌是功、德、名、财、寿五损,不可不勉戒。劳动是功、德、名、财、寿五益,不可不勉为。

九月五日

不易扼的怒气要强扼,不易压的痴情要强压。扼压的住利身利事,扼压不住害身害事。

九月六日

头等人是做了不说,二等人是做了再说,三等人是说了再做,四等人是只说不做,五等人是说也不说。

九月七日

做事如行路,多少坎坷,只要忍耐住过,勿生气,勿灰心,总可达到目的地,遍看世间事,被阻于人者少,被阻于生气灰心者多。

九月八日

时间万能,时间是钱,时间是功,时间亦是能,欲求什么时间即是什么。

九月九日

言欲有效先须少,事欲有效筹须早。

九月十日

人言不可轻置,亦不可轻信,当详察之。

九月十一日

一村的人材,须爱惜一村的财产,主张一村的公道。一县的人材须爱惜一县的财产,主张一县的公道。一省的人材须爱惜一省的财产,主张一省的公道。一国的人材须爱惜一国的财产,主张一国的公道。

九月十二日

不替人想不能以处人,不替事想不足以作事。

九月十三日

事前要小心,临事要胆大。

九月十四日

失之东隅,只有努力地收之桑榆,万不可一失即萎。

九月十五日

做事以脱利为第一义,欲脱利须得中,凡事皆含有矛盾之两方向,中须在矛盾中求之。

九月十六日

常人见利忘义者多,待人以理不必求好,处人以恕不可计较。

九月十七日

农村百物皆随粮价而高昂。

九月十八日

立法只求法善,用人只求人良。故立法时防弊不为好人设想,负责不因坏人制限。舆论不饶人。

九月十九日

管人宜严,惩人宜薄。一则以喜,一则以惧。

九月二十日

一误者每易再误。满已失蒙亦不保。未雨绸缪易,水到求干难。前接内蒙将成立自治政府讯电南京先患预防,今已宣布自治,南京乃电嘱筹善后。

九月二十一日

富者贫之忌,贵者贱之忌,强者弱之忌,智者愚之忌,贤者不肖之忌。处忌之道,消极要收敛,积极要利人。钱是代表物的,物反比钱贱。

九月二十二日

贵异物、贱用物者,离开用物的本性,亦即穷之起点。劳动是生活之依据,不劳动是侥幸生活。

九月二十三日

秋后好种田,事后好定意。事前勿言易,事后勿言难。思想是个什么,终久结果个什么,故学问首在变换思想。

九月二十四日

地皮比房屋值年代,但人皆贵房屋而贱地皮。贫贱较富贵值年代,但人皆喜富贵而恶贫贱。房屋倒了尚有地皮在,富贵倒了有时不若贫贱,因房屋不足以累地,富贵足以损人,当惧之。为人当尽人事,作官当尽官职。理村事,其繁等于理国事,其难甚于理国事。

九月二十五日

只有平心静气的发急,其急始有效果。看见一面前进,其结果必吃他面之亏。在屋内觉著有理不算,须拿到街上说得去才算。贫贱易致而易处,富贵难致而难处。指身为活是最稳妥的生活。

九月二十六日

用物不可不惜物,惜物不可不用物。用物不惜物是不仁,惜物不用物是不智。

仁而不足以厚生,智而不足以利事,勇而不足以忍辱者,非真仁真智真勇也。

九月二十七日

常人皆宝贵病,故说著病捨上命。人非大智不能贱病。父在从父,父殁从母。

九月二十八日

处世非界限分明不可。国弱道理亦弱,国亡文化亦亡。

九月二十九日

所期于子者以待父,所欲于父者以施子。不两立的作法,顶好是个不两立,否则就是两不立。

九月三十日

工作就是生活,亦就是富有。一家人有工做,一家富有。一国有工做,一国富有。只有是非存千古。

十月一日

趁赴(措扶之意)我者损我者,我趁赴者益我者。

十月二日

信路上哄人不易防,军事外交应仿此,亦应防此。

十月三日

为己说国事者多,为国说国事者少,听言其难裁。

十月四日

公财难聚,私财难散。

十月五日

眼见难,心见易,耳听难,心听易,瞒人之耳目易,瞒人之心难。

十月六日

事当在未作之先预计,祸当在未来之前预防。

十月七日

人之陷入祸坑,一由忿激,一由欲引。无理愈大,激忿愈甚,权利愈大,引欲愈甚,而致祸亦愈深。若人智不能知祸,勇不能压忿,仁不能泯欲,则祸来无时。

十月八日

作事非有自己善作及善使人不妨碍自己作的两能力不行。

十月九日

国以威信立,政府只谋利害而不顾威信,国乱难已。

十月十日

事立在矛盾上,惟得中能久。若偏则成矛盾循环,偏于共和者即造专制之因,偏于独裁者即造合议之因。

十月十一日

管人不可在正路上放松,不可在邪路上姑容。

十月十二日

知易行难,由内向外,是道德。知难行易,由外向内,是事功。

十月十三日

用力是功,用气是错。

十月十四日

人才为事业之母,欲得人才,须选择与培养并行。

十月十五日

修筑铁道,心浮意躁之今日,虽工程专家每以一等于一之心理,常以一两金子等于一两铁,损失实钜,不能细算故也。

十月十六日

有道德的人惟恐人不若己,有技术的人惟恐人若己。

十月十七日

兵非练不精，子非训不成，练兵在选将，训子在择教。

十月十八日

钱欲愈花愈多，须办实业。

十月十九日

益人之事能为即为，损人之事能已即已，必昌。若益人之事能已即已，损人之事能为即为，必殆。

十月二十日

审不清周围，不可在中间站。认不清对面，不可向前行。

十月二十一日

以质表示精神者，质毁则神败。希特勒之银锤断而法西斯帝党全体懊丧，因其以物代表其精神故也。附"中央社史尼黑十五日路透电"：今日希特勒在此举行新美术院奠基礼，名人到者甚众，外国领事亦全与会。当时由馨伐利亚内务部长授希氏以美丽之银锤，俾用以行礼。此锤为国社党运动之象征，希望其后遇此大礼辄用之。希氏接锤后，轻轻在基石一击，不意锤忽中断，众乃相顾失色。希氏亦大为懊丧，即就座不发一言。

十月二十二日

雪亮的聪明尚且不可，何况衣屋。

十月二十三日

当罪者罪之则两安，否则使人复仇，则罪者损命，冤者受刑，且种循环报复之因。

十月二十四日

对小人好易感，大好难感。

十月二十五日

理宜求真，事宜求对。

十月二十六日

（九月初八日）知错较多，行错未能随减，假定去年今日知行相距为一尺，今年今日至少尚有九寸九，如此非再百年，不易知行合一也，岂堪。

十月二十七日

喜怒哀乐之差度愈少愈好。

十月二十八日

事有是者,有非者,有似是而非者,有似非而是者之四类。而每类又有从内起,从外起者两种,是者非者人人皆知不易错,似是而非似非而是者,非智者不易辨。利由外起,易作,似是而非。义由内生,难为,似非而是。

十月二十九日

政治经济化的村,村长须如同工厂经理兼商号铺长,须计画村人如何做工,村货如何买入,如何卖出,务须作到对内人人有工做,人人有生活,对外货物出超方是。

十月三十日

生活上需用的是物质,作事上需用的是知识,安宁上需用的是道德,三者互相为用,不可偏废。

十月三十一日

只有忍耐努力,是成功之善道。气为身之主,日为色之主,土为味之主。

十一月一日

计画必须精细,尤须周密。不精细易漏,不周密易崩。

十一月二日

说话欲错少,先话少。

十一月三日

一时之胜利,或归用诈术者。终久之胜利,必归正道。

十一月四日

在坏的社会上,不可骤行好的政治。在旧的社会上,不可骤行新的政治。

十一月五日

人民希望富强文明由天来,不顾自身负担。官吏希望富强文明由天来,不由政治努力。其国必亡。

十一月六日

智慧值千金。

十一月七日
善事每易得恶果,故善事当勇谋,当怯行。

十一月八日
听政者辩不若择。

十一月九日
子道难尽。

十一月十日
事有非闻非见而不知者,万也。有不闻不见而可知者,一也。

十一月十一日
知易行难为体,知难行易为用。

十一月十二日
盼望人对,不如指导人对有效果。与人处,我以善始,不能强人以善终,必是我决心能与其善终时,始可与其善始也。否则,冀人善终,我轻与其善始,因人不能善终,致彼此交恶,甚至攘成祸害,世上不少,诚堪忌也。

十一月十三日
欲经济济世,须精于算。

十一月十四日
与虎谋皮拒,与鱼谋水迎。

十一月十五日
顶红的太阳能被云彩遮住,顶好的政策能被劣官做坏。

十一月十六日
权本为平事治事而设,每因权致事不平不治,此为人类之缺憾。民主国家之人民,均当努力医此病。

十一月十七日
好脑筋须借好身体,始能表现。

十一月十八日
当为而不为,与不当为而为,其错维均。

十一月十九日
人死而复生者,世界统计为数不少,社会上以迷信出殃,故有入殓后复生者,子女闻而生惧,不为之救,此等情形,令人心急,应迟迟入殓,急病而死者,尤当注意。

十一月二十日

百闻不如一见,百见不如一做。

十一月二十一日

时间长而数量多的事业,一个时量单位上,毫厘之差,结果上有万倍之异,计算不可不精。

十一月二十二日

情在两难须兼顾,事到两害从其轻。

十一月二十三日

村民爱村,县民爱县,省民爱省,国民爱国,存。村民不爱村,县民不爱县,省民不爱省,国民不爱国,亡。

十一月二十四日

乱世时代,人心浮泛,图功之心少,侥幸之心多,故政治主官,虽小事,若不亲理,亦必错误。

十一月二十五日

"人群组织怎么样对",须备具以下之原则:

一、是人的事须合乎人情。

二、是分配的事须合乎公道。

三、为生活的须利于生活。

四、人群生存的须优于造产。否则是逞意气,图报复,一枝一节,可往而不可来,可暂而不可久。

十一月二十六日

为政说到易处,有种即苗,有苗即果。说到难处,朽索御马,稍错即乱。当得其易,而慎其难。

十一月二十七日

腐败政治下养成之人才,其心理之错误,有出人意外者。

十一月二十八日

难于图始的事可努力,难于谋终的事当审慎。

十一月二十九日
费心之事效大人难见,费力之事效小人易知。

十一月三十日
虽善政亦非人民信仰不易施行。

十二月一日
时间急迫的事,心理愈须从容。

十二月二日
处人平时留下余地,临时处置优裕。

十二月三日
此次出巡得知官民间隔阂甚深,急须打通。

十二月四日
行政第一须言行相符。

十二月五日
政敌诋毁造乱,无口不开,无法不用,凡有设施,皆当防之。

十二月六日
藏衣窖冰均须适时,施政亦然,先时罔成,后时失效。

十二月七日
政敌环绕,无中尚欲生有,有隙焉能不乘。

十二月九日
操刀不割失利器,有机不为失良时。

十二月十一日
欲不悔之于后,须先慎之于前。

十二月十二日
食、衣、住、用、行、储蓄、保护、进化八者,为人生之所当需,废一不可。

十二月十三日
不易了之事,不可轻于倡始。不易成之功,不可轻于懈终。

十二月十四日
幼不能自长,故需慈。老不能自养,故需孝。

十二月十五日

道非智不知,非仁不爱,非勇不行。但智的渣滓是诈,仁的渣滓是贪,勇的渣滓是暴。化不过的智仁勇,即是诈贪暴。化之须发热,作事须心热,处事须脸热。心热则恒久,脸热则进步。

十二月十六日

为政要自己用心,使人用力。自己不用心人不乐用其力,自己若用力人无所用其力。

十二月十七日

救人要救澈,忍人要忍通。

十二月十八日

心是无限大的,应普遍的益人。力是有限大的,应先顾己。

十二月十九日

施政无论如何好的事,人民未经过不能使之信,须周密的考虑,明白的讲解,次第的推行。

十二月二十日

甲乙两人均患皮肤病,甲则只此一病,乙则兼患数病,有身体残废,精神癫狂,性命危险之虑之种种重病。有善医皮肤病者来,甲则拒之,乙则迎之,皮肤病虽同而对于医之迎拒不同者,所急各异也。中外情势不同,世之论证者每昧于此,焉得治。

十二月二十一日

人以生为最高原则,身心兼备为人,身显情,心现理,舍理言情,灭心。舍情言理,灭身。必须情理兼尽,乃适于人生。

十二月二十二日

利人事,即使初难,亦必终易。利己事,即使初易,亦必终难。

十二月二十三日

今后合理的社会制度,须合乎人情,合乎公道,利于个生,利于群生,宜于生产,宜于分配。不合乎人情人反,不合乎公道人抗,不利于个生人苦,不利于群生人危,不宜于生产群困,不宜于分配群弱。合乎人情人从,合乎公道人服,利于个生人喜,利于群生人安,宜于生产群富,宜于分配群强,六者缺一不可。

十二月二十四日

有是非，无新旧。旧固趋是，新以斥非。惟事理有子母之分，子母理皆合乃是真是。男女以敬为母理，古者男女授受不亲，以不亲为敬，不亲为子理。今者男女相见则握手为礼，以握手为敬，握手为子理。古今虽大相反，其子母理皆合，故通。

十二月二十五日

市村之外无土地，无人民，亦无所谓政治经济，故村为政本。改革政治当先定村制，村制定则县以上随之。

十二月二十六日

与现状相反的政治，虽易人亦不知，虽好人亦不从，须慎重施为。

十二月二十七日

用得其人，作得其事，两者兼备，始能成功。用非其人，作非其事，有一于此，亦必失败。

十二月二十八日

人类的事须与人共为之，首要合乎人情。虽好、若过乎人情，亦恐难实现。

十二月二十九日

公平合理之社会制度，必须个生与群生兼利，生产与分配俱宜。

十二月三十日

精细不可遗阔大，阔大不可失精细，要在阔大中精细，精细中阔大。

十二月三十一日

见的到贵乎作的到，见到作不到必悔。

万目昭彰的社会，行为不可不检。万象森严的造化，居心不可不审。

民国二十三年
（1934年）

一月一日

　　药无良否，适病是用。衣无美恶，适体是穿。政无对否，需用是施。

一月二日

　　人以理知以欲行，故其事结果每成其私，尤其是有力与众多方面更然，为政者当审知此点。

一月三日

　　要挟之来，抛弃其致要挟之源，要挟可止。恫吓之来，抛弃其致恫吓之源，恫吓可止。

一月四日

　　发易收难的事，未发之前要慎于发，既发之后，要努力于收。

一月五日

　　能以理性作好恶之人，实为人群之宝，人类中有权利的组织，为表示理性，而其结果反以权力掩灭理性，故权力非使以理性作好恶者操之不可。

一月六日

　　言其要哉，言其难哉。可与言而不言失人，不可与言而言失言。失人误事，失言坏事。

一月七日

　　有权可以做对事，亦可以做错事。无权不能做错事，并且不能做对事。做对事的人不可使之无权，做错事的人不可使之有权。

一月八日

　　改革政治，找着空隙，始能一呼百应，天下从风。

一月九日

　　根本上错了的事，只可找错少的一条路走。中国模仿外国的政治，根本上错了处甚多。

一月十日

　　努力的自成定成，努力的自败定败，努力的自救必救，努力的自杀必杀。

　　努力的成人即是自成，努力的败人即是自败，努力的救人即是自救，努力的杀人即是自杀。努力的成人救人者，百不一见，努力的败人杀人者，举世皆是。亦即努力的自成自救者百不见，努力的自败自杀者举世皆是。

一月十一日

清水可以玩,洪水可以灌,高山可以游,平坡可以种。清高可以成名,不足以济世。

一月十二日

害同则合,利同则争。

一月十三日

大计大谋,要决于平静时。

一月十四日

司政务者要威重,威则可以遏乱萌,重则可以杜尝试。

一月十五日

道有千万条,到什么地,走什么路。药有千万种,治什么病,用什么药。舍了想到的地走好路,离开想治的病服好药,未有对处,而今之论政者,每犯此病,焉得治。

一月十六日

奇法不如常法宝贵,奇法用处少,常法用处多。奇能不如常能宝贵,奇能用处少,常能用处多。奇物不如常物宝贵,奇物用处少,常物用处多。

一月十七日

知法易,守法难。立法易,行法难。知而不守人危,立而不行国殆。

一月十八日

说的有十分把握的事,作的结果能有七八分,故谋事不可不多,行事不可不慎。

一月十九日

人与人之纠纷多由资产生息而来,国与国之纠纷多由金银代值而来。资不生息人类间之等差减小,金不代值国际间之盈亏无由。

一月二十日

施政须应需要,若为时所需要,初拒终迎,若非时所需要,初迎终拒。

一月二十一日

政治基础不到工农终是苟且。上不了生产合理的政治轨道,终难满足人生。

一月二十二日

知向外责人,行向内为己,则学荒世乱。知向内责己,行向外为人,则学励世治。以习惯囿智能是凡夫,以智能改习惯是豪杰。

一月二十三日

从己说,常识可贵,常言可宝。从人说,常识可惧,常言可畏。

一月二十四日

处事以谨惧为常态,以无畏为变格。大无畏的精神,要在知彼知己审时度势之后拿出,方免败事。且成功以后,即当改无畏为谨惧。

一月二十五日

胆大不先之以心小,胆大只有闯祸。心小不继之以胆大,心小即是无能。

一月二十六日

物不以稀奇为贵,以需要为贵。中是理的极则,对是事的极则,中为体,对为用,求理之中,即为得事之对。

一月二十七日

人心如水,无隙不入,为政者当知而善处之。

一月二十八日

权操之人,涉己之事,当慎与人为。

一月三十一日

政失法驰,人无畏慎,凡百事件,无不表示人欲之横流。求人材,考试与选举皆难得其真。设学校,教者与学者皆非为教育。理财政,征收与起解惟求其中饱。办建设,与利除弊皆供其扰民之资。言司法裁判独立,仅放其受贿之胆。政何可为。

二月一日

作事务须表里如一。表里如一虽仍有成败,但无忧患。

二月二日

智知易,勇行难,仁继尤难。

二月三日

撂了物的心,等于腐化物的霉菌。撂了心的物,等于毒害人的蛇蝎。

二月四日

凡事不能无困难,要从多方设法解除之,十分困难的事,一方解除一分,十方即可以完全解除。

二月五日

智者知之,愚者昧之,智者言之,愚者行之,故智恶其奢也。

二月六日

取人之财益己之财为穷盗,取人之智益己之智为贤哲,穷盗贤哲由心物辨之。

惜己之财为利,借人之财为义,义利为己为人辨之。

桑园寄子可,桑园寄父不可,贤逆由父子辨之。

二月七日

易唯谦卦六爻皆吉,盖谦压己而悦人,纯属自己一方面之努力。余虽善亦属与人共善,故有吉凶也。

二月八日

知人易而自知难,故知人不算明,自知始为明。

学问上撂了物则缺物,缺物则易为物所役,故撂了物的学问,终反为物所困。

二月九日

欲难言而行易,理易言而行难,欲勿轻行,理勿轻言。

二月十日

与人共事要常替人想,因人的困难即是事的困难。不为人想,是不仁。不为自想,是不智。

二月十一日

见人富贵而生忌者多,见人穷困而生怜者少,故穷困者勿求人怜,富贵当畏人忌。

二月十二日

贵时不留下贱的馀地,富时不留下穷的馀地,壮时不留下老的馀地,必困。

二月十三日

不入在牛肚里,不能用牛。不入在民肚里,不能为政。不入在兵肚里,不能统兵。

二月十四日
（旧历正月一日）惊奇事平淡视之,可免许多忧患烦扰。平常事紧张为之,可减许多低视悔败。

二月十五日
以仁处事安,以智处事利,以勇处事顺。

二月十六日
自我招烦恼,少亦不可。自外来烦恼,多亦不怙。仁者不惹祸,智者不罹祸,勇者不惧祸。

二月十七日
平常的道理易懂,平常的事件易做,故人须勿说奇理,勿做奇事。

二月十八日
离开生产的努力免不了穷,离开道理的努力免不了困。

二月十九日
欲用力先节力,欲用物先节物,欲用情先节情,既非用之不尽者,不大节不能有大用。

二月二十日
替人想想是处人的好法子,替事想想是理事的好法子。

二月二十一日
认清对面才可向前行,了解周围才可在中站。不是一说就能懂的事理,不可骤求多人行。

二月二十二日
行有不得者,反求诸己,胜道也,亦利道也。求己有得,则行之定有得,若舍己责人,非特无成功之望,且有不利之来。

二月二十三日
反己优作人,学圣贤尽其在我。宽怀利处事,效天地何所不容。

二月二十四日
分配之道有三：按需用分配,按劳动分配,按劳资分配。劳动与享有一致谓之对。分配是好的不对,按劳资分配是坏的不对。人有私欲,人群亦有私欲。人的罪恶由人的私欲所造成，人群的罪恶由私欲的制度所造成。人能化私为公，化欲为理，人则圣贤矣。人圣贤则人安。人群能化私为公，化欲为理，人群则圣贤矣，人群圣贤，则人群安。私资生息是人群之私，金银代值是人群之欲。应除私资生息，行按劳分配制，则化私的制度为公的制度。废除金银代值，行信用代值制，则化欲的制度为理的制度。化之之后，则人类间之恶风暴雨变为青天白日矣。

二月二十五日

资产物者，产资产者。耕者有其田，工者有其器，商者有其本，此田器本资也。由资合劳力所产者，谓之产。资供生产，含造化性，当公有，以补造化之不逮。产供生活，含劳动性，当私有，以补人心之不逮。共产主义者，资产皆公有，无以补人心之不逮，则难于生产。资本主义者，资产皆私有，无以补造化之不逮，则难于生活。以之生产者，资也。以之生活者，产也。资本制度病在资私有而生息以代劳动，不病在产私有而生活以励劳动，何可主张产亦公有。供生产工具者，资也。供生活需用者，产也。共产制度病在产公有而共用以懈怠劳动，不病在资公有而公给以减免剥削，何可主张资亦私有。生产工具，资也。劳动结果，产也。资供生产，含造化性，当公有。产供生活，含劳动性，当私有。资与产效用不同，宜公有宜私有显然亦异。明明二也，强合为一做不通。生产劳动也，用产享受也，劳动与享有当一致。资私有而生息，是不依劳动定享有，使享有与劳动分离。产公有而共需，是不以享有作劳动，使劳动与享有分离。明明一也，强分为二，做不通。

二月二十六日

人心没尽，处之无方，优遇或难善其终。人性知感，为之有道，薄施可致终难忘。理事如面发酵，不可失机，失机则无效。处事如蒸面食，不可失时，失时则罔成。

二月二十七日

或者曰，劳动亦非人之所不乐为，一切游动戏动，何尝不是自动，何有所励也。此系误享有为劳动矣，以劳动为目的者享受也，以生产为目的、劳动为手段者，斯为真劳动也。且游动戏动自由为之，若定时强之必为，亦非所乐为矣。或者又曰，科学进步之后，每日劳动三两小时足够生活，彼时劳动减少，人则不以为痛苦矣。劳动减少,是减少劳动,不能谓之减少痛苦,如看锅炉者谓之减少受热之时间可,若谓之减少受热之程度则不可。如掏粪土者,谓之减少受臭之时间可,若谓之减。少受臭之程度则不可。且科学发明为供人优美之生活也,非使人懒逸也,减少劳动时间,亦非所宜。生活比赛,生存竞争,减少劳动时间且亦非所能也。

二月二十八日

未合以前,当知离之不易,不可轻合。既合之后,当知合之不易,不可轻离。

平常人情,己利则拼命而争执,公利则草芥而敝屣,必谋公益者不可不有周到之计画。

三月一日

政治废传贤,经济废井田,为中国史上之两大痛事。

三月二日

治病虽急则治表,但不可忘却治本,若忘却治本,终有不治之一日,治国亦然。

三月三日

解理的学问,当由内向外。解物的学问,当由外向内。中国是由内向外的方式,适于解理,不适于解物。欧美是由外向内的方式,适于解物,不适于解理。故中国缺物,欧美缺理。中国应效欧美由外向内的方式解物,欧美应效中国由内向外的方式解理。由内向外,是以一衡万,难得而易知,得一可以知万。由外向内是由万找一,难知而易得,知万可以得一。万是事物,不易尽知,故一不易找。一是母理,不易探得,故万亦不易衡。

三月四日

说理最怕牵连,若不划清界限,无论就何说起,均可牵连尽宇宙之事。如道路然,正太路本是太原到石庄之路,若不划清界限,牵连说起,可以说是由山西到全球之路。今日不找母理之论理法,尽犯此病。

三月五日

自己不谋照像,绕世界寻找与自己同的像片,真是枉劳。自己不谋置尺子,寻遍物的长短,作自己的尺子,真是愚干。今之学者每如此,理尚可明哉。

三月六日

迷信不对,迷不信亦不对。宗教式之迷信,与科学式之迷不信,其错维均。

三月七日

金银代值有四弊害:

(一)违反生产愈多生活愈优裕之人生原则,反成生产愈多生活愈困。

(二)违反为产物而劳动之劳动原则,以致人生不困于物产,反困于金银。

(三)违反保障人民生活的政治原则,物产剩余,政治反须限制人民工作,以减少人民之生活。

(四)违反互通有无的国际贸易原则,反开商战之路,增兵战之端。私资生息有四罪案:一、强盗罪。二、杀人罪。三、扰乱罪。四、损产罪。私资生息金银代值合凑有二罪恶:一、资本家毁灭物产,生产者减少产量,使人失业失食。二、使劳动者被资本家残杀之余,复供国家作杀人之具。

三月八日

尺是长短物的,称是轻重物的,理是对否事的。但理有母理子理,因之所生者为子理,只有所生而无生之者为母理。怎么做是子理,为什么做是母理。子理是随时地变的,母理是不变的,子理为何变,为合母理而变,不合乎母理的子理是不对的。一件事必须子母理相合,始得谓之对。不合乎母理,不可存在。不合乎子理,不能存在。昧于不可存在,只努力于能否存在,致已往之历史皆成为人类之痛史矣。物有何用处是物理,事需何物是事理,事与物联合,事理为母理,物理为子理。由事理找物理,由内向外。由物理找事理,由外向内。解事须由内向外,解物须由外向内。

三月九日

路走通走不通,须从一步一步的说。步步走通才是走通,有一步走不通即走不通,做事亦然。

三月十日

赶的及,易如反掌。赶不及,难于上天。

三月十二日

利害相随,谋利即需防害。利从最小处算,须尚可为,害从最大处估,须尚堪受,事始可做。

三月十三日

事分二类:一是人与人关系的事,二是人与物关系的事。人与人关系的事属情理,人与物关系的事属效用。情理属心,但须以物表心。效用属物,但须以心发物。心不以物表则心朽,物不以心发则物废。

三月十四日

不可食的物与可食的物不可放在一处,不可食的药与可食的药不可放在一处,不可用的物与可用的物不可放在一处,放在一处就有错的可能。凡一切危险品不可放在家里,放在家里即有危害之可能。尺是长短物的,称是轻重物的,母理是对否事的。定物之长短本乎尺,定物之轻重本乎称,定事之对否本乎母理。不合乎尺的长短不对,不合乎称的轻重不对,不合乎母理的事不对。人以生为最高原则,此原则即人事之母理。人事凡不合乎人生者,皆不对,此为千古不变的。如何合乎人生,此为随时地变的。或者曰:谁不知此一言而足供人类始终用,何值努力,殊不知此一言也,而为人类万事之准,不努力于此则万事白努力,非特白努力,且为犯罪之努力。假使古人努力于此,传贤之政治制度不会废。假使今人努力于此,资本主义之制度不会存在,共产主义之制度不会发生。

三月十五日

事理有母理有子理,母理是永远不变的,子理是随时地变的,且是为合母理而变的,故不合乎母理的子理是不对的。"例"人与人交接,以敬为原则,敬为交接之母理,是永远不变的,行敬为子理,是随时地变的,且系为合乎母理而变的。中国男女交接,以授受不亲为敬,故不亲。西洋则以握手为敬,故握手。不亲与握手是随时地变的,且系为合敬而变的,若不合乎敬的不亲与握手,是不对的。事有相反的两方,向相反的两方向是不对的,使相反的不相反始对。故对在不对的中间,不在不对的反面,对是一,是绝对的,不对是万,是比较的。"例"人吃饭吃的不够量是饿的不对,吃的过量是别的不对,吃的合量始对,故合量在不饿不别的中间,不在饿或别的反面。合量是一,是绝对的。不合量是万,别饿的程度有万种,是比较的。果是不能定是非的,如同点是不能定方向的,由因衡果始能定是非,如同由点成线始能定方向。"例"如由甲地到乙地有三条路:一是快而不省费,一是省费而不快,一是安适不省费。快省费与安适均无是非,即是果无是非,如同点无方向。为快而走快路,由因衡果,知为是,为快而走省费或安适路,由因衡果知为非,如同线始有方向的。

三月十六日
不可贪一时之便宜,坏百年之大计。

三月十七日
作事不可从主观,要从客观。从主观,智识虽大亦难对。从客观,智识虽小亦易对。作人不可从客观,要从主观。从客观,智识虽大亦难对,从主观,智识虽小亦易对。

三月十八日
事非相需不可商。

三月十九日
何谓心,真鸡蛋(能孵小鸡者)减去非真鸡蛋(不能孵小鸡者)谓之心。

三月二十日
明明有物,何曰唯心。明明有心,何曰唯物。实是心为因,物为果。果现因,因发果。无因果不能成,无果因无所现。因发效而果供用。由因成果,则因效失而果效现,以果变因,则果效失而因效现。

三月二十一日
依仇作父,认贼作子,未有不罹祸者。商虎谋皮,商鹿谋茸,未有能成之者。

三月二十二日
直接的错易担,转弯的错难负。做事每多一个心眼增一分过错。

三月二十三日
最危险是病与命相连,去病则并去了命,不去病则病要了命。

三月二十四日
办事须方法火候两对,如同蒸馒头必须方法对,尤须火候适。方法不对蒸不成馒头,火候不适或生或焦吃不得。

三月二十五日
子理不能定是非,合乎母理则是,不合乎母理则非。

三月二十六日
祸不可嫁人,害不可移人。我图嫁祸于人者,其祸仍归于我。人图移害于我者,其害仍归于人,环境之心理作用使然也。

三月二十七日

在人防忌之下,一分能为一分祸。

三月二十八日

作人勿轻言,言不易贱。作事勿轻行,行不易对。

三月二十九日

就造物说,是什么是物,要什么是造物。就人与其他物说,是什么是物,该什么是人。就人说,是什么就什么是常人,该什么做什么是豪杰。

三月三十日

环境转移意志是常人,意志改造环境是豪杰。见之不远,意外之祸难免。虑之不周,疏忽之咎难辞。

三月三十一日

知易行难知不贵,故道义之学不吝教人。知难行易知贵,故技能之学吝于教人。

四月一日

非受小害不足以避大害的事,不宜与亲近者商。

四月二日

能报人恩者始可受恩,能忘己恩者始可施恩。受恩不报者危,施恩不忘者殆。

四月三日

怒是灭生气的,大怒之下忿不顾生。悲是伤生根的,痛悲之余凄不顾生。养生须压怒节悲。

四月四日

行为易于哄人,心理难于哄人。

四月五日

能强迫人之身,不能强迫人之心。

四月六日

线是点成的,一线之上点甚多。横竖二线交点是一,故是非是由二定的。

四月七日

由内向外的事,应极端的由内起。由外向内的事,应极端的由外起。故教人当以圣贤,责人当以常人。

四月八日

人心有公私两者,私不敌公,如暗不敌明。欲使其私心收敛,讲学问须培植自己之公心以制裁自己之私心,定制度须借甲之公心制裁乙之私心。民主集权制,在民主方面无表决权,私心自然收敛,当然表示其公心。在集权方面,受民主方面公心之监视,私心亦不易成就,当然以公心作事,为最合理之制度。

四月九日

事当以该不该、能不能、定做不做。若该而不能,是不能做。若能而不该,是不可做。该而能之交点始当做。

四月十日

对是等号,是双方的。是是符号,是一方的。如三是个三,二是个二,三加二是个五,这是个符号,是一方的。三加二与五对,这是个等号,是双方的,对与错是绝对的,是与非亦是绝对的。

四月十一日

公道与不公道连界,不公道有吃亏与占便宜两种,公道是不好不坏,愿吃亏是好,想占便宜是坏。定制度要公道。公道的制度不妨碍人好,可限制人坏。世界上有十六万万人,居心虽有十六万万等,但在公道的制度下,无一人走不通。若定强人吃亏的好制度,愿吃亏的人能走通,不愿吃亏的人走不通。若定多人占便宜的坏制度,愿让人占便宜的人能走通,不愿让人占便宜的人走不通。教人处人要从最好处说起,教人作圣人不累人,作贤人更不累人,作常人十六万万人十六万万等,均可受教。刑法罪人当从最坏人起,次坏人亦在刑法中,十六万万人虽十六万万等,逃不了一人。遗了一人的制度,不成制度。遗了一人的教育,不成教育。遗了一人的刑法,不成刑法。故理有宜于中者,非中不可。宜于高者,非高不可。宜于低者,非低不可。此辨不明,不可言理。按需分配期人吃亏,可以勉人,不可以定制度。按劳资分配强人吃亏,人要推翻。按劳分配是公道的制度,可永久不变。

四月十二日

政治只可勉人为善,应当强人不为恶。

四月十三日

物理为人与物关系之事,是一方的,为是不是之问题,易对难知,故重在说明。人事为人与人关系之事,是双方的,为对不对之问题,易知难对,故重在求对。说明物理即可尽物之用。求对人事始能安人之生。人类中所贵有先知先觉者在,说明物理,求对人事。若人事亦只说明,听其自然推移,是先知先觉亦无关于人事之改善矣。

四月十四日

劳动与享有应为等号,因劳动原为享有,实际是一件事。按劳分配即是劳动与享有相等,亦即劳动与享有成为一件事。若按需分配,劳动是劳动,享有是享有,非特两不相等,而且两不相关,成为两件事。明明是一,强分为二,并以此定为制度,走不通不应当。

四月十五日

人事之要在确定名词界说,名词界说确定则事理明,事理明则事自理。否则因认识乱言论亦乱,影响于后进之思想乱,行为亦乱。今日此是彼非由言论而及于行动,社会如此,国家如此,世界亦如此,根源则在乎名词界说之不确定。当今确定名词界说有如孔子作春秋,治本在此,其事不可忽。

四月十六日

古人云:病加于小愈。余深感事败于小成。诗云:靡不有初,鲜克有终。能慎终如初,始能持身处事。

四月十七日

凡事走不通时,须反求诸己。若一味求诸人,因碍生怨,因怨结仇,虽极小之事,轻微之言,亦能激成杀人之祸与致杀之灾。

四月十七日

病贵养,事贵预。

四月十八日

一语之忿致杀数人,不顾父母妻子者,不仁之甚者也。

四月十九日

不能进一步改过,退一步思过,总是遍地荆棘。

四月二十日

为物覆者当知物生于心,为心陷者当知心存于物。

四月二十一日

能利人己始真利,能安己人始可安。

四月二十二日

不善用钱,有钱足以亡身。不善用才,有才足以罹祸。

四月二十三日

仁者安仁,不自作孽,故不忧。智者利仁,不利令智昏,故不惑。勇者见义勇为,不为威迫利诱,故不惧。

四月二十四日

不堪忍受之事,要在事前避免。

四月二十五日

因忿罹祸,不仁、不智、不勇。

四月二十六日

不略其小者,始能知其大。不忽其近者,始能见其远。

四月二十七日

恭维我者,有损于我。责备我者,有益于我。故欲与恭维者相处,其人为受损之人。欲与责备者相处,其人为得益之人。积损则凶,积益则吉。

四月二十八日

以钱济人,是以钱易德。以钱作乐,是以钱损身。钱贱德贵,以钱易德,是以贱易贵。身贵钱贱,以钱损身,是以贱害贵。孰得孰失,甚易知之。

四月二十九日

居人之功,塞人之路者,遭杀身之祸。

四月三十日

轻举出于轻心,戏言发于戏念。

五月一日

脑则万有,心则一无。进一无为万有,是人生的程序。化万有为一无,是人生的结果。

五月二日

欲物也,理心也。理在内,欲在外。故欲向外用,则伤人。理向外用,则惠人。欲向内用则发己,理向内用则朽己。

五月三日

祸不预防难免,功不预图难成,预之涵义大矣哉。

五月四日

病在休养中治疗,事在审慎中决定。

五月五日

才不若德,巧不若熟。

五月六日

决定一事须顾虑到四面,不可只看一面。

五月七日

巧治不若拙养,善争不若笨让。

五月八日

改不良之习惯,须于未临事之前,预决定必作或必不作,使此必作或必不作亦成为习惯,始能彻底改善。

五月九日

利己行为,自己热一分,人反冷一分。利人行为,自己热一分,人更加一分。

五月十日

为己谋一分美满招世人一分忌嫉。为人谋一分美满增世人一分情感。

五月十一日

人以做事为结果,欲做的事多,须在不空过一时中节劳,以保持其继续力。

五月十二日

一分不及一分贻误,一分过量一分损失。

五月十三日

人生数十年不为短,求功不必太急,太急易招失败。人生数十年不算长,工作不可松手,松手难致远大。少年重名,中年重功,老年重德。故鼓少年以名,鼓中年以功,鼓老年以德。

五月十四日

一身之事,顾虑不周,不能及家。一家之事顾虑不周,不能及村。一村之事,顾虑不周,不能及县。省国亦然。能时易如反掌,不能时难于上天,凡事要在能时努力。

五月十五日

社会不饶人,露下目标人即要攻击,除非没目标。事由念起,善事须先发念,有斯念始能有斯事,恶事须先断念,无斯念始能无斯事。

五月十六日

水积滴成河,土积撮成山,功积小成大,事当为者勿弃小,不当为者勿轻小。立志要坚,持戒要严。凡事替人想想易走通,只为己谋多障碍。故仁者乐兼为人谋,智者亦利兼为人谋,不仁不智者始只为己谋不顾对方之利害。遂欲者夭,节欲者寿。

五月十七日

量要如天地之大,无所不容。察要如日月之明,容光必照。己有疼处嫌人手重,己有私弊瞋人言讦。

五月十八日

谋其事之所当为,尽其力之所能为,天命与人事何分。好身体不善用即成为病人,病身体善用尚可成为好人。

五月十九日

财主不善理财即成为穷汉,穷汉善于理财可变为财主。奉命书于族基产底薄云:钱能发身亦能灭身,以钱作善则能发身,以钱作恶反能灭身,愿尔子孙务之发身。

五月二十日

两碍久难并存,两助久必交隆。对人尽情尽理,仁者固乐为,智者亦利为。

五月二十一日

替人想想处人,替己想想做事。钱财不可强求,学问必须强求。

五月二十二日

特情易表,常情难尽。计长戒奢,处现戒贪。

五月二十三日

无病时要计及有病时之痛苦,有钱时要计及无钱时之艰难。

五月二十四日

按事说创业难、复兴易,因复兴有底业可假。按人说创业易、复兴难,创业是继续艰苦困难,复兴是由安逸奢靡振作为艰苦卓绝,故复兴非特殊人才不可。

五月二十五日

说实话认错其错可消,说假话闪错其错加倍。

五月二十六日

智愚贤不肖,较之则等,包之则超,等则冲,超则容。

五月二十七日

白圭之玷,尚可磨也,斯言之玷不可为也,人第一当慎言。

五月二十八日

人生的结果是做事,妨碍做事的是嗜好,求人生有结果,须戒除嗜好。

五月二十九日

常思己错则裕于处人,常思己短则优于上进。

五月三十日

日常事不可忽,忽必受困。稀奇事不可紧,紧徒增损。

五月三十一日

心为贵,但贵身即是贵心,无身亦即无心。身为用,但用心方是用身,无心等于无身。

六月一日

只图利己难继而致害,只图利人难继而无咎,利己利人得中之道。

六月二日

工当计时,费当计日。

六月三日

伤于什么而后节什么已晚,若再不节,其伤更甚。

六月四日

体之力不若智之力,智之力不若德之力,人当蓄德以重其力。

六月五日

学问与事功,家道与世道,皆如逆水行舟,不进则退,故人生不可一时不努力。

六月六日

慎于始者易于终,忽于始者困于终。

六月七日

体贴人的困难人感,原谅人的过错人愧。

六月八日

恒发端于好胜,成于忍耐。

六月九日

事之败非一朝所成,防败须时时注意。事之成非一夕所致,图成须日日努力。

六月十日

有靠可以助人成功,亦可损人志气。自己不能努力,只望他人扶助,懦子也。

六月十一日

不求诸己永走不通,不为人想终不相容,治国尤要。

六月十二日

人当准备一好身体,增点好学问,待一个好时机,成一大事功,始不轻生。

六月十三日

大仁成于刚,大勇成于柔,大义成于和,大智成于暗。

六月十四日

不能修正行为是枉活,不能增加知识是白生。

六月十五日

昧人之长人恨,攻人之短人毒。

六月十六日

平平常常的作为,能恒久即是英杰。惊天动地的事功,能平淡才是豪俊。

六月十七日

一方应说,外患迫,不容内争。一方应说,外患迫,不应自利。

六月十八日

前车之覆不为后车之鉴者,真无可如何之人也。

六月十九日

当国而不能开诚布公,国损无量。

六月二十日

误国者终必自误,害人者终必自害。

六月二十一日

犬受养则忠,豺狼永远噬主,故得人不可不善,择人不可不明。

六月二十二日

大丈夫岂可为孺子料定,当力拔所陷。

六月二十三日

在错路上迈步愈大,吃亏愈大。故人作事第一当审其事为对为错。

六月二十四日

试验为成功之母,轻更为失败之由,故不妨千百试验不可一次轻更。

六月二十五日

好事尚不可紧张为之,况坏事乎。

六月二十六日

国无百年之计不存,村无百年之计不兴。

六月二十七日

以村为家者圣贤,以国为家者豪杰也。

六月二十八日

治病要找著痛处,做事要找著窍处。

六月二十九日

君子不尽己之欢,不竭人之情。

六月三十日

德忌朽,功忌奢。

七月一日

财善用强于善藏,然非善藏不能成其用。

七月二日

细流聚可以倒壁,流言漫可以阻政。

七月三日

年积不如月积,月积不如日积,日积不如时积。年勤不如月勤,月勤不如日勤,日勤不如时勤。

七月四日

怒惧不若理惧,说醒不若喻醒。

七月五日

习染成性,嗜好不可一尝。久则自然,勤劳不可日间。

七月六日

道义亦不可紧张为之,桃园结义太紧张,即伏下大报仇之祸根,以致不得不牵于弟兄之小义而致坏国家大事也。

七月七日

灌广基于源充,业宏根于识足,国健凭于计周(富强文明为健)。

七月八日

言为利人利事而言也,若言不为利人利事,其结果顶好言之无益,否则招祸,故人当慎言。

七月九日

识求诸人,德求诸己。

七月十日

做事当慎始,入了背路中途,非大智不易觉悟,非大勇不易挽回。

七月十一日

昨(赵)次陇陪(孔)庸之代表介公看家严病录,饭毕闲谈。

人皆为我累,我亦为我累,何时我无我,我始不受累。

政治不犯民众我,会客不犯客人我,处家不犯家人我,处世不犯世人我。我别利我与理我,犯人利我人祸我,犯人理我人厉我,无我始不犯人我。事不脱利不做,理不十分不讲。

七月十二日

有愧于世则思避世。有愧于人则思避人。

七月十三日

中则止,偏则动,如垂绳系物然,偏于前者则动于后,偏于左者则动于右,偏多少则动多少,故一错吃双亏。

七月十四日

为己的利益勿逼迫人,逼迫人是人格与事实两损。为人的利益勿阻碍人,阻碍人是成功与失败两祸。

七月十五日

谋国无秘诀,只是个适时。先时则不成,后时则无济。

七月十六日

到危急时宜放胆,当平安时要小心。

七月十七日

富贵要谦和,贫贱要刚骨。

七月十八日

祸到临头要豁的出,险到临崖要转的快。

七月十九日

凡事勿求太好,太好难以收场。

七月二十日

伤人之脸,激人之怒者凶。

七月二十一日

生平难受第一日。

七月二十二日

凶,有因心地不善良者,有因言语不慎者,心地不善者恶人,言语不慎者浅人。身体不壮是身体没有用到正处,身体没有用到正处是知识不健全。

七月二十三日

稀奇觉着不稀奇,惊怕觉着不惊怕,非心中去了稀奇惊怕的质料不可。

七月二十四日

训子无方子不肖,治家无术家不齐。

七月二十五日

定了目的,迈步不怕小,计以终身,行则可致远。

七月二十六日

长篇大论不是好文章,附耳低言不是正经事。

七月二十七日

人事须二对合始成真对,二对本身为一,关系为一。如言须言对,须当言。如做须做对,须当做。

七月二十八日

人生可离者,终有废弃之日。人生不可离者,终无摆开之时。此理常人知之,学者昧之,古人恶智为凿,今当恶学为穿。

七月二十九日

怕人说坏改坏,望人说好效好,是被动的,能否未可料。自不愿坏改坏,自愿意好效好,是自动的,一定能做到。

七月三十日

病由性情反致者,病易去,致病之性情难改。破锅若按破锅注意使用,亦可抵一完整之锅,故病在善治,尤在善养。

七月三十一日

自觉方可得中,效人每致过甚。

八月一日

万物万样,人则一样。物成不变,人则万变。是以人贵学,学贵师也。

八月二日

对于世入而不入,出而不出。对于人亲而不亲,恶而不恶。对于事黏而不黏,脱而不脱。对于物爱而不爱,弃而不弃。

八月三日

应当事该怎么样怎么样,不可我想怎么样怎么样。

八月四日

制度为防人性恶化,故须强制人公平。学教为促人性优化,故须启发人向善。

八月五日

非孝无以安老,非慈无以育幼,唯慈系向下而易,孝是向上而难,故圣贤王道之以励孝为先也。慈易,禽兽皆能之。孝难,人独能之。故不孝不足以为人,不慈有逊于禽兽。

八月六日
神道设教之迷信,误事固然,不少科学实证之迷不信,摺事亦多。

八月七日
不可自信,自信不当固然吃亏。不可轻信,轻信不当吃亏益甚。当信者信,不当信者不信。

八月八日
节多生枝,贪多增败,乐极生悲,困极思奋。

八月九日
读中国历史使人最痛心的两件事,即废传贤与坏井田是也。废传贤使全部历史成为妒贤能宠佞暴政权万恶之记载。坏井田使全般社会成为富骄淫贫冻饿金钱万恶之现象。

八月十日
今日之中国,实力不足以抗日,主义不足以抗俄。日俄不战,受日本实力之压迫,受苏俄主义之压迫。日俄开战,其双方为争胜计,压迫更甚。战争结果,日胜则受实力之并吞,俄胜则受主义之并吞。中国尚有何路生存?然人未至死当求医,国未至亡当求救。从实力入手,前人未识未雨绸缪,时不我待。当从主义入手,主义胜实力可随主义而澎涨,主义须赖实力以保护,互相递进,相助益长,得机国或尚可救乎。

八月十一日
缓其所急,急其所缓,以之谋国国不兴,以之谋家家不隆。

八月十二日
是非是绝对的,不是相对的。惟其是绝对的,是非始有标准。若是相对的,尚有什么是非。

八月十三日
智不足以知人,勇不足以胜人,仁不足以服人,则不足以举大业。

八月十四日
凡做一事,预先分析其所有之点,其对为一,其错为万,且系正负号的。

八月十五日

沉默寡言者,始能善观察,重实做,成功多而失败少。

八月十六日

生当尽人道,死当修神道。

八月十七日

平常事紧急为之,始能紧急事平常处之。

八月十八日

能忍辱,辱可激励。善藏能,能始不伤。

八月十九日

中国今日之病,有二:精神方面,私心用事。物质方面,科学不进。有以为文化所滞者,实非然也。中国文化最宜去私,格物,其所以致今日之不良者,自秦以后,唯我独尊之立国环境使然也。欧洲物质发达,在得物之中。中国尚中之文化,岂不宜哉。今之欲求中国精神物质进步而反对中的文化者误也。

八月二十日

昧因之言难对,撂果之功难成。

八月二十一日

一个飞机不知有多少物理的中,始能凑成。一段事亦须有多少事理的中,始能做通。故事物唯中。

八月二十二日

知难行易之事,为师者吝于教人,故学者学成则妒师。知易行难之事,为师者热于教人,故学者学成则敬师。前者属技,外者向内。后者属德,内者向外。技益己,德益人,其别显然。

八月二十三日

不忙是忙时的秘诀,着忙是闲时的秘诀。

八月二十四日

容忍两字为内功之最要者,能容始大,能忍始安。容其所能容,忍其所能忍,常道也。容其所不能容,忍其所不能忍,非常道也。常人能行常道,非常道非非常人不能行之。

八月二十五日
用人必须定其工作标准,按标准考核,违反者初次则宥之,再次必惩之,三次则不可用矣。

八月二十六日
得意易启失败端,失意每种成功因。

八月二十七日
不可将小祸变大祸,不可将远祸变近祸。

八月二十九日
过量之希求,得不满之结果,过多少不满多少。

八月三十日
人皆曰处人贵包容,但必须扩大容量始能容,展大包袱始能包,粘着实为包容之大障碍,欲包容须去粘着。

八月三十一日
精算为实业之母,熟计为成功之母。

九月一日
可办之事多,能办事之人少,不得其人事不举。

九月二日
生活的道理是平常浅近,奇妙高深的道理亦为扶助平常浅近之生活道理也。若离开平常浅近之奇妙高深道理即不适于生活。

九月三日
过忠则奸,过孝则逆。

九月四日
短不可护,护则终短。错不可掩,掩则终错。长不可矜,矜则限长。功不可夸,夸则限功。

九月五日
损人利己固不可做,损己利人亦不应做,利己利人始为正当。

九月六日
凭人不可以为人太好,疑人不可以为人太坏。

九月七日

哲理只求高级人之认识,一般人均同情则垂不远。行政须得一般人之同情,只高级人认识反走不通。

九月八日

随遇而安须站在坚定之志趣中,立在无适也无莫也义之与比之前提上。

九月九日

自由之真谛为理性不受欲性之支配,误解者反欲欲性不受理性之管束。

九月十日

直于外者壮于内,曲于外者馁于内,直于内者方于外,曲于内者烦于外。

九月十一日

未雨绸缪,知难行易。临渴掘井,知易行难。

九月十二日

教人防患,语不妨惊人。

九月十三日

摆脱一切做一切始能从容。

九月十四日

愧悔生于错误,错误消于愧悔。

九月十五日

弊未生而防易,弊已生而去难。

九月十六日

知之不确即处之不当,故求知为人事之第一要着。

九月十七日

防弊当知人之私心如水,无隙不入。

九月十八日

紧要事须派负督促检点专责之人,始能依限成功。

九月十九日

大处节省,不如常处节省。

九月二十日

办什么事,须用什么人才。

九月二十一日

一分勉强迁就,即一分贻误损失。

九月二十二日

事到难处倍努力,为成功之要诀。

九月二十三日

强人所难,结果还须自为之。谅人所难,结果其难反可人担之。

九月二十四日

无所粘而进,进始无咎。无所脱而退,退始无悔。

九月二十五日

生气不若忍耐,忍耐不若原谅。

九月二十六日

说理求对原为做事求利,离开做事利,深求说理对,是凿也无用。

九月二十七日

要想不失败,只有改错。

九月二十八日

钱善用之,可以发身强智发仁。不善用之,反能灭身灭智灭仁。

九月二十九日

讬靠人的事,须向未来想想。责备人的事,须向已过想想。

九月三十日

无理性的报纸,无是非的民众,只能改之于前,不能辩之于后。

十月一日

当言不多,多言不当。

十月二日

功大忌亦大,立大功者当避忌。财多祸亦多,有多财者当防祸。

十月三日

理须深而显,不深无味,不显无用。事须大而常,不大无功,不常无成。

十月四日

向前进时要顾虑如何退。向后退时要筹画如何进。

十月五日

经济被侵略的国家,低减工资是作工者唯一出路,低减料价是产料者唯一出路。

十月六日

奇耻大辱的中国人民,当拟定百年计画以收复失地。

十月七日

造产,增人,组织,为民族复兴之三纲。

十月八日

利的计画中要充分想到害的危险。利的工作中不可一时忘了害的防备。

十月九日

事前思虑以期其成。事后思虑以作其鉴。

十月十日

行车下坡,有阻滞物可借以防险。做事顺势,有反对人可借以防败。

十月十一日

交以美感为旨,以敬为则。

十月十二日

估计阻碍须加倍,估计扶助须减半。估计祸害须加倍,估计利益须减半。

十月十三日

就是这样,无论已往将来,这个地球,那许多地球,再造成的地球,通同就是这样,画了夜,夜了画,热了寒,寒了热,圆了缺,缺了圆,乱了治,治了乱,盛了衰,衰了盛,生了死,死了生,苦了乐,乐了苦,恩了怨,怨了恩,成了毁,毁了成,通同就是这样。

十月十四日

家有财产千万,不如薄技一身可靠,古人云然,今时尤要。

十月十五日

未雨绸缪,大事小做亦成功。临渴掘井,小事大做亦无益。

十月十六日

死时有憾,由于生时有缺。若生无缺,则死无憾。

十月十七日
身体是一时的,精神是千古的,不可因一时的累千古的。

十月十八日
能清楚眼前,即明白千古。

十月十九日
离开物无以表心,离开心无以显物。心用在物上,心效始显。物表示心用,物用始宏。

十月二十日
词强则理屈,故人不可强词。

十月二十一日
不息则自强。

十月二十二日
估到尽头处,当做,虽险事亦可为。估到最利处,当慎,虽利事亦当休。

十月二十三日
日日忙一分,较一日忙十分效大百倍。

十月二十四日
用人之长较用己之长效大百倍,因人无穷己有限。

十月二十五日
轻浮之行动,污秽之言语,当力戒之。

十月二十六日
言不可奢,行不可吝。言奢则难践,行吝则难成。

十月二十七日
勇往直前,要在事前详加考虑。

十月二十八日
欲得有效之群众运动,须有适情完密之组织。

十月二十九日
只有明辨是非,能启发国人对真理的认识,此认识始为社会进化之原动力。

十月三十日

与人权时,要想到滥用权时之救济办法。

十一月一日

任人不可不专,防人不可不密,要在密防之下专任。

十一月二日

经过困难之人,耐力坚强。饱享安乐之人,志气薄弱。

十一月三日

不胜其任者,不可任用。任用而责之,非徒无益,反生意外也。

十一月四日

平心静气的责人人受。为人想到的督促人勉。

十一月五日

过当之赏,启侥幸之心。过当之罚,挫勇进之气。

十一月六日

与人口实,赏不足以劝,惩不足以儆。

十一月七日

一分着急增一分困难,一分迟缓成一分贻误。详审熟虑,勉强恒久,为成事之良途。

十一月八日

鉴已往,勉现在,恒之以久,无事不可成。

十一月九日

家庭教育,关系人之行为最大,为父母者不可一时放松。

十一月十日

能知自己之短,始能取人之长。

十一月十一日

迟事不可一分早,早事不可一分迟。

十一月十二日

显事不可一分隐,密事不可一分泄。

十一月十三日

该亡是国运,救亡是人责,不应因该亡懈于救亡。

十一月十四日
天命如何不可见,但人事乖错甚分明,岂可惑于不可见而懈怠分明。

十一月十五日
努力从容两者须并有。

十一月十六日
定有途经,须虚心讨求。

十一月十八日
一是一,二是二,强分一为二,强合二为一,皆半乖。德与怨为二,以德报怨是强合二为一。劳与享为一,按需分配是强分一为二。资与产为二,皆公皆私是强合二为一。兑换与交易为一,金银代值是强分一为二。皆半乖。

十一月十九日
资本主义是资本家抢夺劳动者,□□□□是政府抢压劳动者,前者是助人生产抢夺在前,不得不受,后者是分人生产抢夺在后,易招反抗。

十一月二十日
掠夺人之物为己用盗也,掠夺人之物以惠人亦盗也,前者为资本主义,后者为共产主义。

十一月二十一日
一是一,二是二,一不能分二。一无效,二不合,一二无果。故有似一之二,似二之一,造化迷人在兹,人类纠纷亦在兹。认而识之,是智慧。辨而明之,乃可破造化之迷,可解人类之纷。

十一月二十二日
计画不周与用人不当,两者有其一,则事不举。

十一月二十三日
考虑要周详,施行要敏捷,二者相依,不可偏行。

十一月二十四日
过量之言,效率递减,过多少,减多少。

十一月二十五日
当众屈人人羞,背众屈人人服。

十一月二十六日

主意拿定易,方法彻底难。方法不彻底,主意决难实现。

十一月二十七日

当知人之长,知己之短。不知人之长,无以用人。不知己之短,无以处人。

十一月二十八日

坏习惯已成之部分,虽政治力亦骤难使之改坏为良,且部分愈众,改之愈难。故为政者,当使之散,而不可使之聚。

十一月二十九日

理生气,气蔽理,故理直则气壮,气盛反蔽理。

十一月三十日

不知嗜欲是戕害身命,是不智。未能节制嗜欲而保延身命,是不勇。

十二月一日

自处,无论何时总要能进退自如。若到进退不自如时,则一切智能均失却效用。

十二月二日

智人于事不迁就者,以其迁就亦无益于事功。愚人欲以迁就而成就事功是自欺。

十二月三日

不遗小积可成大积。不遗小功可成大功。

十二月四日

远虑则祸少,密思则遗寡。

十二月五日

办事贵检点,检点须有定时,每早穿衣时为检点事之定时。日检点一事,年可检点三百六十事,则遗误少矣。

十二月六日

敬人益己之名,利人益己之功。

十二月七日

可进则进,当虑到退。可退则退,当甘其心。

十二月八日

古人明哲保身，非利己也，因毁己亦不能益人也。

十二月九日

非大撒手，不能有大作为。

十二月十日

凡事其理论上有一点缺处，终必受其果。

十二月十一日

办事在得人，找不到办什么事的人，不可办什么事。是办这事的人，有办这事的法，其事必举。

十二月十二日

人生以做事为结果，就其时地，选其第一当做而能做者，坚忍不拔，百折不回做之，成败不必顾也。

十二月十三日

摆脱生死，始能真自由。能到无为，始是真学问。

十二月十四日

真能无为，始能真有为也。

十二月十五日

做事只有个今天，那里还能明天。今天不做，推到明天，永无做日矣。

十二月十六日

不必盼儿女作孝子，但盼儿女作报子，是理正当。然老不能自养，同于幼不能自长，父母怎样待儿女幼，儿女亦应怎样待父母老。此乃平常事，人与人总当如此，在子女说不到孝。

十二月十七日

本日午前十一时父弃养于文沱草庐，先是去年旧历年前，山由署归，见父颜衰老，大异于前，决身侍，在村办公十阅月，本年十一月次陇由平回，传蒋介公意决亲至村谒家父，奉命辞未获，遂至省候陪，廿十一月九日陪介公来村谒父，后随返省，次陇复传介公意，并言欲商两事：一国事如何处理，以济危难。二山西建设如何始推行全国。故与介公往来路途车中尽谈此二事。所谈要意：后者简单，定方略，索计画，严督促，实考核，当赏罚，事即举矣。前者内忧外患，时不我许,无未雨而绸缪,难常法以善后,余力主以非常法度非常事,抛弃武力,发展民力,充实国力,减东邻忌,免日俄战前先受摧残。介公问非常法?余答:废金银制改行物产证券制,废劳资合分制改行按劳分配制。介公遂约定派专员来详细讨论。嗣派徐君青甫至,商讨数日,徐君甚同情,即持折归。余正在拟返村,十二月一日电话中闻父复咳嗽气短,小便短少,即日归视,面色体温脉搏均如常,惟饮食大减。医之,气短咳嗽减,小便与饮食未效。临终余令三子及孙女至,父犹捉手点头,至睡倒时,余叫尚能应声。余跪前谨请整心而归,勿念余事,点首而逝。惟父子之情,系于天性,不由而恸声中有如天地毁。初余只有狂走一途,继当作心死处之,末听次陇友清斋兄之劝,体亲心为心,以礼节恸举送死之大事。(补记)

十二月二十日

情上过不去处,当以礼过之。

十二月二十日

想人对不起己,只能增己之错。想己对不起人,方能补己之错。

十二月二十四日

窒欲道,断瞋根,开礼门,通义路,使瞋来如红炉点雪,欲至若冰球登雁,瞋与欲无所显其势,始能达履中蹈和之目的。

十二月二十五日

儒为做人之学,生必须学儒。佛为成神之学,死始可学佛。

十二月二十六日

大勇不轻怒,大智不轻现。

十二月二十七日

所有之物,一切皆空,唯惠人者为实。所做之事,一切皆暂,唯得中者能久。

十二月二十八日

益己必须损人,益人必须损己。损己益人则吉,损人益己则凶。

十二月二十九日

知识即是命运,工作即是生活,能力即是财富。

十二月三十日

德不专者,才不正。才不用者,德不备。故人须正才以专德,备德以用才。

十二月三十一日

果决与勉强,做人做事,皆需用之。

民国二十四年

(1935年)

一月一日

国家今日之要事,为抗日、防共与建设三者,欲实行此三者,必须整个的党,统一的国。欲完成整个的党,统一的国,必须求诸己。前者求诸人,致使整个的党成为破碎,统一的国形成分裂,误国实多。此后谋国应矫其非,党员断除为己之心以为党,以党之利害为自己之利害,使党员与党的利害相合为一,以完成整个的党。党断除为党的心以为国,以国之利害为党之利害,使民与党相合为一,以完成统一的国。庶几抗日、防共与建设能有办法。

一月二日

学为启智,非能益智,若己无智可启,则他人之智无从益之也。

一月三日

服其心,其身亦服之矣。服其身,则心不服也。心不服,则身服不固。服心以理,服身以力,故为政必须合理。

一月四日

牵之以情勉强,处之以理自然。处家须寓情于理,不可缺理恃情。

一月五日

勉强一时易,勉强长久难。勿使人长久勉强处己。

一月六日

与人相处,利害须预先分清,利害分清,受害者不能与人混,得利者人不能混,始可久处。

一月七日

照顾住脚下,永远不至有错。估算到将来,永远不至有祸。

一月八日

复刘灵华函

灵华先生有道:

惠书敬悉。锡山侍亲无状,大故猝膺,失怙兴悲,百身莫赎。承赐挽联,并以亲丧时,足以体验人生观之真无常,谆谆指示,隆施稠叠,感切殁存。锡山未学佛,对灵魂轮回之说未敢仰赞,惟近体儒家事死如事生,事亡如事存,及祭神如神在之意,虔诚将事,顷觉有所感通。

亲丧诚是改变人生观之一大关键,辱承教言,谨以奉复,祗颂道祺,统维衿鉴。棘人阎锡山稽颡二十四年一月八日

持得住不为物扰,摆得开不为物惑。即使持不住,亦须摆得开。纵然摆得开,不若持得住。

一月九日

复崔首席参事函

文征如晤:

山侍亲无状,先严弃养,承执事先后吊唁,并赠梁皇忏随闻录,殁存均感。余未学佛,不谙佛理,惟就耳闻所及,对儒释作如是之区别,释道灭情以显理,儒道达情以复理。故释道离开人情做工夫,儒道就着人情做工夫。释道避人事,儒道重人事。释则以心朽身,身能愈朽,心境亦愈净。儒则以物表心,物力愈大,表心亦愈大。释道在断生根而成佛,重在苦修,故须清静寂灭。儒道在善生趣而成仁,重在养生,丧死无憾,故须栖栖皇皇。总觉生人学佛,有遗生之憾,人死之后,无遗生之虑,学佛理当能通,故对各寺派遣僧众前来为先严诵经,一一延接,而余心并予以同情也。

执事所赠梁皇忏随闻录,已代荐灵前矣。至所陈将一切礼典乐谱等汇印成册一节,所见甚是,自当托人办理。民国改制之后,乡间对于丧葬礼仪徘徊于新旧之间,莫知所从。山奉葬先严所用一切礼仪,系参酌乡礼,本自心之所安而定,将来印就之后,并愿质诸世人也。山一月九日

一月十日

复力空函

力空大师法鉴:

惠函暨印光老人书戒杀放生俗歌,均敬悉。锡山侍亲无状,罹此鞠凶,承以素筵益亲之语,谆谆相告,仰企慈悲,实深铭感。佛儒虽各

有所宗,而民胞物与之念实乃相同,佛则痛切言之耳。儒门虽有远庖避声之义,而非肉不饱,脍不厌细之句,亦屡见不鲜。锡山对此问题,早有所讨论,至今尚无真切之认识。对昔日讨论之结果,尚待证诸贤达,固不敢轻予信认,致启戒杀之端。对大函所示亦不敢轻于接纳,致骤改乡里之俗。锡山幼读诗书,少知儒学,但平生应事接物,一以我心之所安为准。今日之事,姑从乡俗,系出认识之未定,非囿于环境,亦非敢以未学佛道,即根据儒理抹杀佛理也。且兹事理甚大,于人生及动植矿物之成全毁灭均关重要,在锡山必须加以深切之探讨,得其心之所安而后始能毅然行之也。专此敬颂法祺。棘人阎锡山稽颡。一月十日。附"讨论结果"感想录二十年三月二十九日。

理不可以深求,深求则不易见诸事实。事不可以浅为,浅为则难于一劳永逸。

一月十一日

抱定自由自动自成之决心,非特人无我如之何,造化亦无我如之何。否则,击于功者为功累,击于名者为名累,击于理者为理累,既不自由,又不自动,何能自成乎。

一月十四日

心晦莫如今。

注:阎太公本日奉葬。

一月十五日

不为物诱始能自主,不为力冲始能自动。

一月十六日

(即复三日庐墓之第一日)大事毕,居游自如,死生俱可矣。孝义十则:

第一成亲之德。

第二补亲之德。

第三成亲之善。

第四助亲之善。

第五养亲之心。

第六顺亲之心。

第七养亲之身。

第八养亲口腹。

第九助亲之灵觉。

第十慰亲之灵安。

一月十七日

万物本乎天,先心而后物。人本乎祖,先身而后心。无此身何有此心,故人不可忘本。

一月十八日

狗不卧在门子边,何能看家。心不置在腔子里,何能应事。

一月十九日

善用钱者,不因小果用多钱。善用力者,不因小事用大力。

一月二十日

喜怒本于义,不本于己,形于言不形于色。由内向外者,知之易而行之难。由外向内者,知之难而行之易。当潜心于知难行易者,努力于知易行难者。

一月二十一日

有愧于人者不自安,对于有愧于己之人,尚使之自安,否则将坏事。其险也若此,用人岂可不慎乎!

一月二十二日

令人做什么,须告知人如何做,人始能做得满自己之意。

复陈乙和函

一月十八日函阅悉。孝贵怡亲,事死如生,所见极是。山自猝遭大故,方寸昏迷,庐墓之举,并非循礼,正暂离宅第,以免睹物兴感。居近遗骸,聊慰如失之心耳。忆从政廿有馀年,非特无暇读书,亦且无暇思过,每感物诱名牵,常处被动,而欲割断牵诱以成自由自主之自动生活者久矣。今值居桑守制,处境凄凉惨淡,深愿痛自克伐,以期补过。

古人云,仁者不忧,智者不惑,勇者不惧,虽不能至,心向往之也。此复。乙和。

一月二十三日

照料住周围,始能做中心。

一月二十四日

有人问:余曰,唯中论是公之亲手着乎?

答曰:非也,余告其义,他人所书。

曰:曾过眼否?

答曰:未也。

曰:阅之有何感想?

曰:觉琐碎。

公之中何解?

曰:化矛盾为不矛盾也。

曰:何云?

曰:人事尽如之,不如之者,即错误也。情与理为矛盾,尽情尽理是化矛盾为不矛盾。过与不及为矛盾,不过不不及为不矛盾。高与低为矛盾,不高不低为不矛盾。长与短为矛盾,不长不短为不矛盾。重与轻为矛盾,不重不轻为不矛盾。多与少为矛盾,不多不少为不矛盾。奢与俭为矛盾,不奢不俭为不矛盾。酸与咸为矛盾,不酸不咸为不矛盾。工作时间长工作力量减,工作时间短工作数量小,是为矛盾,不长不短为不矛盾。近世科学之成立,何一非得中者,故可括尽人事之成立,不中者皆失败也。

一月二十五日

多言易错,有错言连对的也丢了,故言欲对须要少。

一月二十六日

进不能举事益人,退不能断牵脱引,枉生。

一月二十七日

昨夜梦介公二次来晋,请穆穆文王于缉熙敬止之句,醒而展是章读为人君止于仁,为人臣止于敬,为人子止于孝,为人父止于慈,与国人交止于信,深觉一段无一闲字之语,可为终身之止而不遗。

一月二十八日

弱肉强食,得半失半之言,以之勉弱者上进则得,以之醒强者为暴则失矣。

一月二十九日

走来回路者,必须选平道,因去时下坡多少易,回时上坡多少难。只去不返者,当然选下坡路走。儒是生死兼顾者,固不敢为死而撂生,亦不敢为生而遗死。释只为修死者,故敢撂开人事而只管修死,因其遗生而修死,故收效果亦易,其易多少即是错多少。

一月三十日

内外俨然若两人,打不通终久莫办法。

二月一日

学儒在善生趣,故善不了生趣不能成圣。学释在断生根,故断不了生根不能成佛。

二月二日

大勇不轻怒,大智不轻现。

二月三日

今日父丧尽七,心中有如望车不见,觉红炉亦冷,遂萌为祖父母、父、外祖父母建一家祠之念,觉冷转热。

二月四日

教子弟防人可,与子弟说人坏不可。种上恶因结恶果,使人坏之念先入子弟之心,则相激愈坏,久成仇敌,祸不旋踵矣。

二月五日

有一分聪明即能评人错,有十分聪明亦难做无错。听人评错者要作自己鉴镜,评论人错者当知做对不易。

二月六日

种什么上来什么是地田,要在选种。教什么成个什么是心田,贵在择师。

二月七日

内者向外以化外,外者向内以益内,为儒学。内者向内以净内,外者向内以朽外,为释学。释为造化了过。儒为造化善后。儒释目的不同,方法亦不同,成果当然不同。

二月八日

行有不得者反求诸己,人糊涂亦须求诸己,使其不糊涂。若求诸人,反足激而使之更糊涂。

复力空法师函——儒释之别

力空法师执事:

接读法函,甚感肯挚。鄙人庐墓出于不自禁欲庐墓而庐墓,非欲循庐墓之礼而庐墓也,孝之义实说不上。老不能自养,同于少不能自长,父母如何尽心使儿女长,儿女亦应如何尽心使父母养,此如算术上之等号,不容稍有欠缺。自觉自己尽心于父母者,不若父母尽心于自己者远甚,就报恩上说尚未相当,何孝之足云。鄙人未读释书,不谙佛理,撷拾一二,亦未之也。今就执事之论,加以思虑,略说鄙见,就正于执事。鄙意释学是真理,是实功,不是迷信,不能假借。作佛须自成之,不能要佛赏成之。通经之义在明经之理,成佛须明经理。但明经理亦未必能成佛,所谓言语道断,心思路绝,与明白经理尚截然两事也,执事以为何如?

执事所谓佛道超过一切性心之学,佛独彻底,诚然。离开人事讲性心,性心固敢彻底,若合人事讲性心,则不敢彻底。佛理超过一切,鄙人亦如此认识,但美其高者羡其高,恶其高者嫌其高,佛理高是高而高出中道以上。身与心互成,情与理兼重。情理相合为中,舍情言理为不尽情,舍理言情为不说理。重情轻理者,势必恃强凌弱,恃众暴寡,恃富欺贫,恃智诈愚。重理轻情者,必视强凌弱、众暴寡、富欺贫、智诈愚之人类痛苦为不关痛痒,以其所凌所暴所欺所诈者皆所鄙弃者也。又来函云:父学佛则慈,子学佛则孝,兄学佛则友,弟学佛则恭。鄙意证之实际,丢开人事之慈孝友恭,其慈孝友恭亦成得半失半,学佛者无论矣。就渡人成佛者而论,重父子兄弟之成佛,而不重父子兄弟之成仁,以大慈大悲普渡众生成佛,不是大慈大悲普渡众生成仁,重在渡人不再生,不重渡人善此生。执事以为当否? 鄙人每感出家学佛者,父子兄弟对之皆表不满。执事试就一则居于深山乞食修佛,置强凌弱、众暴寡、人类之悲惨于不顾。一则栖栖皇皇,惟恐人类之悲惨不除。就人生说,孰合孰离。鄙人未学佛,即不知佛,不只不应非佛,并且不敢是佛,惟感执事来函肯切,不敢自欺。兹以我所见者答之,以求正焉。

至因果之说,执事证以经验,确信为真理,鄙人亦有相当之同情。鄙人向来认迷信与迷不信,其错维均。惟因果之说,说明其事实如此则可,如以信有因果为学佛之动机则不可。盖为果作,儒释皆轻之。为名让国,儒家轻之。布施求福,释亦轻之。彼不信因果无忌惮而为恶者固非也,信因果而以其所为要福者,亦非也。不过其非有清浊别耳。

总之,释家认人生如在苦海,欲断人生以成佛。儒家认人生有责任,欲教尽生以成圣。断生者志在了生。尽生者志在善生。了生者遗生。善生者兼生。释理高超在遗生,易学亦在遗生。儒理得中在兼生,难学亦在兼生。如走路然,走来回路者,去不敢选下坡,以易其行,恐回时走上坡,反难其行也。去而不返者,当然选下坡路走,以行其易也。释志在了生,如走一去不返路。儒志在尽生,如走来回路。儒释根本不同。强解释学为入世之学,反失释理之真谛矣。阎锡山拜启

二月九日

去不尽渣滓,不能成纯金。

二月十日

空实实互用也,无空的无以发生实的,无实的无以表显空的,故无理论无以发生事实,无事实无以表显理论。

复崔铭臣函——达道达德行之惟诚

铭臣鉴:

函悉。执事因遭母丧,灰念读书,录以助我,甚感。达道达德行之者惟诚,所论尤切,此覆。山启二月十日。

附：崔铭臣来函

总座大人钧鉴：

顷阅报载钧座于守制期间庐墓而处，一则离宅居住不致触目伤心，可稍减痛感。二则从政以来，非特无暇读书，亦且无暇思过，今处此凄凉惨淡之境，痛思已过，加以克伐。又日与赵总参议往复函商智仁勇三达德与义利之分、生死之辨，以及做人治事之道，反复诵读，益知钧座道根天成，造诣深邃，迥非他人所能企及也。窃以为儒家言道言政，皆植本于仁，发端于孝，而其施厚薄以为强弱浓淡，故爱类观念必先发生于其所最近，吾家族则爱之，非吾家族则其爱差焉，同国之人则不忍。异国之人则不忍之心亦差焉，由所爱以及其所不爱，由所不忍以达于其所忍。孔子谓：己欲立而立人，己欲达而达人。孟子谓：亲亲而仁民，仁民而爱物，皆善推其所为，言举斯心加诸彼而已。循此途经使同情心日渐扩大，即仁之至也。仁者之人，意诚身修，民胞物与，以天地为心，为万民立命，如日月之行乎中天无不照也，如江河之行乎大地无不润也，如此境界与天地同体，何忧之有。孔子曰：由诲汝知之乎，知之为知之，不知为不知，是知也。樊迟问知，子曰知人。孟子谓知者无不知也，急务之为急。可见欲知之明，毫无疑惑，则格物致知之外，忱须在诚意正心修身处作功夫，否则，身有所忿懥，则不得其正，有所恐惧，则不得其正，有所好乐，则不得其正，有所忧患，则不得其正。人之其所亲爱而辟焉，之其所贱恶而辟焉，之其所畏敬而辟焉，之其所哀矜而辟焉，之其所敖惰而辟焉，故好而知其恶，恶而知其美者，天下鲜矣。心与身为物所蔽。如行之次第，则由己及人，由亲及疏，由近及远，始于事亲，推而至于昆弟夫妇君臣朋友。惟其以孝为先，故修身为极要。大学云：物格而后知至，知至而后意诚，意诚而后心正，心正而后身修，身修而后家齐，家齐而后国治，国治而后天下平。自物格知至以至修身，明明德之事也。自齐家以至平天下，新民之事也。故必吾人之本体虚灵不昧，明无不照，自能应万事而各得其宜。然后以吾之明德，推而至于人人，涤其旧染之污，明其固有之德，使天下之人各有所当止之处，行讲习讨论之事，存省察克治之功，则齐家治国平天下之事成矣。今欲明明德而首要之功夫在诚其意,慎独毋欺为诚意之本,不愧屋漏则理直而气壮,心安而身泰,不忧不惧之基础立矣。司马牛问君子,孔子告以不忧不惧,曰不忧不惧斯谓君子矣乎。曰内省不疚,夫何忧何惧。人不自欺,内省何疚,心地光明,自然无往不宜。心为一身主宰,不为愤懥恐惧忧患所移,则心得其正。有善于己然后可以责人之善,无恶于己然后可以正人之恶,以自己光明正大之同情心推而广之随其亲疏。入云雾之中,行径不识,方向莫辨,乌能用之不惑。今欲牖启其知跻于不惑之域,则必意诚心正身修,使忿懥忧患不足以动摇,利禄声色不足以引诱,如一潭清水鱼藻毕见一大圆镜,邪正自分,何惑之有。孟子谓我善养吾浩然之气,其解释之曰:其为气也,至大至刚,以直养而无害,则塞于天地之间。夫吾人本体之光明拳拳弗失,而又充之以浩然之气,则处患难处困厄甚至生死关头皆不足以易其操,故曰:三军可夺帅也,匹夫不可夺志也。又曰:志士仁人,无求生以害仁,有杀身以成仁,勇者气充天地,复可惧哉。中庸曰:天下之达道五,所以行之者三。曰:君臣也,父子也,夫妇也,昆弟也,朋友之交也,五者天下之达道也。知仁勇三者天下之达德也,所以行之者一也,一者何,诚而已矣。诚者物之终始,不诚无物。父子有亲,君臣有义,夫妇有别,长幼有序,朋友有信。知所以知此也,仁所以体此也,勇所以强此也。我国古先哲王设五常以敦教化,研修己以明明德,必有诸内而后形诸外,有诸己而后非诸人。好学近乎知,力行近乎仁,知耻近乎勇,此为求知仁勇必由之阶段。至于用力日久,则一旦豁然贯通,则吾之心体大放光明,因应相宜,自能至不忧不惑不惧之地步:义利界限,生死关头,皆不足以动吾之一念,而应如何便如何,方能做到。儒家学说之根本精神在此,而其伦理政治之出发点亦在此矣。铭去秋适遭母丧,意念俱灰,每取经书读之,藉以排遣而仍不能有释于怀。今闻钧座庐墓守制,益增思母之念,及读钧座与赵公之函,更有感于心而不能自已也。谨此奉禀,伏乞钧裁。叩请礼安。崔铭臣叩上二月八日

二月十一日

　　金银铜铁千种矿质产于山,欲开矿须从山。仁义勇智百般德性具于心,欲培德须从心。

二月十二日

　　心若地也,各种植物长于地,但种上什么,长什么,谷稗全在种。各种德性根于心,启其什么,发什么,善恶全在师。

二月十三日

　　望日的月是满圆的,除此之外,不是上弦,即是下弦,中与过不及之道理与此同。月圆是一,不圆是万,且是有差别的。中是一,不中是万,亦是有差别的。

二月十四日

　　全时代的人物,不会处不了某一时代的事。某一时代的人物,亦能处了某一时代的事,故不可轻看某一时代之相当人物。准是而论,环境决定意志之说,亦可谓时势所造之英雄,唯不免有心为形役之玷。

二月十五日

　　非去蔽无以显出光明。唯去短的蔽易,去长的蔽难。

二月十六日

　　功业是身外事,德性是身内事。但德性要在功业上表显,不可离开功业修德性。功业要从德性上发出,不可离开德性贪功业。

复周玳函——成外显内、化育万物

子梁鉴:

　　函悉。佛高于儒,但儒中于佛。佛无不容于儒,但佛有不合于儒。学佛勿离开学人,则学佛等于学儒。内者向内是朽外以成内,内者向外是成外以显内。朽外成内神通广大,超脱火坑。成外显内化育万物,功绩昭彰。我愿你学佛要从功绩昭彰上着眼。此覆。山手二月十六日

附:周玳来函

总座钧鉴:

　　谨呈如左:一、近日阅报见钧座与赵总参议来往函,得悉尊况。职

尝闻古人因守制而得道者甚多,今人则绝少。素知钧座慈善为怀,仁义为行,现因守制而彻悟大道,裨益身心国家,实非浅鲜,钦敬之至。二、年来职每得暇即读佛经,知儒道为有为法,佛教为无为法。儒家系教人为善,阐明积善必有余庆,积不善必有余殃之因果关系。佛家最大目的欲使人之灵性跳出六道轮回,离开火宅火坑,然亦遇父言慈,遇子言孝,遇兄言友,遇弟言恭,归综起来,是教人诸恶莫作,众善奉行,绝无不容于儒而能容于佛者,佛之道理,似较儒犹高出一层也。肃此禀闻,敬请钧安。职周玳谨呈二月十二日

二月十七日

身是一天比一天老,仁不能一天比一天熟,是可忧也。

二月十八日

财产是身外物,技能是身上物。身外物有时不可靠,身上物一生皆可靠。故人当宝贵技能较甚于宝贵财产,不当因宝贵财产阻碍发展技能。

二月十九日

舍却该不该说是不是,是就果为因,为物所转,如无舵之舟。离开能不能说该不该,是舍因求果,如痴人说梦,空中楼阁。以该不该能不能修正是不是,是正因善果,是以心转物,如确定罗盘指正方向,乘风破浪,求达目的。就果为因是被囿之奴儒,舍因求果是空想之理痴,正果善果是裁成辅相的豪杰。

二月二十三日

复力空函——佛在汝心、不在拉萨力空法师执事

接读大函,藉悉种切。学佛鄙人不赞成。即使学之,当知执事的佛在执事心,不在拉萨,何赴拉萨为。专此布覆,并候法祺。阎锡山拜覆

附：力空来函

伯公主任礼鉴：

接奉手示,诵悉一是。窃佛道本自高妙,而美其高者羡其高,恶其高者嫌其高,诚如尊函所言,然其道可一言以蔽之曰,"应无所住而生

其心"。以故经内有"无我相，无人相，无众生相，无寿者相"之训也，学佛初步贵除我相，故曰"破我执第一功"。前芜函中所陈各节，均系根据经籍之言，并非强解，亦非妄造，所陈既不洽尊意，则我行我素可也。空定于阴正月二十日后，偕能海法师赴拉萨求学，并以奉闻，顺颂福绥不既。渐愧僧力空谨呈二月二十一日

二月二十四日

跳出祸坑，始知祸惧。

二月二十五日

原是个一，东说西说，打不尽的吵子。明明是二，混为一谈，闹不清的道理。

二月二十六日

认识错的道路不外两条，认二为一，认一为二。三以上认不清的，只能辨清一二，则事理尽矣。

二月二十七日

努力于低近，则高远可至。若好高骛远，反为高远所误矣。

二月二十八日

少见多怪者，以为在白人场中找不出一个黄人来，殊不知在黄人场中亦找不出一个白人来。少思多听者，以为从变的一面找不出不变的来，殊不知从不变的一面亦找不出变的来。

三月一日

走是足的正当责任，足有病不知医足，乃置其足病而努力于依杖，真痴人也。今者经济恐慌，工人失业，国际商战之弊害，明明是金代值交易媒介之病，乃由不兑现统制汇兑国际贸易而治之，较改革弊制其难数倍，且对内对外冒甚大之精神损失，真痴政也。

三月二日

说理之方式有二：一总一分，说总非总说不可，由总说到分。说分非分说不可，由分说到总。如算术然，说得数非总说不可，说何以得此数，由等号说到那一面的分数。说算式非分说不可，由算式说到那一面的得数。今日只知归纳者，不知有总数，尽讲分数，自己亦不知其对错。只知演绎者自己亦证不明为对错。

三月三日

创辩证法的,内在是主观的,辩证法的形式是客观的,所以辩证法适用于信仰辩证法者,不适用于创造辩证法者,更不适用于反对辩证法者。

三月四日

但有理由的反对,反对即是赞成。

三月五日

只有个现在,只可说现在,把得住现在,始可说已过与将来。只有个自己,只可说自己,尽得了自己才可说他人。

三月六日

科学是外面的产物,不是内里的产物,适于做事,不适于主事。

三月七日

痴者始谋哄人,如果想想人哄不了我,就可知道我哄不了人,奈何哄人。

三月八日

中国文化原本心物并重,自传子之后忌物,自统一之后自大,以致物不发达,因之心无从表现。中国今日是患的缺乏物的病,应当尽量的发达物,以表示中国的心。

三月九日

百斤不若千斤重,但加在千斤上觉着千斤更重。

三月十日

人皆有死,不可不预备死。人皆不愿死,不可不重生。

三月十一日

心重物轻是心物离开的错误,表心之物其重应不减于心。

三月十二日

不过不不及为对。始之者是恶,继之者是错,为不及之不对。始之者是错,继之者是恶,是过之不对。

三月十三日

人有器,人有不器。人器人专长,不器人兼长。专长其用切,兼长其用广。

三月十四日

矛盾的解决,即是矛盾的扩大,此是包括就矛盾而解决矛盾也。因其包括矛盾以解决矛盾,故解决矛盾而反扩大矛盾也。若修正矛盾为不矛盾以解决矛盾,则解决矛盾为消灭矛盾矣。斯理如世人所谓包藏祸心以施恩惠,恩惠之施为即祸心之表现。若消灭祸心以施恩惠,恩惠之施为即恩惠之表现。

三月十五日

人类争斗,内在力量之发动,不过利害与是非。发动于是非者,故须明是非以止之。发动于利害者,亦当明是非以遏之。辨别是非,为人类遏止斗争之紧要条件。唯显然之是非,智愚皆能辨之。似是之非,似非之是,虽智者亦有时不能辨之。余意当制定辨别是非之法子,使似是而非之非、似非而是之是,智愚皆得辨别,则补助人类之和爱当不少也。

各是其是,各非其非,则乱。同是其是,同非其非,则治。何以致各是其是,各非其非。离开尺说物之长短,离开称说物之轻重,离开母理说事之对否,则各是其是,各非其非矣。何以能同是其是,同非其非。就尺说物之长短,就称说物之轻重,就母理说事之对否,则同是其是,同非其非矣。

三月十八日

矜其所短,始能用其所长,纳其小错,始能杜其大错,处世然,处家尤然。

三月十九日

看近者不足以图远,看小者不足以图大。

三月二十日

皆是用之有尽的,故用非节不可。

三月二十一日

欲不惑不忧不惧,须从起点处用力。

三月二十二日

法律与世俗相反当从法律,法律与人情相反当从人情。

三月二十三日

清代帝王之好,由于不立太子。

三月二十四日

破盘之举可新殁存之情。

三月二十五日

使人自私自利之念收敛,众私众利之念奋发,则社会可富强文明。

三月二十六日

卸任的事要在任时预备好,死后的事要生前预备好。

三月二十七日

解缚之人心,其放肆有预料所不及者。

三月二十八日

凡事料到而熟计之,凶可化吉,难可化易。

三月二十九日

种下善因得善果,种下恶因得恶果。欲得善果须先种善因,欲避恶果须先避恶因。

三月三十日

看的远大亦须从近小处看起,看到远大才是真看的远大。

三月三十一日

戴上红色眼镜,看见一切物色皆是红的。戴上蓝色眼镜,看见一切物色皆是蓝的。这是见分被遮,这被遮的见分,每多自矜,然智者恶之,仁者怜之,勇者胜之。

四月一日

搬上铁柜走的窃盗,不虑其锁钥坚密。

四月二日

种上甚么因,必结甚么果。种善因者结善果,种恶因者结恶果,实是必然的,不是迷信的。

四月二日

漏下甚么空子必吃甚么亏,处人不可瞅人的空子,自处不可漏下空子。

四月三日

要不急不缓,缓为急之始,急为缓之端,欲不缓须不急,欲不急须不缓。

四月四日

己所不欲,勿施于人,反过来说,就是己所欲应先施于人。故欲人对的起自己,须先自己对的起人,才能得来。

四月五日

求真理是为做事,勿因真理碍做事。

四月六日

做甚的务甚,百事皆兴。做甚的不务甚,百事皆废。

四月七日

国家建立在全体公务员之责任心上,此全体公务员之责任心,实为国家成立之基础。一公务员一时一事不负责,即使国家之基础崩溃一部。故须定官吏之遗误罪,以作国家之保障。

四月八日

知错易,认错难,改错尤难。知而不认是丢不了祸害,认而不改是拔不了祸根。

四月九日

知易行难的事,能行是德。知难行易的事,能知是功。不德是人效不显,不功是心效不显。

四月十日

立国必须有适宜的百年大计,有效的日日努力,两者相合始能治存。

四月十一日

语有人类之语,有时益之语。人类之语何时皆可言之,时益之语当时可以言之。

四月十二日

贤者行常人之所知,智者言常人之所不知。

四月十三日

立国不敢失去统御上之威信,失去统御上之威信,虽有贤能,亦不易有所措施也。欲不失其威信,政治上须为其当时第一当为之事。

四月十四日

国人的责任心与国人的幸福为正比例,亦即国家富强文明之正比例。

四月十五日

或曰:希特勒如何?

答:过刚必折,过柔必萎,不刚不柔,不折不萎。

四月十六日

自身不可无技能,身外不可无良友。自身不可有疾病,身外不可有仇敌。

四月十七日

做事须名实相符,成功易,失败有底。名实不相符,成功不易,失败无底。

四月十八日

"努力机会只有十年"。日本新进国际法学家、现任众议院议员芦田均在东洋经济新报社召开之中日亲善时贤座谈会席上发表意见云：日本今日之国力(包含经济、武力及其他)尚不足并吞中国四百余州,日本之国力既不足并吞中国四百余州,自应于消化方面发展,乃为当然之趋势。又以不能消化之体力而并吞无由消化之大物,实为不利之政策。今后十年、二十年之中,若日本仍能以今日破竹之势向前进展,则实力即强,在实力未充以前,日本急应隐忍以待时机。

四月十九日

有一分妄念,就能受一分迷惑。

四月二十日

急发于着,触着即急。欲不急,须去着。

四月二十一日

知人易而自知难。胜人易而胜己难。成人易而成己难。若智不足以自知,勇不足以自胜,仁不足以自成,枉生。

四月二十二日

经济权独立,经济始能发达。经济立宪,经济权始能保障。

四月二十三日

当以闲心做忙事,不可以忙心做忙事,更不可以忙心做闲事。

四月二十四日

行将归去,所得者皆身外物。无身内物,归后将何以自处。

四月二十五日

稍闲则不自禁之悲伤,由于自缺。

四月二十六日

责有攸归的政治,顶坏的时候,亦不多亚于坏可诿卸。顶好的时候,因责有攸归,用人的理性。坏可诿卸,灭人的理性,用人的欲性。是以议会制之多权表决制,多私心之表现。

四月二十七日

离开统御自乱。脱去羁绊自由。

四月二十八日

急迫的从容是真急迫。从容的急迫是真从容。

四月二十九日

倒因为果,倒果为因,灭因求果,舍因说果,斯皆论理错者也。理论错其事即行不通。

四月三十日

介绍人死,须先人死,田光之于荆轲是也。

五月一日

要离刺庆忌,庆忌乃欲其要功而不死之。其忘己成人之心,史不多见。其仁勇皆足,惜智缺耳。要离不享其功以死处之,亦足重也。

五月二日

思过且无暇,遑论攻过,不攻何克。

五月三日

地天泰为为政之要道,精神当如此,形式不当如此。

五月四日

项羽礼士而吝赏功,刘邦赏功而不礼士。项羽败而刘邦胜,开创时也。若守成,恐成败有所易也。

五月五日

察能而授官者,成功之君也。论行而结交者,立名之士也。录乐毅报燕惠王书语。

五月六日

政治生命生存于第一当为之事上。为政者必须继续不断的为其当时当地第一所当为之事。

五月七日

不承认他人有聪明,即是自己不聪明。不察觉他人糊涂,即是自己糊涂。

五月八日

现时余主张物产证券之兴趣,由余之爱国心、爱民心、好奇心所凑成。何谓爱国心,若不行此无渡美国白银政策之危险。何谓爱民心,若政府不兑现政策推行,势必如前此德俄等,使人民受重大损失。何谓好奇心,证券推行数国,集金银国之骠骄气大可敛匿也。

五月九日

对人谦和是为自己换顺利。对事谨慎是为自己减困难。

五月十日

善法亦不能无顾虑,故虽善法亦须在顾不得顾虑时始能推行也。

五月十一日

到急时有急法,尚算有路走,若到急时急法亦无之,则无办法矣。但急法多险,非预不夷,故能预始能急时从容也。

五月十二日

防人固可以奸恶,用人必须以善良。不以善良用人,善良不为所用。不以奸恶防人,必为奸恶所逞。

五月十三日

余亦行年五十,痛知四十九年非。用功三年,才得到个无把握的进步。

五月十四日

自己有希望,人必希望自己。自己无希望,勿再希望人。可以说全在自己。

五月十五日

无一点曲折的人,办不了有一点曲折的事。无一点担当的人,负不了一点担当的事。故用人须审其当,使人须审其能。

五月十六日

志宽曰:余知赌博之为害矣,欲戒之。

余曰:戒之甚好,不戒身体、家务、事业均必为其损害,然必须戒之而不再开,始可戒之。若戒之而又开之,其受赌博之害仍然,反使人加一层无志气之批评,而更致人看不起。

五月十七日

千疮百孔的病,虽良医亦无法下手。千差万错的主张,虽明哲亦无法纠正。

五月十八日

病请三医开不成方,事谋三人定不成策。

五月十九日

能自谋者,始能为人谋。能自计者,始能为人计。

五月二十日

无定盘星的称,不只人不能与之较其对错,自己亦不能较其对错。

五月二十一日

地名物名是有领域的,事名亦是有领域的,离开事的领域说事,犹之离开地物的领域说地物,永无对处。

五月二十二日

未病须得保,既病须得疗,病愈须得养。

五月二十三日

药以投病为良,器以投用为良,人以投事为良。

五月二十四日

古人说一日之计在于寅,夜静心清智慧多,这时候检点已过的错误,准备将来的做法,裨益于事功不少。

五月二十五日

诚实有余才分不足的人易受人欺,每将假人认成真人,吃人的亏。才分有余诚实不足的人,每以己度人,易将真人认成假人,失人的利。

五月二十六日

日新于义务则荣,日新于权利则辱。

五月二十七日

展堂放洋,有人为国家庆,余为国家忧。

五月二十八日

患急热病,终日不醒。

五月二十九日

病后始觉病前,进步为无把握。

五月三十日

余曾六次寄语汪、蒋,强邻伺隙,元老服藩,何时策动藩镇之不安,即可组织政府。若元老归朝,藩镇虽不安,只能造反,仅能为害社会,不能为害国家。

五月三十一日

以实力帮助倒南京成政府之语,日本必说,两广必听,固为迟早之事实,当国者不此为谋,浅焉。

六月一日

今日国人应有四种牺牲以救国:

(一)牺牲性命。

(二)牺牲自由。

(三)牺牲财物。

(四)牺牲工夫。

此四种牺牲,团结一致,互以为用,或尚可以有为。

六月二日

国家将亡,必有妖孽。救国当先除妖孽,做甚的不务甚,就是国家的大妖孽。

六月三日

常人积怒必发,蓄怨必报。若雅量之人,则怒消而不积,怨化而不蓄。

六月四日

先见之明可以自处,不可以处人。

六月五日

普通皆器人,只能就甚用甚,亦只能就甚说甚。

六月六日

图利己而遗误职务者处死刑。为维持情面而遗误职务者处无期徒刑。为学术不足而遗误职务者处有期徒刑。中国欲救亡,非实行此法不可。因富强文明是救亡的圆满条件,富强文明的发达,完全是由国人的责任心所造成,不负责任已成合理习惯的国家,非严刑峻法之下,不易矫正。谁能行此法,谁能救中国。

六月七日

天才始能真有经验,常人不免咫尺天涯。

六月八日

只看见眼前的便宜,看不见将来的祸患,是小聪明,小聪明必吃大亏。

六月九日
当时的孔子,阳货训教亦须承诺。今时的孔子,世界贤哲无不尊崇,可知道愈大愈难晓于当世。

六月十日
智不能知其真,勇不能胜其偷,仁不能断其贪,总是假的。

六月十一日
疏人谋密事,终久不能不失败。

六月十二日
事之当真实者,无论如何困难,有何过错,总当以真实处之,其困难过错总可得人谅解。若以虚伪求减免,不特增加其过错,反不易得人谅解。

六月十三日
感于怒即怒,感于伤即伤,是我为感化,是我之动作由外支配,甚至我之壮病生死亦由外操纵。非至感于怒不当怒即不怒,感于伤不当伤即不伤,是感为我化,是我之动作由我主持,我之壮病生死自不由外操纵。

六月十四日
书是传达古人之意识,而不能解释,故读书非深具悟心者,不易了解著书者之真意。

六月十五日
事有在己者,有与人共者。在己者只求其对,不管人知为对否。与人共者,必须人知为对,始能与共。故行政必须使先知其对而后能行,若不知其对,虽对亦不能行。故施政能合乎人之程度而稍高之,是善施政者。

六月十六日
不愁国事不能做,只愁自己不会做。

六月十七日
为与否,当以国家大义为准,不能为威迫利诱所操纵。

六月十八日
一枝光的明,以一枝光用,是有用的明。一枝光的明以两枝光用,是无用的明。这不是明错了,是用明用错了。只能就甚用甚,不能求其完善,若求其完善,反失其人矣。是甚用甚,各竭其能,兴致勃勃。求其完善,各竭其短,兴致沉沉。

六月十九日

前人惠后人,惟热心与经验。

六月二十日

利有当为而不当为,害有当避而不当避,故利害之来,不审之于先,必悔之于后。

六月二十一日

今日华北的事,应找着配为当为能为三者合一的路,才能迈步。

六月二十二日

心乱世乱,世乱心亦乱。在乱世,非特求一专心做事的人不易得,求一听明白话的人亦不易得,心乱故也。欲医此病,当杜侥幸,专责成,严考核,重刑罚。

六月二十三日

言之滔滔,心已降敌者,惧与之谈。

六月二十四日

刺激之言,要闻若无闻。

六月二十五日

去不了隔阂,不能和衷共济。

六月二十六日

致汪精卫电

精卫先生大鉴:

敬电敬悉。自古外患多由内忧反致,今者虽不尽然,但若无内忧,强邻之所不能为者,亦必不为也。若有内忧,其野心固无所底止也。且无内忧则既能以玉碎,亦能以瓦全。有内忧,则玉碎不能,瓦全不得。望公同介公,用全力先消弭内忧。只要内忧不发,外患至当止之境必止也。一面用非常方法以图自强。盖今日既不能以弱抗强,徒遭失败,又不能靠列强以压制强敌,只有避开抗日,谋加速度加强度之方法,以图自强,困心横虑,我公必早计及。此次国难以来,弟每感国危迫切,踟蹰无策。今承大电,特贡刍荛,并颂勋绥。弟阎锡山叩有印。

六月二十七日

古人云：宁为玉碎，勿为瓦全。诚然碎玉亦胜于全瓦多多然，玉碎瓦全好坏总算有路可走，若至碎而不为玉，瓦而不能全时，真是无路可走矣。然皆由于一意孤行，走上错路而不早辨也。

六月二十八日

人才之难，十倍于木材，今欲建设，木材尚感缺乏，何况人才。

六月二十九日

非自强无以抗日，非公道无以抗赤。因赤祸在内部，虽能自强，抗赤赤是水涨船高，必须实行按劳分配之公道制度，始能弭赤隙而泯赤焰。

六月三十日

见到做到才算有效，见到做不到一样的无效。见到是智，做是仁，做到是勇。

七月一日

有方法是会做，有爱心是肯做，有胆量是敢做。

七月二日

言虽对而不当，听者亦无益，甚且有损。

七月三日

严密的防人背叛，不如严密的考核人的成绩。

七月四日

蒋之拘胡，在蒋为积忿之怒，在胡为不泯之辱，固非廉、蔺，遂成永离，种长久内乱之因，启强邻欺蔑之隙，东播西弄，国辱亦深，余曾努力两方，未收效果，深自愧其不敏耳。

七月五日

日本要求自动的免宋哲元之职以保持我国体面，而免宋职，日反离间宋，并联宋以要求政府扩大其政权，许之不可，不许不能，呜呼！弱国保全体面，致祸无底，为国者当深戒之。

七月六日

大祸将至而尚不能先患预防者，必是沉疴甚深。

七月七日

两人顶一人,两日顶一日,两元钱顶一元钱,其事业的效率,与一人顶一人,一日顶一日,一元钱顶一元钱,即相差八倍。今日中国两人不能顶列强之一人,两日不能顶列强之一日,两元钱不能顶列强之一元钱,国家焉能存在。热心救国者,当努力于此。自负革命者,当先革此命。惟此命确不易革,愿大家组织一革命研究会,研究出有效方法后,将此革命研究会改组为革命实施先锋队,使中国的一个人真能顶列强的一个人,中国的一日真能顶列强的一日,中国的一元钱真能顶列强的一元钱,则世界第一地大物博的中国,第一人口众多的中国,一定可以不亡。

七月八日

古人说,大厦将倾一木难扶。今一木并无,何孜孜望有。

七月九日

院墙坍塌不能守关门之训,非常事来不能尚经常之法。

七月十日

致南京孔庸之(财政部长)电

南京孔部长庸之兄勋鉴:

闻中央授权我兄全权处理金融,必要时停止兑现。弟对金融问题,前承敬之兄衔介公之命见商,仓卒间未能详述意见。因之时加考虑,敢以一得之愚,贡献于我兄。金银代值因不足不便之故,代以纸币,按成准备,已坐不兑现之基。加以出超有国,金银已成偏聚,而金银每利宽困窄,出超而不兑现,尚可运用自如,入超而不兑现,必成废纸。故近代经济命脉常为出超国家所操纵,币战而失利,终归入超国家所遭受。以我国今日之国情与环境,倘若施行不兑现纸币,势必跌价,社会恐慌。人民怨望,政府收入顿减。为抵补计,不得不增发纸币,愈增发愈跌价,社会愈恐慌,人民愈怨望,人民之损失必不减于欧战时之不兑现诸国。而我国民智未开,其怨望必胜于欧战时之不兑现诸国。于此主义、经济、武力交相压迫之今日,反予主义亡我者以大隙,乘怨望之人心,恐慌之社会,煽动民众,顿增危险。授经济亡我者以巨柄,由不兑现之空隙,操纵经济,使我失其自由。启武力亡我者之野心,乘我恐慌紊乱民怨之际,为所欲为,诚恐国家前途骤增荆棘。我兄司农才长,必有远虑。弟公馀浅见,无补高深,特心为之虑,电供参考。弟阎锡山蒸叩印

七月十一日

见其大不可遗了小,见其远不可遗了近。若遗了小与近的远大见解,亦是不健全的见解。

七月十二日

勉强为其当然尽其在我,不勉强为其未然听诸在人。

七月十三日

次陇与吾相交三十年,公私事件饱经波涛,虽有危及身家之虑者,亦未形忧色。昨言及人心瓦解,国将于应付中亡之,痛哭失声,非有所惧,乃有所伤也。

七月十四日

弱国之臣非有自恃以为生者,无以自生。

七月十五日

盖国必自亡也,然后人始能亡之。救亡之对症有效方剂,惟有自强之一途。但自强于未自亡之前易,自强于已自亡之后难。自强于人未亡我之前易,自强于人已亡我之后难。难虽难,舍自强之外,决无救亡之法。凡我国人,应下一最后之决心,牺牲一切,以求自强。尤须用加速度加强度之方法,以图补救,时不我与,三误不可四误,愿大家对此勿稍加疑虑。向东走的人一回头即是向西走,向自亡路上走的国一转身即是向自强路上走的国,达目的虽有时日,而自强自亡之实质已变换矣,但须真转身。只能真转身,必能救亡。若不转身,人虽不亡我,终必自亡。我感到中国人现在救亡之心理亦甚大,但所走之路径似乎仍在自亡之路上。不只不能救亡,反催促其速亡。我以为要想救亡,应将旧心理完全改过,一齐向自强路上走。自强与自亡本是相反,从前向自亡路上走才招致人家今日之亡我,如早在自强路上走,即不会造成今日之危机。世界列强之所以无人敢亡之者,即因其早在自强路上走之故也。未有自己不亡而人能亡之者。故我认为今日之事,不难于救亡,而难于不自亡,即是难于自强。自亡必不会有

效,自强即不怕人亡。大家心上对我这话如尚有怀疑者,我实愿更加以详细说明。(在绥省两署扩大纪念周讲话)

七月十六日

黎黄陂说:"能出世者能入世,能杀人者能救人。"我对下句极表同情。今日国家萎靡至极,官吏误国,武人乱政,学者乱理,为一切恶,均毫无忌惮,非大加清扫,无以去恶存善。如同医生医疮,非将腐肉大加割除,不足以生好肉。如同农人培苗,非将草莠尽去,不足以培良苗。救人杀人之说,其理甚明。

七月十八日

文官以政权害国,法官以法权害国,武官以枪杆害国,学者以笔杆害国,众人害之国,何能不亡。但害国者于己有利,小害则小利,大害则大利,若无爱国者以严刑峻法予害国者以大惩创大畏惧,则不能使害国者不害国。

七月十九日

贫民对富民负担利息,是个十,富民对国家负担是个一。对国家负担供保护进化之用,利息供富民骄奢淫佚之用。供保护进化者一,供骄奢淫佚者九,民焉得而不穷,社会焉得而不坏,国家焉得而不乱。

七月二十日

力量能抵抗力量,思想始能抵抗思想。驾思想的力量来侵,亦非驾思想的力量不能抵抗。思想有纯精神的思想,有驾物质的思想。纯精神的思想抵不住驾物质的思想,这道理亦如同以善服人不如以善养人的道理一样。

七月二十一日

坐以待毙是懦夫,奋斗而死是豪杰。

七月二十二日

国家事,只问能为不能为,但能为一日即为一日。

七月二十三日

为国家敷衍人可,为自身敷衍人不可。

七月二十四日

错于坏的乱子小,错于好的乱子大。因坏人人得而诛之,好虽大贤亦不易制之也。

七月二十五日

好可行而不可言。行好自己吃亏,言好使人吃亏。

七月二十六日

能真知中国人事文化的道理对,始能真知西洋物质文化的道理对。

七月二十七日

身强时,当病不病。身弱时,不当病亦病。非风寒暑湿有异,乃自身强弱之不同也,人如此,国亦如此。自身向上,仇敌亦好友。自身向下,好友亦仇敌,此人情也。人如此,国亦如此。

七月二十八日

人言有绝对肯定者,有绝对否定者,有应当肯定者,有应当否定者,有可以肯定亦可以否定者,有不可以肯定亦不可以否定者。

七月二十九日

生为遂生是常人,生为尽生是圣贤,生为了生是佛老。

七月三十日

用上不够量之材料做梁柱,屋宇倒塌,满足的表示匠人的能力不够,建屋如此,建国亦如此。

七月三十一日

事与事的交关处,物与物的交关处,最易发生错误,欲少错误,须在交关处注意。

八月一日

有形皆发生于无形,无形皆寄存于有形。从后观之唯物,从前观之唯心,其实无无形则无有形,无有形则无无形。

八月二日

可知都是由不可知来的,宇宙间事,最后皆是个不可知,能将可知者知之,则人能尽矣。

八月三日

日本新进国际法家、现任众议员芦田均四月间在东洋经济新报社召开之中日亲善时贤座谈会席上发表意见云:"日本今日之国力(包含经济力、武力及其他)尚不足并吞中国四百余州,今并吞无由消化之大物,实为不利之政策,今后十年、二十年之中,若日本仍能以今日破竹之势向前进展,则实力即强,在实力未充以前,日本亟应隐忍以待时机。"

此为日本老成训诫其少壮之语,乃亦仅为我国留十年或二十年之余地。凡我国人闻此语,应如何惊惧,如何愤慨。但惊惧愤慨之余,应本行有不得者反求诸己之义,一反前此自亡之错误,以求自强。不可徒事向外责人,而反速其亡也。盖第三者可责恃强凌弱者为非义,若被侮辱者只当反求诸己,自责其不能自强,致招侮辱。并应反思恃强凌弱者何不加之于诸强国,而犹加之于吾国也,则应自责而不应责人之理甚明矣。若不求诸己之自强,而责人以不应凌我,非特永无脱离被侵侮之日,反速度其亡也。欲国人于此下一坚决之决心,以求自强,惟此十年之间。欲用常法以求自强,无论何人,均知其不能及也。非用非常法,无以图之,此国人当首先觉悟者。若不觉悟此,吾敢断言其虽救国有心,终无补益也。所谓以非常法求自强者:一、加速度以缩短年限。二、加强度以增进效率是也。所谓加速度与加强度,由正面说是使做甚的务甚,由反面说是使做甚不务甚的感受不安。自强非易事,观强国政府之励精图治,官吏之勤劳辛苦,人民之担负牺牲,较亡国民未亡国前其痛苦紧张,不啻十倍。今中国欲于短期间求自强,非用非常法使国人皆忍痛牺牲,强制国人走上做甚务甚之路,尤非先使全国公务员一改前此委靡腐化贻误而不知贻误废弛而不知废弛之麻木不仁之政治不为功。欲于十年中改造麻木不仁之政治,发达救国必要之富强文明事项,固非一端,而首当以非常法规定公务员之贻误罪,一振前此安于亡是其亡之舆论与习惯,若不如此而仍以常法处此非常时期,敢断定其日困一日,势必至人心瓦解,弱者附异国求富贵,强者投赤化图报复,至彼时虽欲用非常法,亦不可得矣。此愿当国者加以审慎考虑勿失时机也。公务员之贻误罪应如何,非常规定也,贻误罪规定愈严,增加速度强度愈大,应规定:一、为贪图私利而贻误公务者处以死刑。二、为讲情面而贻误公务者处以无期徒刑。三、因才识不够而贻误公务者处以有期徒刑。国人勿以为如此规定公务员之贻误罪为过重也,亡人身家者尚当处死刑,亡人国者定为死刑,绝非过重。盖救国不亡,全凭国之富强文明。国之富强文明不能凭空而来,全赖公务员之做甚务甚。国亡即由于全体公务员做甚不务甚而致毁国恃以立之富强文明。今科公务员以贻误罪,实即科公务员以亡国罪,亡国罪而处死刑,只有嫌其宽假,而不得谓之为严峻也。亡人身家，一人可亡之。亡人之国，非一公务员可以亡之，固全般公务员亡之也。然今日之贻误罪，系为全般公务员所定，亦非为一二公务员所定也。此等对公务员贻误罪太重之错误认识，将亡人身家者看的重，亡人国者看的轻，以致亡人身家人不敢为，亡人国人敢大胆为之，而人反不以为非也。假使前二十年之政府，规定公务员之贻误罪而实行之，敢断定今日之中国，不致为他人所亡也。国人愿轻行非常法，盖爱惜现状之秩序也，此亦未审轻重者也。武力亡我者，固未能予我以十年之优容，即经济亡我主义亡我者，亦何尝为我留十年之余地。吾国若不能于此十年之内，以非常法图自强以自存，国之存将不能有十年矣。此现状之秩序，又何足爱惜哉。与其安常守故，十年而必亡，十年之后，非特土地为他人之土地，人民为他人之人民，主义为他人之主义，而仁义道德亦并为他人夺之而去。何若踢破范围，以十年后他人之土地他人之人民他人之主义用非常法以图存。果能存也，无异于拾得中国之土地人民与主义也，即不能存，亦尚可为民族争光辉，以蓄将来复兴之民族种子也。民不愿亡，若久无救亡之法，则民怨生而民心离，政府必失其统驭之能力。政府失其统驭之后，千奇百怪之现象有不可思议者。恐亡我者非外人之武力，乃国人之武力也，杀我辱我者亦非外国兵，乃中国兵也，读亡国史何国不然。愿政府乘人心将瓦解而未瓦解之前，坚民志而固民心。坚民志而固民心，要在不失机，此为领导民族者，不可不认识而并须十分顾及之也。处此非常之时，当用非常之法，理固然也。然亦须得其要，始能有路可循。立国之要，不外精神与事业两者。精神与事业皆根源于国人之责任心，国人无责任心，立国即无精神，国家即无事业。无精神事业即无富强文明，不富不强不文明而欲立国于今日必不可能。盖国之存在与富强文明为正比例，有几分富强文明，始有几分存在之可能。而富强文明又与责任心为正比例，国人有多少责任心，国家始有多少富强文明。故今日首应以非常法督励中国人之责任心，俾物质建设有因可期，富强文明有路可寻，此其一。国家之力量在国民，国民总力量之表现在组织与训练。若无组织等于散沙，若无训练等于麻木。散沙麻木之人民，有等于无，多等于少。亦当以非常之法组织训练之，使多数人民能用于自强图存，此其二。吾国落后在自然科学之不发达，今欲图存，当以非常方法以求发达自然科学之捷径，若照各国先例，听其自然演进，恐非十年所能收效，此其三。

以上三者，为自强图存之扼要办法，有此三者以为基础，再从事于精神物质之建设，亦当以非常方法，期收实效。所谓建设之非常方法，系有计画有督促有考察有惩罚，使之增加速度增加强度，虽造成历史上之建设恐怖时期，亦应不惜。尤当实行物产证券以扩开造产途径，防止经济侵略，以期物力集中。实行按劳分配，防止主义侵略，以期人力集中。物力集中，人力集中，庶几于不可为之中寻得或可为之路乎。盖今日国家在国际间所处之地位，不外三种，一攻击人者，二被人攻击者，三不攻击人亦不畏人攻击者。此三种地位，人皆以为应以其国力为标准，已往固然也。然吾人细加推思，经济制度实为此三种地位之莫大根据。盖国力亦不外人力与物力二者，经济制度实可骤变其人力与物力。吾国今日完全处于被武力经济主义侵略之地位，欲脱此危险，非由此畏人攻击之国势进而为不畏人攻击之国势，不能使国家由危而复兴也。如明显的说，畏人经济侵略而且无办法之国家，实行物产证券，所畏全消。畏人主义侵略而且无办法之国家，实行按劳分配，所畏全消。畏人武力侵略而且无办法之国家，就积极方面说，实行物力集中，人力集中，国力可以相当加强。就消极方面说，经济平等，人性普俱。今日侵略人之国家其武力皆产生其经济不平等之构造，以其不平等之构造而置诸经济平等之社会中，其不自乱者几希。愿国人于此点加审量焉。

八月四日

浅近的道理利于现在，深远的道理利于将来，只顾现在不顾将来，与只顾将来不顾现在，一样的吃亏。

八月五日

农人说，种禾争回稜，可见时之关系甚大。非特人与物之事为然，人与人之事亦要不失时。得时则人交事纳，势顺惠显。不得时则人不交事不纳，势不顺惠不显。故识时之人始能成功。

八月六日

走路人说慢走强于息，做事亦然，短期之急进，不如长期之继续。

八月七日

知之而不能行，行之而不能到，与不知不行一样的无益。

八月八日

失信之后,仁不能施,义不能行,善不能褒,恶不能贬,信之于人大矣哉,一生当坚守。

八月十日

表里不一致,终久要暴露的。

八月十一日

无论如何善哄人,不如老实善。

八月十二日

凡事漏下空子,就是束手无策。

八月十三日

积财始能用财,积力始能用力。

八月十四日

浮浅的人心,不识深远的对,故行政上深远的对,必须费力宣传,始可施行。

八月十五日

一事从易处着手则易,从难处着手则难,故办事须辨别其难易。

八月十六日

千级的阶段从低处迈步,亦易上去。无论多难的事,从易处起点则不难。

八月十七日

儒学为仁字,在发生,是由无而有的种子。释学为灭字,在回首,是由有而无的根子。两者不同显然。

八月十八日

喜雨恶雨,时地不同。

八月十九日

弱肉强食,是事实,不是道理,环境决定意志,也是事实,不是道理。不可因事实而抹煞道理,使人类等于禽兽。亦不可因道理忘了事实,受人之凌辱。

八月二十日

机事不密则害成,密于笔,密于声,人皆知之,尤须密于色,密于动。

八月二十一日

惟大聪明始能帮助自己之顺利，用小聪明非特添事之不顺利，且足以取辱。

八月二十二日

知道难，知道而如同不知道尤难。

八月二十三日

政严民勉，法严官勉。

八月二十四日

事之来，其权在我者，认识清楚，处置适当，其余则操之在人者。

八月二十五日

当想者想到，当说者说到，当做者做到，其对一样。

八月二十六日

利不十倍不变法，与虽十易之不为病，是站在两个极端，但各有各的道理。审清何者不可变，何者应当变，是施为者之必要。

八月二十七日

带上红眼镜看见一切俱是红的，带上蓝眼镜看见一切皆是蓝的，有成见的人遇见一切认成一切，皆是成见的先驱。

八月二十八日

古人说，行有不得者，反求诸己。行不得的事，只有求诸己，尚有得的可能。若求诸人，不只无得的可能，且有招祸之虑。盖做一件事，不是自己理直，就是自己理屈。自己理屈了，应当求诸己，改直即是自己理直。行不得亦当求诸己，蛇蝎毒人，豺狼吃人，不是你自己理屈，亦当求诸己而避免之。若不求诸己，而只责蛇蝎之不应毒人，豺狼之不应吃人，亦终不免为其所毒所吃也。

八月二十九日

人能不作无益害有益，此生之作为，必大有可观。

八月三十日

器有看的好看而不适用者，不可用。饭有吃的好吃而不卫生者，不可吃。

八月三十一日

平四紧七悠十一慢六，为余击醒钟调。

九月一日

应当度德量力以争胜,不应当度德量力以尽忠。

九月二日

难事,寻见易处即不难。易事,碰到难处亦不易。

九月三日

认识周围,站在中间,始有作为。

九月四日

做下不敢承认的错,虽有爱者亦莫能助,故明达人要事先审慎。

九月五日

承认错可以消错,粉饰错可以添错,承认错与粉饰错其明白与糊涂显然判矣。

九月六日

带上色眼镜的眼,永不会见物的本色。但是带上红眼镜的看红的,带上绿眼镜的看绿的,其错小。如同医生偏于补的人治虚症,偏于开的人治实症,其错小。

九月七日

能长久不断的平常,就是特色。

九月八日

一个做事的人,身跟前必须有若干善于传达自己意思的人,才能易于成功。

九月九日

余病愈之后,公事积压,承办人员各欲赶办,以尽责任。医者惟恐病复,每惧办公。可见拒公办公,因职责而异。

九月十日

由外向内之事要包容。能包则大,能容则安。

九月十一日

由内向外之事要明断。能明则清,能断则敛。

九月十二日

弱国之官不如强国之奴,弱国家者罪其大矣。

九月十三日

未雨绸缪为卫国之道,但非忧深思远者不易见及。

九月十四日

失了镇静就是个著忙。失了经常就是个非常。不失镇静,外来了著忙仍是镇静的著忙。不失经常,外来了非常仍是经常的非常。

九月十五日

土和上水,塑成胚,窑中一烧即成砖。贫农分与地,予以组织,即成国之中坚。

九月十六日

一日之好,虽仇亦能之。长久之好,虽恩亦难能之。一日之勤,虽不肖者亦能之。长久之勤,虽贤者亦难能之,故恒为人之美德。

九月十七日

舍因求果是迷信。不知因便不认果是迷不信。

九月十八日

心生物,物又生心,此心与彼心不同处完全不相同,同处完全相同。儒家谓万物共具一太极,是前者之学,一物各具一太极,是后者之学。前者为人理,后者为物理。

九月十九日

母理之该不该,是万物共具一太极。子理之该不该,是一物各具一太极。

九月二十日

无母理之该不该,事之当为与否无标准。无子理之该不该,事之能成与否无把握。

九月二十一日

与王东臣谈话:

一、蒙古事件,日趋严重,中央处置办法,如万不得已时,似可于察绥各设一个蒙政会,以免一丢全丢,请转汪先生注意。

二、日俄战争,势所难免,倘一旦爆发,俄国必进占中国以图包围日本。华北、西北尤为日俄两国所必争。谋国贵在未雨绸缪,请转汪先生早筹对策。

三、日俄战争发生之后,俄必夺取西北而以太行山为东界,日必夺取华北而以黄河为西界,使山西处于日俄互争环套之中,将以何法保此一千三百万人民之生存。请转汪先生指示。

注:汪精卫时任行政院长

九月二十二日

羞耻是家庭的骨干,和气是家庭的珍宝,干净齐整是家庭的文章。教训子女,亦如培养禾苗一样,最要紧的是幼小时,所以教育小孩儿最为要紧。不教子以德,犹养贼也,不教子以艺,是弃之也。

九月二十三日

有羞耻的小孩一定有出息,是以培养小孩的羞耻,是家庭教育的要着。无羞耻的家庭,永无复兴机会。

九月二十四日

欺人恨人,万万要不的。盼望人坏,忌刻人好,是心短。为人要知心短人不长。

九月二十五日

父母的言行,即儿童的模子,好就印个好,坏就印个坏。上等人家的儿子不会骂人,中等人家的儿子不会打人。

九月二十六日

不义之财,就是祸害。无钱不算穷,无职业乃是真穷。

九月二十七日

婆婆虐待媳妇,是倒败人家才有的事。家庭残忍真是禽兽不若。

九月二十八日

知过认过能改过,真是丈夫。悔过自新,是自省的真谛。

九月二十九日

多享一分福,多损一分志气。多受一分苦,多增一分智能。仆役愈多,危险愈大,非真有用处,不可轻于雇用。富贵家女人最易学坏,乃无职业的缘故。

九月三十日

无责任心的人,少一个好一分。心为万事之主宰,心一坏不会有一样好。

十月一日

自己心上觉着不对,就是坏事,应该不做。想要愈做愈好,就是进取的精神。办什么的不把什么办好,说到家上家必败,说到国上国必亡。

十月二日

办什么的把什么办不好,就应该得什么罪。办什么的办不好什么,又没有得办不好的罪,是这人群的公道倒了。勤俭为成家之根本。为父母者当知,不能强迫子弟作好人,要在善于诱导,引起子弟心上作好人的兴趣。为子弟者当知不能侥幸,作好人必须发了作好人的心芽,然后见了坏事才能不动心。

十月三日

待前妻子女不好的后继母,他生下的儿女多没有个好结果,真是天理循环。无学问的经验,比那无经验的学问强的很多。智者求己,愚者求人。

十月四日

祸莫大于任性,恶莫大于自欺。最可怕的是不怕两字。最可耻的是不能两字。淫词小曲,是坏性情的媒介,家中应当严禁。不正当的小说是杀性刀。

十月五日

(夏历九月初八日)纪念生日为念亲,为惜生,为完生,非庆生也。

十月六日

理凭力表,力凭理壮,无力之理必困,无理之力必折,谋国者不可一日忘却培力,亦不可一日忘却说理。义阿(阿尔巴尼亚)战争开始,吾人升空一望,强义之对弱阿,视阿人之性命蝼蚁之不若,真是弱肉强食之世界。同类相残,禽兽所不忍为,而自称为文明之义人为之,而其他列国亦以严守中立为得意,真不知人类间尚有理性焉。若使世界昌明中国之王道,则强凌弱众暴寡之意念不会发生。若使昌明中国之霸道,虽有欲强凌弱众暴寡者,亦必有假王道以制裁之者。既无以王道立国者,复无以霸道自雄者,世界之弱小民族,真无一生路矣,诚堪悲叹。愿有以自处之也。

十月七日

中国今日应当以自强作内政,自量办外交。

十月八日

乘势得时,虽难事亦有意外之易。反之,虽易事亦有意外之难。

十月九日

策战与忿战:策战,先行非常救国法而后战,上策。因行非常救国法而惹起战事,中策。屡战而屡行非常救国法,下策。怠战,只应战而不行非常救国法,为无策。然较之无办法,而使弱者侍强邻以求富贵,强者投赤化以图泄忿,使中国人亡中国,中国人杀中国人为愈也。

十月十日

梦讲正其谊不谋其利,明其道不计其功,与"求对是务、成败不与"同义,但须善体会义外无利,道外无功,对外无成。义外之利,道外之功,对外之成,非利非功非成也。义利道功对成是一体非二致也。若认为二致,则义道对亦成枯朽矣,何贵乎有,此说颇合古道,故志之。

十月十一日

曾迭次寄语当局,古人说,长袖善舞,多财善贾,我们亦可说,强邻善忌,若不早为之谋,内忧结合而成,则碎而不玉,瓦而不全,虽有善者,亦无如之何矣。

十月十二日

日本侵略人者,乃朝野上下曰,国难临头,非常时期,应用非常方法。中国被侵略者,反不以为国难临头,非常时期,应用非常方法。非常救国法未能实行,人民麻木不仁,应责政府。政府麻木不仁,应责舆论。

十月十三日

无真识见之人,做甚也是盲动盲从,盲动盲从之人有多少,也是有损无益。

十月十四日

利害关系同,终久趋于一致。利害关系不同,终久形成分歧。

十月十五日

人间事非名正言顺不可。名正言顺为事之体,德慧智能为事之用。体用兼备,无为不成。有体无用是空谈,有用无体是妄为。

十月十六日

医病不能怕痛苦,是看病的关系重要不重要。做事不能怕艰难,是看事的关系重要不重要。愚人每怕医病之痛苦而忘却病之危险,浅人每畏事之艰难而忘却不为之祸患。

十月十七日

要确实清楚了对面,周旋应付才有把握。

十月十八日

当事而误事咎莫大焉。当国而误国罪莫大焉。

十月十九日

父母不慈,不若禽兽。子女不孝,等于禽兽。

十月二十日

把握住现实的道理做事,一定可以成功。

十月二十一日

好问察言,周访博采,是为政上必要之条件。

十月二十二日

反对自己的言论,能使自己改善。赞誉自己的言论,能使自己骄傲。

十月二十三日

复蒋委员长函——如何解决土地问题

介公委员长钧鉴:

奉读钧函,欲以利用合作社实行"村田社有",代替山主张之土地村公有办法。山以为利用合作社系重在土地整理与经营,山之土地村公有系重在土地之分配利用。合作社"村田社有"至极之处,仅可以安内,而不足以御外也。

谋国之道,必须未雨绸缪。未雨绸缪大事小做亦成功,临渴掘井小事大做亦无益。故孔子许未雨绸缪为知道,并许以能治其国家也。

今日吾国受耻受辱,实由于前此当国者未能认识环境,推断将来,抓着要处作未雨绸缪之计以图挽救也。

今日吾国处何等地位乎,人皆以为今日中国危险在武力、主义、经济三大侵略,此固诚足亡我国者。而山以为大危险大难关,在日俄战争是也。日俄战争终不可免,我国在日俄战争究处若何地位,据山所料,则以为日本受人口增加生产加大之影响,欲统制我国以求国人失业问题之解决,然必对俄战胜之后,统制我国始能有真确之把握,是日本以亡我国为目的,而以战胜俄国为手段,如满盘导火索于我国,燃着虽早,而结局在战胜俄国之后也。苏俄为求日俄战争之胜利,不得不于战争时尽力赤化我国,以求包围日本军之侧背,并破坏日本物质之资源,是俄国以战胜日本为目的,而以亡我国为手段,如满布炸药于我国,战事未爆发前,以静默处之,以免促进日俄战争及惹起世界之嫉视。将来战争一发,必以猛烈之方法,推进我国之赤化,其动作虽迟,祸患甚烈,结局甚快,当在日俄战争之始也。故今日谋国,对日本必须在日俄战争解决之后,能以自存。对俄国必须在日俄战争开始之时,能以自固。今本党当国,岂可不预为之计,以蹈前人贻误之覆辙乎?

自存自固之道,固属多端,而土地问题,实为今日救亡图存之中心问题。盖土地私有,为赤化农村之导火线,为摧毁国家之爆炸弹,此皆中外人士所公认者也。就消极方面言,若不解决土地问题,实无法防赤化而保国家。就积极方面言,土地村公有分配耕农,全国至少可以得六千万稳定之农民,亦即与国家有利害关系之农民,使其武装起来,强莫大焉。是土地公有始足以开发吾民族之潜伏力,使我以千百始能胜共之一者,一转移间使人以千百始能胜我之一,实为补救前此当国者之贻误而为预谋救亡图存之惟一良策也。钧座如以此剂为太猛,并虑用此猛剂非特不能补救,反速其危亡,山以为绝无虑焉。盖土地村公有佃农雇农皆甚满意,自不待言;自耕农半自耕农既得地价,又得份地,亦甚满意。地主虽有损失,实乃分年付价购买其土地,地价上毫无损失,所失者仅少数之利息。防共省份人民感到危险,行之毫无问题。即距共产区域较远之省份,将农民先行组织,然后推行,亦无多大之顾虑也。因佃农雇农自耕农占大多数,而地主则系少数,地主所失既少,人数又不多,绝无多大之阻力也。山以为土地公有宣布之日,即国民救国奋起之时。盖必政府救国有方,始能团结国民,一致总动员,有志救国者当然奋兴,向外求荣与投赤泄愤者亦必翻然改图。否则,如政府无救亡图存之方法,则志士救国无门,怨谤丛生,弱者附强邻以求富贵,强者投赤化以图泄怨,不只不能团结国民,而且必失其统驭能力,至于土崩瓦解,尚何防赤救国之足云乎?

钧座若不以山言为对,则已;若以为对,则防共图存以过渡将来日俄战争时夹攻之危机,只有解决土地问题之一法。至钧座函示顾虑各地,是土地政策施行上之问题,非土地政策目的上之问题。就目的说,既非此不可,施行上只有排除万难,不避其他牺牲而行之。故土地村公有,不仅仅为防止目前农村之赤化,亦可以永久清除赤化之危机,不仅仅为解决农民之生计,且可以巩固国防于磐石之安也。

总之,国势如此,存亡莫卜。钧座若不认为大难之将临头也,则渐进的解决土地问题可,即不解决土地问题亦未始不可。若认为国家之大难将不能幸免也,不未雨绸缪,势将束手无策。山诚日夜焦思,以为防共图存,舍此别无良法。土地村公有即土地革命,今欲成就其大者,即小者受若干之牺牲,亦势不得已,惟钧座鉴察之。是否有当,仍候钧裁,肃复。敬颂钧绥。阎锡山谨肃

十月二十四日

肉体上之佚乐,即精神上之鸩毒也。

十月二十五日

懒就是堕落的起点。

十月二十六日

不乘飞机,不知地面实际的景况。

十月二十七日

不发酵的建设费一文少一文。发酵的建设用一文多一文。

十月二十八日

责人与恐惧,两皆无益。

十月二十九日

祸坑中仍争权利,难与为计。

十月三十日

无论怎样善做的人,亦不如不发批评者巧。

十月三十一日

紧守弱国的分际,升理压气,以保全国家地位。

十一月一日

位高而无权冷落,位低而当职热闹。人情固然如此,国纪不当如此。

十一月二日

不可作颐中物,过时衣。颐中物必碎,过时衣必弃。

十一月三日

知彼知己,作战当如此,外交当如此,依人用人均当如此。昧一且不可,况昧二乎。

十一月四日

不为与为其所不当为,若其失相等,则其咎维均。

十一月五日

穷若急,急则乱。穷若变,变则通。定纸币为法币,急欤变欤。

十一月六日

里有理,表有词,对外的内政始有做法。

十一月七日

无国策之政策,遇难易更。

十一月八日

浅不足以言深,近不足以图远。

十一月九日

祸坑中争权利,不智之甚者也。

十一月十日

不认识是智不足,不敢认识是勇不足。

十一月十一日

没有这个心,不会发出这个政,也不会完成这个政。有那个心,一定发出那个政,虽一时不发出那个政,终久也会发出那个政。

十一月十二日

智者之言可听而不可信,仁者之言可听始可信。

十一月十三日

谒陵
大会五开两谒陵,赞反齐来冀国兴。
于此若再无良策,盛衰从兹未易能。

急起
谋国全凭预绸缪,前人遗误后人忧。
而今再不急起追,国命将来何处求。

忧患
彻夜焦思寝未寐,助眠捶从睡屡酣。
玉碎瓦全何是路,内忧外患一难堪。

返并
为求国是乃飞京,惭愧言可入耳听。
多少衷情随泪洒,各怀所重置国轻。

十一月十四日

自古和战未决而兵临城下者,无决断能力之故也。

十一月十五日

无力尽力无效,有力尽力有效。无能逞能祸小,有能逞能祸大。

十一月十六日

去不了隔阂,不能交融,则言不易入,谋不易通。

十一月十七日

自己的心理,如源泉,是继续发的。他人的进言,似山水,是偶然来的。偶然胜不过继续。

十一月十八日

利用人应当告知人,若不告知人,人事前察觉于事有碍,事后察觉于己有碍。

十一月十九日

自为而自非之,不仁之甚者也,信之者不智之甚者也。

十一月二十日

挟多数以制老成凶。挟老成以压多数辱。

十一月二十一日

行政须为当时第一当为之事。失了第一当为之事,则一等人材离。失了第二当为之事,则二等人材亦离。一等人材离则危,二等人材亦离则亡。

十一月二十二日

多数人的连记名投票,投票人绝难知多数人之底蕴,非特理性无作用,而且感情亦无作用,势必为不良分子所操纵。让,就一事说是吃亏,总结算是便宜。争,就一事说是便宜,总结算是吃亏。

十一月二十三日

凡事必须确知,始可以言。如不确知,若必须言,则不可肯定。

十一月二十四日

外交上有战事,能自动方有胜利可求,若被动顶好是个无失。

十一月二十五日

世人说,多财善贾,长袖善舞。我们在会场上看,也可说,多数善主。盖能有多数的顺从,守法出法,吃亏便宜,均能操纵自如。

十一月二十六日

飞京

高飞远瞩九州同,长江大河一目中。

休说两流均泛滥,只因人事未疏通。

十一月二十七日

国防计画,与唐生智、张学良、何应钦、朱培德会议,呈请核定。

问题:(一)国防计画。(二)军队整理。(三)兵器制造。

答案:(一)国防计画。国防计画应分两层:一是永久的,三十年分为五期,先计画第一期,每期前一年计画。本期以需要求供给,分为六项:一、国民训练。二、民兵训练。三、军官训练。四、军实制造。五、要塞构成。六、交通建设。以每年增加二百万之战斗员为标准。一是临时的,就已有之军实,作临时之作战计画,其计画应以后列各项为标准:一、判断敌人之企图。二、敌军作战之长处。三、敌军之畏忌。四、我之环境。五、我之内部。六、我之短处。七、我之长处。八、我之企图。此计画如条件上有变更,其计画上亦须随时变更。(二)军队整理。军队整理,亦应兼顾永久与临时两层。永久方面如借军队之训练作军官之养成,借军队之分驻作国民之军事训练等。临时方面,如按我作战之企图,分抗战军与袭击军等类,分别整理。(三)兵器制造。兵器制造,亦应兼顾永久与临时两层。永久方面,如工厂之设置地点及其能力,与夫工业方面之联系,交通方面之利用等。临时方面应就现有之设备能力改造,或照原造供给,并地点之有无顾虑等。

三十年防守国策或称三十年自力更生国策,与陈仪、张群、黄郛、熊式辉、杨永泰、黄绍竑会议,呈请核定。以六年为一期,分为五期,每期分为两小期,每期开始之前一年编订。本期进行计画案。今日言自存,非自力更生不可。欲图自力更生,舍增加国力,别无办法。于此国难迫切之时而言,增加国力深有赶不及之慨。但此为立国之有效方法,虽为时已迟,亦必须努力于此,以图补救。良以国力增加一分,在忍耐上减少一分痛苦,牺牲上增加一分力量,对压迫我者亦使其增加一分顾虑。故今日国难临头而言,增加国力不免视之迂缓,但舍此尚无其他有效方法。若只在外交上用力,纵获一时之胜利,终难泯将来之祸患,且恐愈演愈烈也。至增加国力,不外集中人力与发展物力两事:

集中人力,不外疏通团结,组织训练,中央与地方,地方与地方,人与人间,应确实疏通隔阂,精诚团结。民众方面,应组织训练,统一意志,尤应注重实施适合现代中国人之教育,以作育人材,使达到举国一致,自力更生之目的。

发展物力,不外增进科学技能,开辟造产途径。良以今日产业落后,一由于科学技能之不足,一由于货币制度之比限生产也。

增加国力,固以集中人力,发展物力为必要之途径,然欲期进行之有效,非增加政治效率不为功。欲增加政治之效率,其要有四:一曰详计画。二曰专责成。三曰严考核。四曰当赏罚。

抑犹有进者,以我国今日之处境,危亡迫切已至眉急,若仍按经常办法以图自力更生,万难赶及,必须以非常方法,增加速度,增加强度,用促猛进。并应规定公务员之遗误罪,人民妨碍罪,以加强人力。规定特别方法,促进科学,以加速科学技能之进步。实行耕者有其田,以加强农民团结之力量也。

以上系纲要,应设设计委员会,本此纲要计画中国第一期六年建设计画大纲。此大纲包括国省县村之建设而言,国之编由中央编订,省之编中央示以标准由省编订,县之编省示以标准。村之编县示以标准,各自编订。每编分为三章,一曰总则,二曰政治之部,三曰经济之部。总则中应规定人材之储备,经费之筹措,考绩之方法,及其他特别事项。政治之部应规定各种事项进行之程度。经济之部应规定各种事项进行之程度及物之数量或质量。然后本此大纲之要求,责成各专管机关编订各项专案。此专案由会召集专门人材审核。又村案由县核准,县案由省核准,省案由中央核准。省县村之经济之部,至少均应选一特重事项。注意一、国防专部不列入,二、外交方策不列入,三、国家机构不列入,四、新经济制度不列入。

十一月二十八日

自认不确则众议难决,虽决亦不坚,前途自难乐观。强国备战可以求和,弱国非有援不能求和。

十一月二十九日

事难尚可有办法,自难则永远无办法,故改善自己为人事之根本要件。

十一月三十日

损国而利己人信,利国而利己人喜,利国而损己人疑,世风日下之故也。

十二月一日

飞来飞去感不同,斡旋国事愧无功,牺牲忍耐各有见,知彼知己易互从。

十二月二日

夜梦遇胡展堂于国中旅舍,与余握手毕,胡立于其友前,掀页阅书,并为之说明书内意义。余听之,臆断此书系胡对党国大计之意见。余于此时,忽动一念,胡尽瘁党务,将四十年,决难甘心现状,余故起而叩胡曰,远游异国而归适乎,其友曰,公数言与阎先生为同谒孙总理之老友,可畅言之,胡友亦熟人。余曰,兄尽瘁党务四十年,现状如此,不特兄有所痛,弟亦为兄发感慨焉,但事有两途,用感情不若用理智,望兄由理智为解决党务之途径,做通固好,做不通亦算。胡怏怏然久之而后曰,然。

十二月三日

没人的困难比没钱的困难还大。

十二月四日

明白人理难,明白事理尤难。

十二月五日

华北计何良,国是无主张;二次伤国泪(赵次陇、徐次宸),疚心亦断肠。

十二月六日

本日为父逝世第一周年,生不逆难,死不忌尤难。

十二月七日

意向两端者,不足以处危疑。生荣兼重者,不足以赴震撼。

十二月八日

昨夜次宸专车赴平,让安,以谋釜底抽薪之计。

注:日人逼宋哲元,华北不安,先生拟以绥远让之,连同察哈尔由宋负责,促其安心抵制日本。

十二月九日

何以知道理是个二:凡一个动词及形容词,均有当不当之定理,喜有当喜不当喜,怒有当怒不当怒,杀有当杀不当杀,救有当救不当救,让有当让不当让,争有当争不当争,无非由内向外,由外向内之不同也。

十二月十日

今日主张应付国难者,不外忍耐与牺牲两派。忍耐之理由,以为抗日军事一起,即不能剿共,势必撤剿共之百师兵移作抗日,与共产党以绝好机会赤化后方,我抗日军势必受两面夹攻,终为消灭,将中国变为苏俄统治下之无产阶级之中国。牺牲之理由,以为日本侵略中国无止境,忍耐之结果,势必使人心瓦解,志气丧失,促国人寡廉鲜耻变为汉奸,向日本求富贵,将中国变为日本统制下汉奸之中国。吾以为各有理由,各非尽是。忍耐牺牲皆属被动,应当在自动上努力,自动为何?规定三十年自力更生之国策与国防计画,实行救国非常法,以期过渡日俄战争开始中国不赤化,日俄战争结局中国不灭亡。盖日本以统治中国为目的,以战胜俄国为手段。俄国以战胜日本为目的,赤化中国为手段,其危害中国也一样,而先后则不同也。

十二月十一日

今日国家不健全,是国家受了害国病国误国。误国不是人民是官绅。欲国家健全,只有惩办官绅害国病国误国。欲惩办官绅,须唤起民众。

十二月十二日

为政思虑要深远,言行要平常。思虑不深远不足以防患,言行不平常不足以导民。

十二月十三日

人事是知易行难,物事是知难行易。益人是知难行难,利己是知易行易。

十二月十四日

唤起民众

五十三岁始着衰,国病身衰两交愁。

唤起民众共努力,失地定可眼见收。

十二月十四日

欲性的知行合一是常人,理性的知行合一是豪杰。损人的知行合一是犯罪,利人的知行合一是贤哲。

十二月十五日

能看见一方面的人,只能同他说一方面的话,若同他说各方面的话,不只是无益,而且要生碍。

十二月十六日

能恕人之短,方能用人之长。

十二月十七日

拦之而不可止,止者怠欲也。促之而不可进,进者畏怠也。前者亦自暴,后者亦自弃。

十二月十八日

己对人错、己高人低的话,非到不得已时不可说,尤不可当众说。

十二月十九日

事有知即不错者,有明知故错者。前者属知难行易,当努力于知。后者属知易行难,当努力于行。

十二月二十日

急迫的事尤非从容的处理不易对,但从容不易。急迫的行为由于急迫的感觉来的,去不了急迫的感觉即不能从容。欲去急迫的感觉,须去着。欲去着须去必。欲去必须去意。欲去意须去我。岂不难哉。

十二月二十一日

凡事做前勿思易,做时勿畏难,做后勿言艰。

十二月二十二日

无论如何难的事,尽力思寻其做法,终有得到的一日。得到做法之后,难事亦等易事。

十二月二十三日

管人难,难在适理。管事难,难在适法。管物难,难在适则。

十二月二十四日

日积月累,是个可畏的法子。害,日积月累其害不可当。利,日积月累其利甚可观。日积月累的病不易治,日积月累的产不易败。

十二月二十五日

知人难,处人尤难。不知人者险,不能处人者孤。

十二月二十六日

今日非将一盘散沙的人民变成一块胶石的人民,不能图存。

十二月二十七日

为政须有正的存心,尤须有善的言词。心不正,言词虽善,总是欺民。言不善,心虽正,亦易致疑。

十二月二十八日

土地村公有及物产证券实行之后,应改土葬为火葬,应改厚葬为薄葬。按河边村每年葬埋费平均在两千元以上,超过村中教育经费数倍,于人类幸福有所损失。

民国二十五年

（1936年）

一月一日

去年遗嘱成废纸,今年遗嘱将何如(每年元旦日修改遗嘱)。

遗呈

今日国家首要之事,为决定国策。盖国策为政策之依据,若无国策,政策无由发生,则成为围磨政治,转圈而行,纯成维持现状,应付来事,而处于被动地位,国事必致遗误。若定有国策,依之而决定政策规定计划,分年进行,全国始能一齐努力,政效亦可按日计功。回想九一八事件发生之时,苏俄东部之无备,与我国同经过四年,彼已到坚固之地位。我则依然如故,非彼努力而我不努力,更非彼愿图存而我不愿图存,实乃有计划与无计划之关键。无政策即不能有计划,无国策即不能有政策。

今日我国之国策应如何规定耶？国策之规定至少须有三十年之视线,不三十年不足以建树国基。故今日规定国策应规定三十年防守国策,盖非能防守不足以自存。

根据以上国策,应规定自力更生为政策。今欲达防守之目的,非增加国力不可。欲增加国力,依人无成,非靠自力以更生不可。

欲达自力更生政策之目的,非集中人力,发展物力不可。欲集中人力发展物力,应作自力更生之施政计划,分三十年为五期,以六年为一期,每期分为两小期,每年一小考绩,每小期一大考绩,六年一总考绩。每期开始之前一年编订本期进行计划案。

计划为自力更生,自力更生为达防守之目的,应本自身与环境先规定计划之主要事件。

自身为如何之自身耶？地大物博,利弃于地,尚未开发,人口众多,一盘散沙,而未组织。此外尚有八事分陈如左:

一、受各国经济侵略,每年入超五六万,以致农村破产。

二、革命以来军额扩张,人民负担用于生产者少,用于消费者多。

三、历年军事未定,政治未上轨道,贪官污吏劣绅土棍之勒索,恶劣军人之骚扰,人民不堪其苦。

四、无正确之国令,遂致学术左倾,偏于一边,致使中学以上之学校几无校无主张共产之学生,甚至有为数甚多者。

五、军队系募兵制度,拿枪者多系贫民。

六、军队无组织,一盘散沙,易受煽惑。

七、有产业的人民不觉悟,且无组织,无防赤意识,亦无防赤能力。

八、自九一八以后,人民受日本之压迫,予共产党号召民众夺取民心的好机会。

以上八事,或可以致穷,或可以致弱,或可以致乱,综合言之,皆足以使中国易陷赤化。此外,政不合国,施不合政,上下壅而内外离,易致分裂。

环境为如何之环境耶? 兹分陈于下:

一、日本与苏俄　日本因工业发达与人口增加发生国人失业问题,不善谋改革币制,自图解救,乃以统制中国而谋出路。欲统制中国,非将苏俄势力驱出贝加尔湖以西,不能有把握,故日俄战争将不可免。日俄战起,中国站在其战线之两侧背。日本欲谋其左侧背之安全不得不对中国谋分化。苏俄为谋其右侧背之安全,不得不在中国伏赤线。以故中国遂有日本之国难,有苏俄之国难。有目前之国难,有日俄战时之国难。目前之国难,重在日本。将来之国难,重在苏俄。

二、美国　美国仍欲行其门罗自利主义。

三、英国　英国亦将抛弃其东亚利益,不愿卷入东亚战争漩涡。

四、国联　国联则有名无实。

本上述自身与环境境应规定计划之主要事件如左:

一、唤起民众,组织民众,训育民众,武装民众。将一盘散沙之民众,变为一块胶石之民从,以集中人力。

二、实行物产证券,以开辟造产途径。提进科学,以增进造产技能。将用什么物无什么物的国家,变而为用什么物有什么物的国家。

三、实行土地村公有,以消弭赤化之根本空隙。

四、实行征兵制度,以减少消耗预算,而增加建设预算。

五、规定合理的负担,以平贫民之不平。

六、严惩贪官污吏劣绅土棍及恶劣军人,以保障平民。

七、规定均权统一制度,以和内外。

八、严定公务员之遗误罪、蠹国罪及人民之障碍罪,以增加进行之速度与强度,以免赶不及。

谨呈

国民政府

遗令

中华民国二十五年一月一日

为训令事,日俄战争恐将难免,战争一起,两国均以中国为逐胜地。日俄战争开始之时,即中国危急之日。但就全国而论,华北西北尤为危急。华北为日军所必争,西北为俄军所必争。盖不若此,日军不能保其左侧背之安全,俄军不能保其右侧背之安全。而华北西北尤以山西为危急,日军必欲争取黄河向西为防线。俄军必欲争取太行山脉向东为防线,是山西有被日俄两军拉锯蹂躏之顾虑。此种省难实堪畏惧。谋国贵在未雨绸缪,全省人民应早图自存。自存之道,只有预谋发展自身之力量,临事认识适当,处置适当。盖日俄两国皆强国也,可与协商,不可硬抗,但自身有一分力量,与人协商始能得一分效果,故应极力发展自身之力量。欲发展自身之力量,应向人力物力两方面努力。人力方面应唤起民众,实行土地村公有,消弭赤化之大空隙,以团结民众,组织民众,训育民众,武装民众,以集中人力。物力方面,应切实办理实物准备库,并须统制汇兑,全省人民一致节省用物,将所省之钱购买生产工具,以开发物力。望我全省人民,真诚努力于此,以渡省难,此令。

一月二日

调查之后知多少,统计之后能总核,百分比后知比率,熟思之中有妙法。

一月三日

策有源泉始资应付。料如明镜乃能无失。

一月四日

背乎人情不足以处近,达乎人情乃可以处远。

一月五日

无不能而谓有,虚不能而谓实,有无盈虚是事实。不能变无为有,变虚为盈,不足以度困。

一月六日

物的实质是一,物的效用可多于一。能善用其效用,少可抵多。说不如做,做不如乐做。

一月七日

日日是今日,日日有个明日。做上不离开今日,计上不离开明日,做甚甚成。做上离开今日,计上离开明日,做甚甚败。

一月八日

东四省日本夺去四年,在人民上说增加五倍负担,在其财政上说增加五倍收入。也就是增加五倍力量。即此一端说,将来亡中国者不需日本,满州亦足矣。

一月九日

才小而志大必为事所弃,能为者不屑为,屑为者不能为。

一月十日

人不够,钱不够,法不够,不足以渡难关。

一月十一日

公务员做甚不务甚,对人民告说甚,人民不信甚,教人民做甚,人民不听甚,焉能自强。

一月十二日

有所恃亦不可轻恃,有所依亦不可尽依。

一月十三日

定任期,定升级,定惩罚,道路始通,贤能与否自别。

一月十四日

　　授方任能,可坐而治。亲理一切,劳而难治。

一月十五日

　　越是着急的事越要从容,因着急非特无益于事,且有损于事。

一月十六日

　　各有所见,即是各有所长。

一月十七日

　　总核要一包在内,一目了然。分管要条分缕析,微细不遗。必须有能总核的上级,始能促动下级之分管。

一月十八日

　　知人难,用人尤难。定策难,行策更难。

一月十九日

　　恶劣的环境是振兴的机会,亦惟有振兴能胜恶劣的环境。

一月二十日

　　应该努力成功,不该努力失败。应该努力自救,不该努力自杀。世人知欲成功而努力失败,欲自救而努力自杀者,比比皆是也。

一月二十一日

　　饰过是增过,认过是消过。愚人饰过,智人认过。

一月二十二日

　　利人人助,利己人离。仁者利人,不仁者利己。利人者智,利己者愚。

一月二十三日

　　事后赶不及,必须事前有筹划。

一月二十四日

　　顶好的法子,要在次好的习惯上才能行。

一月二十五日

　　失中必颠,不节自毁。

一月二十六日

　　图功应度德量力,就义不应度德量力。负责应度德量力,挽祸不应度德量力。

一月二十七日

事必躬亲者,靠人则事不举,举不当。

一月二十八日

索计划,专责成,严考核,当赏罚,不事必躬亲,事亦可举。再能授方,举亦可当。

一月二十九日

得其才难,使尽其才尤难。

一月三十日

虽在不能振作的势头上,亦非振作不可。不振作必灭亡。能振作,若非时不我与,必不灭亡。

一月三十一日

纪律是军队的生命,那个军队纪律不好,就是那个军队生命不保。

二月一日

知而不行,等于不知。行而不当,等于不行。

二月二日

不自用而用贤,缓于事而急于人。

二月三日

有力量,有道理,勿惧其事之难为。

二月四日

道理是道理,力量是力量,但道理必须从力量表示,力量必须借道理发挥。无力量的道理人不易从,无道理的力量终久必折。

二月五日

东家小儿不识虎,执杆驱虎如驱牛,是侥幸,要识虎擒虎。

二月六日

说理不必费气,气反掩理。

二月七日

人皆有机心,故机事不密则害成。密机不只要密于言,且要泯于形。

二月八日

主事者应急于人,办事者应急于事。

二月九日
事之于心身,均有一益而暂益,一损而暂损者,一益而永益,一损而永损者。暂益当累积,永损当坚禁。

二月十日
不为事物所激,应事接物始有把握。

二月十一日
过多之求,反使人不应其少。过高之言,反使人不从其低。

二月十二日
无权制裁说制裁的话,有损无益,有权制裁说制裁的话,不做制裁的事,亦是有损无益。

二月十三日
为政抓不着要处,忙也无益。抓着要处,忙更有益。

二月十四日
时不至,善事亦得恶果。势不够,善意反种恶因。

二月十五日
法西斯主义,对内终必造成革命,对外终必惹起战争。

二月十六日
有杀人的机能,就要动杀人的心,但杀人可以致治,亦可以致乱。

二月十七日
话欲密勿说,事欲密勿做。

二月十八日
团体性是义务尽其在我,权利听诸在人。自己的短处,诚恳欢迎批评。他人的长处,热心求其指导。重组织关系不重人的关系,谋团体利益不谋自己利益。

二月十九日
政治是补助人类缺憾,发展人类性能的团力。

二月二十日
春夏秋冬谓四季,四季是寒热,由热而寒,由寒而热,则成四季。昼夜早晚为四时,四时是个明黑,由明而黑,由黑而明,则成四时。明黑寒热各合而为何物,不可知也。可知者则为二矣。其余四、八、十六,以至于无量数,皆二所生也,辨二始能辨万。

二月二十一日
说出而不能做出,说出徒招讥。料到而不能预到,料到亦枉然。

二月二十二日
巨梁尚须柱扶,大厦亦要人多。

二月二十三日
凡事须两好合一好,军事必须善谋合善战。

二月二十四日
什么可怕,亦不如自己不明白可怕。什么没法子,莫若赶不及没法子。

二月二十五日
十有九以上无把握的好办法,不如有把握的次办法好。

二月二十六日
人不对的话,十有九不接受,不可轻说。

二月二十七日
大事不可小视,但要小做。难事不可易视,但要易做。

二月二十八日
做衣服时,应先量身体长短粗细。选阵地时,应先估兵力大小。定工作时,应先算时间长短。

二月二十九日
决定者勿先发言。

三月一日
不易更改之事,勿轻决定。

三月二日
轻诺则寡信,轻决则易更。

三月三日
改过者吉,文过者咎,任过者凶。

三月四日
打仗是不平常的事,须不平常的人为之。

三月五日

用人之所长,拙著成能。用人之所短,能者成拙。

三月六日

人皆器材,变化不易,只能就甚用甚。

三月七日

毛泽东扰晋,不若如鼠狗,优势若虎狼,此所以能南北奔驰万余里。

三月八日

五千分之一图上战术,在五万分之一之图上配备,每易漏空。

三月九日

先为不可胜以待敌之可胜,为最中之战略。出其不意攻其不备为最利之战术。节短势险为最强之战斗。局紧机圆为最良之布署。

三月十日

度人不可太坏,料敌不可太懦。

三月十一日

料敌不可不深,但不可撂了浅。

三月十二日

国家的政权与国家的事若影随行。无论事如何难,政权即能解决其难。施行权解决不了时,呈请权定能解决之。今之当事者,不善用施行权,更不善用呈请权,故事多废坏。

三月十三日

乱世之人才多非分心,故公务员能者不为,为者不能,政治之能力每感薄弱。

三月十四日

天然是真的,存心是假的,但能久假亦是真的。

三月十五日

战争利地,斗争利器。

三月十六日

智不若专,巧不若精。

三月十七日

知己之错难,知己之短尤难。

三月十八日

喜怒不形于色,深沉可,阴险则不可。

三月十九日

机事不密则害成,机人不密则失身。

三月二十日

过量之言失效,过几分失几分。

三月二十一日

古人说,祸由口出,驷不及舌,言玷难为,三缄其口,斯皆戒言之不慎也。事成于行而败于言,言虽慎也,尚鲜补于事,况其不慎乎。

三月二十二日

成事之言少,偾事之言多,慎言其为学之始。

三月二十三日

言当适,适不易。故有慎戒缄之训,然慎戒缄固为戒不适也,过则并失其适。

三月二十四日

兵法云十则围之,倍则攻之,与其围不住而行围,不如攻的站不住而行攻。

三月二十五日

入耳之言始可言。

三月二十六日

先胜之战始可战。

三月二十七日

甘于为匪,民之错也。所以使民为匪,政之错也。

三月二十八日

政治上舍当时当地第一当为之事而不为,枭雄者乘隙造乱,假借正义,人才易受煽惑则国运危矣。

三月二十九日

交际间小节不周,亦可累大事。

三月三十日

用着时虽仇亦重,不用时虽恩亦弃,此等人可与共患难,不可与共安乐。

三月三十一日

做事不够二字最为可怕。人不够,赏不足以劝,罚不足以儆。方法不够,忠无以济事,劳无以成功。

四月一日

敢与能是正比例,能始敢,不能即不敢。

四月二日

巧言不如拙默。

四月三日

计划是做的开始,做是完成计划的经过,两者不可偏废。

四月四日

凡做一事,必须审明是什么不是,够什么不够。不是什么是胡为,不够什么是妄为。

四月五日

不撂了浅,愈深愈好。

四月六日

偏者不可言全,浅者不可言深。

四月七日

愿劳心的人多,愿劳力的人少,乱。

四月八日

办事以二,行事须一。若办事以一则穷,行事以二则困。

四月九日

满市的医士治不了病,满署的员司理不了事,病在学不上路,政不上轨。

四月十日

言愈费力,收效愈小。

四月十一日

熟路虽高山亦易,生路难平地亦难。故创办之事,须先寻得创办之人方可着手。

四月十二日

进不足以有功,退不足以蓄锐,是枉生。

四月十三日

事是人为,人上若无办法,事焉能有办法。

四月十四日

缓事急人是医病术,授方任能是卫生术。家庭残忍真是禽兽不若。

四月十五日

不悟之言无益,不服之言有损。

四月十六日

人只应努力于现在,现在当行者行之,当计者计之。舍了现在,则无所为矣。

四月十七日

自身之小事,重于他人之大事,现在之小事,重于将来之大事。

四月十八日

见到而不能做到,是勇不足。

四月十九日

知错而不能改错,是思祸未深。

四月二十日

平时不忙,临时不闲。

四月二十一日

制敌人易,制部曲难。制部曲易,制自身难。

四月二十二日

求学要勿忘勿助,理事亦要勿忘勿助。

四月二十三日

处两难之中只有独立不惧之一途。

四月二十四日

以济人之困而谋夺人之志,谓之劫志。劫物盗也,劫志亦盗也。人不之从,反之以恶。如盗人不从而伤人杀人,两罪俱犯,不仁不智之甚者也。

四月二十五日

　　用人之长,短者亦长。用人之短,长者亦短。

四月二十六日

　　口哄人易,心哄人难。

四月二十七日

　　从易处做,难者亦易。从难处做,易者亦难。

四月二十八日

　　欲举重若轻,须执简御繁。

四月二十九日

　　坚柱顶在朽梁下,亦只能保其屋不因柱倾。

四月三十日

　　言之喻,不如不言之喻真。

五月一日

　　学不尚贤无实际,多少儒者枉救亡。

五月二日

　　今始悟,恶以益恶,善以启善。

五月三日

　　轻事功,重语录,儒道之衰也。

五月四日

　　责人以理且不易服,况责人以气乎。

五月五日

　　虽欺我者,欺之以道,每不欲以欺绳之。

五月六日

　　以恶强人者毒,假善强人者奸。

五月七日

　　死将不如胜将。

五月八日

　　假人以利害小,假人以权害大。

五月九日

有异志者不可用,有异能者不可羁。

五月十日

火光是暗室之光明,公道是人类之光明。

五月十一日

不主张公道是精神上之活死人,不劳动是物质上之活死人。

五月十二日

鸣鼓运动是除恶的有效法子。

五月十三日

计划不可不长,计算不可太长。

五月十四日

毁灭社会精神,较毁灭社会物质害大。

五月十五日

不乐人善的人,比作恶的人害大。

五月十六日

事之真对与否,全视目的如何。

五月十七日

贪其小而失其大,贪其贱而失其贵,不智。

五月十八日

识的先后本末,就是识大体。

五月十九日

事无不办的属员难得,知无不言的朋友难得,守纪律、负责任、自强不息的同志更难得。

五月二十日

准备时,敌人有十分能力,可以十二分估计。自己有十分能力,可以八分估计。作战时则反之。

五月二十一日

人心不能自我而死。

五月二十二日

人皆有死，有轻如草木者，有光如日月者，固由于自己之决心，亦有时会在其间也。

五月二十三日

不能不错，必须要能改错，始能挽救。

五月二十四日

人能不自造障碍，不自增困难，自有相当之成功。

五月二十五日

打破情感组织，即能如大喇嘛的称（不为外物所动）。不溅水的池，处事即能自主。

五月二十六日

万事无不以人成之，亦无不以人坏之，用得其人则成，用失其人则坏。

五月二十七日

努力于当为而能为之事，即是劳而有功。若能为而不当为成错，当为而不能为徒劳。

五月二十八日

日曰如何进，则上达。

五月二十九日

在民主政治下，人民不厌恶的坏政治不易去，人民不希望的好政治不易兴。

五月三十日

死生不可定，只有从正义。

五月三十一日

能见若不见，闻若不闻，才可见可闻。

六月一日

事有当见必明、闻必确者，必须明与确。事有当见若不见、闻若不闻者，必须若不见、若不闻。

六月二日

努力打破组织，是人生结果上最有效之工作。

六月三日

两个军官,一个自行浪漫无纪,惟愿闻部下错,其军可用。一个拘谨严正,不愿闻部下错,其军不可用。

六月四日

问谁是阎某?答阎某是阎某。问阎某是什么、骨肉血骸是阎某乎?答不是。问做错事之心是阎某乎?答不是。问什么是阎某,答知对行对的心是阎某。知对是真,行错是妄,蔽真真亦妄,化妄妄亦真,妄尽真现学始成。

六月五日

责人而更胜之继人之败,己不智之甚者,岂有更胜之而反责人,果尔败不旋踵矣,非徒败也,祸将及身。

六月六日

兄弟阋于墙,外御其侮,是道理亦是利害,不此之能,己不若常人,岂可更甚焉。

六月七日

在病患中,国家存亡关键之事来,筹应付之策,迫不容缓,其痛苦难以言喻。

六月八日

评论人的聪明够不算聪明,自处的聪明够才算聪明。

六月九日

乱言到智者而止。妖言到智者而息。

六月十日

不敢告人之言行,瞒不了留声器与照相机。

六月十一日

羊群中以抗虎,纪律虽好,亦不能实现。

六月十二日

无论如何巧妙的虚假,终久胜不过真实。

六月十三日

处事要常在人意料中。对敌要常在人意料外。

六月十四日

以人情用人，以道理绝人。

六月十五日

以德行政，以情立法。

六月十六日

不靠人，人不好进前办事。若靠非其人，事亦要糟。认得其人而后靠之，事则可举。

六月十七日

古人说，惟仁人，能好人，能恶人。

六月十八日

惩罚人非智仁勇兼备不可，不仁不肯惩人，不智不知惩人，不勇不敢惩人。若滥赏，小聪明的人正优于为之，而政治即由斯败坏矣。

六月十九日

以五十步笑百步犹且不可，况以百步责五十步。

六月二十日

玩老虎者尚且终为老虎所伤，今乃竟玩国人，胆太大也。

六月二十二日

百事俱举则存，百事俱废则亡，举废均应向公务员求之。

六月二十三日

人民监政为民主政治不可少之举，亦为民主政治不可辞之责。

六月二十四日

地球之光明惟赖太阳，民主政治之光明全赖人民之监政。地球无太阳是黑暗之地球，民主政治无人民之监政是黑暗之政治。

六月二十五日

不了解物不能管物，不了解事不能管事，不了解人不能管人。了解为管理之第一要义。但了解须由浅入深，由外向内，方能无遗无越。

六月二十六日

某地社会上没有公道，即是某地人没有幸福。欲发展某地人的幸福，须树立某地社会的公道。

六月二十七日

政治当济人以工作,不当济人以衣食。济人以衣食,济之者易穷,受之者有愧。济人以工作,济之者系责任,受之者为正当。

六月二十八日

革命党员必须具备之性能:

一、牺牲精神,无牺牲精神不能革命。

二、团体性,无团体性,虽革命成功,不免争权利。互相残杀,仍然失败。

三、责任心,无责任心,虽有政权亦不能百事俱举,仍然被人革命。

六月二十九日

建设心力若干大,破坏之心力亦若干大。破坏之心力若干大,建设之心力未必若干大。

六月三十日

知当负责而不负责,是人格不够。不知不负责不对,是学识不够。

七月一日

今日的不可推在明日,明日的亦不可提在今日。

七月二日

若纲在纲的事务技术,是举事之利器。

七月三日

彻始彻终的作业计划,为举事之要素。

七月四日

人生在世,不可一日无作事之心志。

七月五日

义务可进可退则进,权利可进可退则退。

七月六日

一成不变之功须努力,一成不变之错当力戒。

七月七日

不可置祸永于身边,稍一不慎,则受其害。

七月八日

做官要天天预备去,做人要天天预备死。

七月九日

振作难于开始,除弊难于继续。

七月十日

人从不从不在说的好,全在自身先能不能。

七月十一日

白过时日是人生结果上之大损失。

七月十二日

期望人不可太高,太高不易从。责备人不可太甚,太甚不易服。

七月十三日

盲动是人事上之大错误。

七月十四日

谋国不怕高深,怕寻不见入手处,寻见入手处,高深亦只是时间问题。

七月十五日

升千阶,只求登著第一层,则不难矣。

七月十六日

学术变成心理,学术始有用处。

七月十七日

复杂的事,非归宿到简单的注意点,不易处理。

七月十八日

人身如木,木中藏火亦藏腐,人身具光亦具暗。火触木则发火,水侵木则发腐。人遇益友向上则发光,遇损友向下则发暗。光则成,暗则毁矣。人生至老,学问虽一时亦可进而不可退,未至成熟,退则前功尽弃。

七月十九日

与老庄学问的人负国事为极痛苦的事。如非儒家圣任之学,就国家人类责任上说,有学而不如无学。

七月二十日

知的少能适用胜于知的多不能适用。

七月二十一日

理论到了施行细则上,则理论才能成为事实。

七月二十二日

不忙的言行才能达得了忙的目的。

七月二十三日

知难的知,行难的行,是人生结果上的两道坎坷。

七月二十四日

困难要拿上细密的心思、实干的勇气解决。

七月二十五日

物质不如人处要拿上精神补足。

七月二十六日

生到富贵家中,损失志气,甚为可怕。

七月二十七日

以百步笑五十步,固该失败,以部下乘长官之空隙,恐亦非能得良果。

七月二十八日

人类幸福完全根源于责任。儒家重责任,故造福于人类甚大。余读书至伯夷圣之清者也,伊尹圣之任者也,柳下惠圣之和者也,孔子圣之时者也,颇感孟子有失儒家教旨,只有任者可称圣,余皆不够。

七月二十九日

我国民族特别无责任心,余百索莫解其故,昨在工训教员讲席会上,忽得其由,悟系二千年大一统的历史所造成。世界各国无此历史,亦未受此害。故我国民族之无责任心,特胜于他国。

七月三十日

当国者误国,其罪胜于杀人。管人者不能管人与人不能自管,厥罪维均。

七月三十一日

能自管是好人,能管人才是好官。

八月一日

政治在人,人在精神。繁多之公文袭迫公务员之精神,精神无办法,人即无办法,政治亦即无办法。

八月二日

改善公文,其为今日增加政治效率之先著。

八月三日
以爱人的心理管人，以成事的心理责己。

八月四日
政治上什么没办法，亦不若无人才没办法。

八月五日
得意之下，应紧防失著。

八月六日
困懒惰而遗误政效，因傲慢而损失政效，皆为政治之罪人。

八月七日
阴谋多在不近情、不合理处，不可轻于猜测人，亦不可不觉察人的阴谋。

八月八日
智者防微，愚者防著。

八月九日
政治领导国识是维新，国识改造政治是革命。不能维新，即要革命。既不能维新，又不能革命，即要亡国。

八月十一日
公务员处理事务的技术，是国家强盛的实际能力。

八月十二日
得不到人的同情，即得不到的人的助力。

八月十三日
肯与会，是做事得结果的两个因素。

八月十四日
背道而驰，跑的愈快，离达目的愈远。

八月十五日
权利的事不可勉强，义务的事不可不勉强。

八月十六日
以爱人的心理管人人感，以成事的心理责人人悦。

八月十七日
做长官者，不可有一点表示不乐人说自己遗误或过错的形态，如有一点，一生事业损失无底。

八月十八日
为什么,做什么,如何做成什么,须能最合理,且能横不碍其他事,竖不碍将来事。个人事当如此,政治尤当如此。

八月十九日
做事最忌所费者大,所获者小。做事最忌舍近路,走远路。直接的事犯以上二病者甚少,转一弯的事犯者十有九,转二弯的事犯者百有九十九。

八月二十日
世间事,无不劳之功,无不勉之效。

八月二十一日
爱国不是空言所能做到,大家必须拿出钱来,拼出命来,劳心者费心,劳力者费力。才能有救国的实际。

八月二十二日
逃避责任的学问是人类的罪人。

八月二十三日
信即是生命,人信是人的生命,政信是政的生命。人要失了信,虽活的亦等于死了。政治要失了信用。虽有政治亦等于没有政治。处事第一要保守人的信用,才能表现人的效用。为政第一要保守政的信用,才能表现政的效用。孔子说,"自古皆有死,民无信不立",即是看的信比活还要紧。

八月二十四日
纪律万能,能使怯者勇,贪者廉。如蓬生麻中,不扶自直。无纪律,反使勇者怯,廉者贪,又如麻生蓬中,不压自倒。故纪律是团体的生命,也是成功的必要条件。

八月二十五日
物各有生趣,只求无碍生耳。

八月二十六日
不试验某物,不知某物的究竟。不试验某人,不知某人的究竟。

八月二十七日
已过时日如流水,不再回头,空过时间,即是人生结果的损失。

八月二十八日

国识必须走在国家生存需要之前,若走在国家生存需要之后,国则危矣。

八月二十九日

无山不树林,无田不水到,
无村不工厂,无区不职校,
无人不当兵,无人不入校,
无人不劳动,无人不公道。

此余之志也。清夜二时在兰村窦大夫祠西廊厢所思。

八月三十日

国家之危亡,至少三十年前之当国者应负重大责任。

八月三十一日

国家愈危亡,愈当努力的救,不当畏难苟安。

九月一日

欲以虚言图当下之顺利,必增将来之困难,智者不为。

九月二日

事先不加周密之考虑,必增临时之急忙与事后之悔惜。

九月三日

尽到自己,再责备人,尚不易得人之谅解,况自己不尽到而责备人乎。

九月四日

能力薄弱是缺憾,居心不良是罪恶。

九月五日

无益的努力是罔功,有损的努力是受害,非真智不易辨。

九月六日

欲简单须割爱,欲扼要须去障。

九月七日

不爱国是国家第一罪人,不责人不爱国是国家第二罪人。不负责是社会第一罪人,不责人不负责是社会第二罪人。

升旗讲话:当甚必须像甚,做甚必须务甚。当甚的像甚是以地位处人的道理,做甚的务甚是以职权处事的道理。现在不能当甚像甚的人,断定将来亦不能做甚务甚。

九月八日

能得一点就明的人,承办公务,非特事实上的顺利,亦且为精神上的愉快。

升旗讲话:国识是国论的动力,国论是国是的依据。国识走在国家生存需要的前边国存。国识落在国家生存需要的后边国亡。中国今日之危险是已过的国识不足之所致,今后能否救亡全看今日的国识如何。

九月九日

精密的计算,努力的预备,是谋国的正道。

九月九日

升旗讲话:政治领导国识是维新,我国辛亥革命的成功,实际是利用种族思想的力量,北伐是打倒军伐的革命,均非求国家生存以国识改造政治的革命。吾国今日欲图存,也须政治领导国识的维新,则顺而易,国家损失小。否则,必至演成国识改造政治的革命。

九月十日

能知人之长,并能知己知之短者,才能与人竞争。

升旗讲话:国识是富强文明的种子,责任心是富强文明的原动力,事务技术是富强文明的机动力。无富强文明的种子不能发生富强文明的事,无富强文明的原动力不能促动富强文明的事,无富强文明的机动力不能完成富强文明的事。国识、责任心、事务技术三者,是一样的重要。

九月十一日

不善于管自己者,绝不能管人。

九月十一日

升旗讲话:国耻即是国罪。古人说,国必自伐,而后人伐之。我们土地若是其大,人口若是之多的国家,而被人欺侮,可以说完全是我们自己不能自强的错误。近百年来,我们迭次受人欺侮,割地赔款,当国者不知拿政治领导国识以维新,而社会人士又不能拿国识改造政治以革命,致陷于此危急存亡之境地。读国耻史时,应认国耻即为当时当国者之罪,列为己鉴,国耻始有洗雪之一日。若徒责人而不知自责自奋自强,不特不能雪耻,且恐重引耻辱。

九月十二日

人生最不利之事莫过于自己身上发生错误。说到异处,一人一样,说到同处,万人亦同。只能使同其所同,不能强同其所异,为政首须明此。

民族革命史例——升旗讲话:古语说,多难可以兴邦。拿近代土耳其国民复兴的历史看来,其血战三年,击败侵入之希腊,恢复国土,可以绝对证明其正确。我国今日国难虽然严重,未必较当日土国更甚,我们应知事在人为,挽救危亡复兴民族,当以土耳其为法。

九月十三日

权不欲与人,费不欲与人,智不欲取人,谋不欲取人,当事事必败,当国国必乱。

吃苦耐劳与忍耐,是现代国家国民必具的条件。中国今日的环境,更要求每一个国民要十二分的吃苦耐劳与忍耐。

上蒋委员长函

委座钧鉴:

自王(英)匪击溃后,绥远晋北表面上虽较沉静,然日方积极招匪调兵,预备甚力。盖以王匪试探我方决心以作其准备之标准,恐秋冬之交,必再来犯。预估敌人最大兵力不过五万,日军参加不过一万左右。山意对彼第一次来侵,必须暗集七万以上优势兵力,出其不意一击,始能迅速战胜,或可期其暂不来犯,使我得以从容布置。拟请钧座将前定援绥兵力,早日令饬集中相当地点。至就将来言之,日人对绥远晋北在所必取,若绥远不守,不特大元国将圆满成立,大夏国亦将发生。但守绥须有强大之兵力与坚固之工事,不只兵力财力之问题,且亦有对日之问题。此就保守国土而言。至就晋绥情形而论,若据守雁门,则不只受包围而陷于被动,亦且恐民气消沉,虽有天险,亦难以持久。山决以晋绥军全体在平绥在线上与敌一拼,前辞修兄带呈计划。如果实力困难,请钧座将陕北剿匪另派兵力,抽拨三十团以上兵力助山一拼。并于此事,统托郭参谋长(宗汾)详呈。山谨将管见所及,开呈如左:

一、统一国论　国论与国事不一致，不只力量分散，并且背道而驰。似应由宣传部召集全国报馆之主要人员，开一领导国识讨论会，统一国论。

二、制止汉奸蔓延　自去秋以来，北方社会，汉奸发展甚速，固有其特殊情形，亦由前此政治措置失当之所致。若无制止之法，恐成燎原之势，不可收拾。似应设法暗中指导人民自动组织除奸团，一面惩治已成，一面制止蔓延。

三、乘此时机下征兵令　古人谓：虽有智慧，不如乘势，乘此人民救国情绪高涨之时，下令征兵，顺而易举。若过此时机，恐民气消沉或移转，将不易施行。

四、宜决定非常时期财政办法　所谓非常时期之财政办法，绝对以量出为入，不能以量入为出。俄国五年之内，国家预算几增两倍，今年预算为七百八十万万卢布，为世界各国最大之预算，亦为世界各国国民最重之负担。而国民经济之增加，亦为世界各国最大之速率。山以此亦非人民能不能与方法易不易之问题，乃一国识问题。再本日由津得来北平特务机关松室孝良上天津会议及关东军秘报，特另抄呈，请钧座备作参考。肃敬请钧安。阎锡山谨呈，九月六日。

守秩序与服从纪律——升旗讲话：现在国际间的斗争，就是国力的竞赛。所谓国力，是要把全国的人力、物力都组织化，经过组织化以后的国力，才能成为有机的国力。守秩序与服从纪律，是构成有机国力的基本条件。

九月十五日

丢不下富贵的人，自找敌人做汉奸。丢不下性命的人，被敌胁迫做汉奸。国家危急存亡的时候，非能丢开富贵性命的人不能救国。

做亡国奴是痛苦的一件事，但欲强国也须从痛苦中求之。我们生存于列强竞争时代，又系落后的国家，欲不亡国，只有咬紧牙关，忍种种痛苦，以图自强而救危亡。

九月十六日

用人能尽人之长，补人之短，可减少人才缺乏之困。

升旗讲话:耻是上进的阶梯,也就是责任心的根子。古人说不耻不若人,何若人有。我们中国人今天应当耻我们的国家不若人。自责自奋自强,以救危亡。

九月十七日

作无益害有益,一吃二亏,最碍成功。

变见——升旗讲话:何谓变见,就是把过去二千年大一统以作事为多事、以不负责为清高的旧见解,变成一个做人有公道心、做事有责任心的新认识。

九月十八日

事理即事窍,人情即人窍。不懂事理不可以处事,不懂人情不可以处人。

升旗讲话:今天是九一八,是我们东三省沦亡的日子,也就是我们最大的国耻纪念日。我们全国上下应当由知耻而自愧而自奋而自强,一扫往日病夫睡狮老大帝国的旧样子,从唤起民众、组织民众、训练民众、武装民众作起,将一盘散沙的民众变而为一块胶石的民众,国家前途庶有光明。

九月十九日

人心如气,为政者必须识之,顺来当善乘其势,逆来当善避其锋。

总动员——升旗讲话:今日一切都需要总动员,不只战时要总动员,即在平时,凡关于造产监政修路造林禁烟除奸及一切积极的兴利消极的除弊事项,均需要总动员。

九月二十日

死里求生——升旗讲话:我国不幸,因数十年前的当国者,不知现代国家立国的要素,致将国事遗误,国土屡次凌削,几达全国之半,而所馀者,亦均危急存亡,朝不保夕。我们今日欲救亡图存,只有死里求生之一条路,以成仁之决心达求生之目的。

九月二十一日

升旗讲话:救国大事也,担当救国大任也,若不从根源上发出,每以救国而反成误国。何谓救国的根源,智仁勇是也。非仁足不能有救国之决心,非智足不能识救国之途径,非勇足之不能冒危险排万难而达救国之目的。被人利诱是不仁,受人威协是不勇,不知受利诱威协之不对是不智。

今日九二一为按劳分配主义成立社团之日,深觉参事者郑重其事。

九月二十二日

乱世时代,能做了什么的人,即不甘于做什么,是用人的困难。

好学力行知耻——升旗讲话:智仁勇在人性中,如同杏树在杏仁中,是人人具有的。智仁勇不够是没有开发出来。养成智仁勇,就是开发智仁勇,开发智仁勇,即好学近乎智,力行近乎仁。知耻近乎勇。我们应当从好学力行知耻上用功,担当救国的大任。

九月二十三日

超出现时的法,立法之罪也。谁守他谁错误。

真力量——升旗讲话:就个人说,真力量是在理智中,不在感情中,我们遇事要以理智来作发动处事的根源,不可以感情作发动处事的根源。就人群说,真力量在组织中,不在个人中,我们遇事要以组织来作行动的根源,不可以个人作行动的根。有真力量,才可以挽救危亡复兴民族。

九月二十四日

该、能、是是创造,是革命。是、能、该是守成、是服从。为什么,做什么,如何做成什么,是创造,是革命。做什么,为什么,如何做成什么,是守成、是服从。

思想是人事的种子——升旗讲话:造物的功能就是一个种子,万物的发生与继续全赖种子,万物的毁灭就是种子的断绝。思想是人事的种子,人事的功能全在思想,人事的发生与继续全赖思想,而万事的毁灭就是思想的断绝。我们首要有挽救危亡复兴民族的思想,才能作出挽救危亡复兴民族的事。

九月二十五日

孔子言理之妙,如在竹楂尖子上走。

骄懒私气——升旗讲话:世界上顶有才能的人,每每因为有骄傲的病,或是懒惰的病,或是占小便宜的病,或是私于亲戚朋友的病,或是意气用事的病,发生作事的障碍,以致才能无所展布。

顶大的事,每因一言一字之疏忽,或一部分之失于检点,以致功败垂成者甚多。

九月二十六日

复圣颜子遭夭寿,当然欤,偶然欤,抑错误欤。

自强须责己——升旗讲话:我们要确认国家民族强弱的根子是在内而不

在外,故应责己而不责人。求在内而责己是弱者自立图存的表现,是自发有为的精神,有外来的压迫,必能从死路找出活路,多难兴邦。

九月二十七日

锅头添水是治标,釜底抽薪是治本,孰是孰非,当以需要而定。

推动时代进化——升旗讲话:历史上人类的行为是不断的进化,且是螺旋式的进化,无论在任何时代,人人都有推动时代进化的任务。但是要不为成见所囿,不为潮流所卷,拿上主观的智慧称量客观的事实,决定适合时代的当务之急,不放松不畏难勇敢的担负起来,努力向前以达成时代进化的任务。

九月二十八日

思想是行为的根据,思不错才能行不错。

民族责任心——升旗讲话:本月二十二日天津大公报登载:粤汉路十一日在易家湾与汽车相撞,致酿成覆车的惨剧,当时三等车中有德国人数名,由车窗一跃而下腿部略受微伤,该德人等鼓其余勇,四出救人,由车内拖出死尸数具,并出其随带药品为伤者敷擦。肇事地点距长沙不过二十余公里,乃经过九小时不见救护车来,证明我们公务员职务的责任心不够。该报未言我国乘客热心救护,可以证明我们人民的责任心不够,这真是一件可耻的事。我们必须从民族责任心上加倍努力。

九月二十九日

他人的障碍易避,自己的障碍难迁,故做事的成功,人障碍者少,自障碍者多。

经济国防——升旗训话:近代国家之建设,是国民总动员的建设,非国家能尽量接受人民之工作物品,不能达到总动员建设之目的。欲尽量接受人民之工作物品,至低限度亦须有出入相符之稳固的经济基础。欲达到此,须有经济的国防。今日世界各国之关税壁垒与服用国货运动,是对经济侵略不得已之防御行为,不是合理的经济国防。合理的经济国防,是以物易物,可以打破经济侵略之不良关系,而变为互通有无之互利关系,但在未到合理的时期,只好作自卫之政策。

九月三十日

理由情出效大,理由气出效小。

山西当务之急——一、凿井——升旗讲话：山西十年九旱,每遇旱年,政府预算国民经济受其影响,即人民之生命亦失其保障。光绪三年,省南各县大旱,人民死亡二分之一以上。至今人口尚未恢复原数,故山西无论如何,应将旱灾问题解决。开渠蓄水,成功易而普及难。欲普及的防旱,惟有凿井。应以政府力量利用机器凿井,动力吸水,将地下水变为地上水,以解决山西旱灾问题,保障山西人民衣食上生活的安全。这是我省今日当务之急。

十月一日

能自主才能自由,能自由才能自动。欲自主须不为外诱所引,外刺所激。如水不为石溅是也,其不难哉。

山西当务之急——二、禁烟毒——升旗讲话：吸食烟毒,一方面是毁坏个人的精神,一方面破坏社会经济的基础,此为近代亡人国灭人种者之绝妙手段。已过的山西,对于鸦片禁种业已成功,禁吸未收大效。由清末至今,三十年内,因购买烟料毒品而金银的流出,统计在十万万元上下,以致社会经济基础破坏。今应速图补救,规定有效的禁运禁吸办法,实为我省今日当务之急。必须由政治、家庭、社会合力禁烟毒,尤非全省人民总动员起来不易做到。

十月二日

欲恒须节,不节则难恒。

山西当务之急——三、种棉——升旗讲话：山西社会经济,向来全凭商业进款作平衡。民国以来,山西商业的进款减去过半,社会经济全凭农产物输出作平衡。而农产物输出之大宗为粮食与棉花两种,粮食因需要上关系,不能保其必输出,惟棉花可以保其必输出。故山西种棉不只是农人的收入可以增加,且可以巩固社会经济的基础。推广棉田,改良棉种,增进种棉技术,实为我省今日当务之急。固须政府方面努力进行,尤须领导起大部分农民总动员,始易成功。

十月三日

亡国之民,弱国之臣,其痛苦非人意想所及。

山西当务之急——四、修路——升旗讲话：修好路的地方,是买货贱卖货贵,修路不只是与政治军事文化有很大的关系,即与国民经济之关系亦甚切要,故修路实为山西今日当务之急。山西多山,交通不便,修公路漏卮太大,修大车路须各县一齐动工,县县交通连贯,始能收宏效。山西遍地煤铁,尤非修筑铁路不能期产物之发达,修筑重轨铁路不经济,修筑轻轨铁路虽较大车路费钱多费工多,但较重轨铁路经济。无论修大车路,修轻轨铁路,均须全省总动员。

十月四日

误国者当追处以罪,非为惩前乃所警后。

山西当务之急——五、煤炭工业——升旗讲话:山西煤多铁多,应成为工业区,尤其是应成为煤炭工业的工业区,故煤炭工业实为山西今日当务之急。有动力,有原料,天然上的基础已经是很丰富,所差的是学问与技术,这种学问与技术须在部分物质科学上总动员。希望大家向此路上猛进。

十月五日

弱国当以决心为外交的后盾,若无决心,恐敌人以口舌即可亡其国矣。

山西当务之急——六、造林——升旗讲话:人皆知道山西有可供世界二千年用的煤,价值很大,殊不知把山西山上造林,其价值比地下煤的价值还大。山西是十年九旱,造林可以防旱灾,并且可以防水患,这兴利连带除弊,一举数得的造林,实为山西今日当务之急,希望人民实行每年三日造林服役。

十月六日

事有由己者当尽己。事有听人者当听人。

现代的政治——一、民主化——升旗讲话:动辄即需人民总动员的今日政治,必须民主化。表面上是个民智的问题,骨子里是个民族责任心的问题。没有过半数对人类正义公道负责任的人民,绝对上不了民主政治的轨道。希望大家拿出热心与勇气,发挥自己的责任心,一齐走上民主政治的轨道。

十月七日

计算的得当,处理的合适,所为均成,缺一则败。

现代的政治——二、责任化——升旗讲话:今日非百事俱举,不能生存。欲百事俱举,必须政治责任化。政治责任化,表面上说是要公务员责任化,也要人民责任化。希望领导人民责任化,促进政治责任化。

十月八日

凡错皆有因,事前知之可免错,事后知之可改错。事前不知是成错,事后不知是永错。

现代的政治——三、科学化——升旗讲话：现代的政治应该科学化，将政务事务切实分开。负政务之责者发动事，负事务之责者完成事。发动事者要有适时的识见，就是由为什么上说到做什么，如何做成什么。完成事者，要有处理事务的技术，由是什么上考量该什么、能什么，就是做什么上说到为什么，如何做成什么。政务识见如车，事务技术如路，车凭路行。今日吾国识见技术两缺，实为挽救危亡复兴民族之大障碍。

十月九日

张汉卿十月三日来函

百公赐鉴：

　　李金洲返述尊意并手教，拜聆之下，不胜雀跃。国事急矣，有我公一呼，抗敌之士必皆追随而起，可促成政府抗敌决心，事可为矣，国有济也，岂限于华北秦晋乎！兹嘱戢劲成（翼翘）兄进谒，俯乞允进而教之。耑肃并颂勋祺。张学良顿首三日

　　现代的政治——四、经济化上——升旗讲话：处物质科学威权协迫的今日，舍政治经济化，再无抬头的可能。落后的我国，步入后尘的政治经济化，不足以收效，非迎头赶上不为功。惟我国受二千年大一统梦寐政治之影响，非特制度与政治经济化完全相反，而学术亦为长时间梦寐所转移，竟造成以课书院、审讼案、催钱粮为整个责任之地方政治，尚空文弃实学之科学教育，由此更造成以作官为目的以作事为多事的定论。希望大家，踢破障碍政治经济化之旧藩篱，跳上政治经济化之新轨道，并寻一条捷径，迎头赶上，使我民族前途大放光明。

十月十日

　　欲存而行亡，欲安而行危，欲益而行损，欲福而行祸，不智之甚者也。

　　现代的政治——四、经济化中——升旗讲话：什么叫做政治经济化？管理人民的生产，并增进人民的生产，管理人民的消费，并节制人民的消费，统制汇兑，统制贸易，以巩固经济的基础。管理人民的工作及与人民找工作，以保障人民的生活。这都是政治经济化的必要条件。以上等等事件，使公务员认为当负

之责任,有此政德,有此技能。希望大家先领导社会,改变舆论,以为上轨道之起点。

十月十一日

进不知向,退不知据,不可为矣。爱之而不知节,尊之而不知约,误之也。

现代的政治——四、经济化下——升旗讲话:经济落后,因此而致危亡旦夕的我国,非迎头赶上各国经济之发展,不足以图生存。但造成迎头赶上的捷径,必须解决资本缺乏的困难,人力限制的困难。欲解决资本缺乏的困难,必须用多少有多少,非使人民负担与人民收获合而为一不可。欲解决人力限制的困难,必须有多少用多少,非使货币与物产合而为一不可。此为政治经济化迎头赶上之捷径。

十月十二日

事务技术是政务主张的表现剂,无事务技术表现不出政务主张。做事求其做好与防其做坏,应当一样重。

现代的政治——五、军事化——升旗讲话:处此物币分离比限生产,工业愈发达,工人愈失业,社会愈恐慌,政府愈危险,列强各国不得不以武力为经济侵略后盾之今日,尤其是半殖民地的我国,更非一切政治皆军事化,不足以图存。人之亡我迫于眉捷,我之自卫刻不容缓,非有多数急先锋冲破无敌国外患二千年大一统之梦寐,警醒国人,不易成功。

十月十三日

有轨道而上轨道难,无轨道而有轨道尤难。为政必须有轨道,而上轨道始有效率。

现代的政治——六、标准化——升旗讲话:百事俱举,百物发用,生活复杂之今日,一切物品均非标准化不能收经济的简易的迅速的齐一的普遍的效用。譬如一切的日用长物皆成尺度化,一切的日用重物皆成权衡化,一切的制物与原料皆成比例化,平时用物与战时用物皆成通用化。必须如此,始能使复杂的生活收简单的效用。非特物当如此,人的知识与言行均当标准化。

致张汉卿函

汉卿仁兄勋鉴:

劲成兄莅并,赍到手翰,并共洽谈,敬悉一一。敌对绥远势在必取,得兄慨允协助,弟胆壮多矣。抗战而胜,国家之幸;抗战而败,我辈亦可了矣。此后情形,弟随时奉闻,目下状况,统乞劲成兄代达。耑此奉复。敬颂勋绥。愚弟阎锡山上。十月十三日

十月十四日

政治制度是政治人材的规范,有对的制度,始能有对的人材。

现代的人——一、思想现代化——升旗讲话:我们考量清楚现代是胚胎怎样的将来,抓的住现在方能推进将来的发展。我说现代是要胚胎人类大同的一个时代,我们从国际的思想上,人类的学术上,同可以窥见胚胎人类大同的征兆。我们再观察,青年的大同思想就比老年浓厚,这可以证明白大同的胚胎是与年俱进的。但大同未实现以前,国族之吉凶为不可免。现代的国民应当以做甚务甚的国家责任心,保卫国族的安全以爱人公道的人类责任心,推进大同的发展。

十月十五日

现代的人——二、精神革命化——升旗讲话:处此人与人关系,人与物关系,皆需新新不断的发生的今日,而事理物理又非去旧不能鼎新。去旧就非有革命的精神不能成功。我们既生斯世,当然不能逃避推动斯世进化之责任,则革命精精之培植,自不能缓。

十月十六日

开国需人才,立国需制度。无人才不能开国,无制度不能立国。

现代的人——三、行动纪律化——升旗讲话:现代人与人的往来,事与事的关系,已极复杂,仍是有增无已,是人之行动必须纪律化,始能减少人与人间、事与事间互相之障碍,藉以增进自身工作之效能。我们应更进一层认识纪律是具有万能的效用,公道爱人热心救国的道义行为,在纪律中,人皆能之。若无纪律是能者能之,不能者即不能。愿大家养成重纪律守纪律的一个现代的人。

十月十七日

不言而喻的话不需言,言而不喻的话不当言,不言则不喻,言始喻的话才

当言,言其难哉。

现代的人——四、生活劳动化——升旗讲话:劳动是人生的结果,劳动效果多,是此生的结果大,生活应该劳动化,并应该有效的劳动化。人生是有责任的,对家庭有仰事俯畜之责,对国家有为政监政之责,对人类有互助互爱之责,此三者皆需心身之劳动,始能尽其责任。

十月十八日

卖国求荣与误国求誉,社会毁誉固有不同,国家民族受害则一,在己应两戒,对人要两除。

现代的人——五、服务责任化——升旗讲话:责任是万事的梁柱,当事者无责任心,其事必定败坏。希望大家养成服务责任化的人格,做一个现代的人。

十月十九日

现代的人——六、办事技术化——升旗讲话:当今国家民族之生存,完全以良好的政治效率为依据。良好的政治效率,就是使人、钱、时均能发挥相当之效果,必须办事技术化。希望大家努力增进自身的办事技术,做一个现代的人。

十月二十日

知人难,自知尤难。用人难,自用更难。

志气如钢铁——升旗讲话:处此经济、主义、武力交相压迫之今日,志气薄弱者,每易软化,一经软化,非特国不国,而且人不人。必须志气如钢铁者,硬支苦撑,始能度此难关。愿大家养成钢铁的志气,以支撑此层层压迫而过度之。

十月二十一日

与其失信在后,莫若拒诺在前。

弱国欲讲理须先培力——升旗讲话:力凭理壮,理凭力伸,无理之力必折,无力之理不伸。吾民族立国于生存竞争之今日,而国势落后又受种种冤屈,非特不让我们讲理,旁观者亦不听我们讲理,我们自己且亦不敢讲理。可知弱国欲讲理,须先培力。必须力能讲理,讲理始能有济。

十月二十二日

不会办事的人,不只是误事,反要怨人。

牺牲救国——升旗讲话:口头的牺牲救国是假救国。实际的牺牲救国是真救国。口头的是要誉的,是偾事的,是失败的,是惹人笑骂的。实际的是牺牲的,是益国的,是成功的,是得人赞赏的。愿大家戒口头的救国,作实际的救国。

十月二十三日

智者求己,愚者求人。

生存竞争——一、人力——升旗讲话: 生存竞争的今日,必须竞争胜利,始能生存。国家民族竞争的力量,不外人力与物力。人力的根源是思想,必须感情内敛以蓄力,理智外现以发力。最怕的是感情外溢以泄力,理智内陷以灭力。希望大家从收敛感情、表现理智上用功,以增进人力。

十月二十四日

作战的武器是枪炮,为政的武器是舆论。赏罚公务员的权柄在政治,纠正公务员的舆论在人民。

生存竞争——二、物力——升旗讲话: 国家民族欲以竞争求生存,必须有过人的物力。物力的产生,不外劳力财力与时间。欲发达物力,必须要一人顶一人,一钱顶一钱,一时顶一时。欲不滥费金钱,不白费时间,尤须先有办事健全的人。欲成个办事健全的人,必须认识事的知识分析事的技术并重而并进,以增进国家的物力。

十月二十五日

有自立的精神,才能有自由的意志,自主的气节,自动的行为。

生存竞争——三、组织——升旗讲话: 发达人力物力,组织关系亦甚大。有合理的组织,能加大其力量,无合理的组织,反减小其力量。尤其是我们一盘散沙的社会中,讲求组织,更关重要。但组织的前提,在养成个人的团体性。

十月二十六日

能无所赖,才能无所畏。能无所畏,才能无所阻。

读史感想——一、传贤——升旗讲话: 中国史至尧舜禹以下,皆悲惨之历史也。传子之后,子非圣贤圣贤皆所忌,子非豪俊豪俊皆所防。生前的圣贤非所尊,死后的圣贤才所贵。用着的豪俊宝如金玉,用过的豪俊弃若敝屣。妨贤妒圣,杀豪害俊之事,令人读史而不掩卷流涕者几无卷无之。

十月二十七日

读史感想——二、责贤——升旗讲话: 中国史上的人物,是尧舜禹。而造成中国史之悲惨,又不能不责尧舜禹。传贤,尧创之,舜承之,而禹毁之。常人皆私胜于公,传子之心胜于传贤。夫尧舜创承之传贤,理应严定一不得传子之法,公诸人民,刻之金石,作为民族之教条,作为政治之宪章,有违反此教条宪章者,人人得而诛之。如此对贤圣若禹者,固能防其传子,即对后世野心君主及欲传子者,人民亦必起而攻之,决不至演成数千年妨贤害能之悲惨历史,非特使大同中断,即小康在四千余年历史中亦不多见,能不叹息。

十月二十八日

读史感想——三、伯夷叔齐——升旗讲话:武王伐纣,夷齐叩马而谏,谏辞史未详录,迄耻食周粟,饿将死时,歌有云:以暴易暴兮,不知其非矣。武王圣人也,纣暴君也,圣与暴妇孺皆能辨,贤如夷齐,岂不辨此。盖夷齐之所谏,非谏武王不伐纣,乃谏武王传贤也。观汤放桀而不传贤,易之以纣,即断定周伐纣而不传贤,必易之以幽厉。传子之史书绝难详载传贤之谏词,势固然也。

十月二十九日

光复纪念——升旗讲话:今天是山西光复纪念日,我们光复的目的是为解除民族的痛苦,创造民族光荣的历史。今天我们纪念死难的先烈,要继续先烈的志气,完成先烈未竟的事功。希望大家领导全省人民,以十分的忍耐,十分的努力,完全求诸己的精神,负起挽救危亡复兴民族的责任来。加速度的发达我们的富强文明,以解除我们民族的痛苦,创造我们民族的光荣历史。

十月三十日

读史感想——四、大书夜——升旗讲话:吾国历史,尧以前为草昧代。自尧至秦,其间二千一百三十六年,由万国并为一国,国家是生存竞争,政治是百事俱举,人事是心物并重,可谓一大书。自秦至清末,其间二千一百三十二年,国家是自尊自大,政治是百事俱废,人事是重心轻物,可谓一大夜。书夜之需要不同,故不特书夜之行动有异,即书夜之是非亦殊。今者五洲交通,中国变成世界之一国,又是大书之开始,吾人不只应痛改大一统迷梦之行为,而且要辨别大一统迷梦之是非。

十月三十一日

救国的目标与途径——升旗讲话:行路须确定目标,找着途径。救国亦须确定目标,找着途径。落后国家的救国目标在建国。建国的根本办法在加速增进富强文明。其途径是国识领导下的一致总动员。最怕感情冲动,离开建国目标,走上部分动员的途径,目标与途径两错,欲达救国之目的不可得矣。

十一月一日

政治——一、政治之必须上——升旗讲话:人有理性,固优于禽兽。人之欲性,亦大于禽兽。同类相残,禽兽所不忍,人类反优为之,强凌弱,众暴寡,富欺贫,智诈愚,皆人类之缺憾。必须政治制裁之保护之,弱寡贫愚始能以生。此人类之所以必须有政治者一。

十一月二日

政治——二、政治之必须中——升旗讲话:人之智能强于禽兽,人之生活亦优于禽兽。生活需要之物品皆需人力以产生,遂成老不能自养,幼不能自长之缺憾。无人长之幼,无人养之老,皆须由政治长之养之。此人类之所以必须有政治者二。

十一月三日

政治——三、政治之必须下——升旗讲话:人为万物之灵,为造化心。万物之效用,必须因人而发,造化之功能,必须因人而彰,人类之寡变众,弱变强,愚变智,贫变富必须赖政治之作用始能有成。此人类之所以必须有政治者三。

十一月四日

政治——四、人类的幸福一——升旗讲话:人是个什么,不是说骨头肉是个什么,是说人心是个什么。但从人心上说,人心是个什么不可得,然人的行为是人心的表现,从人的行为上区别人心是个什么是很容易的。人的行为不外为己为人两种,为己为私,为人为公,可知人心不外公心私心两种。公心是利人的,实际就是自利的。私心是损人的,实际就是自损的。可以说人类幸福的总量是各个人公心的总和减去各个人私心的总和的余数。我们欲谋人类的幸福,惟一的方法,是表现各个人的公心,制裁各个人的私心。

十一月五日

政治——五、人类的幸福二——升旗讲话:表现各个人的公心,制裁各个人的私心,完全是各个人公私心的消长问题。我们欲解决公心私心的消长问题,须先研究公心私心的关系与作用及其比重。

十一月六日

政治——六、人类的幸福三——升旗讲话:公心与私心的关系,从心的本体上说是无法说明，只好从人的行为上确定。从外来的感觉，必须与私心无关系，才能直到公心。可知私心在外，公心在内。从内发的道理，必须私心不遮蔽才能表现于外。可知公心在内，私心在外，是公心包围于私心之中，私心环绕于公心之外。

十一月七日

政治——七、人类的幸福四——升旗讲话：公心是人类同一的，私心是人人各异的。公心是自动表现的，私心是被动表现的。因为公心是同一的利人的，所以公心的作用是人人同情的。私心是各异的损人的，所以私心的作用是人人反对的。至互相的作用，私心是处于公心与事物接触的中间，是能遮断公心与事物接触的。但是被动的外来的感觉不涉及私心时，他是不动的不障碍的，涉及私心时，他才是动的就要障碍的。故私心不表现作用时，公心始能表现其作用。

十一月八日

政治——八、人类的幸福五——升旗讲话：公心居其中，私心环其外，公心微而私心危，其比量当然是私心大于公心。究其多少，人各不同，私心愈大，公心表现愈难，可就私心公心的比量上定人的等级。

十一月九日

政治——九、人类的幸福六——升旗讲话：人类的幸福完全在表现公心，制裁私心。我们欲为人类谋幸福，须清楚如何表现公心制裁私心。表现公心，制裁私心的途径有三：

一、以自己的公心制裁自己的私心。

二、借他人的公心制裁自己的私心。

三、以假想的公心制裁自己的私心。

十一月十日

政治——十、人类的幸福七——升旗讲话：以自己的公心制裁自己的私心，在政治上说是教育，在个人上说是存养，就结果上说是通。欲使自己的公心制裁自己的私心，必须自己的公心通出自己的私心以外，凡外感之来，直接于公心，私心不能再作公心与事物接触之障碍，则私心完全失其作用，人类幸福才有根源。

十一月十一日

政治——十一、人类的幸福八——升旗讲话：公心通出私心之外其法有三：一、内者向外，外者向内，两者并用。二、单用内者向外。三、单用外者向内。

内者向外是公心向外发，如以灯燃灯，重外贵师。功夫是九容，容在外，重在内。足容重，是内者向外。外者向内是私心向内敛，如钻木取火，重内贵才。功夫是九思，视在外，思在内。视思明是外者向内。内外穿透以后，则私心包于公心之中，公心环于私心之外。

致财政厅函

径启者：

昨奉兹命云：国难如此严重，全国人士捐款援助绥远，尔为晋绥长官，尤应为之倡导，况毁家纾难为尔父之遗志，应即将尔父遗产八十七万元捐作救国之用，谅尔亦必乐为之也。自当遵命办理，即由管理者拨交该厅接收。此致财政厅

阎锡山。民国二十五年十一月十一日

十一月十二日

政治——十二、人类的幸福九——升旗讲话：以他人的公心制裁自己的私心，完全是政治的作用。不涉己之事私心不障碍公心，公心可尽量表现。所谓当局者昏，旁观者明。舆论制裁，法律制裁，此皆借他人之公心制裁自己之私心，人类幸福藉以保障。

十一月十三日

政治——十三、人类的幸福十——升旗讲话：以假想的公心制裁自己的私心，完全是精神的敬畏与因果的信仰的作用。因此信仰与敬畏，遇事不敢任意，私心借以制裁，人类幸福亦可借以补助。

十一月十四日

政治——十四、为政准则——升旗讲话：政治如车，人心如路，政治必须在人心上行。离开人心的政治行不通，强行之必颠，故为政之要必须取得人心。欲取得人心，由内向外的事是本乎心，须得人心之所同然。由外向内的事是从

乎识,要合国识之所同然。

十一月十五日

政治——十五、为政准则二——升旗讲话:为政从心说须爱人,从身说是役人。爱人是是仁,役人是义。故为政者必须父母其心以施仁,公仆其身以表义。实际仁与义为表里之分,公仆其身,必须发于仁,能热心爱人,始能劳苦勿倦。父母其心亦须表于义,能主张公道,始能惠及于人。

十一月十六日

政治的极则在使人考终命。

政治——十六、为政准则三——升旗讲话:为政须节奏分明,应有百年大计,三十年国策,与十年计划。无百年大计不能收心理建设之效。无三十年国策不能收智能建设之效。无十年计划不能收物质建设之效。

十一月十七日

周于计者,困而不穷。

政治——十七、为政准则四——升旗讲话:为政职责须分明,能率须相称。作战有战略战术战斗之别,为政亦有政务事务工务之别。战略战术战斗三者之职责不同,三者之能率须相称,有好战略尚须有好战术、好战斗,始能发挥作战之效能。政务事务工务三者之职责不同,三者之能率须相称,有好政务尚须有好事务、好工务,始能发挥政治之效能。政务贵识见,事务贵技术,工务贵技能。

十一月十八日

沪大公报短评

昨天报载阎太夫人将阎老先生的遗产八十七万元捐赠给国家,这真是当代美谈,女界创举。这遗产可说是老太太的私财,全国要人的太太们有私财的不少,其中尽有巨富之人,谁能及的上阎老太太这样慷慨。中国民族的中兴是不成问题了,在全国男女学生们童子军小学生们纷纷绝食节食醵款劳军之时,又得到女界耆宿如阎太夫人这样倾产以救国,无老幼无男女无贫富这样热血沸腾,这可以证明中国确入了新时代了。我们钦佩阎太夫人的义举,盼望全国贵妇贤媛们不要让这位太夫人专美。(十二月十九日国民政府明令褒奖)

十一月十九日

政治——十八、为政准则五——升旗讲话：为政须有政德、政信、政慧、政术。政德在惠民生，政信在固民心，政慧在先其备，政术在安其危。四者缺一不可以为政。

政治——十九、为政准则六——升旗讲话：政治是管理人民的，管理人民第一条件是常常要保持领导人民的地位。必须将国识变成政识，要走到国家生存需要之前，当时第一当为之事政府必须先为之。舍第一当为之事而不为，则国内第一等人才即与政治离开。舍第二当为之事而不为，则国内第二等人才即与政治离开。人才与政治离开，非特政治上得不到帮助，并且小则发生障碍，大则酿成革命。

十一月二十日

政治——二十、为政准则七——升旗讲话：作战的武器是枪炮，为政的武器是舆论。枪炮不精锐不足以求战争之胜利，舆论不健全不足以求政治之进步。而舆论有不变的舆论，有时变的舆论。不变的舆论易成，时变的舆论难对。故为政必须领导国识，扶植舆论，以健全为政之武器。

十一月二十一日

政治——二十一、为政准则八——升旗讲话：为政要以身作则。令人听上作不如使人看上作，令人听上作半从犹难，使人看上作全从亦易。

十一月二十二日

政治——二十二、为政准则九——升旗讲话：政事的完成纯基于公务员之责任心。责任心固要自发，但也要责成，故为政必须专责成，善指导，严考核，当赏罚，使人对于责任无可逃避，则事之完成始有所据。

十一月二十三日

政治——二十三、为政在人——升旗讲话：政治之良否，全在公务员，故公务员必须要心上有力量肯办事，脑中有方法会办事。养成心中的力量，须内者向外，是知易行难。发挥脑中的方法，当外者向内，是知难行易。必须此二者兼有，始能成一良好的公务员，政治才能有效果，富强文明才能发达，在此生存竞争时代才能立国。

十一月二十四日

政治——二十四、政务识见一——升旗讲话：政务是拿主意的，是发动事的，是政务官的职责。政务官拿的主意对，才能说到事务官的技术好不好，工务官的技能好不好。拿主意全凭识见，这识见模仿的不行，落后的不行，超前的不行，主观的不行，客气的不行，必须要如镜照物，适合客观的实际。

十一月二十五日

政治——二十五、政务识见二——升旗讲话：政务识见要识中。中有二义，有情理之中，有矛盾之中，处人要得乎情理之中，处事要得乎矛盾之中。处人必须情理兼顾，舍情言理为不近情，舍理言情为不说理，必须情理兼顾始得其中。处事必须矛盾对销，凡事均含有矛盾的两方，必须使矛盾的不矛盾，事始能成，这矛盾中之不矛盾，即为事之中。

十一月二十六日

政治——二十六、政务识见三——升旗讲话：政务识见要识窍。政窍有二，不外情与理。由内向外的事以理为窍，由外向内的事，以情为窍。合乎情理，下令如流水之源。背乎情理，强从如登山之难。合乎情理不难，凡事反求诸己，己所不欲，勿施于人，则得之矣。

十一月二十七日

因变果亦变。质变量亦变。

政治——二十七、政务识见四——升旗讲话：政务识见要识时，时是不停止的，但是有段落的。政治上之时，有以数百年为段落者，有以数十年为段落者，有以数年数月数日为段落者，时之段落因事而异，段落虽不同，而不可先不可后则一，先时罔效，后时失效。

十一月二十八日

善办事者，必是办毕一事，再办一事。

政治——二十八、政务识见五——升旗讲话：政务识见要识势。势外力也，乘势而行，势为我助，难者亦易。逆势而行，势为我阻，易者亦难。但势有宜乘其头者，有宜乘其腰者，有宜乘其尾者，乘之不当，效力并减。

十一月二十九日

压迫来是撑，困苦来是忍，祸害来是解。

政治——二十九、政务识见六——升旗讲话:政务识见要识豫。事之成全在豫,宜豫之段落,有长有短,但无豫而事,即无能成者。政治上尤其是御侮育才建基立业更非豫不可,未雨绸缪大事小做亦成功,临渴掘井小事大做亦无益。孔子许未雨绸缪者,能治其国家,谁敢侮之。征之一般的人事,亦莫不豫则成,不豫则败。

十一月三十日

贪言多错,贪事多劳,贪财多祸,贪理多辱。

政治——三十、政务识见七——升旗讲话:政务识见要识防。人是有理智并有感情的,感情如水,防之入槽可以发用,泄之出槽可以毁物。所以为政藩篱不可不设,堤防不可不修。

十二月一日

事有万般,路只三条:一条是成功是成功,失败是失败,是非与成败相连的。一条是成功固是成功,失败也是成功。一条是失败固是失败,成功也是失败,统是不以成败定是非的。成功是成功,失败是失败,必须审慎。成功是成功,失败亦是成功,不容审慎。失败是失败,成功亦是失败,不容尝试。

政治——三十一、政务识见八——升旗讲话:政务识见要识励。人之感情如水,堤之可以使高,激之可以使跃,热之可以化气,冷之可以成冰,故非励不足以使之向上。但有须励之以利者,有须励之以名者,有须励之以仁义道德者,励乖其方,则失其效。

十二月二日

国难不是突然而来,亦难期短期而去。牺牲乃能奋斗,奋斗才有胜败。如不奋斗,结果连个败也落不下。

政治——三十二、政务识见九——升旗讲话:政务识见要识止。非识止不足以处余。凡事皆须力所为,无论人力物力,止于力尽无以继其后,止于力余损其事之功,当止于力尚足以发力,始能力不损而事能继。

十二月三日

一人办不了的事,必须多数人办,但多数人办,必须如一人,才能办得。

政治——三十三、政务识见十——升旗讲话:政务识见要识火候。事必须当为而为,然为亦须识火候,不及无成,过则毁。火候有需其集而强者,有需其散而弱者。集而强者强度与时之短相称,散而弱者弱度与时之长相称。

十二月四日

自杀的努力是人类第一悲惨事,不成功是个丢人,成功是个殒命,智者不为。

政治——三十四、政务识见十一——升旗讲话:政务识见要识需。政治是供人需要的,需求供,不需之供人不接受。但需有现在之需,有将来之需。现需人皆感之,故供现需易。将需惟智者感之,故供将需难。供将需须变国识。

十二月五日

政治——三十五、政务识见十二——升旗讲话:政务识见要识渐,渐是代表继续力的,继续力是二,一是向上的,一是向下的。向上的是利,向下的是弊。弊皆成于渐,利亦兴于渐,必须识渐,始能兴其利而防其弊。

十二月六日

政治——三十六、政务识见十三——升旗讲话:政务识见要识限。政治权能,就人事上说是无限的,就人心上说是有限的。人事何可能、何不可能是不可限量的,故政治权能是无限的。人心所无之事,政治权能即不能使其实现,故政治权能是有限的。为政应知无限而用无限,以发挥政治之权能。知有限而守有限,以保全政治之权能。

十二月七日

政治——三十七、政务识见十四——升旗讲话:政务识见要识节。政治效能是由人性之发酵而发生,但人性必须收敛力始蓄,必须奋发力始张。为政之节奏,亦必须一弛一张,使政节与人性相合,政效乃彰。

十二月八日

政治——三十八、政务识见十五——升旗讲话:政务识见要识静。以动为生的人,人事当然是尚动。但动不是动力,静才是动的动力。得不到静即不能主动,不能主动即不能作万动的中心。

十二月九日

政治——三十九、政务识见十六——升旗讲话:政务识见要识不变。螺丝式旋转的人事当然是变的,且是不停止的变的。处理万变人事的政治必须要范围其变,使其适合人生之所需,杜其违背人生之所需。但欲范围其变,必须把握住不变,作其变的标准。

十二月十日

政治——四十、政务识见十七——升旗讲话:政务识见要识无为。进化不已的人事政治当然是要为,而且要无暇空的为,但必须以如镜照物,纯随外应的无为作为的标准,其为始能益人。若只凭主观贼性背需的为,其为非徒无功。甚且致乱。

十二月十一日

政治——四十一、政务识见十八——升旗讲话:政务识见要识环境。环境有两种:一种是助自力发展的,一种是碍自力发展的。助自力的环境,敬而尊之以处尊,信而任之以处卑。碍自力的环境,恕而消之以处善,缩而灭之以处恶。然无论对什么环境,均须周计谦接,始能借其助而消其碍。

十二月十二日

政治——四十二、政务识见十九——升旗讲话:政务识见要识机。凡事皆有机,机先而制易,事现而制难。机至而为易,机去而为难。故为政必须识机。

十二月十三日

政治——四十三、政务识见二十——升旗讲话:政务识见要识诚。以前所讲的多少识见通是知识,这知识的识见能否识到做到,必须有运用之者,运用之者即是诚。诚为物之终始,不诚无物。无物、则有识等于无识。此诚固非由识所能有,然舍识无从而得诚,得诚不难,反躬而求诚可得矣。

十二月十四日

政治——四十四、政务识见——二十一——升旗讲话:总之识见如镜照物,是主客观的统一。主观的是理,理以中为极则。客观的事,事以对为极则。必须中对统一,始能理事相合,政务识见当以此为准。

十二月十五日

政治——四十五、事务技术一——升旗讲话:事务是连击政务与工务的。政务是拿主意的,工务是实作的,事务是使主意见诸事实的,故事务技术实为政务工务连击之枢纽,亦为发挥政治效力之中心功能。

十二月十六日

政治——四十六、事务技术二——升旗讲话:事务技术之表现在定完善的规则。就政务官说,是要求事务官作某事要有结果的收条,就事务官说,是要求政务官授权作某事的契约。就事说,是作某事得窍与周到的方案。

十二月十七日

政治——四十七、事务技术三——升旗讲话:政务官凡办一事,应本为什么、做什么、如何做成什么的原则,交与事务官。事务官应本做什么、为什么、如何做成什么的原则,将此事已有的章程详细检阅后,先提出承办某事的意见书,关于已有章程之适合与否,办理此项事件之应防弊端,应有的指导督促考核赏罚及事窍之所在,拟定应补充之章程,请政务官核示后,分订各项章则。

十二月十八日

政治——四十八、事务技术四——升旗讲话:欲定处理某事的完善规则,须注意到事的本身及人、地,与有关事件之关系,易发生何种弊病,尤其须横不碍其他事,竖不碍将来事,更当合乎经济、合乎情理。由内向外的事当重理,由外向内的事当重情。使事之开始即如机车之入乎轨道,向前开行,欲岔不得,欲止不能,虽欲不达乎目的亦不可得矣。

十二月十九日

政治——四十九、事务技术五——升旗讲话:欲定处理某事的完善规则,其难处:第一是命名。命名必须将规则上的事完全范围的住,名义缺,条文即缺。第二是得窍。凡事均有事窍,若不得其窍,不只是难而且是损。第三是周到。必须周到,始能范围其不漏。第四是赏罚。规则的力量在赏罚,规定赏罚必须与事理相称,与人情相合。

十二月二十日

能改造舆论,不能跳出舆论。

政治——五十、事务技术六——升旗讲话:定章程后实行章程完全是事务官的责任,事务官每要不依章程请示事当如何办,政务官每以临时意见破坏已定章程,双方必须依已定之章程呈请或批示,章程始能见诸实行。

十二月二十一日

政治——五十一、事务技术七——升旗讲话:处理事务要寻着单位。事的单位如同数的单位,必须定单位,而后始能定是非。寻不着事之单位,则是非对否智者亦莫能辨。单位愈小愈好,但愈小愈难寻,寻单位应分析。

十二月二十二日

政治——五十二、事务技术八——升旗讲话：事务技术之要义，第一必须若纲在纲。欲若纲在纲，首须提住事的头，寻着事的尾，此全在分析。

十二月二十三日

政治——五十三、事务技术九——升旗讲话：事务的技术之要义，第二必须执简驭繁。欲执简驭繁，首须寻着枢纽，卡住咽喉。此全在分析。人在仗义执言时，漫骂之言无益，为其谋而责之之言亦无益。只有私利私害之言能以动其听，公利公害之言尚可得其应。

十二月二十四日

政治——五十四、事务技术十——升旗讲话：事务技术之要义，第三必须举重若轻。欲举重若轻，首须寻见事之重心，找见力的着点。全在分析。

十二月二十五日

政治——五十五、事务技术十一——升旗讲话：事务技术之要义，第四必须捷径直到。欲捷径直到，首须辨清事的途径，审定行的方法。此全在分析。

十二月二十六日

政治——五十六、事务技术十二——升旗讲话：事务技术的精良，在分析。分析要用二的方式。因为凡事同是在矛盾中求不矛盾，才能得到事的对处。但矛盾与不矛盾是个二，故必须以二来分析。

十二月二十七日

错多复损，对多复益。复损之举变为复益之举，可变失败为成功。复益之举变为复损之举，可变成功为失败。

政治——五十七、事务技术十三——升旗讲话：分析事务为什么要用二的方式。因为拿一来分析是无法分析，如拿三以上来分析，在事理上说，易于遗漏，在作法上说，是点的停止的不是线的推进的。若用三以上来分析，仅能知道什么如何作、如何防，不能推知什么应如何作、应如何防。

十二月二十八日

做甚坏甚的罪大，做甚衍甚的罪小。做甚衍甚的害大，做甚坏甚的害小。

政治——五十八、事务技术十四——升旗讲话：拿二的方式分析事务，不只是无遗漏，并且可以到了细微处。因为拿二来分析一件事，可以由一分为二，由二之中各分为二,又由各分为二的二之中分析到各个无穷尽之二,分析的愈细,处理的愈周。

十二月二十九日

一个人要想在国家社会上作事成功,必须要能永远继续的自信自己的热心比任何人强,并且要永远继续的自觉自己的能力比任何人弱。

政治——五十九、事务技术十五——升旗讲话:处理事务技术,必须得窍。事窍之种类有三:一人情,二事理,三物则。处人合乎情,处事合乎理,处物合乎则,则得窍。

十二月三十日

凡事都有对不对的两面,凡做一事又有对不对的两面。故做事必须选定对的事,再找见对的做法,才有结果。

政治——六十、事务技术十六——升旗讲话:处理事务必须澈底。发令处应该计划到各级的转令处如何转,受令处如何做,转时如何注意,转后如何督促,做前如何预备,做后如何回顾。必须如此,始能澈底。

十二月三十一日

人生前途在做事成功,不在与人争气。凡能使人不防碍我做事者,应尽量设法,不应与之争气。

政治——六十一、事务技术十七——升旗讲话:事务技术已否上路,可由事务官交代政务官之言词中判定之:某事办错了,应根据某项章程第几条予以何种惩罚,这就是事务技术已上了路的表现。如说某项章程范围不住某事没有章程,或只是说错误的理由,均是事务官未计虑周到所致也。是事务技术不良的原故。

民国二十六年

(1937年)

一月一日

遗呈

　　吾国自九一八以来,已五阅年矣。国家一切虽属皆有进步,究不足以独立图存。列强均势不可久恃,立国必须独立自存,始能有国可与,自非速谋自强不足以图自存,盖不速恐时不我与也。日本国际法家芦田均在中日亲善之座谈会上曾云:日本今日之力量尚不足以并吞中国四百余州,必须再进步十年二十年方能,此本老成训诫其少壮之语,乃仅为我留十年二十年之余地,我国必须乘此图存,应踢破经常范围以图自强,而自强之道,必须加大预算,武装民众。

　　国家预算为国家富强文明之根据,不加大预算,国家富强文明难期发展。民众武力为抗敌御侮之实力,若不武装民众,则抗敌御侮难期成功。

　　欲加大预算,必须变负担为资本,人民始能乐从。欲武装民众,必须使人民知今日之亡国非抢夺政权,实攘夺国民经济,那个朝廷不纳粮之心理应使其确实改变。区区之意,留呈中央,供诸同志之参考。抑犹有言者,准备抗敌,系未准备好不抗敌,是弃果为因,即时发动收复失地的战争,系未准备好而发动,是灭因求果,皆有损于国家。应抱着弱国的态度,守土抗战,踢破经常范围,加紧自强。国不可侮,人自不侮,国家前途庶有光明,谨留呈中国国民党中央党部

去旧更新——升旗讲话:去旧更新是人生最大意义,也就是人事的最大意义,且非去旧不能更新。今年的元旦是去了去年的旧,更起今年的新,我们的学问应当去了去年的旧,更起今年的新。国家政治亦应当去了去年的旧,更起今年的新。我们趁今日升旗的机会,应当升此去旧更新的真精神,以作今年的新事业。

政治——六十二、工务技能——升旗讲话:什么是工务技能与事务技术的区别,如怎样定章程,怎样画表式,怎样办公文,怎样记账簿,怎样管人,怎样管物,怎样管事,这等等就是工务技能。如何定一个办某事的章程,画一个办某事

的表式,如何办一件达到某目的的公文,记一种某项事的账簿,怎样管如何的人,如何的物,如何的事,这等等就是事务技术。工务技能如器,事务技能是用器的一种方术。用器的方术要巧,器亦须利。发挥工务技能固须有事务技术,而完成事务技术尤须有工务技能。今日的事务官必须事务技术工务技能兼善才可以发挥政治的效能,惟工务技能须有各种专科教材。

一月二日

移转目的,不妥协可。障碍目的,不妥协不可。

同志——升旗训话:意志应本道理与需要来决定,不应以利害而决定。反过来说,道理需要是决定意志的标准,利害不是决定意志的标准。也就是说,凡不是根据标准决定的意志,应当加以审查,重新决定。但决定之后,应为自己一生努力的方向,此谓之志。同此志者,谓之同志。

一月三日

非符合上现实不能渐变,非破坏了现实不能突变,必须有渐变的工夫,始能达突变的目的。

牺牲救国——升旗讲话:牺牲救国是我们全国人民今日应抱的决心,尤其是我们站在第一线的晋绥人民更应有的决心。我们应该深深的明白亡国史上的国民欲求牺牲而不可得。况人生天地间,是以气节为尚。偷生的人有何价值,有何生趣。希望大家抱定牺牲救国的决心,站在先知先觉的地位,领导民众,挽救危亡,复兴民族。

一月四日

不怕不是大人,能管住自己才是大人。

公务员应当自责——升旗讲话:我们的厨夫工役,枉费了我们的钱,枉费了我们的时,枉费了我们的力,因为他仅仅赚我们小小的工资,我们还晓得深深的责备他是应当的。我们身为国家的公务员,国家给予我们较大的薪水,尊荣的名器,及较大的历史机会,如果枉费民财民时民力,我们应当自责,人民更应当深深的责备我们。

一月五日

感情的人能以科学式范围,理智的人不能以科学式范围。

实事求是——升旗讲话:行政当尚实不当尚文。尚文是衰败的起点,尚实是振兴的初头。我们今日确是一个空文政治,故维新多年不收实效,病根即在此。今后应力改空文政治变为事实政治,富强文明始能实现。我们大家要沉下心去,力排空文,实事求是。

一月六日

过胆小的结果等于过胆大的错误,过胆大的错误甚于过胆小的损失。过胆小的结果等于过胆大的错误,凡事均须在夹缝中求对,过于怕前若干,即是过于不怕后若干。

工务技能第一次的进步——升旗讲话：以后应努力使我们的印刷品上不有一个错字,定期的事上不误一点时间,做到此两者,为我们工务技能第一次的进步。希望以此自勉,勉人。一人做不了的事,必须集合多数同志共同做。但此多数人必须如一人,始能做成。你东我西,是乌合之众,结果是等于一人,甚至不如一人,必失败。

一月七日

不良开现实作渐变的工夫,达突变的目的。变是变变的,拿上不变的来变。得不到不变的,不能变变的。

度危难一——升旗讲话：度过危难只有循着真理前进,欲循着真理,须先认识真理。必须个个人力除私见偏见成见,尽量的感情内敛,理智外发。感情内敛,理智外发,才能认识真理。以真理决定自己的言动。

一月八日

成不了大喇嘛的称,此生不能快活。

度危难二——升旗讲话：什么是真理,全部的是非,全部的利害,就是真理。我们应坦白的本上全部的是非利害决定全部的共同路线,领导全民共趋一途,绝对的要避免形成自杀的对抗战线,危难自可度过。

一月九日

政治如车,民心似路,路不平车颠,心不平政覆。

共利害同是非——升旗讲话：为政最怕偏,一偏就起对抗,起了对抗,在政治本身上说是障碍,在单位的全体上就是自杀。故为政必须就全部利害上找是非,才够作人民的重心。

一月十日

要有钢铁的志气,不屈不挠。要有胶皮的性质,不脆不折。要有大无畏的精神,勇敢直前。要有小心谨慎的行为,事策万全。目的上绝对的不妥协,志不可夺。途径上绝对的妥协,不以小害大。

众力必须成团力——升旗讲话:众力必须成了团力,始有力量。欲使众力成团力,必须使思想一,认识一,行动一。

一月十一日

身不由自主是罪囚,心不由自主是凡夫。

为下级解除困难——升旗讲话:下级是为上级办事的,下级的困难,即是办事的困难,必须真实为下级解除困难。今后各级上级,要虚心的具体的为下级解除困难,方能走上真实办事的途径。

一月十二日

占着公理奋斗,聚集人材图功。

政治应站在全体的利害上——升旗讲话:形成对抗战线是民族的大不幸,只有为政者在全体的利害上明确的领导民众向一条路上走,如政治站在全体上,纵有以一部份的利益或私见偏见成见而离开全体的利益,亦是自绝于社会。

一月十三日

甘言每继之以辣行。

辨识——升旗讲话:国乱由于心乱,心乱由于识乱,拨乱反正,当先辨识。

一月十四日

身在世短,心在世长,不可重短轻长。

是非与利害——升旗讲话:事有万般,性质只二:一属是非,一属利害。处是非类的事,不可计成败。处利害类的事,以成败定是非。如是非利害双兼的事,必是或由是非转变为利害,当以利害论。或由利害转变为是非,当以是非论。

一月十五日

知道都由不知道来的,有所为都由无所为来的,有故都由无故来的,有用都由无用来的,有都由无来的,无是造物之始。

是非与利害二——升旗讲话:是非问题是无条件的,不问成败,毅然为之。利害问题是有条件的,当审成败,再定为否。

一月十六日

有余,小者渐大。不足,大者渐小。

为政须适时——升旗讲话:为政如穿衣,必须适时。穿衣冬葛而夏裘是自伤。为政在海陆交通时,仍抱大一统的原则是自败。

一月十七日

人生第一要有技能,第二要有好子女。

渐变与突变——升旗讲话:学问与事功成就处是突变的,欲收突变的效果,须努力渐变的工作。突变是破坏现实的,但非符合现实不能渐变,离开现实渐变的工作是无效的。什么叫不离开现实?言行必须得人之同情。因得到现实的同情,始能引人渐变。现实的渐变如登高,然寻见平处,登高才有途径。渐次能高,万丈可至。齐崖数尺,即可阻行。渐次而高,即是不离开现实。齐崖数尺,即是离开现实。作渐变的工作,务须以离开现实为戒。

一月十八日

站在对面想想,能得到公道再开口,定可得他的同情。

澈底维新——升旗讲话:适时全在维新,尤在澈底的维新。不澈底的维新,得不到真正的富强文明。我国维新多少年,而无实际,其病即在不澈底。今日欲澈底维新,必须有澈底的国识。

一月十九日

低的国识中,出不来高的政治。

错一——升旗讲话:错是吃亏的,谁错谁吃亏。错了多少,吃亏多少。欲不吃亏,只有不错。尤其是领导人民的政治不敢错,而领导政治的人,更不敢错。

一月二十日

人生是为做事,不是为与人致气,凡不碍自身做事之横逆,均应置而不论。

错二——升旗讲话:错了认错可以消错,错了改错可不复错。错不认错是一错变为两错,错是一错,不认又是一错。做这最吃亏的事,一定是最糊涂的人。

一月二十一日

知难行难,才能胜难。若不知难而行难,必为难所胜。

如何纪念公务员责任节——升旗讲话:今日是公务员的责任节,因为民国二十五年一月二十一日中央核准晋绥实行公务员遗误罪,故定今日为晋绥公务员的责任节。我们过此责任节,大家定心想想,应发生无限的感慨。中国儒者学问最讲负责,以最负责文化之国家,而成一个最不负责的现象,这不能不使我们对中国二千年大一统上以禄位笼络豪杰下以做官为目的的遗毒,痛加扫荡。从今日起应确实的认定责任神圣的人类事业,坚决的自己负责,成现代化的人,并绝对的不容人不负责,成现代化的官,完成挽救危亡复兴民族的使命。

一月二十二日

反求诸己,不只于事有益,精神亦觉爽快。

责人九分自责十一分——升旗讲话:人有十分的错,只可责人九分。己有十分的错,自责要十一分。确知己错的人,聪明人方能。若责人十分错,对方不易接受,使我之责备减少效力。确知人错的人,亦是聪明人方能。若责己十分错,对方不易接受,使我之自责减少效力。

一月二十三日

进一步自责自益。退一步责人人勉。

成见——升旗讲话:成见坏事甚于私见偏见。私见虽人人皆有,但不易表现。偏见有者甚少。惟成见几无人无之。因人从外所入者,皆系过去的存在脑子里,即为成见,即不适用于将来。然成见皆是已过的事理,有成见者执理坏事,故反甚于私见偏见。以适时为中的政治,必须打破成见,本以生为人事理的原则,该怎样就怎样,始能拨乱以致治。

一月二十四日

努力人生实需的事是实际效果。

求己——升旗讲话:我们以行有不得者反求诸己为成功的明确途径,若求诸人,非徒白费时间与力量,于事无补,且生障碍。古人所谓智者求己,愚者求人,这是何等分明。

一月二十五日

人治重仁,以仁统义。法治重义,以义统仁。故法治下的仁爱,亦包在主张公道之内。人治比火车,重在机车拉列车。法治比汽车,重在各自开行。

政治应适合人民一——升旗讲话:政治是处理人民实际生活平常事,要平实为之。政治系与多数人共事,必须守信,必须谨慎。信失不易复,言出不易收。

一月二十六日

物质是有时间性的,精神是无时间性的。

政治应适合人民二——升旗讲话:我们今日的政治是模仿性的产物,不是创造性的产物,是知识界的产物,不是人民需要的产物,故事事离开人民。今日必须使政治与人民打成一片。但人民加入政治难,政治放在民间易,故应使政治适合人民。

一月二十七

克己的讲理,定可得到人的佩服。

力祛守旧与模仿——升旗讲话:政治必须适合需要,今天用着甚即做甚。在人民是易于接受,在政治是日起有功。但障碍是竖的守旧,横的模仿。模仿与守旧皆不能恰合需要,我们必须力祛守旧与模仿。

一月二十八日

别具心肝的人,什么样的丑态也能拿出来。

不公道是百业进步的障碍——升旗讲话:我们看见凡不是一人的事,没有不是因不公道败坏下去的。就政治上说,当罚不公道,则赏不足以劝,罚不足以儆。负担不公道,则加不从,减不悦。非公道政治不能刷新,凡公务员必须以政权主张公道,以举百业。

一二八纪念日——一二八淞沪抗战纪念日,已经过四个了。在这第五个一二八的今天,我们应追悔五年来我们民族还没有什么进步,依然是给人家低头,我们承受上前人的遗误。我们不能再继续前人的遗误,使我们民族长久对人低头。今天我们要振奋起来,踢破经常范围,加紧自强,唤醒民众,组织民众,训练民众,武装民众,把一盘散沙的民众变成一块胶石的民众,贯彻我们的守土抗战,精诚团结,共赴国难,以达挽救危亡、复兴民族之目的。

一月二十九

为政不在多言——升旗讲话:古人说为政不在多言,欧战时各国曾禁贴标语喊口号,皆戒言尚实之意。故为政凡言颇衰者当禁。非言不能振起、非言不能表心、非言不能齐一、非言不能发现真是非者,自当言之。当言者不言与不当言而言,其害维均。

一月三十日

眼光要远,做事要近。

守时间——升旗讲话:守时间是公务员负责任的表现,行为上不守时间,就是精神上不负责任。希望以守时间自律,并以守时间律人。

一月三十一日

先时之见,可以自处,不可以处人。自处则吉,处人则凶。

审路径——升旗讲话:走到错路上,跑的愈快错的愈深。做事的成功第一在审路径,定路径,才可以快跑。

二月一日

> 对在两间才称善
> 中到无处始叫佳
> 横额——履中求对

上治路——升旗讲话:上了治的路子,才能遏止住乱。上不了治的路子,遏乱即是造乱。同是其是,同非其非,同利其利,同害其害,就是上了治的路子。

二月二日

岁不再来,只有努力做事,以资补救。

寻治道——升旗讲话:什么是乱的路子,各是其是,各非其非,各利其利,各害其害,这就是乱的路子。乱不能遏乱。治始能遏乱。欲遏乱须先寻治道。

二月三日

走路寻不见途径到不了地头,做事寻不见途径成不了功。

一元钱要收一元钱的效果——升旗讲话:在农村破产的今日,在国防第一线的晋绥,欲渡此难关,事事需钱,我们今日无论对国家对人民均应当拿出十分的辛苦,使人民的钱一元收一元的效果,才能对的起人民。

二月四日

反对左可以,自己不当站在右边。反对右可以,自己不当站在左边。站在左边反对右,站在右边反对左,不是消敌是树敌。

俭朴——升旗讲话:国家在此危难的时候,尤其是我们环境恶劣的晋绥,应尽力提倡俭朴,以节财力,而渡难关。希望大家自今以后,再不穿高贵衣不吃稀珍菜,以为人民倡。

二月五日

镜子本领令人佩服,照喜自己不喜,照怒自己不怒,喜怒确当而自己不伤。人能真如镜,则与大喇嘛的称相等矣。

渡过难关——升旗讲话:渡过非常的难关,须有非常的决心,用非常的方法。今日的山西是非常时期的山西,希望大家脱了世俗眼光,拿定非常决心,用非常方法,以渡过非常的难关。

二月六日

究竟最初是个什么,最终是个什么,不只你说不来,而且你想不来。

二月七日

古人的身距我很远,古人的心距我很近。

渐变与突变——升旗讲话:离开客体现实的行为,不能讲客体渐变。不能渐变,即不能达突变的目的。

二月八日

走了千里如同未动,仍是这个地球日光空气。

疏通政民隔阂——升旗讲话:政民隔阂为行政之一大障碍,如此次统制轧花,原为分良莠,去搀杂、选良种三事,完全是为使人民种棉得到较优的收获。而人民不明此道,反认成与人民种棉有碍,若章程有不合某地情形时,县政府应据情呈请修正,不应置若无睹。

二月九日

五台山上有草八百余种,游人不知也,地质家语吾曰:河东盐池在十万年以上,尚在幼龄也。炼钢厂凿井穿石已三百余尺,考其年龄在一千万年以上,地球之年龄究不知多大,而人的历史才数千年,造化诚一大迷也,然为其所迷者受其迷也。

负责的前提——升旗讲话:现代化的国家须百事俱举,现代化的公务员须百事负责。要十分的变做官为目的的旧心理为做事为目的的新心理。

二月十日

道理支配了政权是人类的光明,亦即是人类的幸福。

今文章则要通俗详明——升旗讲话:现在今文章则,不只人民有误解,即县政府区公所解释亦有错误,仍系空文政治,此实为现代化之大障碍。以后今文章则要通俗详明,以期上下明白,免除障碍。

二月十一日

什么也是个无尽,不只说不尽,而且想不尽。

怎样才能成功——一、明确的认识——升旗讲话:道理与需要为人类生存之大道。所谓先知先觉者,知此觉此,身体力行者,体此行此。道理而不需要是不须为,需要而不道理是不当为。道理而且需要为当时的主义。明确的认识此,而并立志为此,斯为成功之起点。

二月十二日

渐成不知不觉而成,渐败不知不觉而败。故须善积渐以助成,善防渐以杜败。

怎样才能成功——二、钢的志气胶的韧性——升旗讲话:有了明确的认识,必须有钢铁的志气,否则立志不坚,半途落伍,徒有认识而无成功。但有了钢的志气,仍须有胶的韧性,以护卫钢的志气,使之成功。因可以志不屈,不可行不屈,且非屈行不足以成其志。

二月十三日

过一日能有一日的事功,才算有一日的结果。

怎么才能成功——三、大无畏的精神——升旗讲话:对象大而成功始大,对大的对象非有大无畏的精神不可,然非有小心谨慎的行为不能成全其大无畏的精神,因可以志无畏,不可以行无畏。

二月十四日

人民之所需是食、衣、住、用、行与安宁,国家之所需是富强文明与进化。

怎样才能成功——四、多数的同志——升旗讲话:少数人不能成功的事,必须多数的同志。多数同志共同做一件事,必须多数人如一人,同一的认识,同一的行动,严整的纪律,坚固的团结,事事反求诸己,件件取得人心,继之以恒的毅力,谦的态度,定可成功。

二月十五日

不矜、不持、不急、不怒。

应规定地方行政人员升迁办法——升旗训话：应速定地方行政人员升迁办法，使村区科长等有升迁轨道。用人重经验，升任以成绩，始能将空文政治变为实际。

二月十六日

惩罚人应先审查其原因，是情有可原，抑是罪无可逭，而后施行。

国识现代化——升旗讲话：无论任何国家，欲立国于今世界，必须国家的行动现代化，始能造成合乎现代需要的富强文明。欲国家的行动现代化，必须政治现代化。欲政治现代化，必须国识现代化。

二月十七日

藉端讪人，与有错不认错，均为社会咎人。

民族生存的领导者——升旗讲话：离石县人陈一德以祖产价值一千数百元尽数捐纾国难。在他个人急公爱国，实属可嘉。在国家说，仰事俯蓄为民生之要道，我因此未准他。不过就此次抗战，国人及省民急公捐助一事，即可证明我们国家民族已渐渐向现代化的路上走了。只要政治上善为领导，我们国家民族一定可以在今世界存立。希望晋绥全体公务员要振作，自负，做民族生存的领导者。

二月十八日

梦中不靖，即是心地不净。

守纪律——升旗讲话：近据调查，公务人员公馆用人，对公安局倾倒灰渣污水规则多不遵守，这是一件极错误的事。一个现代的公务员，要自己守纪律，并且要约束用人守纪律。

二月十九日

站的愈高，危险愈大。

人才解决一切——升旗讲话：一切的困难皆须人才解决，我们国家今日的困难解决不了，就是缺乏人才，应急速培植人才，以图解除困难。所谓人才，是要心够、识够、气量够，非心够不肯做，非识够不会做，非气量够不能容人做。

二月二十日

能不露锋芒才是智圆。能不曲直道才是行方。

作事与享受——升旗讲话：人生的途径,不外两条。一条是上进的路子,就是作事,是人生观上的光明的结果。在自己是负责,对人类是贡献,个人如此是个人的光明,民族如此是民族的光明。一条是堕落路子,就是享受,是人生观上黑暗的结果。在自己是自私,对人类是侵害。个人如此是个人的黑暗,民族如此是民族的黑暗。现在我们的民族确实偏于享受,这是我们的弱点,应该领导人民痛改此弱点。

二月二十一日

自然对自己如何是第三层,众人对自己如何是第二层,自己对自己如何是第一层。第一层没办法不必说第二层,第二层没办法不必说第三层。

达目的——升旗讲话：目的地必须不妥协,行的路径,行的方法,可以妥协。因为达目的非争路径与方法也。

二月二十二日

栽培一树有曲直种则无,全在栽培有辛苦,百万方里无量树,如何尽成栋梁株。

如何能现代化——一、国识(上)——升旗讲话：国识是国家政治行动的发动力,国识不能现代化,国家的政治就不能现代化。

二月二十三日

无头尾的造化,造下无头尾的事物,无论何事何物,不只是无从说起,而且是无从说尽。

如何能现代化——一、国识(中)——升旗讲话：我们的国识,何以不现代化,就是受了二千年大一统的囿域,把政治上的责任心消灭,把竞争生存的意识消灭,反成了防范人民的政治,以禄位为笼络豪杰的工具,以嫉妒贤能为子孙谋万世基业的秘诀,完全成了保守不进化的政态,一盘散沙的人民。高级人民以读书为过程,以做官为目的,一般人民以自私自利为过程,以舒服享受为目的,所以富强文明的事一做即得咎。即今日的抗敌救亡,使他人的儿子拼命大家通赞成,使自己的儿子拼命就不赞成。呐喊抗战人人赞成,准备抗战大家反对。因为准备抗战所办的事完全与二千年大一统的习惯相反故也。

二月二十四日

器可使拙者巧,不能者能。则可使愚者智,不易者易。故理物贵制器,理事贵制则。

如何能现代化——一、国识(下)——升旗讲话:我们要想国识现代化,就非痛改二千年大一统的习惯不可。欲改此习惯,非修正二千年大一统的是非不可。

二月二十五日

志是改善现状的动力,人有改善现状的志,现状必能改善。人人应该有改善现状的志,若有一个无改善现状志的人,就是社会上的一分白耗。

如何能现代化二、政治(上)——升旗讲话:政治要放在民间,现在的政治是知识界的专利品。政治的行为,是奇物,不是用物,非知识界说不了。政治本人民生活上的领导,应该放在民间,使人民能说能做,成了普遍化,才能上了百事俱举一齐总动员的现代化的路子。希望大家以后拿上老百姓的话说政治,拿上通俗的文写政治,拿上人情中的道理处理政治。能如此,政治才能放在民间。

二月二十六日

应组织一改善生活状况同志会,或改善一物,或改善一事,或改善一物一事的一部份。先由少数先知先觉者提倡之,渐渐使全体人民都成为会员,都负起改进社会的责任,社会上一定有不可思议的进步。

如何能现化化——二、政治(中)——升旗讲话:政治要负责任,对国家的富强文明,对外的御侮睦邻,对社会的正义公道,对无老之幼无幼之老的长养,对人类幸福的保障,对精神物质的进化,政治上通要负责,有一不逮,皆政治之咎。

二月二十七日

因成果自结,造因是人事,结果即是天命,人事与天命本非二致,所谓智者尽己,愚者待命。

如何能现代化——二、政治(下)——升旗讲话:政治现代化,须实行法治,也就是民治。一个人作主是用个人的意见决定处理的方式,民治是多数人作主,非以法能使多数人的意见成为一。这与古人所说"徒善不足以为政,徒法不足以自行"是两事,并不是除开人治说法治,是拿上法与人作一个治的轨道。

二月二十八日

错——升旗讲话：谁错了谁吃亏，这是人事上不可易的规律。错不能匡救人的错，亦不能抵制人的错，更不能制裁人的错。只有对才能匡救人的错，抵制人的错，制裁人的错。不能以不及挽救过量，不能以不及打击过量，当然更不能以过量挽救不及，以过量打击不及。只有以中才能挽回不及与过量，打击不及与过量。

三月一日

以钱赚钱是罪恶，以身赚钱是正道。为己赚钱为利，为公赚钱为义。

如何能现代化——三、公务员（上）——升旗讲话：公务员现代化，第一项将作官的心理变为作事的心理。作官的心理是自毁毁人，作事的心理是自成成人。作官不作事的心理，是今日中国国家的要命病。作官的心理是怕多事的，是图舒服的，是自私自利的，这是二千年大一统的遗毒。所以百般的维新，都是空话，多少机关等于虚设。今日列强环伺，危亡旦夕，非作事不能图存，岂可冬葛而夏袭，自甘覆灭。

三月二日

向客观的需要而努力，才能上成功的途径。

如何能现代化——三、公务员（中）——升旗讲话：公务员现代化，第二项负责任，办什么事必须负办好的责任。如果把事办坏要自责自耻，甚至于要自杀，这是现代化公务员必要的条件。

三月三日

社会上的需要，不一定是自己主观的认识，要虚心考究。

如何能现代化——三、公务员（下）——升旗讲话：公务员现代化，第三必须要有政务识见发动事，事务技术指挥事，工务技能完成事。

三月四日

人类需要的，只是个生存进化。

如何能现代化——四、国民（上）——升旗讲话：志是事业的动力，现代化的国民皆须立个改进社会的志，大则改革制度，改革政治，小则改进一事，改进一物。现代的国家中，少一个有志改进社会的国民，就是国家一分的白耗。

三月五日

不能以没志气的人办需要志气的事。

如何能现代化——四、国民(中)——升旗讲话:现代化的国民,必须有主张公道的毅力,与互助的热忱。在凭团力生存团体进化的今日,非有主张公道的毅力,不能调节团结的离心力,非有互助的热忱,不能发达团结的向心力。

三月六日

把握住现实推进,可日起有功。离开现实高喊是空想。

如何能现代化——四、国民(下)——升旗讲话:今日百般事业发达,骨子里有一个条件,就是责任上的信任。比方信任工程师签了字才肯集股,信任会计师签了字才肯放账,信任报告的实在才能作处理的依据。现代化的国民,必须自己对客观的一切确实负责任,才能应乎百般事业发达的要求。

三月七日

防错是第一,补错是第二。若不能防错,必须要补错。

古董及毒品——升旗讲话:人类生存进化上不需要一切文化政治学识物质皆是古董,反人类生存进化者之一切文化政治学识物质即成毒品。

三月八日

非公道无以调剂人类的离心力,非爱人无以发展人类的向心力。

乱的造因——升旗讲话:同一事实,同一法律之下,量刑甚为悬殊,若在国事的主张上如此悬殊,就要大乱了。人民睹此现象就无法适从。一切乱的造因,是有权柄的人与有力量的人任意行为。拨乱致治,必须有权柄有力量的人无一点任意的行为,社会上尤须能制裁有权柄有力量的人,使他不敢任意,才可去乱的造因。

三月九日

经的住风霜才能不凋,耐的住水湿才能不朽,故贫苦困人与富贵淫人,两害相均。

改良公文——升旗讲话:今日欲改变空文政治必须改良二事:第一减少公文,凡一切不要紧的、非事实的公文,应当一律减少。第二应多用指导式的公文,详为解说。

三月十日

心有二种：一为发物的心，一为朽物的心。心向外则发物，心向内则朽物。

经济化的考核与宣传——升旗讲话：今日的政治非十分着重经济化不可，实现经济化的政治，非经济化的考核与宣传不可。无宣传人民不肯做，无考核官员不肯作。

三月十一日

国识是政治的水准，降低不容，超过亦不易。

走私心（一）——升旗讲话：公务员是处理公务的，必须要公，非公得不到人民的信赖与同情。欲公非去了私不可，私是遮蔽公的，如云彩遮太阳一样，去不了私心，露不出公心。

三月十二日

人无生活技能，无论多大财产，生活上不能保险。

唤起民众——升旗讲话：总理遗嘱上说"余致力国民革命凡四十年，其目的在求中国之自由平等，积四十年之经验深知欲达到此目的，必须唤起民众。"这遗嘱我们应当十分尊重，以为我们救国的标准。当此国难当头的时候，我们要唤起民众的救国志气，爱国热枕，牺牲精神，负责的勇气，主张公道的毅力，使中国得到自由平等。

三月十三日

建议与执行，难易有天渊之别。

去私心（二）——升旗讲话：政治上负责的人，一定要无私心的人，有私心的人一定负不起政治上的责任。谁无私心，谁才能能负政治上的责任。

三月十四日

假果有用处，世人早不宝贵真了。

立志——升旗讲话：志是事业的种子，欲有事业须先有志。自己有志才能找同志。自己无志找同志是自欺欺人。

三月十五日

财富是日积月累，知识亦是日积月累，事功更是日积月累。不放松日才有月，不放松月才有年。

黜陟赏罚——升旗讲话：黜陟赏罚可以定政治程度的水准，并可以定人才上进的趋向。我们今日整顿县地方行政,第一要规定黜陟当罚,尤其要详确规定各级人员之升调办法,使能专心致志,由作事的成绩上求上进。

三月十六日

晋人长处在俭,短处亦在俭,俭于消费的支出很对,俭于发达的支出很错。

如何拔取实际人才——升旗讲话:以应试的文章授人官职,较之以办事的成绩授人官职,不如远甚。一尚空文,一重实际。我们极应规定村长升区长、二等科员、征收员、区助理员的办法,一面鼓励村长加强村政,一面拔取实际人才办理行政,并可使人才到乡间去。

三月十七日

勤于劳动不如勤于劳动的技能,笨工终日不如细工半日效果大。

民众军事化——升旗讲话:加强力量绝不能走增加现役兵的路子,只有民众军事化之一途。欲民众军事化,不只是要民众学习操法,并且要使民众生活条件与打仗的需要相合。

三月十八日

已富不富,久富未穷,先穷不穷。未富先富,不富已穷,不穷大穷。

如何组织民众——升旗讲话:兵贵选锋,民亦贵选锋。我国积弱至今,欲组织全民实不易为,只好以牺牲救国的旗帜组织心志较强的民众,以作民众之先导。

三月十九日

理智与感情离开之后,偏于理智是不会办事的好人,偏于感情是不肯办事的坏人。

守土抗战——升旗讲话:事实上是个弱国,以弱国的态度来处,是自己认识自己。事实上是个弱国,反以强国的态度来处,是自己不认识自己。自己认识自己是祥,自己不认识自己就是不祥。但要弱国也有弱国的地位,若他人不给我留弱国的地位时,我们亦只有拼命。我们守土抗战,就是要保持弱国的地位。

三月二十日

志是事业的种子,国家民族志的总和,即为事业的总量。

踢破经常范围加速自强——升旗讲话：落后的国家对先进的国家不能不低头,但是我们不应甘于低头,长久低头,应该尽力的自强。经常范围的自强是永远赶不上人,欲赶上人必须加速度加强度的自强,此必须踢破经常的范围。

三月二十一日

闲中无事不紧张,忙中无事不从容,紧张与从容始皆适当。

志须适合道理与需要——升旗讲话:志必须适合客观的需要,尤须站在人类的道理上,始能成为事功。愿大家立志时,必须审清志之所向,是不是人类的道理,是否与现实需要相合。道理而不需要是不需为,需要而不道理是不当为。不需为而为是徒劳,不当为而为是造孽。

三月二十二日

旅客一人,宿店日易,旅客虽多,店房一座。

反求诸己以为政——升旗讲话:凡政治上作不通的事均须反求诸己,不能怨人。为政者应反求诸己,不能在责备人民上求作通。如同走路碰在墙上,不能怨墙,怨你走的不对。山中碰见老虎咬了你,不能怨老虎,怨你无准备。

三月二十三日

就身体说,赌博与吸鸦片之害相等,就事业说,赌博之害甚于吸鸦片。

立志——升旗讲话:从今日起我们要立志。志是事业的种子,有志才能有事业,有事业此生才算有结果。立志之后,如一人之力不能作成之事,当找同志,此同志才算互助成功的真同志。若无志是枉生,无志的结合是散沙,不同志的结合终必溃。

三月二十四日

决定目标易,导着途径难。寻着途径易,继续迈进难。人做事必须找见途径、继续迈进。

通公心——升旗讲话:从今日起要通公心。通出私心之外,谓之通。私心包着公心,使公心与应事接物皆有堵隔,谓之不通。公心通至私心之外,与应事接物皆无堵隔,始谓之通。不通不只是喜怒操之于人,即祸福之来自己亦无把握。

三月二十五日

真的才能抵抗真的,真的才能交换真的,人与人务必要拿出真的。

真诚——升旗讲话:一切处事处人均要真诚。物是同声相应,同性相感,精神亦然。最不能欺哄人的是心,我的虚伪引起人的虚伪,我的真诚感动人的真诚。真诚则人和事理国治,虚伪则人乖事败国乱。

三月二十六日

作现代化人——升旗讲话:从今日起我们要作现代的人。负责任,主张公道,互助互爱,不赌钱,不吸鸦片,不吃花酒,绝对不作犯法的事。

三月二十七日

言多不若做少,自为不若指挥人为的效果大。

三月二十八日

非大改革不能有大进步。

新兴的人——升旗讲话:新兴的国家必须新兴的人才能造成。新兴的人要从志气和行为上表现。希望大家以钢的志气来担事,以主张公道的毅力来处事,以牺牲的精神来救国,以圆满的团体性来组织民众,以充分的责任心来任事,这才够个新兴的人。

三月二十九日

疾病是由错误而生,管不了自己的人才常常发生疾病。

作同志不作同寅——升旗讲话:我们大家要作作事的同志,不可作作官的同寅。作事的同志是救国救民的,作官的同寅是误国误民的。

三月三十日

善管理自己身体的人必能享大寿。

维新——升旗讲话:绝对要明辨是非,以政治领导国识,实行彻底的维新,增大人力物力,以求民族革命之成功。

三月三十一日

精神建设——升旗讲话:我们要在整顿教育中求精神建设的进步,更要从鼓励指导各级学生立志服务社会,改进社会,以树立精神建设之基础。

四月一日

强人所不应为的政令,人不服从。

物质建设——升旗讲话:我们要在努力整顿教育中求物质建设的进步,更要从鼓励指导各级学生立志终身专门一种科学,以树立物质建设之基础。

四月二日

事业完全储藏在健壮的身体中。

牺牲救国——升旗讲话:我们要在努力国难教训中求牺牲救国的进步,更要从鼓励学生与民众实行军训,以树立牺牲救国之基础。

四月三日

致河边村村公所、川至中学校、河边实验生活小学校

日本有个庵原村,系十个山村编成,户口系一千一百一十一户,人口系七千七百九十一人,土地系一万四千二百七十亩。五年前全年的收入约五十万元,现全年的收入为一百二十万元,每人平均为一百五十五元,全年村预算开支约八万元,这都是一个村里头的人合起来振兴的结果。我希望河边村也照这样进步,以川至中学校为指导中心,小学校为教育中心,村间乡长为实做中心,领导村民一齐努力,至民国三十三年即十年建设计划终了时,将全村收入增加到六十万元,再过五年到民国三十八年增加到一百二十万元,其努力之方向分为农工两面:

甲、农　山造成林,岗地种果木树,平地以凿井变成水地,碱地改良土壤,提倡农副产,改良增加家畜,实行合伙农场。盖今日是上户弃地,中户玩地,下户困于地,非实行合伙农场农业不易振兴。

乙、工　扩充村工厂及家庭工业:到民国三十三年将全村收入增加到六十万元,到三十八年增加到一百二十万元,这并不难,试回看看民国二十年以前全村收入不过六万元,现在则为十八万元,五年之内加了三倍,依此推算,将来的限期比以前还觉宽裕。希望你们无疑义的努力前进。此致河边村村公所、川至中学校、河边实验生活小学校

中华民国二十六年四月三日

未雨绸缪——升旗讲话:我们要实行未雨绸缪,孔子对此许为知道。并云"谁敢侮之"。可说今日我们国家受侮受辱是前人未能未雨绸缪之过,古人说"凡事豫则立不豫则废",并且豫则易,不豫则难。我们就经验所得,未雨绸缪大事小做亦成功,临渴掘井小事大做亦无益。我们从今日以后无论大小事件通要有充分的准备,要未雨绸缪,不可临渴掘井。

四月四日

杨近于做人,墨近于做事,皆一偏之道,应当两者兼之,于做人上做事,于做事上做人。

团力——升旗讲话:多数同志集合是个团体,一个团体的效用在表示团力。欲表示团力,必须有坚固的团结,个个人有团体性,责任心,牺牲精神。

四月五日

虽有办法的事,不善为结果还是个没办法。况根本没办法的事,虽善为终亦是个没办法。做事应力避做根本没办法的事。

努力现在——升旗讲话:现在该做的做,该计的计。儒家学说完全重现在,若离开现在的努力,就是空想,也就是废为。

四月六日

办公共事的时候不可图谋益己,盖瓜田李下可得智者谅解,但不能堵奸人之鼓簧也。

改进国识——升旗讲话:今日的中国,不得不接受前人的遗误,痛心疾首的负担起挽救危亡复兴民族的责任,负担这个责任只有彻底的维新。最落后的我国,欲彻底维新,必须找着一条平坦的捷径,始能迎头赶上,达到目的。今欲彻底的维新,必须改进国识。

四月七日

病好治,致病之因难除。

明辨是非——升旗讲话:改进国识,须就道理与需要明辨是非,确定今日最适当的办法,由国难教训委员会教学生,训人民,使众识如水浮船,足以做政治设施的准则,政治前途庶有光明。

四月八日

无错,方得到生趣。

四月九日

智不足以知机,仁不足以服人,勇不足以克己,是此生之忧也。

四月十日

客有谓余曰:人生难各个精神不死,公努力于物产证券按劳分配的公平主义之实现,可得之矣,现行政的劳瘁不够那个。余未答。客曰:疑乎?余曰:我想杨子为我,是为了他的什么,摺了为他人的什么,客脸红而言他。

四月十一日
嗜好与事业不并立,有一分嗜好,损一分事业。

四月十二日
我做的事,心中真快乐者有数端:剿平土匪,推翻冤案,与人治好重病,除了大恶人,与人说明道理,凿成井,栽活树,得特效药,公表验方。

四月十三日
动一分瞋,吃一分亏。

四月十四日
语言挽人的力量甚小。

四月十五日
飞机追不回唇外语。

四月十六日
历史上的缺憾尽入眼,社会上的缺憾尽入耳,令人腹裂。

四月十七日
不懂则咫尺千里,懂则千里咫尺。

四月十八日
余心无仇人,亦少满意人。

四月十九日

西汇登龟山

龟山顶上眺西东,沱水云烟和春风。

万柏摇头争献媚,千桃摆枝竞赛红。

东潭西汇双泉涌,南冰北色两景隆。

造产救国池顶上,迎冯亭前草蓬蓬。

四月二十日
大事化小,小事化无,吉。无事酿有,小事酿大,凶。

四月二十一日

五三吟

知非不怕晚三年,只要从今迈向前。

果能不粘与不脱,当然不为环境迁。

四月二十二日

从容

念余从政心气衰,性不能改枉此来。

世间那有急迫事,语不从容口不开。

四月二十三日

辛亥革命同志数人向余曰:辛亥革命山西系直接自动行为,近有人欲以豪文夺取,现在人阅之固无骇笑,但将来流传日久,距今较远,诚恐以紫夺朱,辛亥一切文件,娘子关一役尽失,事前运用,事后事实,均在公腹中,盼暇中详述始末,以存其实。余曰:自古历史难得真相,为者无暇记,记者又不知为者之曲直,证之今日府署内之事实与街衢之谣传,每相径庭,报纸之登载更十乖其九,将何以求真实乎?我辈做时并非求历史上之痕迹,不必孜孜也。

四月二十四日

用人多,有专责,事则治。用人多,无专责,事则乱。

四月二十五日

回忆达赖手赠甘地之肖像,其意有所表示,甚感达赖不死,西藏必可东归矣。

四月二十六日

汾西李秉同函送治胃病药方:焦术三钱、白术三钱、砂仁一钱、白叩豆一钱、陈皮一钱、广木香一钱,以上六味理中宫之元气。当归五钱、川芎一钱、红花三分、远志一钱、怀牛夕二钱,以上五味入心养血。巴戟二钱、杜仲二钱、免丝子二钱、山药三钱、芡实二钱、熟地二钱,以上六味补先天炉火,生姜三片,枣一枚开破为引水煎空服。

四月二十七日

上海北京路广顺里二十九号寿守型函送治胃病药方：制香附三钱、刺猬皮五钱、瓦楞子四钱（白蔻末三分拌捣）、甘松钱五、木蝴蝶五对、炒白芍三钱、淡吴萸四分、拌炒真川连六分、绿萼梅一钱。鲜姜汁一匙，甘蔗汁一杯。此方止痛之力甚著，但绝非麻醉剂，乃从病之根方治疗也。

四月二十八日

远大利益每被眼前小便宜所误，不特常人如此，虽智者亦不免。

四月二十九日

知己所短，知人所长，非智者不能。

四月三十日

人贵知有死，要在赶紧做事，不可逸乐以待之。

五月一日

不知自问此生要落个什么的人，是枉生。

五月二日

可进可退，义务则进，权利则退。

五月三日

怨人即是我性，克己方是理性。

五月四日

活一日，做一日，结果一日。

五月五日

扯淡哥，扯淡哥，好儿养给好老婆，是父母懊丧语。瓦口的水流到底，你打爷爷我打你，是逆子之借口词。

五月六日

一年有馀十年快，一年短歉十年债，过日子不可违此原则。

五月七日

读处理事物的书是心向外，愈用愈明。读离开事物的书是心向内，愈用愈朽。

五月八日

体弱心亦衰,心衰体亦弱,心体二而一者也。

五月九日

气掩志,志敛气,全视消长如何。气馁志即衰,志掩气亦盛,志气消长互有关连。

五月十日

好事能做时赶紧做,过则无能为矣。

五月十一日

南京湘人函送治胃病药方:元胡索五钱、草果五钱、五灵脂五钱、末药五钱,四味研末过筛于病发时以黄酒冲吞三钱。

五月十二日

南京葛敬猷函送上海胃病专家匡克衡所发明之胃病安全膏两张,并称,渠戚友中患胃病者多用之,无不立奏功效。

五月十三日

村无以村为家的人村不能发达,县无以县为家的人县无以发达,省无以省为家的人省不能发达,国无以国为家的人国不能发达。国省县村地位虽不同,但需用人材之重要则一。

五月十四日

胃病:胃病传出去,医方雪片来。愧我无建树,空使世人怀。

五月十五日

身体强健,精神自主,人材够用,治法捷径。

五月十六日

费大力,忍大痛,勉强一时甚易。费小力,忍小痛,勉强长久亦难。

五月十七日

时时存心,才可时时不错。

五月十八日

山鬼子伎俩有限,老僧之不闻不见无穷,可使大魔化为无能。

五月十九日

愚人不足以共智事,小人不足以共大事,浅人不足共深事。

五月二十日

说到同处人性皆善,说到异处人心险诈不可臆测。故人当以同处处人,以异处防人。

五月二十一日

读书防迷,作事防浮,前进防颠,后退防馁。

五月二十二日

杜君函送治疗胃病秘方:元胡一钱、广木香一钱、五灵脂一钱、胡椒一钱、白叩仁一钱、硫磺八分。共为细末,每服三分,烧酒送下,不能饮酒者开水亦可。

五月二十三日

身体不强壮,即是精神不健全。

五月二十四日

管理不了自己的人,一定管理不了他人。

五月二十五日

顶没办法的是自己的错误。

五月二十六日

他人有错是他人的困难。每每因他人的错激起自己的错,无异将他人的困难换为自己的困难,不智之行为也。

五月二十七日

一路二心,终必分手。

五月二十八日

谋始必须虑终。

五月二十九日

能时为之易,不能时为之难,好事要在能时为之。壮时保养易,衰时保养难,身体要在壮时保养。

五月三十日

要强事多做,要强话少说。

五月三十一日

行尚可瞒人,心实难瞒人,居心不可不审。

六月一日

不易为之事,不可轻于着手,但既着手之后不可轻于放下。

六月二日

煤油大王九十七岁而终,其财产五十五万美元,合中币二百万万元,有山西全省财产十倍之多,不可谓不雄矣,惜而私人所赚。愿子弟学其方而为国省县村所赚,可为新社会之楷模。

六月三日

只有悔过自新是真实的进步,但悔过易而自新难。悔过的功能是另一组织,只要有此组织,则常能悔过。自新的功能,是在犯过的本组织,打不破本组织,不易自新。

六月四日

人当以是该能决定意志。处理环境,不当以环境决定意志,离开该不该服从环境。

六月五日

发现新过,胜于发现新真理之喜欢。

六月六日

静时思密,人在一日之中,须有半小时以上之静时。

六月七日

巨细不遗是很难,由内向外的事要实行分析图解,由外向内的事要实行表格管理。

六月八日

成功要在当务之急上努力,成仁要在义不容辞上迈进。

谈旧病有感

身修而后家自齐,齐家尤赖好夫妻。

已过尽是伤心事,旧话那堪再重提。

病床赠日本十河信二(后任国铁总裁)

亚洲民族半沦颠,挽救全仗先进贤。

若以同洲为对象,渔人得利在眼前。

重知行

此生事业任沉浮,学问无成不我忧。
只要知行能合一,担当何事亦悠悠。

六月九日

世上那有医生能治一切病。只有善保养是健壮之一途。

六月十日

力贵扶持人,不可压迫人。智贵顺导事,不可穿凿事。

六月十一日

为政要使人人奋兴而向上,不可使人人败兴而向下。

六月十二日

抖起人的精神做事是事功,启发人的智慧克己是德性。

六月十三日

泛论人之非是社会教育,指论人之非惹社会纠纷。

六月十四日

顺而止之无触,密而止之无痕。

六月十五日

智在知人而适处之,不可责人而招反响。

六月十六日

以智助人是真智,以智强人是真愚。

六月十七日

身体能受心的管束才能健康,故身体有病,即是心神不健全之表证。

六月十八日

身病易医,心病难医,性病更难医。但医不好性病,一生白活。欲医性病,非打破组织不可。

六月十九日

错是糊涂,知错即改是聪明。这糊涂是谁,聪明是谁,能辨别清楚,并能使糊涂永清,聪明常存,方为大勇。

六月二十日

俗语:触着病,舍了命。触着疼处,即不能不着急。心上无疼处,才敢说无着急。

六月二十一日

只有九容九思是内外双端的法子。

六月二十二日

为国牺牲,激起来人人皆能,冷下去人人皆不能,救国火候最要紧。为国牺牲决心抗日,在战场上慷慨为之,中人即能。在家屋中从容决定,上人且不易,况中人乎。轻以此许人信人者,未加深思之也。

六月二十三日

已过之日月,不能为集中之功用,反成过错之事迹,实为人生莫大之憾事。

六月二十四日

为国全在未雨绸缪。但未雨绸缪甚难,皆为一般人所未见,即为一般人所反对,非无上大权者有决心有方法,不易成功。

六月二十五日

不见而知,不闻而知,智者谓之先觉,愚者谓之疑心。

六月二十六日

智者千里咫尺,愚者咫尺千里。

六月二十七日

不离开现实方是渐变,渐变不已,才能突变。故唱高调是欺人之谈,非成功之道。

六月二十八日

在飞龙在天之位,要存潜龙勿用之心,或鱼跃在渊之行。

六月二十九日

弱国如弱女,遇难,非有最后之决心,更无法转移对方之暴行。

六月三十日

中国人之精神身体与物质落后太多,非有杰出之领导者相继努力数十年,不易赶上。

七月一日
世界无王道,国际国内事事皆系恶势力占优胜,如有霸者亦可稍为挽回。

七月二日
节制私人资本,必须发达公共资本,化私为公,成光明社会固人类之幸福,但人心私包公,尤须变为公包私,公共事业方能发达。欲化私为公,必须在一般教育上求根基,在村县省国上分别求建设,方能有成。

七月三日
欲得善果,须种善因,故处理人事,要在善其因。善因第一要审动念,第二在不循错。

七月四日
只有时时存心使所知见于行,是真实的进步。

七月五日
真实的锻炼是悔过自新,生时是锻炼时期,为时甚短,故不可一时放松,不可一时务外。

七月六日
时时发奋自强就是不息,不息必有成就。

七月七日　太原

恨敌骄

已过九一八(日本侵占东三省),今日卢沟桥(日本进攻卢沟桥)。我未现代化,国中任敌骄。

七月八日　太原
以逃亡考核军队,易出匿而不报之病。

七月九日　太原
应当星期日娱乐,以期娱乐中发生力量。现在星期日多系消耗力量之娱乐,国家民族事业力量损失太大,即国家富强文明损失太大。

七月十日
与识见不够的人处,其事理即是咫尺千里。故不愿与常人说道理,即不欲咫尺千里,愿读古人书,即欲千里咫尺也。

七月十一日
中国当负起中道文化之责,守成己成人之道,立己利世,联合同道之国家,消除侵略主义者,以进世界于大同。

七月十二日
发生之继续在节制,若无节制,发生则难继续。故保持发生之继续,须有适当的节制。

七月十三日
集思广益与筑室道谋是一样的存心,但善为之是集思广益,不善为之是筑室道谋。

七月十四日
凡部分之利、全体之害者,总结算全体受害,世之抱侵略主义者亦然。短时期内部分之利,总结算时全部之害,自己亦在受害之中。希望世界学者合力打击之。

七月十五日
有用的身心不可作无益的消耗。

七月十六日
有粘着即不脱利,不脱利即不能自主。

七月十七日
助人如己智难能,嗔人不如己智偾事。

七月十八日
谋国而不能预防灾祸,即莫大之咎。一年所得必须留三分之一作灾害疾病之预备,生活始能保险。

七月十九日
读"君子尊贤而容众,嘉善而矜不能"之句,深愧不逮。

七月二十日
人不聪明是生成的,与不聪明的人遇事,尤要反求诸己,此理甚明。余卧病而犯之,反受人劝,真耻也。

七月二十一日

各种动物的性能有千万等,人的智识亦有千万等,皆不能强其所不能。

九一八

师旅饥馑需三载,苏俄计划成五年。
九一八来更七七,愧我依然弱如前。

七月二十三日

定础(柯璜)送画谱,当复一函云:希望照下书形景代画一纸,茂林深山之中,清泉湾曲而流,沟溪宽阔之处,向阳有躬耕农庐,四周山坡有牛羊鸡兔放牧,沟溪中有禾稼园艺,山顶上坐一闲人。

七月二十四日

徒悔过而不能自新,仍是罔然。

七月二十五日

嗜欲到极端处,与生命不并存。但嗜欲喧宾夺主之后,宁牺牲生命,不欲牺牲嗜欲。

七月二十六日

中和中的严厉,才是真严厉。严厉中的中和,才是真中和。

七月二十七日

知非易而改非难,今日不能知昨日之非,今年不能补去年之过,后半辈不能雪前半辈之耻,是无进步的人。

七月二十八日

飞遍地球往下看,为争生存各自忙。

七月二十九日

难与易

做事知难行若易,做人知易行却难。
毋论做人与做事,寻着难处易其难。

七月三十日

不知说了多少废话,想了多少废思,做了多少废事。何为不废,话说的当,思想的中,事做的对。

七月三十一日

轻与则伤惠,轻怒则损威。

八月一日

决复电飞京

病体未痊国难来,轻身为国理当该。

扶病南行参国计,但求此去不空回。

八月二日　六时乘机飞京

飞京途中

扶病再飞京,愿不虚此行。

愧我无特识,何堪策太平。

八月三日　南京

提倡工厂

一宅一工厂,工厂比宅强。

今后要提倡,少宅多工厂。

八月四日　南京

当国误国

国家事太大,误下补救难。

卅年当国者,罪尤实难宽。

八月五日　南京

会议席上

财政解决易,人事调整难。

多少欲言事,停留在舌端。

八月六日　南京

我骄奢淫逸,消耗数十年。日本则励精图治,积蓄数十年。我不得已而抗战,何能说有无把握。

八月七日　南京

作战为手段,统制为目的,今欲打破敌人统制之目的,必须改作战方式变武力战为政略战。

八月八日　十二时离南京,十六时飞抵太原

决计易,定策难。

八月九日　太原

未雨绸缪

谋国允宜未雨绸,临渴掘井效何收。

欲图抗战改政略,民族革命胜可求。

八月十日

勿畏难

年来忍痛复吞酸,国难何容学挂冠。

千言万语说不尽,多少心事留舌端。

八月十一日

《诗》云:"彻彼桑土,绸缪牖户。今女下民,或敢侮予。"孔子曰:"为此诗者,其知道乎,能治其国家,谁敢侮之。"九一八后曾书此挂食堂以自警。谋国未雨

绸缪,如饥需食,寒需衣,为唯一有效之方,舍此亦别无他法。

八月十二日

自身的饥饿,不能靠别人吃饭替我解决。国家的危亡,不能靠他国自强替我解救。

八月十三日

剜肉补疮

敌人专意取华北,我则一心保江南。
急其所缓缓其急,何异补疮把肉剜。

八月十四日

认识了需要可以谋国,把握住现实可以为政。

八月十五日

百年大计

非常时需非常策,非常策需非常人。
百年大计前未定,更须今人大经纶。

八月十六日

使国家退步的国识,是使国家进步最大的阻力。

八月十七日

强国用力,大国用众,吾国今日对敌方策在用众。

八月十八日

事前的精密考虑与临时的仓惶失措,有天渊之别。

八月十九日

不知弱,不耻弱,不会自强。不知辱,不耻辱,不会自重。知弱耻弱是自强的动力,知落后耻落后是赶人的动力。

八月二十日

日不暇给的自新,仍恐死时还是污旧很多。

八月二十一日

强国以武力为后盾,弱国以决心为后盾。

八月二十二日

寡过为日不足入上进之途,为善为日不足得人生之路。

八月二十三日

谋国须未雨绸缪,有百年大计,依之产生数十年国策,根据国策定若干年计划,然后专责成,严考核,实功过,当赏罚,国必强。反之必弱。

八月二十四日

献战略

三路攻燕计非奇,电达中枢得复宜。

平汉津浦取守势,致敌倾兵攻平绥。

八月二十五日

政略移战略

攻当三路齐向燕,守则二区撤雁绥。

攻守两皆失依据,政略常将战略移。

用攻略牵掣战略为作战之大不利,因政略在保土,战略在战胜。

八月二十六日

女子非不怕穷不怕死,不能坚绝拒人戏,当国者亦然。拖泥带水自误误国,均由有所怕而来。

事初无决心易上人当,上当后,误国误人误自己。

八月二十七日

守南口

中枢决策守南口,张垣当局不同情。

原谋不战全斯土,致使张垣等空城。

八月二十八日　二十一时离太原,翌日五时到太和岭口

移防岭口督战

张垣失守雁绥危,无何岭口把防移。

兵不主动难为策,千里布防更欠宜。

八月三十日　太和岭口

事前求幸免者,临时难有决心。事前说强话者,多有幸免之心。

八月三十一日　太和岭口

奇计奇人才能用,向常人献奇计,非特难以接受,且遭嘲疑。

九月一日　太和岭口

谋国要忧深思远,施政要知易行简。

九月二日　太和岭口

多少中始能完全一器,多少对始能完成一事。

九月三日　太和岭口

必须能知人之长,始能补人之短。

九月四日　太和岭口

做无结果的事,终落个无结果。谋始不可不图终,国事甚大,尤当审慎。

九月五日　太和岭口

陷入出不易,且每愈陷愈深。险的事当有自主力以处之。

九月六日　太和岭口

与多数共事,须合上常人的是非。

九月七日　太和岭口

端不可开,嗜好要在开端处费力摆脱。中不可断,功业当到中途时努力继续。

九月八日　太和岭口

未雨绸缪

未雨绸缪忌讳多,祸已临头阻碍多。

临渴掘井费力多,晋省人民受害多。

云能遮日月,不能损日月。政敌能鼓惑是非,不能变更是非。

九月九日　太和岭口

遗呈

窃以此次对日抗战,必须走上民族革命途径,使此次战争成为民族革命战争,方能搏得最后之胜利。所谓民族革命战争者,在使敌人虽以武力战胜之后,但亦不能以开科取士之旧方式,一纸告示遂尔统制我国家。欲达到此目的,必须集合全国爱国志士,唤起民众,组织民众,训练民众,武装民众,使全体民众有明确的认识,坚决的决心,一致的行动,保有经续作战的能力,最后胜利始能有把握。日本今日本身之武力不足以统制中国,我果能走上民族革命之途径,在军事上无论如何失败,但持至最后国家亦能存在。否则单凭武力成为弱国对强国之战争,军事一旦失败,民众势将沙散,敌人传檄而定,我即无以立国矣。谨呈

中国国民党中央党部执行委员会

九月十日　太和岭口

责人所不能,连能亦不为。

九月十一日　太和岭口

管住自己是大勇,了解自己是大智。

九月十二日　太和岭口

弃雁绥工事

（一）

国防大计定当先,临时决策事难全。
工事费款千馀万,放弃全由南口牵。

（二）

南口之役失权衡,准备毫无守何成。
八师精兵损半数,致使雁绥枉经营。

大同撤兵

大同撤兵制机先,敌入雁门师难全。
勾注阵线五百里,处处薄弱敢辞怨。

九月十三日　太和岭口

观人处己均当努力于事前。

九月十四日　太和岭口

知人难,善任尤难。知而不善任等于不知。

九月十五日　太和岭口

我无心人亦无心,我存心人亦存心,心心相印不能忽失。

九月十六日　太和岭口

处人处到人不愧对不起时,则祸无日矣。忍一分闲气,得一分安生。

九月十七日　太和岭口

瞋一分损一分。瞋人之短,使人愈短。补人之短,使人减短。

九月十八日　太和岭口

法供智者用。以智助人可,以智强人不可。

九月十九日　太和岭口

弓强始能箭远,凡事须努力于造因,因成果自结。有其位能未雨绸缪,国运与人事何分。

九月二十日　太和岭口

突变的结果,渐变是功夫,不能渐变即无突变。渐变是渐变现实,突变是现实突变,离开现实即无渐变。多少金钱也买不动,多大权威也吓不动,才配组织团体。国家必须有此团体作重心,百般政治始能发挥效用。

九月二十一日　太和岭口

乘人之危难而制人,可以得国,不可以治国。

智仁勇是新兴国家的骨干,若发达不了国民的智仁勇,成不了新兴的国家。

九月二十二日　太和岭口

因断果绝。庸人不可以共安乐,更不可以共危殆。

九月二十三日　太和岭口

做人要通,通始保险。为政要信,信始有功。爱其者为其拼命,爱国者为国拼命,爱权者为权拼命。

九月二十四日　太和岭口

求治不可太急,急则生碍。医病不可过猛,猛则受伤。

九月二十五日　太和岭口

上之好恶,下必甚之,在上者好恶不可轻表。

九月二十六日　太和岭口

官兵打成一片,军民打成一片,才是现代国家的军政。玉碎胜于瓦全多多,碎而不玉,瓦而不全,庸懦者每每如之。

九月二十七日　太和岭口

认识若错误,愈努力愈糟糕。国家艰危,不敢护病而辞。

九月二十八日　童子崖

勾注撤兵

撤兵令下意凄凉,指挥杂军愧无方。

原由平型复南口,孰意茹越殒鉴堂(梁鉴堂二〇三旅旅长,督战阵亡)。

九月二十九日　五台山(佛名清凉山)

走五台山

雪天彻夜走清凉,飞灯光耀遍山梁。
老人途中迟行进,徒步泞泥衣带霜。

九月三十日　五台

以弱国对强国作战,采取侵略的攻坚挺进战法是吃亏。非有死守之必要者,不加兵即须撤。

十月一日　太原

强募来的兵,受打骂的管理,注入的训练,必然是一败即溃,一溃即散,丢枪必多。

十月二日

不有好的,不显坏的。军队军纪不好,大伤人民感情,非严组严教严查严惩不可。

十月三日

新是适用不是名词。老不能少,旧不能新。

十月四日

今日的我要有成就,我的今日必须努力。

十月五日

心管其事者计划周到,脑管其事者言之详确,嘴管其事者言语支吾。事得心管者可得圆满之效果,脑管者可得五十之效果,嘴管者则败坏无遗矣。

十月六日

话不在多在中肯,事不在忙在得窍。

十月七日

言不能收,错不能挽,故言不可不慎,事不可不谨。

十月八日

使人有兴趣精神始能奋发。

十月九日

感情是生活,同志是事功。

十月十日

用兵不难于猛攻,而难于得机。

十月十一日

原平战役

全区原平战最烈,三团只还五百人。

据守三院十一日,玉贞旅长兼成仁(姜玉贞—九六旅旅长,原平阵亡)。

十月十二日

战场上的胜利,须在参谋室求之。战场上的最后五分钟,须在操场上求之。操场中未尽到力量,战场上难收获效果。

十月十三日

军队与军队是一盘散沙,军人与军人是一盘散沙,军与民是一盘散沙,军人军队人民均不能互相帮助,反是互相障碍。

十月十四日

干部强部属即强,干部弱部属即弱,强弱的话是干部的形容词。

十月十五日

越不行的人越怨人,用一个不行的人损失太大。

十月十六日

虽选训用三者均佳,亦系得半之道,必须使组织责任心发挥效能才能得全。

十月十七日

军队与民合作是道理,亦系军队之自身需要。

十月十八日

军队编制不完全,教练不精熟,作战无狠法。

十月十九日

去不了内里的冲动,即免不了外面的冲动,即是损失。

十月二十日

改已成之习惯，其难等于再生。

十月二十一日

只觉人错，不知己错，十人九是，故纠纷难已。

十月二十二日

前线的成功，全赖后方的接济，前后等重。

十月二十三日

何以为中国物质不够，而今到处所感精神不足以承受物质。

十月二十四日

改不了虚报不能作战，防不住人虚报不配领导。

十月二十五日

国弱即由人疵。

十月二十六日

沉住气的张皇是生性，张皇时的沉气是工夫。

十月二十七日

有效无效全在自己。

十月二十八日

防心如防水，无孔不入。善端好开难结，故开当虑结。

十月二十九日

处理一件事，必须虑到将来错能到何地步而预防之。

十月三十日

委托人处理一件事，必须告知可能错误而预防之，必要时并当索其预防之法而考其够否。

十月三十一日

做事以仁用人，以情伤情则不能做事。

十一月一日

处常要从容中急迫，处变要急迫中从容。

十一月二日

忻口战役

忻口布阵得从容,全凭原平抗敌功。

假使娘关不失败,岂只念三任敌攻(此战役我军伤亡四万馀人,日军伤亡三万馀人)。

十一月三日

去不了旧错添不上新对,去不了旧恶添不上新善。

十一月四日　二十二时离太原

言勇者行多怯,用将勿为言所欺。

十一月五日

交城、南口、大同、平型、忻口各役皆失败,在后路兵不符地之故,战略之失败受政略所牵。

十一月六日　二十时离交城

不正确之舆论为为政之大障碍。

十一月七日　大麦郊

离太原是战略,离交城是弃谋,故离交城之难受甚于离太原。

十一月八日

离开心说物罔效,离开物说心无功。

十一月九日

当国误国之罪,为保障将来民族幸福计,不可轻容,虽已去世者,亦当布以应得之罪。

十一月十日

如何做一个坚强的革命分子,在有充分的组织责任心。

十一月十一日

错误是成功上必具之负号。

十一月十二日

说假话的人,不信人的话是真话。

十一月十三日

已过尚竖,贵高深;现在尚横,贵广博。

十一月十四日

按劳分配喻飞机,物产证券喻汽油,互相批评检讨错误喻机油,组织责任心喻驾驶员,四者俱备不难迎头赶上。

十一月十五日

驻大麦郊

十日之间大麦郊,殿后原非畏人嘲。

晋绥全军无消息,收容之责岂容抛。

十一月十六日　十一时离大麦郊

下临汾

临汾三电敌紧张,顾此失彼事两难。

只有舍此往彼去,留下晴波（楚溪春）了未完。

十一月十七日　隰县

组织责任心与国家事业为正比例,组织责任心够则百事俱兴,不够则百事俱废。

十一月十八日

前方战略与后方不连系。

十一月十九日

马克斯矛盾的统一出点是对在不对的反面,比如是混合物。我的矛盾的不矛盾出点是对在不对的中间,比如是化合物。

十一月二十日

把握统一,矛盾是错误,以治为常,以乱为变。把握矛盾,统一是过程,以乱为常,以治为变。

十一月二十一日

人民做汉奸之多,一由于生活困难,一由于爱国心未开发,此皆失政所致。

十一月二十二日　六时离隰县

由土地中开发物质,由心脑中开发精神,同样重要。

十一月二十三日　临汾

精神与物质在生活上同样需要。

十一月二十四日　临汾

分赃的团体是费力争权利。革命的团体是费力尽责任。

十一月二十五日

军人的中心思想比作战的技术还要紧,组织责任心比中心思想还要紧。

十一月二十六日

今天欲图我们民族的生存须凭我们自身之奋斗,不可有一点靠友邦帮助的意思。因友邦帮助其权在友邦,若有一点凭此的心理,一分得不到帮助即发生一分失望,增一分泄气。

十一月二十七日

欲图民族的生存,须靠自身之奋斗。

十一月二十八日

一个革命分子必须站在对的前面领导大家,站在错的后面纠正大家。

十一月二十九日

飞机式进度之新兴国家基础,完全建立在民族革命的组织责任心上。

十一月三十日　土门

义务上多尽,权利上少享,是服务社会最宽的路子。

十二月一日　土门

按劳分配竖的永久性与横的广大性,可使千百万年如一日,大千世界如一地。

十二月二日

错误是成功的大障碍。

十二月三日

忍耐说服是动员工作的要紧方法。

十二月四日

中心思想是作事的发动机。

十二月五日　临汾

充分圆满的责任心是作事的力量。

十二月六日

牺牲奋斗的精神是革命的根据。

十二月七日

能诚恳的接受批评,不客气、不负气、耐心说服他人,是现代的人。

十二月八日

反求诸己是做事上必要的修养。

十二月九日

把握住现实的行动始不白忙。

十二月十日

有现代的认识始能做现代的事。

十二月十一日

用人讲能力,不拘资格。任事说实效,不务虚位。

十二月十二日

打破分散力量的同乡同学同事封建观念,建立集中力量的同志观念,才是真正革命者。

十二月十三日

能刻苦耐劳守纪律,才是进步的生活。

十二月十四日

先攻己恶并攻人恶的勇气,是民主政治上必要之条件。

十二月十五日

革命的人应痛除争权、自私、诿过、护短的落后观念。

十二月十六日

认识了革命的路线,把握着革命的现实。

十二月十七日

革命的县长必须以身作则,成一健全的革命者,领导全县的公务员。

十二月二十日

公道团的人必须不惜一切牺牲担负起主张公道的责任。

十二月二十一日

应在民族革命与社会革命的任务上尽绝大之努力。

十二月二十二日

抗战的今日,必须提动各级干部,踢破经常范围,在民族革命的路线上向前领导。

十二月二十三日

最需要的是在铁的纪律中充满组织责任心发挥组织功能的人。

十二月二十四日

希望全般人要以十二分之考虑,去除消极与积极的助敌行为。

十二月二十五日

绝对抛弃用个人的力量,要用政治力量,以加大工作效能。

十二月二十六日

把握住现实向前迈进。

十二月二十七日

在革命的路线上尽量争取社会同情以减少进行的障碍。

十二月二十八日

站在组织中表现组织的力量,不要离开组织表现个人的力量。

十二月二十九日

二十三时离临汾乘火车赴汉口。

赴汉口

南京失守举国尤,此去何敢云分忧。

中枢有计挽危局,无须浅识与共谋。

十二月三十日　赴汉口途中

一路文武有四忧见告:

一、伤兵无法收容。

二、难民无法安置。

三、出产无法出售。

四、百馀游击司令遍处招聚莠民。

十二月三十一日　汉口

谋国要能见其大,虑其远。见其大能巩固现在,虑其远能策安将来。

民国二十七年

（1938 年）

一月一日　汉口

偶感

（一）

立国全凭未雨绸，饥餐渴饮舍无求。
当国必须此为务，国家民族蒙福庥。

（二）

立国全凭未雨绸，御侮舍此别无由。
六十年前如变法，今可并驾齐美欧。

（三）

立国全凭未雨绸，地大物博四百州。
史年五千人四亿，睡狮久睡反招谋。

一月二日　汉口

各国只顾自己利害，致我困于强邻。我当取突击外交，突此困围。突击利器当分别取之，我所走之方向能影响其利害者即为对彼之利器也。

一月三日　汉口

外交官出言不可不慎，某国大使答我元戎"到中国政府退到一隅时，彼之流血更少"语，大滋疑虑。

一月四日　汉口

和与战

主和主战莫纷纭，自古和战意难同。
和战果与国有利，主战主和有何分。

一月五日　汉口

过江

由来日日三过江,群策群力将难扛。
国内无备外无援,只凭决心安家邦。

一月六日　二十一时离汉口

偶感

(四)

立国全凭未雨绸,富强须从政治求。
五洲交通庞自大,国族重蒙无涯羞。

(五)

立国全凭未雨绸,遗误国事罪无俦。
后车当以前车鉴,今人莫尽古人尤。

(六)

立国全凭未雨绸,中原一统二千秋。
官不负责民失政,医国良药早当投。

一月七日　返临汾途中

天命人事

谋其事之所当为,尽其力之所能为。
天命人事有何别,国病还须待国医。

一月八日　返临汾途中

偶感

（七）
立国全凭未雨绸,大事小做功可收。
临渴掘井抵何事,遗误倍增后人忧。

（八）
立国全凭未雨绸,无上大权始有猷。
若权不是无上大,绸缪未雨反招尤。

（九）
立国全凭未雨绸,六十年前即当筹。
前人误下今人罪,任人践踏四百州。

一月九日　临汾

欲走上民族革命的路线,先须上了革命的政治。革命的政治要树立起革命的政府,今日最要紧的是省政府须变成革命的省政府,县政府变成革命的县政府,村公所变成革命的村公所。

一月十日

谁能领导民众跟谁。

一月十一日

扩大事功的思想,自然减少腐败的行为。

一月十二日

能强制人不坏,不能强制人必好。

一月十三日　临汾

自感
学未成就行未修,此生结果有何收。
大喇嘛秤心向往,任可外力引无由。

一月十四日

　　盲从是思想作奴隶。思想作奴隶较身体作奴隶还悲惨。

一月十五日

　　个个人须有十分的组织责任心,有我不许组织坏,有组织不许政事坏。

一月十六日

善因

　　因果相循百事同,乖因求果理不通。
　　种下恶因结恶果,善因人事第一功。

　　此次作战,汉奸通敌之害小,无线电被窃之害大。密码辗转递传,有一不密之码,其馀亦皆不密矣。非由大本营精密筹划难期补救。

一月十八日

　　战略错战术受其影响,战术错战斗受其影响。反过来说,战斗强能挽救战术之错,战术强能挽救战略之错。

一月十九日

　　错误是失败的全因,无错误即无失败。

一月二十一日

　　曲折的人事,由于曲折的人心,只可就曲折处曲折。

一月二十二日

　　事当寻着恰好处,有过不及无新旧。

一月二十三日

　　眼是由高看低易,由低看高难。心是由低看高易,由高看低难。

一月二十四日

　　知人错易,知己错难,故智者首贵知己错。

一月二十五日

　　人心如水,有隙必乘。

一月二十六日

　　可进可退,权利则退,义务则进。

一月二十七日

　　用人贵知其长,尤贵知其短。知其长用其长,知其短避其短。

一月二十八日

　　兵要自练,战要自主。

一月二十九日　十七时离临汾

　　防正面之敌易,防侧面之敌难。

一月三十日　襄陵县温泉

　　不怕事难,全怕自难。

一月三十一日　温泉

　　认识上恰合着需要,行动上把握住现实,为成功之圆满条件。

二月一日

　　不静中能静,百忙中不忙。

二月二日

　　一时大努力易,天天小努力难。

二月三日

　　难事须从易处做起,深理当从浅处说出。

二月四日

　　谋国不当为不正确之舆论所转。

二月五日

　　奖良以移风,身先以鼓气。

二月六日

　　谋事不可太易,做事不可太难。

二月七日

　　民族革命之意义,是由抗战到复兴。抗战是凭民族革命战争,复兴是凭民族革命政治。

二月八日

　　无组织的民众,经无军纪的军队一扰即散。

二月九日

做事起端易,结果难,必须慎始图终。

二月十日

该做的事能做即做,当止的事能止即止。

二月十一日

做人是由外向内,做事是由内向外。

二月十二日

娱乐中发生力量以做事,娱乐中调整力量以做人。

二月十三日

不想就说的话多数人易懂。

二月十四日

对是绝对的,数理然,事理亦然。有以为是相对的,那是主观的错误。

二月十五日

克服私心,发展公心,为革命先决问题。

二月十六日　温泉

公心是个人的光明,公道是人类的光明。

民族革命同志会成立。

二月十七日

芷庄全家殉国。知爱国者必爱己。(陈敬棠,字芷庄,山西忻县人,曾任山西省村政处处长。日军侵入,拒受其命,全家殉难。)

二月十八日

急人之急,扶人之危,济人之困,是最表示人类性的。

二月十九日

应当不留怙愧于人间。

二月二十日

得不到自主的生活枉生。

二月二十一日

义当为,功所在,是道理与事合一。

二月二十二日

旧的不认识需要,新的把握不着现实。若旧的能认识需要,新的能把握着现实,则新旧之别无矣。

二月二十三日　十九时离温泉

敌间

　　同为国军宣劳勤,敌人强把主客分。
　　击破主军客易退,从来专打晋绥军。

　　第二战区自作战以来,敌方专攻晋绥军,以为主军击破,客军易退,此次敌又专攻隰县,情势紧迫,故前往蒲县督师,于土门少息,二十四日二时由土门出发,六时到蒲县。

二月二十四日　蒲县　十九时离蒲县

蒲城督师

　　前线督师到蒲城,东阳晋垣同告惊。
　　一区全军皆南撤,侧后兼顾不易行。

　　因第一战区之敌大部由东阳关一部由晋城一部由垣曲攻入第二战区,临汾战线侧后均感威胁,卫总司令(立煌)欲来蒲商应付办法,恐伊离开防线摇动军心,故决定返临汾会议。

二月二十五日　土门　十五时离土门

　　因温泉行署及临汾公署人员接电东阳关、晋城、垣曲敌情颇现紧张,故返临汾,又到温泉,下移动令后,随返临汾,令民族革命大学向乡宁移动,并颁民大校歌后,随到土门少息,返抵蒲县,正二十六日上午五时。

二月二十六日　蒲县　九时离蒲县十八时到大宁

复过蒲城

　　同车同义不同忧,蒲城已闻炮声稠。
　　冒险十时向西进,午城头上炸弹投。

十二时过午城,遇敌机于河中,晤杨孙总副司令,决定方略,当日抵大宁。

二月二十七日　大宁

祭第二战区执法总监张培梅文

你很爱国,你很壮烈,你以为晋民苦矣,国家危矣,不忍睹,不堪睹,君乃自了,遗其妻子,别其朋友,君其自了矣。我则不作如是感。我国有二千年大一统之光荣,亦随有二千年大一统之遗毒,使维新革命均无大效,经此疯狂自损之日本军阀一大打击,必能去旧鼎新而成现代化之国家。我不悲观,途中告我君服毒得救矣,至宁乃知君已矣,使我惨然。继思君结果矣,且有果结矣,遂转我念。君之清廉无积,我所素知,家庭生活,我负其责,君可释虑。

二月二十八日　大宁　二十一时离大宁二十四时到川庄

今后努力

物力全凭心力表,物虽不足心更少。

培物容易培心难,今后努力当详考。

三月一日　吉县　三时离川庄二十四时到吉县

吉县行

夜向吉县行,河水百馀经。

行人身半湿,残冰伴稠星。

三月二日　吉县

敌情胜时易轻小,败时易张大。

三月三日

家眷西行,留走难决。

三月四日

重情者死情,重货者死货,重名者死名,重学问者死学问。

三月五日

中国物质不足,但此次作战均未感到物质不足,可见无强大的精神支配不了强大的物质。

三月六日

好戏尚非一般人所知,好道理如何能期一般人皆知。

三月七日

自动

临汾失陷第七日,运动战略大展开。

向来被动今自动,捷报一日十三来。

三月八日

不知忧虑,不知祸患之故。

三月九日

不知成就自己,必不能成就他人。

三月十日

经一度艰苦,增一分忍耐。

三月十一日

处物巧胜于拙,处人拙胜于巧。

三月十二日

工于宣传者,每怠于实做,人不可久欺,终必失败。

三月十三日

卫立煌总司令(第十四集团军)由河西返防。

不认识需要不知做,把握不住现实不会做,其误事相等。

三月十四日

坚决乐观非有心,责任与认识使然耳。

三月十五日

沉着

事有非常心如常,情虽紧急莫张皇,

只有沉着能胜敌,失措岂能有良方。

三月十六日　吉县　二十时离吉县翌日一时到东石泉

议决西渡

为行游击战,先将行营离。

敌人三面包,只有向西移。

决议行署离开吉县,易于布置军事,深感战意不强。

夜走峻坡（上郭村坡亦名峻坡）

荷戈戴月走峻坡,卫士扶驴汗土和。

强敌唯有到底抗,民族复兴尚疑何。

三月十七日　东石泉

过快乐的今日与难受的今日,其所感之差别愈大,显的涵养愈不足。

三月十八日　东石泉　十六时离东石泉二十三时到西赵村

宿石泉村

夜雨静息东石泉,方便顿觉无比前。

人情原是人情换,云岫溪壑别有缘。

三月十九日　西赵村　三时离西赵村六时半到小船窝十时渡河

渡黄河

（一）

八路（日军）围攻政中心，各个击破计未成。
三千学生男和女，暂渡北上再东行。

抗战到底死而后已。

三月二十日　圪针滩　十六时离圪针滩十九时半到桑柏村

渡黄河

（二）

人马万馀阻黄河，渡舟一只小船窝。
伤兵学生可西渡，其馀一律不准过。

（三）

三千学生只一舟，渡河未毕雨声稠。
冒雨高歌野立夜，翌晨一舟顺水流。

中国必不亡，即是必复兴。

三月二十一日　宜川县桑柏村

令学生北上

职员学生剩三千，饥寒待渡业两天。
船流敌迫难为计，随军北上可安全。

万事皆缓东渡为急。

三月二十二日　桑柏村

续由节生。

三月二十三日　桑柏村

图功易进，修德易退。

三月二十四日

火候在做事上看，其要紧处与做的功夫一样重，盖均是一失全失。

三月二十五日

宜川泉

宜川县中宜川泉，涓涓不绝供民煎。
凿大源头增水量，更为人民灌良田。

三月二十六日

动必以静为根，无静必无动。

三月二十七日

念人民

国是要在机先筹，始皇遗毒今更尤。
大战八次皆负敌，念兆人民陷火油。

三月二十八日

感战斗力薄

战事情况如伏天，变化无常测难先。
胜报甫来负报到，战术战斗两未全。

三月二十九日

敌占永和

甫定永和渡，敌向永和开。
何以如此巧，无线电引来。

三月三十日

告主西移者

桑柏已远堪西移,所管战区可轻离?

指挥固须稳定地,领导当以前线宜。

三月三十一日

收复吉县为今日当务之急。

四月一日

偶感

指挥他军莫谓难,只要运用得其方。

可惜我人无此术,空使多军置若傍。

四月二日

万事皆由做成,期成须先做,不做永无成。

四月三日

母命

家人来电欲随行,只为多病不放心。

允从有违侍母义,从违全依母命听。

当进进难,当退退难,非进退为难,乃当为而为为难也。

四月四日

儿童节

去年今日检儿童,今年今日桑柏村。

西渡有违原初意,只为作战得从容。

四月五日

不表现政治力量是无政治。感受政治的苛害是恶政治。

回忆

（一）

立国全凭未雨绸,酿成革命不知谋。
巾帼那识经国计,衮衮诸臣未免羞。

（二）

立国全凭未雨绸,不谋国是把安筹。
青史书罪六君子,遗臣怏怏那甘休。

（三）

立国全凭未雨绸,元首九易十六秋。
干戈未息何暇计,史笔无须太苛求。

（四）

立国全凭未雨绸,祸已临头更当筹。
九一八前皆遗误,多少贤才各自谋。

四月六日

桑柏

各依本质斗芬芳,桑柏争春赛新妆。
擞叶施谄桑胜柏,摇头献媚柏优桑。

感人以言其效已小,若言尚不足以感人,将何以为政。

四月七日

两端忧

有来有去走崖沟,国危如卵两端忧。

万分镇静整心绪,人事每每相盾矛。

义当为之事,与谋成之事不同,应当虑其结果如何。

四月八日

咎莫大于误国,错莫大于饰非。

四月九日

会祁友鼎其建议颇堪注意。

四月十日

春夜

国将不国家何为,有国有家更所期。

国危家散增心系,明月春色息迟迟。

桑柏、西安、四川三眷在途中,均无电息。

四月十一日

得到川电母子安。

知难行易是以知的力量求得物的帮助。知易行难是以行的力量求得人的帮助。

四月十二日

力凭理壮,理凭力伸,无理之力必折,无力之理不伸。乐观者顿曰,公理定胜强权。悲观者辄叹,强权压倒公理。此皆为错论。公理强权非比胜负者,是互倚为用,如欲伸理非力不可,且力有若干,方能伸理若干,尤其是国际间无制裁力量,欲讲理必须培力。

四月十三日

不能是指本身与方法而言,若时间关系无所谓不能,今人每以此混。

四月十四日

恶意最初无论如何作的善,结果是个恶。善意最初无论如何作的恶,结果是个善。

四月十五日　十五时离桑柏村十八时渡河二十二时到中市村(山西吉县)

沿黄河西岸行有感水波若世波

一波流去一波推,波波相继不复回。
有数英雄随波去,无数英雄逐波来。

渡黄河立岸

水波不息如世波,波波相继史若何。
多少英杰随波去,空留丹青供泣歌。

渡船中

来回两渡小船窝,抗日战争若此波。
前波涌来后波继,四万万人畏敌何。

渡黄河后遇伤兵有感世界大战

兴戎逞志罪无俦,嗜杀为心举世尤。
断臂残躯死不计,直教孤寡满全球。

黄河东岸经壶口

(一)

远瞭黄河水气蒸,近闻如雷瀑布声。
询问引路名何是,龙王迊下壶口称。

(二)

水中冒烟旱行船,壶口瀑布古奇称。
坎深九里十八丈,如雷声音不断听。

四月十六日　中市村

理财要在事本身节省,不可在对方节省。反之,众叛亲离,财尽人散。

四月十七日　中市村

敌无人道

焚烧奸杀无不施,敌人亦人忍何斯。
识字手柔尽皆杀,为扭马缰剥人皮。
一报信疑二报陈,日军强暴乱天伦。
漫言一等文明国,意表行为有愧人。

四月十八日　中市村

弱国之民

（一）

弱国之民等羊牛,任人残杀不敢仇。
惧怕来问惧怕罪,谋国必须早绸缪。

（二）

弱国之民等罪囚,男奴女婢不敢羞。
低头来问低头罪,谋国必须早绸缪。

（三）

弱国之民无自由,是非曲直尽人咻。
欢迎来问欢迎罪,谋国必须早绸缪。

四月十九日　中市村

一人不合一人之咎,众人不合自己之咎,处人然,为国亦然。

四月二十日

责人所认人受,强人所能人勉。

四月二十一日

喜雨

宿麦需雨八十三(即阴历八月、十月、三月),季春望霓聚相谈。

夜闻霖声晨未息,满地春色悦层岚。

四月二十二日

忧妻病

子电传来妻病沉,远道流离糟糠心。

胆石原系缠手病,主病无由听好音。

多年疑云一夕消。

四月二十三日

朝会定一日工作最为有益。

四月二十四日

以人之长修正人之短易,以己之长修正人之短难。

四月二十五日

法不足以制事,强人百不一对。法足以制事,不强百不一错。

四月二十六日

立国大计

立国全凭未雨绸,百年大计舍何求。

绸缪尽是先时事,那容他人代替筹。

国策与计划

立国全凭未雨绸,国策至少三十秋。

决定国策施计划,行政功效始可收。

迎头赶上
立国全凭未雨绸,人力物力当并求。
落后环球六十载,若无捷径赶何由。

国识
立国全凭未雨绸,绸缪先将国识求。
若无国识筹无是,国识领导为始忧。

四月二十七日
大事化小,小事化无,吉。无事酿有,小事酿大,凶。

四月二十八日
人有错说明纠正可,轻之低之不可。

四月二十九日
嗔人一分过量一分馁,人有错不可嗔之,只可纠正。能知错的人少,能认错的人更少,纠正人的错,顶好使人不觉有错,纠正始易。

四月三十日
日本川备司令于本月一日参加江都伪组织警官训练所开学典礼,在办公桌上写一字条,书"日本危机,支那危机,东亚危机,战争要不得,打倒军阀"。日本此次对华作战,可谓日本自杀,并使亚洲复兴受根本打击,乃极错误之举。将此次人力财力变而为协助亚洲民族复兴,其功效比之亚洲自杀有天渊之别,惜日本高明人均不当权,致自误误洲也。

五月一日
南京失陷日,梢井坟喜电告西园寺以要功。西园答:我老矣,当年准备嘱尔辈留以飨客,尔尽取而喂狗,试问客来何以应。中国最弱,胜何足奇,余闻胜反忧,尔辈误矣。台耳庄败耗传到东京,西园拈须一笑,尔之豪气固可佩,将何以善其后,少壮派默然云云。日大国也,不乏忧深思远之人。

五月二日

安民用民

政须安民兼用民,有体有用政始仁。
若不图安又不用,体用皆无效何因。

五月三日

作战有感

（一）

指挥不统一,战事难展开。
可惜好机会,诚恐不再来。

五月四日

作战有感

（二）

命令一日五次更,反使部下俭实行。
谋定后动考功过,使无躲闪方利兵。

五月五日

偶感

半生滴泪等池潭,至今犹有馀痛函。
世间那有舒心事,人人往事不堪谈。

五月六日

为政有感

谁为人民计,官多为己谋。

故凡百设施,皆成自身尤。

五月七日

触身病疼,触心病怵,处人当忌之。

中国家庭合处办法,好处是少则子息有靠而易长,老则父母快乐而善养。不好处是少时子息受困,老则父母被分,两皆不善。如能婆慈媳贤,父慈子孝,合居为好,否则另居好。

五月八日

偶感

四同兼心同,五同情自通。

海干与石烂,此同到始终。

五月九日

心不发物穷困,物不表心奢靡。商埠都市穷乡荒庄,皆心物相离,为国家极大危机。

五月十日

外患

有民不知教,有产不知开。

做甚不务甚,外患自然来。

五月十一日

集感

历史多系缺憾事,遍地又多缺憾人。

尽使缺憾入耳眼,肝胆不碎心不仁。

读史每难卒半册,谈世无不汗一身。

祸根尽由偏制度,得中兼需力万钧。

五月十二日

政治如车,人民如路,车能辙路,路能覆车,古人所谓懔乎若朽索之驭六马。行车须先平路,施政须先安民。

五月十三日

万事发于心,无是心必无是政,为政必先培心。无爱人之心,不会有爱人之政。无爱国之心,不会有爱国之政。

五月十四日

无上大权,有存亡,无是非,是非亦须在事后评之,若事前说是非,未雨绸缪之事,不易为矣。

五月十五日

答叩军情者

敌攻十月未曾停,国人函电问情形。

二区抗战真面目,须从敌方广播听。

五月十六日　十七时离中市二十一时到固县村(又称古贤村,山西吉县)

夜行有感

人人统说蜀道难,谁知吉县路更蟠。

通衢大道仅行人,徒步山顶月照鞍。

迷信误人

吉县人民患迷信,有病不医将鬼赶。
不知多少冤死者,速开民智责在官。

沿黄河北上

逝者如斯未曾休,继来谁知亿万秋。
已往冤怨知多少,人类缺憾无尽头。

图存

立国全凭未雨绸,强邻谋我几时休。
适应环境早为计,足食足兵民信修。

人材与制度

立国全凭未雨绸,人材制度须兼筹。
精神物质同开发,竞争生存始有由。

物产证券

立国全凭未雨绸,工作增多生活优。
比限物产交易病,物产证券显功猷。

按劳分配

立国全凭未雨绸,制度杀人祸更尤。
按劳分配真公道,人类幸福向此求。

组织责任心

立国全凭未雨绸,组织责任心当头。
充满此心飞机速,迎头赶上尚何愁。

互相批评

立国全凭未雨绸,互相批评砺无俦。
检讨错误无涯益,促进事业此最尤。

五月十七日　固县

会客有感

民大学生殒八个,遍地宣传死三千。
谁说不怕云遮日,四川齐年不见天。

横波

恶意造谣伎俩多,无风每每掀横波。
读史未识虬髯客,立志常怀鲁阳戈。

五月十八日

大一统

（一）

始皇一统二千年,外患无忧内顾先。
愚民不足并愚官,革命维新效均鲜。

（二）

始皇一统二千年,世界大国不毗连。
焚书坑儒销兵器,目光全被对内牵。

（三）

二千年中大一统,不知世界尚有邻。
政尚愚民官尚贵,国风民习病根深。

五月十九日

中国的困难,不在不会学西洋的学问,是在不会运用中国的学问。不怕人民不肯抗日,全怕政府行之不坚。

五月二十日

忧古

(一)

立国全凭未雨绸,古人遗误今人愁。
怨尤古人抵何事,血汗尚须今人流。

(二)

未雨绸缪国必治,临渴掘井枉劳心。
鸦片之役已见绌,一直遗误到而今。

五月二十一日

方法是解决事的困难,道理是解决人的困难。

五月二十二日

不肯责己的人不能处人,不善责人的人不能理事。人心如水有孔必泄,无论如何密的法,亦难防人不犯。

五月二十三日

告阻

未雨绸缪忌讳多,祸已临头尚阻何。
即使从今群策力,尤恐难回鲁阳戈。

愧群贤

足食足兵与民信,立国必须此当先。
筹谋需仁兼需识,而今尤感愧群贤。

五月二十四日

倒退的国家,责任愈大愈不负责,官级愈大愈不努力。

五月二十五日

无好干部绝难有好部属,选拔干部,训练干部,为练兵之先着。

怨西后

国家闲暇明政刑,槃乐怠敖理无存。
女子当国无不误,可怜国人告无门。

自愧

师旅饥馑仅三年,九一八来六载迁。
苏俄五年成计划,我则依然弱如前。

五月二十六日

障碍进步莫甚于磨擦。

精诚团结

抗敌容易精团难,精团必须各心安。
上布公道下极诚,救国途径自然宽。

戒自满

国是难识不难为,虚心求得天下知。
倘若自满并自傲,拒人千里重国危。

五月二十七日

不会办公事不能存在,不会定章程不能有功,不会定制度不能立国。

五月二十八日

过量的食损胃,过分的责伤情。

五月二十九日

非去不能添,必须有去的勇气,始能收添的效果。

五月三十日

环境逼迫的进步是常人,自动的进步是豪杰,环境逼迫而不知进步是庸懦。中国六十年来当国者皆庸懦人也。

人民幸福

政为人民谋幸福,幸福出自人民身。
发展心力与身力,精神物质全始仁。

五月三十一日

不只是性难改,认识亦难改。不认识现实所需要的人,认识常常落在需要之后。

六月一日

以一处二,对一错一。以二处一,得半失半。

六月二日

落后者淘汰,过前者碰头。

六月三日

无企图的人,不能共谋企图事。

六月四日

多难兴邦的话,全是说自己努力,所谓栽培倾覆是也。今日国难严重,正志士努力之时,过之悔不及矣。

六月五日

用不胜任的人办事,其事必坏。但用上再去不易,在用之先须十分审慎,且必须试之在先,用之在后。

六月六日

在极纷纭的时候,人最易乘隙谋私,尤非缜密不可。

六月七日

似是而非的非,似非而是的是,能懂的人少,不可逢人而言。

六月八日

应当体谅人知不能为,责备人法不能守,前者是知难行易,后者是知易行难。

六月九日

精神超乎物质,举重若轻。物质超乎精神,东丢西遗。观乎徐汴战争,仍非物质不足,实是精神不够。经此次战事,证明今后努力当精神物质并重,且常使精神超乎物质。

六月十日

国保护家,家保护人,人保护国。三者循环保护,不可一缺。

六月十一日

动感情的事来,尤非平心静气的处理不可。

六月十二日

多年欲写中国的百病及其治疗法,未及入手,每以为憾,今日仍在憾之中。

六月十三日

治国是事功,知难行易。克己是学问,知易行难。

六月十四日

二的利害成不了一的团结,二的认识成不了一的行为。

六月十五日

上级要体谅下级的困难,补助下级的缺点,指示下级办事的方法,纠正下级的错误,惩罚下级的罪恶,缺一不足以为善,这是属于人治的一面。尤要紧的是规定办事的章则,使下级有所遵循,所谓治人治法,可收全功也。

六月十六日

慎人选,专责成,善指导,严考核,当赏罚,可无为而治。

六月十七日

听话其难哉,各力图其说以欺上,听话其难哉。

六月十八日

不够的局势上,愈努力其错愈大。

六月十九日

德日的战术是侵略性的,强国对弱国,用之利多害少。孙子兵法是平性的强对强弱对弱,可谓最公道的战术。吾国今日与日本作战,是以弱对强,采德日战术甚为不利,但举国军人所学如此,非特更改不易,言更改且难,真是错路走深难返回,谋国必须事事图始虑终。

六月二十一日
用兵必须先胜而后战,今日仍深感不易。

六月二十二日
强迫补充兵额是饮鸩止渴,补来之日即伏带枪逃亡之机,结果非特无兵,而且并枪亦无之。

六月二十三日
走到死路上,非返回不能逃死,此为必然之理。今日我国尚未背死路而行,是使人最着急之事。

六月二十四日
言过量失效,事过量失成。

六月二十五日
章则如器具,器具不利不能处物,章则不备不能理事。

六月二十六日
不能避人之短,即不能用人之长,终不能得人之助。

六月二十七日
言多一分行少一分,气多一分理蔽一分。

六月二十八日
在中国为政,第一感到用耳难。因人言无信,各言极端,为政困难在此,国事败坏亦在此。

六月二十九日
互相批评利人,检讨错误利事,组织责任心利国。

六月三十日
晓人以不知,责人以不认,不只无益反而有损。

七月一日
以弱战强,须用以弱战强的战法,拿上以强战弱的战法而作以弱战强的战争,未有不败者。

七月二日
无政治能力之国家,一溃即散。

七月三日
使多数人均有工作,须支配得宜,欲工作均有效果,须章程得宜。

七月四日
在错路上走的愈快,离对愈远。

七月五日
利害相反,虽苟合终亦必离。

七月六日
有中心思想,才能有集体企图。有集体企图,才能有组织责任心。

七月七日
有权位的人,求人批评尚且不易,况拒绝乎。

七月八日
教人知易,教人行难。

七月九日
强不能者能,非徒无益而且有损。

七月十日
事先无准备,临时必慌张。

七月十一日
打仗要先胜后战,处事要先成后做。

七月十二日
一味责人,于事无济,反求诸己,事乃可通。

七月十三日
重心轻术减能,重术轻心损德。

七月十四日
所好难止,所恶难行。

七月十五日
知利行利,知害避害,易。知善行善,知恶止恶,难。

七月十六日

惟日不足的为善,是善的思想做了动力。惟日不足的为恶,是恶的思想做了动力。为人首须正确思想。

七月十七日

易事当教人为,难事当引人为。

七月十八日

善人之情,鼓人之气,为指挥人不可少之条件。

七月十九日

善人之情,鼓人之气,人奋兴。伤人之情,摧人之气,人颓败。

七月二十日

政务官之能力,不在用眼耳在用心。

七月二十一日

知人难,服人更难。

七月二十二日

叙述的学问,重在说明,进一步是推断,是被动的,服从的,归顺历史的,是历史的奴隶。规范的学问,重在批判,进一步是指导,是自动的,革命的,指导历史的,是历史的主人。

七月二十三日

人是甚,已成不易改。期其改变,不若就甚用甚。

七月二十四日

为政不只不在多言,实言误行也。

七月二十五日

得其道,愈努力收效愈速。反其道,愈努力距题愈远。

七月二十六日

人之好善,孰不如我,不可以恶揣人,而俭与之为善。人之忌妒,孰不具有,不可以善循人,疏于设防。

七月二十七日

不认识需要是不知革命,不把握现实是不会革命。

七月二十八日

背耳告人说乖话,是增人恶感,是害人,仁者不忍为,知者不敢为。

七月二十九日

有人来问我,昨有人告我某人如何说我的乖话。我答曰,你不知我与某人交情,此答如何。余曰:敢与你说此话,就是你的弱点,既来说,应正告之曰:你此说是增我与某之不并存,你是对不起朋友,你说此言,避不了人视你是别有组织,破坏抗战,你是危害国家,增人之祸是不仁,陷己于罪是不智,君当以为戒。

七月三十日

事到交关倍努力,成败在此一时。

七月三十一日

不是事难为,还是人不会为。

八月一日

能安慰住人,才能得到人的帮助。能体谅人,才能安慰人。故处人必须能体谅人。

八月二日

去年今日

去年今日飞南京,今年今日固县村。

回首往事已陈迹,尽是斑斑血泪痕。

八月三日

伤往

知之信比由之难,念年枉费我心肝。

自从易辙改辕后,直把时劳换逸安。

八月四日

知难行易的事易努力。知易行难的事难努力。

八月五日

张高(鼓)峰事件起于七月十九日,最紧张处从三十日起,从来弄假每成真。

八月六日

不是事不可为,还是人不善为。欲人善为,先从自身改良起。

八月七日

夸功者必谄人,此等人站在大众面前讲话是暴短于众。

八月八日

欲人不疑,须已不做令人可疑之事。

八月九日

做事须把握住现实,教人亦须把握住现实。

八月十日

过量之话减其效力,顶好说在量内效力最大。

八月十一日

积弊已深时,一时同去除,易感精力人材均缺,应一弊一弊逐次而去。

八月十二日

听话不难,听无意之话难,听有心人之话更难,最难的是听无意而有心之话。

八月十三日

愤坏事最大,担事者第一不敢愤。

八月十四日

若网在纲为办事上必要之条件,开始宜从演绎法做起,中途要从归纳法做起。

八月十五日

学乱心荒的今日,无论大小事均难上路。必须造有轨道,并为之起了头,再周于督促,始能日起有功。

八月十六日

盼人知而自动的行,在行政说是错误,应当是领导上人而使人自动的行,才是正道。

八月十七日

为政怕错,尤怕讳错,更怕执错。错是损,讳错是蓄损,执错是助损,错是事损,讳错是名损,执错要身损。

八月十八日

能规定法规章则,事有路途,治事不难矣。

八月十九日

公务上有原因的错误,是责任上的错误。无原因的错误,是人格上的错误。有了错误说原因,说的虽对,亦只可逃法网,不可以逃责任。

八月二十日

披砂捡金,是难于认识。

八月二十一日

老不能少,大不能小,旧不能新,腐不能真。

八月二十二日

大者多松,非大而紧者不易成功。

八月二十三日

尽生而知者常道也,常道不可违,违则凶。尽人而能者常技也,常技不可无,无则困。

八月二十四日

读宋史有感

(一)

固县闲来读宋史,权相制将困财资。

谁知金牌十二假,宋祚由斯也履危。

(二)

求和须割地,割地要止戈。

苟安权相意,良将可奈何。

八月二十五日

处人当使人善感而不肯如何,不可使人恶感而无可如何,处事要善法而使人无可如何,不可使其有法而不肯如何。

八月二十六日

缓于事而急于人有功,忽于人而求于事罔效。

八月二十七日

革命的力量发生于是非之心,叙述的学问不讲是非,不能发出革命的力量。

八月二十八日

以己之长补人之短。在上者如此,易委托事。在下者如此,易承办事。

八月二十九日

轻喜则近狂,轻怒则近暴。

八月三十日

功罪分离,功是功,罪是罪,人人可知。功罪相连,功愈大而罪亦愈大,非智者不辨。

八月三十一日

同一事,在时易如反掌,过时难如登天。

九月一日

得窍扼要,是理事密诀。

九月二日

势成难扼,成势当慎。

九月三日

止乱须止心,成善先成念。

九月四日

知者言之易,不知者言之难。能者为之易,不能者为之难。

九月五日

人心如水,说到公处无面不平,说到私处有孔必入,故处人须善用,尤须善防。

九月六日

今日图治必须先做两事：一确定名词意义界限，尤须一事一名，以明是非。一须创立事务技术处理事务，以表现行政效力。

九月七日

使人上路必须有力量，但不能尽凭力量，须有领导与说服。

九月八日

知识可以教人，行为必须领导，行为若不领导，如火车失了机车，不会自动。

九月九日

九分聪明的人懂不了十分的事，九分能力的人做不了十分的事，强之反招其非。

九月十日

未想过之深理，卒然答之浅，转念答之离，再思答之当。

九月十一日

私错重于公错，做人重于做事，此为二千年大一统之遗毒。

九月十二日

不慎之于前，必困之于后。

九月十三日

得意是失意的起首，得意于前，必失意于后。

九月十四日

顺利路上益当审慎，失利途中愈须努力。

九月十五日

错后补救不易，对当详密审考。

九月十六日

不善欺者以欺，善欺者以诚欺，欺易防，诚欺难防。

九月十九日

只看见人的不对，不知道自己的不对，个人如此是个人自杀，组织如此是组织自杀。

九月二十日

事有宜直接者,有宜转弯者,以情理为判。

九月二十一日

日深的困难要在始发生时解决。

九月二十二日

不言则怒,言则困,宁怒勿困。不言则怒,言则解,当言解怒。

九月二十三日

责人之错须先明其对,责人之咎须先表其功,使易接受。盖有对有功者常记其对或功,不先言其对或功而即责其错或咎,不易接受。

九月二十四日

用人不可挫其兴致,无兴致不易作坏,亦不易做好,人虽有错须在兴致中纠正之。

九月二十五日

沉痛吟

全国杂军集二区,人民苦痛史前无。
自愧徒担指挥职,只好遇事自作愚。

九月二十六日

行不通时,只有反求诸己。

九月二十七日

对两个矛盾之力量,调处要从两是处移转,纠正要从两非处用力。

九月二十八日

不慎之于初,必困之于中。不费力于中,必悔之于终。

九月二十九日

一伙伙的是非,拿到大众场中要失败的。

九月三十日

密谋须在显时过的去才敢有。

十月一日

　　有批判力量者,不敢急躁浮浅。

十月二日

　　无论如何优势,持不住一错再错。

十月三日

　　大仁义在先,大勇惧在先,大智愚在先,大知昧在先。

十月四日

　　错是失败的因素,有一分错必有一分失败,无错必无失败,惟失败有变质的有不变质的,变质的易感,不变质的难感。

　　执错无异执失败,古人说,乐其所以亡者,不可救药,甘心失败者亦不可救药。愿不甘心失败之同志勿错更勿执错。

十月五日

　　能不言而拒最好,否则以利他之言拒之,次则以共利之言拒之,再次则以自己职责所关拒之,此外则无所谓矣。

十月六日

　　顺而止之为上,谏而止之次之,拒而止之又次之。

十月七日

　　已养成之坏当设法渐令其改,骤改之反恐激其变。

十月八日

　　处人之善,当不知如同知。处人之恶,当知如同不知。

十月九日

　　谋得做官就是官僚,谋得做事就是革命。

十月十日

念七国庆日

　　国庆念七经,邦土半凋零。

　　艰难成缔造,大梦何时醒。

十月十一日

纪律是组织的生命。军队无纪律军队灭亡,政治无纪律政治灭亡。

十月十二日

病中翻日记,知能行己言则此生不枉。

十月十三日

逆的方法,费力大而收效小。

十月十四日

顿觉善言不若善行,善行不若善心。多少智语,多少对话,与自心真成无补。

十月十五日

万物为造化所造,万物之外别无造化所能。

造化

万物造化生,造化万物笑。

好丑万物情,皆为造化妙。

十月十六日

人人能知错认错改错,社会能见错识错纠正错,则人类关系当有大进步。

十月十七日

触着痛处不能不痛,只好忍痛,但忍是有限度的,过限即不能忍,仍是秤之提环钩绳孔尚有距离,不能如大喇嘛的秤提环钩绳在一孔中。无论物之轻重不影响于秤之本身,既无所谓忍,亦无所谓限度。

十月十八日

受刺激即冲动,不只不能处逆,而且不能处顺,非成了槁木死灰的生龙活虎,不足以处大变而过大难。

十月十九日

防错要在事的开始时注意。

十月二十日

事到危难须以镇静与良法处之,不镇静每自加危难,无良法无以解免危难。

十月二十一日

寒病热药效,热病热药危,治国亦然。无外患弱民安,有外患强民存,颠倒则亡。

十月二十二日

见解不同终难一致,利害相反久必分离。

十月二十三日

愈不能行的人愈肯怨人。

十月二十四日

发异言者有异心,有异心者必异动。

十月二十五日

对即是天命,求对即是求得天命。

十月二十六日

不能圆满得到人心之同情,即不能圆满得到人力之帮助。

十月二十七日

对是成功的保障,错是失败的因素,谁对谁成功,谁错谁失败,此为成败的必然律。竖观古今,横考中外,已往的成败,未有出此律之外者。欲成功必须守此律。试看有统一世界之势者,因做法错误反为世界所困。有统一一洲之可能而因做法错误,反招一洲敌视。错为障碍成功招失败充分有效之剂,有志为人类服务者,当引以为唯一之戒。什么是错?处事不合事理,处人不合人情。

十月二十八日

认识不同以功为罪,利害不同诬良为匪。

十月二十九日

光复日有感

光复晋省念七过,抗战年馀失地多。

用民被破组民阻,空留年月供弦歌。

十月三十日

生日有感

九月初八五六过,空逝岁月愧良多。

民困国难老益壮,抗战复兴须执戈。

答拜寿者:古人行年五十知四十九年之非,如能知非过寿尚有兴趣,不能知非徒逝岁月耳。

附钞王参事子伟祝寿诗:

夏历九月初八日为总座五十晋六寿诞之辰,先一日为本省光复纪念,次日为重阳佳节,光明相续,诗以为祝:

烽烟四望血斑斓,戎马倥偬待凯还。

愧我追随似南郭,仰公镇静若东山。

登高节届茱萸采,维岳辰叨寿酒颂。

温语知非同伯玉,谦光感我意回环。

纵观燕豫晋齐秦,谁是支持抗战人。

二十七年疆久寄,百零五县令犹申。

山河破碎精神奋,荆棘披除道路新。

未及临崖时勒马,勋献寿算两长春。

革命功高重实行,按翻专制帜先擎。

化行六政兼村政,绩著公营与国营。

劫火回头成一炬,妖氛转眼偏三京。

长期奋斗超水火,争取同胞最后赢。

深沉文化别西东,物与民胞企大同。

穷理变常征子母,衡情内外取乎中。

按劳分配毫厘辨,物产证券人所崇。

任尔趋时推偏见,过犹不及总狂疯。

> 昨晨才庆义旗飘,磊块今承寿酒浇。
> 波比沦夷重建国,元清往势岂今朝。
> 三多权效封人祝,百折知难壮志消。
> 凡此千秋应万岁,百年上寿不容骄。

凡各执成见之刺激,必起冲突,语言事实均当避免。

十月三十一日

不能得人同情的话,愈言愈不好。

十一月一日　六时离固县十五时半到吉县

有政权上的组织,有政权下的组织。政权下的组织以政权为革命的目标,政权上的组织以政权为革命的利器。

十一月二日　吉县

以政权为革命目标的组织,责任在将来。以政权为革命利器的组织,责任在现在。前者对现实毫不负责,后者对现实须十分负责。

十一月三日　吉县

有异志者言甘,无能力者怨多。

十一月四日　吉县

古人说,善门难开,善门难闭。善心不可不有,善门不可轻开,要虑到闭时不易。

> 回忆
> 去年今日出太原,今年再度来吉城。
> 抗敌经年师益壮,决胜全凭民战争。

十一月五日

见解不同难论理,利害不同难共事。

十一月六日

说到那里未必能做到那里,说不到那里决不能做到那里。

十一月七日

　　取人长补己短者成功,昧人长护己短者失败。

十一月八日

　　自己障碍,自损效能,即是自我失败,程度有大小之别,十人九是。

十一月九日

　　阵地战配合运动战是国与国的战法,运动战配合游击战是民族革命战法。

十一月十日

　　处理事要谋顺利,不可因负气而益增障碍。

十一月十一日

　　改善环境,加强自身,是成功的唯一条件。

十一月十二日

　　人心说到异处千般百样,说到同处万人如一,行政要抓住同处,处理异处。

十一月十三日

　　不够是白耗,买物钱不够买不回物来,掘井深不够掘不出水来,做事方法不够做不出效果来。但够很难,须识见够,耐心够,勇气够,才能凡事做到够。

十一月十四日

　　努力渐变,顺势突变,事成。忽略渐变,努力突变,事败。

十一月十五日

　　过量的话,原为增大效用实则减少效用。

十一月十六日

　　得到人的同情始能得到人的帮助,得到人的帮助始能成功。

十一月十七日

　　找不着需要徒劳,寻不着窍要无功。

十一月十八日

　　努力于渐变成功,努力于突变失败。

十一月十九日

　　适与对,虽小亦大,虽迟亦快。

十一月二十日

　　得其要努力有效,失其要努力无功。

十一月二十一日

不动恶念,不发恶行,不犯恶罪。念起行难扼,行成罪难逃,要在恶念动时铲除,可贵之智勇须在这时用之。

十一月二十二日

找着同情迈进,寻着窍要努力。

十一月二十三日

事在人为,得一人才可创一事。

十一月二十四日

进一步负责,退一步争权,唯负责争权相差一间,尤在存心。

十一月二十五日

不敢自入网罗,更不敢自造网罗,要摆脱网罗,才能化险为夷。

十一月二十六日

得人事举,失人事败,得人不难,知其长用其长。

十一月二十七日

无计划的劳动费力大而成功小。

十一月二十八日

枝叶的茂盛是根本的效能,舍本务枝绝无成功之望。

十一月二十九日

闻而知见而知是脑的效能,若心可不闻而知不见而知。善用脑者善管事,善用心者善管人。

抗战建国要有十建:

一、建心。

二、建耻。

三、建国识。

四、建制度。

五、建组织。

六、建纪律。

七、建政。

八、建军。

九、建学。

十、建风。

十一月三十日

八月企图竟然完成。

十二月一日

先有计划再努力劳动是有效的,若无计划的劳动,每成转磨式的无效工作。

十二月二日

不怕事难做,全怕自己不会做。

十二月三日

人不当为事急了自己,应当以自己处理急事。

十二月四日

以不为外引之心以应万事,须智慧与力量俱够方能。

十二月五日

以智慧了解环境,以力量管住自己,是成功的唯一条件。

十二月六日

管人,事先注意易,事后纠正难。

十二月七日

用力要在用心之条件下,始有相当之效果。

十二月八日

必须了解部下,才能使用部下。必须体贴部下,才能统驭部下。

十二月九日

根不深枝不茂,理不透事不稳。

十二月十日

真情始能动人。

十二月十一日

以政权作威作福为政治罪人,以政权福国利民为政治明人。

十二月十二日

必须得到人的同情,始能得到人的帮助。

十二月十三日
人脑中的思想如地面上的道路,弯弯曲曲,无处不通。与人说话时,当注意所言与其所听不同而生误会。

十二月十四日
高深的理不可轻说。

十二月十五日
离开现实的话难说。

十二月十六日
不失机难在识机。

十二月十七日
多少纸片上的命令,不如一趟面谕有效。

十二月十八日
不够即无益。

十二月十九日
治军要在说服中施严,不可在蛮横中施严。

十二月二十日
在革命艰苦的过程中才见人的真象。

十二月二十一日
图功当同时思咎。

十二月二十二日
日本近卫声明东亚新秩序与汪离渝先后发现,颇有可疑。

十二月二十三日
理解不可同俗,同则鄙陋。行为不可异俗,异则受困。

十二月二十四日
自己负责不容人不负责,即是竖横十分力量,可做干部人材。

十二月二十五日
结不暇思虑之仇,即生不顾大局之事,不可悍然不顾,任意迫人也。

十二月二十六日
太与人吃不下去的事,到曲子里必报复。若使人吃不下去,人即能连国也不顾而报复之。
十二月二十七日
再度重圆午觉安。
十二月二十八日
敌人六路来犯,诸将请渡河以使用游击战抗敌,余拒之,令司令部省政府人员西渡,余随军。
十二月二十九日　二十三时离吉县城,夜行曹井村,宿朱家堡
十二月三十日　朱家堡　二十一时离朱家堡到三皇峪
十二月三十一日　五龙宫
八时到五龙宫。

五龙宫除夕

六路攻吉行营迁,雪拥山坡军不前。

拒绝诸将西渡请,五龙宫中过新年(日军二次围攻吕梁山)。

民国二十八年

(1939年)

一月一日　五龙宫

中央开除汪党籍。

一月二日　五龙宫

旧战法弃新未成。

一月三日　五龙宫

敌人有西渡模样,令河西坚守,河东夹击吉县。

一月四日　砚平村　下午八时起十时到

秘密之难,在一般习惯非大努力不易做到。

一月五日　砚平村

就眼说人有死活,就心说人无死活。

一月六日　砚平村

虽然名正言顺的事,当然易做,但亦要善言。

一月七日　下午三时半离砚平五时到五龙宫

平时不练兵,战时无把握。平时不选将,战时无良策。

一月八日　五龙宫

干部政策是选训用,当努力于选。若选之不积,训罔效,用亦无功。

一月九日　五龙宫

有异志者终必出异行,防之宜早,弥之宜周。

一月十日　五龙宫

势成之后取消不易,要在萌芽之初注意。

一月十二日　五龙宫

不同道者终难同行到底。

一月十三日　五龙宫

坚决果断须有正确的认识。

一月十四日　五龙宫

知人难,善任尤难。

一月十五日　五龙宫

选训用三者连系,使之成同一的中心思想,集体企图,组织责任心,过互相批评检讨错误严格的小组生活,守同一的纪律,能力与职任相称,且是能力一级高于一级,就是干部政策。

一月十六日　五龙宫

选要民主,用要集权。

一月十七日　五龙宫

媚外即不能不对内。

一月十八日　五龙宫　下午三时半离五龙宫五时半到桑峨

一月十九日　桑峨

应以国存为前提,不当以国存后之权利为前提,若以权利为前提,恐有碍于国存也。

一月二十日　下午四时离桑峨六时到县底村

自来亡国争自身之权利而不争国家之存在,千古一辙。

一月二十一日　县底

不惜损碍抗战而争夺自身权利,不仁亦不智。

一月二十二日　县底

国存权始存,国亡权何寄,争权而忽于国存,不仁不智之甚者也。

一月二十四日　县底

认清客观的需要向前猛进,是健内亦是抗外的良法。

一月二十五日　上午八时离县底下午五时到吉县城

从大处着眼,每易小处出错。

一月二十六日　上午九时离吉县城下午五时到池原村

平心静气的连对方带自己想想,是了争持的明路。

一月二十七日　上午八时离池原下午五时到桑柏

一月二十八日　桑柏

言甘者心辣,行卑者心险。

一月二十九日　上午八时离桑柏下午五时到秋林镇(陕西宜川县)

集训

集训军官借秋林,再渡桑柏一宿营。

沿岸工事甚坚固,敌欲飞渡万难行。

宜川河畔骑驴行，只为集训到秋林。

校尉军官千四百，民革战法赖进行。

一月三十日　秋林

使人对统御者较之对敌方顾虑尚多，终恐失统御机能。

一月三十一日　秋林

有劳苦，有计划，有方法，方能有效果。

二月一日　秋林

说清楚易，做彻底难。创事努力的说，更须督饬的做。

二月二日　秋林

以身哄人易，以心哄人难，欲以心哄人者是愚人。

二月三日

瞒藏自己之缺点是落后的行为。

二月四日

不中和之言动是损失。

二月七日

使人感是恩，使人畏是威，使人服是德。

二月八日

读史感当国误国与当事误事，其错一样，其罪较大。

二月九日

割让华北，按之地理上、物产上、人力上、人心上，皆不可做，一做则华中华南亦不为我有矣。

二月十日

小病误大事，养身即是治事之根本工作。

二月十一日

用人处事，不慎之于始，必悔之于终。

二月十二日

防闭不严，漏孔必开。

二月十三日

首总胜尾,进必胜退,此就站在对的前边领导而言也。

二月十四日

理向外而欲向内,是新的基本力量。

二月十五日

当做到一百分的事,做到九十九分而止,亦必失败,且等于零。

二月十六日

若数,若干即若干。若事,不够即等于零。

二月十七日

净白总有夹杂在内,欲净白须极力清理夹杂。

二月十八日

有成见的人难以理喻。

二月十九日

历史上不只成败有幸不幸,毁誉亦有幸不幸。

二月二十日

欺人之耳目易,欺人之心难,欲欺人心最傻之人。

二月二十一日

劳与让是印象上的收获。恩与惠是知遇上的收获。

二月二十二日

人皆曰我的短处在工作不能贯彻到底,究病安在,不得要领。

二月二十三日

云能遮日不能去日,人是怕没真的,不怕人毁。

二月二十四日

认清楚需要,把握住现实,向前努力,就者日向,离者日返。

二月二十五日

整军纲领

此纲领系二十七年二月所定兹补录于此:

甲:纲领一、实行民族革命的政策。二、加强军队能力,增加政治训练,养成爱家爱国爱民族的热烈情绪。三、与民合作,军队视民众如自己之家庭,民众视士兵如自己之子弟。四、生命付诸命令。五、瞄准射击。六、加强行军力。七、对友军应持友谊态度,维护我们政治的职权。八、组织民众,训练民众,为我们的民族革命唯一的路径,是政治上的责任,也就是政治上的职权。九、除弊。

乙:方法一、与士兵同甘苦。二、扫除一切积弊,财政公开,实行财政公开小组制。三、纪律民主化,赏罚公道。四、规定团长旅长以上出操办法。五、实行说服教育,不准打骂。六、实行人情统御,合理管理。

二月二十六日

民族革命同志会公约

此公约系二十七年二月所订定兹补录于此:

第一条　民族革命之目的,在争取抗战之胜利,一直做到民族之复兴。

第二条　本会同志应努力于抗战之种种工作,以求抗战之胜利;努力于迎头赶上之种种工作,以求民族之复兴。

第三条　本会同志之集合,在集体努力,集体监察,集体制裁,以加强工作效率,使一切政治军事突飞猛进。

第四条　本会会员须有充分组织责任心,以促成各种职务责任心之圆满表现。

第五条　本会纪律绝对实行烟赌赃欺的自治禁绝与放弃组织责任心的严厉自裁。

第六条　本会采民主集中制,其干部组织分为两级:干部委员二十人至三十人,高级干部委员九人至十三人。

第七条　本会会员入会须有会员一人之介绍,经审查部通过后,填具志愿书,其介绍人须绝对负被介绍人遵守本会纪律之责。

第八条　本会发起人为当然会员。

第九条　本公约先由发起人通过,会员大会得修改之。

二月二十七日

民族革命大学校歌

同志们,
　　亲爱的同志们,

我们来自大江南北，

太行西东，

为着保卫我祖国，

到这民族革命的中心。

我们是民族革命的战士，

我们是民族革命的先锋，

担当起民族革命的使命，

争取解放，

促进民族复兴，

快齐着脚步，

抖起精神，

领导民众，

向前进攻，

打倒侵略的日本，

保障我民族的自由平等，

自由平等。

二月二十八日
良好的战斗能挽救战术上之错误。良好的战术能挽救战略上之错误。

三月一日
常人不足以共非常事。

三月二日
凭人好，好人少。凭政治好，好人多。

三月三日
最帮助日本侵略中国的是中国人的私心。

三月四日
日本侵略我们的凭藉是我们的私心。

三月五日
认识不确的人，虽是救国的心，实是亡国之行。

三月六日

抓住要处,事半功倍。离开要处,事倍功半。

三月七日

接受明白的糊涂能救,拒绝明白的糊涂难挽。

三月八日

有错认错是消错,有错拒错是增错,有错执错是招祸。

三月九日

人与事

由来重事把人轻,事本人为理甚明。

人乖事易有何济,事难人健亦可成。

三月十日

到成败关头必须志能领的住气,心能管束住行的人,才能不落架。

三月十二日

知行未能合一时,多少对话,也是空说。

三月十三日

心异者言多顺,心忠者言方逆。

三月十四日

谦者敬之,诚者信之。

三月十五日

自己负责只能自己好,不容人不负责才能使人好。

三月十六日

民族革命理论及实施研究院院歌

我们是复兴民族的先锋队,

要建筑光华灿烂的大同社会。

拜金的狂流,

使大家变作了牺牲的工具,

残酷的榨取,
把人类陷了地狱。
吾人生斯世,
要把握住中心思想,
以补造化之不逮。
健全自己,
集中了全国的人力物力。
唯一的捷径,
在实行物产证券与按劳分配,
发展集体企图,
由自强去拯救世界的人类。
永记同志们,
这里是造人类幸福的策源地。

民国二十九年

（1940年）

二月四日

越着急的事越要从容处理,始能渡过事急的困难。

二月五日　秋林

为八十二军四三二团讲话:

一、下级官连排长士兵人人要成个特等射手。

二、攻击时瞄准打猛攻击。

三、防御时瞄准打死不退。

二月八日　秋林

不足者终累,不堪者终毁。

二月九日

出席政工会议,讨论:

一、训练军队,建立中心思想成为主义化的军队。

二、提高认识成为有政治力量的军队。

三、官兵打成一片,军民打成一片。

二月十日

对干部团讲话:民革战法,为弱国对强国不得已之变通办法,因不能保国疆之安全,只会民革战法,不够一个军人,必须拿上国防军人的人格来做游击战法。

二月十一日

对军士教导团讲话:

一、精神上,要集体进步,时时进步,取得人心。

二、职务上要时时努力反求诸己,知错认错改错。

三、身体上,要时时注意卫生以免生病。

二月十二日

愈无能的人,说法愈多。愈无智的人,固执愈甚。

二月十四日

出席敌工会议讲话:在展开主义斗争的区域与在战场上斗争是一样的。此次韩钧叛变的乱杀人,是确具决心的表现,并不是一种策略,乃纯受西方文化而来,即对在不对的反面,不是赞成,就是反对,不容中立,根本无东方文化的调协性。

二月十七日

铁军干部的条件：

（一）三有——有中心思想，集体企图，组织责任心。

（二）三不——不装懦，不欺哄，不偷巧。

（三）三能——能服从，能打仗，能进步。铁军的条件：优良的战斗技能，指挥技术，作战计画。

二月十八日

一盘沙中一粒金，鄙弃一盘金中一粒沙，是不知通盘称量。

二月十九日

对第二一七旅官长讲话：韩钧叛变的原因，是对共产党的赎罪，他另有背景，有立场。

二月二十日

出席干部团讲话：日本驻津司令某曾曰："中国只有一师兵"，其意即指中国的师长只认得他的一师兵，与其他绝无关联，故能击破其一师兵，则其他皆可各个击破，此何异中国只有一师兵。今日的晋绥军正犯此弊，非力矫不可。奸雄窃权，任劳任怨，但视其居心为何。革命与反革命形式是一样，亦视其居心为何如。其居心为国家民族的利益，即为革命。其居心为个人利益，即为反革命。出席军政民联合会议讲话：（一）真正的革命才明白中国有三千万佃雇农，能把握这三千万之数，试想能发生多大的力量，抗战愈持久这三千万佃雇农的问题也愈严重。（二）近有人说，延安怨声载道，训练成三十万民众，绝难成功。我当即反问他，怨声载道和训练成三十万民众比较孰重，子产治郑有孰杀子产吾其与之的话，今天我们抗战，需用民力民财，为减少民怨，只能用说服行政补救之，断不能放弃抗战工作。

二月二十一日

出席军政民联合会议讲话：不能以自己之所知，衡量天下之事物，不能以自己所处之环境衡量天下之局势。救国必须用民力民财，感恩戴德的亡国亦不可做。

会塔斯社记者别洛夫：

别洛夫问：中国抗战前途怎样？

答：中国长期抗战，完全操胜利之权，不仅给日帝国主义以重大打击，同时还是完成民族革命的绝好时期，所以中国抗战的前途，无疑的是由抗战逐渐走上复兴。抗战为手段，复兴为目的，藉抗战力量走上复兴途径。

问：阎司令长官对于汪日协定的观感？

答：汪日协定，完全暴露了汪派的卖国阴谋，但在中国抗战到最高峰之今日，全国精诚团结，坚持进步，汪派等卖国行为，早为国人所弃，并深切痛恨，所以彼等之阴谋绝不发生任何影响与作用。

问：最近山西战况如何？

答：这不是沉寂，正是由于敌人无法进展所致。敌人在山西几次大的围攻后，实力大损，已无进攻能力，现在只企图缩守残局，其唯一凭藉之交通线，亦旦夕不能自保，沿线均构筑碉堡抵抗，不敢外出，但在我军不断袭击下，每日各处战事仍不下数十次，我方因系持久抗战，在现阶段采用民族革命战法，消耗歼灭敌人。

问：怎样进行抗战的动员工作？

答：要达到全民全面的抗战，以增强抗战力量，非实际而普遍的动员民众不可。但动员工作必需适当而有效有步骤，首须唤醒民众，更须加以组织，才能发生集体力量。然后加以训练武装，则均能直接间接参加战斗。

问：二战区军事政治作法如何？

答：军事——自采用民族革命战法以来，敌人限于穷困境地，不独无法进展，而且不易保守。因民族革命战法，纯粹注重机动运动战，运用优势兵力消灭劣势的敌人，敌人优越的武器及机械化不能发生效力。晋绥军虽有叛变者，但为数不过十分之一。政治——配合全面游击战，实行说服行政强民政治，使军队成为主义化政治化的抗日武装，保障抗战胜利的早日完成。

二月二十五日

对同志会会员讲话：

（一）建立组织的问题——欲使组织发挥强大的效用，只有严格的过组织生活。如不过组织生活，则虽具牺牲奋斗的精神，亦如雨后的洪水，仅为一时的，不能如泉源之水，为永久的。组织如军队，纪律是命脉，如无纪律，等于无命脉。

（二）宪政问题——今天迎头赶上现代化的国家，需要最进步的宪法，亦即民主集中制的宪法，而且要改善人民生活，去其剥削，增加生产。欲去其剥削，应将耕者有其田扩大到工者有其器，商者有其本，须实行按劳分配的分配制度。欲开辟造产途径，须实行物产证券的钱币革命。故民主集中制的民生主义的宪法，是最合理最进步的。

二月二十七日

对省党部干部讲话：

一、遵守党的纪律，以巩固党的组织。

二、过党的组织生活，以表示党的效力。

二月二十八日

甘言欺人，愚者易受。利言欺人，智者亦难免受其蒙蔽。

三月一日

旧日的攻必克，守必固，今应改为攻灭敌、守歼敌，希即研究具体实施的战法。（出席干部团会议讲话）

三月二日

出席晋绥军军官第一期周期训练班讲话：

（一）今天我们所处的环境，就全国各战区说可谓最困难最复杂，所以我们今日的地位，必须抵抗敌人而保持民族革命统一战线使不破裂。我们今日的任务，就是要站在复杂的环境中、重要的地位上，巩固我们自己，稳定山西，稳定全战区，以做全国抗战的支援点，华北抗战的根据地，这就是我们今日的任务。

（二）攻灭敌守歼敌，必须出其不意，攻其无备，小胜继之以大胜，这完全在计划。计划的实现，全在极强的战斗技能，配合上良好的战斗指挥与部队指挥。努力训练士兵的战斗技能，连排长的战斗指挥，营长以上军官的部队指挥，一般军官的作战计划。

三月三日

攻灭敌的具体办法，是左右包剿，断其退路，中央突破，猛力追击。欲攻敌成功，须攻其无备。一翼包抄，只能要出敌人一部分的预备队，再行一翼包抄，通常即可将敌大预备队尽数要出，此时选其弱点，步炮联合，集中火力，突破敌人。但欲歼灭敌人,非断其退路,猛力追击,不易成功。

三月四日

守歼敌的具体办法:

甲、战斗歼敌——伏起来,近距离,猛火力,瞄准打,一百公尺处开始射击,可将敌人全数消灭。

乙、战术歼敌——小部队固守点,诱敌入我埋伏火网之内,予以重挫之后,再实行左右包抄,断其退路,中央突破,猛力追击。

三月五日

此次八十三军在乡宁作战时,一连连长阵亡,三个排长均受伤,普通的军队就不易再支持,因该连的组织强,有三十多个同志,坚定继续作战,推定临时连排长,而各同志起了领导作用,此即有组织的铁军。

三月六日

品字形的守点攻击——品字形的阵地不怕包抄,不怕迂回,更不怕其钻入。因战术上成犄角,包抄迂回皆为我正面战斗的夹击。品字形连合即可成为圆阵地。

三月七日

以弱胜强的民族革命战法能否实行,全在军师旅参谋长的脑筋能否改变。打日本人非实行民族革命战法不可,打骠悍的敌人则非品字形的守点攻击阵地攻防战不可。民族革命战法为弱国对强国不得已之变通办法,不能保国疆之安全。我们须由机动运动的游击战变为国防战法,抗战胜利之后,才不致落伍。

三月八日

军纪好,能打仗,是今天军队求存在的必要条件,否则无异自趋灭亡。革命团体的作风,上级应当是诚恳的欢迎人批评错误,下级应当是不客气的提出错误,共同谋求进步。

三月十日

想到做不到是空想。

三月十一日

欲得到人的同情,须先没有自己。

三月十二日

随上力量的道理才有效用。

三月十四日

利己的人,聪明反供其糊涂。

三月十五日

疾病是由生活的错误得来,败仗是由作战的错误得来。

三月十六日

打仗是斗智兼斗力,平时不练兵,不能有力量,不能斗力。战时不计划,不能有方法,不能斗智。

三月十七日

自身努力的三条件——甲、取得民心。乙、知错认错改错。丙、反求诸己。

三月二十日

两难并立。

三月二十一日

思与做须并重,思而不做是罔思,做而不思是盲动。

三月二十二日

最后过不去,终是失败。

三月二十三日

制度以外无学问,用人以外无经验的话,很对。

三月二十四日

容纳人言,纠正人言,两者必须并重。

三月二十五日

是非人的中心力量非组织不足以完成。

三月二十六日

对中心县军政人员讲话:军队工作放在兵棚里,政治工作放在乡村中,是今后工作的两个路线。当前的主要任务:一、统制食粮,二、统制壮丁,三、稳定金融,四、统制贸易,五、国民抗敌自卫团之迅速组织,六、建立游击根据地。

三月二十七日

对狙击大队全体官兵讲话:军人四德:甲、坚强——强韧不屈,乙、沉着——沉着应战,丙、敏捷——不失机不吃亏的打击敌人,丁、勇敢——猛攻击死不退的作战精神。

三月三十日

对晋绥军军官第二期周期训练班讲话：

一、明了我们今日的环境。

二、讨论建军及改进事项。

三、明了我们抗战的决心。

三月三十一日

负气损威,姑息养奸,急躁滞进,迂缓误事。

四月一日

智不足以知人,勇不足以胜人,仁不足以感人,是吾忧也。

四月二日

现实是不停留的,不离开现实,须时时进步。

四月三日

人是合易而离难,用人之处,要十分审慎。

四月五日

防人须严密,接人须礼貌。

四月七日

出席生产运动会讲话：

一、鼓励人民生产。

二、协助人民生产。

三、军队自己生产。

四月九日

空言生障,不智之甚。

四月十日

充实自己,顺利环境,两者同重。

四月十一日

思想要深刻,行动要浅显。

四月十二日

　　致各同志指示信：

　　一、思想行动能适合时代,并推动时代,就是进步。

　　二、人类社会适生的变革就是革命,就形式说是去旧换新,就实质说是去错求对。

四月十三日

　　能一长之人多,能十长之人少,练兵施政抓住要处,使之彻底,则能收相当之效果。

四月十七日

　　完成小事,亦须大劳,潦草为之,小事亦难成。

四月十八日

　　民众应军事化,军人应社会化。

四月十九日

　　势成难转。

四月二十日

　　对干训所学员训话：为全人类谋幸福的志气,见义勇为牺牲奋斗的精神。

四月二十二日

　　下午六时由秋林赴官庄。

　　出席各级政治主任周期训练班讲话：企图上不可要求太高,工作却必须十二分努力。企图骛高恐落了空,结果是大无功。工作上努力,脚踏实地的做,必见大功。

四月二十三日　官庄

　　易经恒卦,恒是努力。但有二凶：浚恒之凶,始求深也；振恒在上,大无功也。

四月二十五日　官庄

　　光明能胜黑暗,正义能胜邪行。有一分光明即可减少一分黑暗,维护一分正义即可压制一分邪行。

四月二十六日　官庄

　　谦己之长,谅人之短,是德。进己之长,补人之短,是能。

四月二十七日　官庄

恒其德,恒其功,吉。急其德,急其功,凶。

四月二十九日　下午六时由官庄返秋林

发展群生,才能保障个生;健全个生,才能充实群生。

四月三十日　秋林

革命行动产生于革命的认识,认识强者发生的行动力量必强,否则必弱。

五月一日　秋林

事业愈大,成功愈难。功绩愈伟,挫折愈多。

五月二日　下午六时返官庄

革命事业完成是成功,失败也是成功。事业有成败,精神则永不毁灭。

五月三日　官庄

革命是人类适生的变革,即谋人类幸福的实现。

五月四日　官庄

仁者不忧,即仁者心中浑然与自己信仰的道理融合为一,故无所谓忧。

五月六日　官庄

为政最怕失信,失信等于自杀。

五月七日　官庄

余每于病三两天中,感到有很大的收获。因为脑筋清闲,可以从容筹策许多大事的计划。但在平日,则脑筋为琐事缠绕,便无馀力务此。

五月八日　早三时,离官庄七时过裴家园休息八时抵桑柏村

自己多劳一分,即收一分的效果。自己偷懒一分,事即损坏一分。

五月九日　桑柏村

朝会讲话:未雨绸缪大事小做亦成功,临渴掘井小事大做亦无益。（每晨五时半司令部及省政府人员举行朝会）

五月十日　桑柏村

伤不致命,不可舍命治之。

五月十一日　桑柏村

求得必有失,求益必有损。得不偿失,损不敷益,智者不为。

五月十二日　桑柏村

留心才算有心,有心才算有人。

五月十五日　桑柏村

光天化日之下坏人少,暗室之内坏人多,形成黑暗,欲使弊绝风清,则甚困难。

五月十六日　桑柏村

为政在防微杜渐,防患于未然。

五月十八日　桑柏村

朝会讲话:有困难即发生障碍,不能前进。困难之来,应当克服者克服,应当解除者解除。

五月二十四日

早五时二十分由桑柏出发,东渡黄河观壶口瀑布,九时二十分抵南村坡（吉县）,改名克难坡。

注:至民国三十四年日本投降,抗战胜利,此地为第二战区司令长官司令部及山西省政府之所在地。

五月二十五日　克难坡

错误即是失败。

五月二十六日　克难坡

真正的革命者,应当是热心的批评人,诚恳的接受他人的批评,虚心的请求他人批评,以求自己的改进。

五月三十日　克难坡

出席供给会议,指示军粮临时救急办法。

六月一日　克难坡

朝会讲话:实行田赋改征食粮,是减轻人民负担,解除军队困难,巩固长期抗战的唯一办法。

六月十日　克难坡

欢宴南洋华侨筹赈总会主席陈嘉庚先生:

客问:中国抗战可以得到胜利,惟国共摩擦,是否抗战前途的顾虑。

答:古人说:兄弟阋于墙,外御其侮,中共中不乏深明大义之人,不致在抗战期间扩大国共冲突。

问:共产党以世界革命为目的,中国共产党当然以服从第三国际命令完成世界革命为使命,国家民族利益他是在所不计的,司令长官说他深明的是什么大义。

答:他现在也是以民族意识国家观念为号召,以国家民族的大义为大义。

问:国家民族的意识即为世界革命的障碍,尤其为无产阶级革命的障碍,那有世界革命无产阶段的组织能以国家民族为大义,司令长官此种观念是否恐怕受骗。

答:古人说:不逆诈,不亿不信,我不估量我受骗不受骗。

问:司令长官是具有抗战决心的爱国热忱的人,对国共冲突有没有调解办法。

答:我前此曾经过绝大的努力,先生有何意见我愿闻教。

问:我前在重庆时,曾晤白健生先生,他说以公道的态度说,共产党在华北的行动确有错误,但必须设法消除摩擦,白先生并主张划分防区,使各守境地,各自进步,司令长官以为此办法能否收效。

答:共产党是世界革命党,而国民党是中国当国的党。国民党是以政权领导民众抗战,共产党是以民众力量作革命的基础,这话是说国民党以抗战为手段,以建国为目的,也就是抗战的限度以国家利益为标准。共产党是以抗战为手段,以完成世界革命为目的,也就是以造成他主义的新中国为标准。晋察冀边区人民武装委员会决议于四月二十四日脱离边区政府独立,国民政府的国民兵团是在政府支配下的人民武装,脱离政府就是人民抗战,人民革命,最后当然就是人民政权,两者目的路线作法均不相同,而且是冲突的,欲不摩擦做到非易。

问:司令长官领导八路军,八路军的负责人也很佩服,可以劝劝他们停止冲突。

答:我已过对此事也尽了绝人的努力,不过我深知道劝共产党朋友们抛弃世界革命等于劝朋友脱离共产主义,一个政治组织根据他的政治主张,政治主张即是政治组织的生命,劝人抛弃政治主张等于劝人抛弃政治生命,对个人不应如此劝人,对一个政治组织也不便如此劝人。

问：司令长官在此间一向替中央负责，一面领导八路军，有何好法子以维持国共的团结。

答：世界上露下革命的空子，求人不革命是世界的错误。中国露下不团结的空子，求人团结也是我们的错误。

问：我在重庆对军事负责人说，我们军事也有相当的布置，足以维持团结。

答：革命是由渐变而突变，制压突变是延长突变的时间而已，根本的团结，非停止革命的渐变不可。惟有进步的政治，才能防住渐变而停止突变，才能做到真正的团结。

问：我此次在沿途听人都高喊廉洁政治，今后由此努力，政治上是否可以进步。

答：行政的廉洁，不是政治的进步，政治的进步要加速度加强度的政治效能，如以飞机式的进步，发展物力，集中人力，加强国力，改善民生。

问：司令长官对抗战前途做何估量。

答：日本军事上虽有胜利，政治上却是失败。政治的成功为战争的成功，政治的失败就是战争的失败。

问：司令长官对抗战已有乐观的定念。

答：就抗战说，我已有乐观的定念，但就抗战演变的前途说，我却抱有绝大的悲观。

问：司令长官的悲观何在？

答：战争是革命的胚胎，东亚的革命胚胎在抗战期间增加了绝大的力量，前几天有一俘虏的日本军官，他是信仰社会主义者，他曾和我说，中日战争的结果是中日现政权的人皆失败，中国共产党增加了好几倍的力量，满洲有二三十万义勇军全是世界革命的背景，西伯利亚也有朝鲜革命军六七万人，连同你们中国，可以说此百馀万革命力量日在膨涨中。古人有鹬蚌相争，渔人得利的话，诚恐中日战争的结果，是中日两国整个的失败，也就是亚洲沦亡。

问：此问题将如何解决。

答：只有日本觉悟之一途。

问：日本帮助伪政府，苏联帮助共产党，均愿尽十二分的力量，司令长官看将来谁家得势。

答：苏联现在并没有彰明较著的帮助共产党。

问：恐将来终要尽力帮助。

答：苏联帮助共产党是帮助革命，日本帮助伪政府是帮助亡人国家，不能收同一效果。

六月十一日　克难坡

晚八时出席欢迎南洋华侨筹赈总会主席陈嘉庚先生大会。

六月十二日　克难坡

朝会讲话：举重若轻的人，永不以理由来掩饰他的错误，只有改正错误。而负荷不动事的人，不说自己的无能，尽是说理由，埋怨别人。

六月十五日　克难坡

今日的流行病，在高调政治认识而鄙弃事务工作，以致说空话的多，做实事的少，会说革命不会做事，造成今日抗战上的种种困难，也就是抗战到复兴的最大障碍。

六月十六日　克难坡

战争是革命的胚胎。会见军事委员会战区风纪巡察团主任秦德纯先生。

六月二十六日　克难坡

朝会讲话：

（一）我们向来是禁绝烟、赌、赃，今后应再一"欺"字。公务员办坏什么实说什么，仍可改正过来，最怕的是花言巧语，尽说虚话，则是不可救药的。

（二）支持长期抗战，只有一方面打仗一方面种田，因为今日战争的总决赛是看国家的经济力量能否支持下去，我们奠定自给自足的经济基础，是我们最后胜利的把握。

六月二十七日　克难坡

朝会讲话：处理事绝对要客观的脑筋，非但不应有主观的意识，且不应有主观的章程。

六月二十九日　克难坡

朝会讲话：克服困难是自己，解除困难是上级，应强调克服困难，不可强调解除困难，以免成为依赖性。

七月一日

今天必须有大禹胼手胝足治水的精神,脱鞋下水去实干。田赋改征食粮,一方面是为解除评价购粮人民之痛苦,一方面是解决军队吃饭之困难。

七月三日

朝会讲话:革除空谈,注重实做。村里边从一家努力,兵棚里从一兵身上努力,生活上从油盐酱醋一针一线上努力。

七月十二日

函示专员、县长:抗战须用民力、民财,难免因苦生怨,应努力说服行政与爱民政治,取得民心。

七月二十三日

朝会讲话:为政全凭一预字,不会预不能预,非失败不可。

七月二十四日

母在一子单,母去三子寒,理性至极,明诚至极,超脱造化,卑视造化。

七月三十日

处理公事,应预为防范多加指示。

八月一日

有人由困难添了许多本领,是困难给予他经验教训,帮助他成功。有人一遇困难,随丧勇气,退缩回去,使他感到处处荆棘,是困难加速他的灭亡。

八月五日

守点攻击的战法,再配上寨子式的筑城,据点式的阵地,这是对飘忽强悍之敌的战法。

八月七日

三杀是战斗技能,四伏是战斗方法,瞄准打死不退是战斗精神,三者合起来便是战斗力。

八月十一日

虚心的察询,客观的衡量,坚决的处理,审慎的防范。

八月十二日

对省党部训练班讲话:私心不负责的表现,就是只为个人打算,而不顾国家民族的利益。

八月十四日

为揭发敌伪阴谋告全军书

近阅山西省党部周报载:有敌军大本清致于军长镇河信及蔡逆雄飞致晋绥军建议书各一件,前樊故师长曾接大本清一信,当即专差送来,其大意与此致于军长者相同,但本部迄未据于军长报告当系未曾接到,至蔡逆建议书,审慎其语气,其前段似致我者,我未接到,其后段似致旁人者,而旁人亦未向我报告,当亦系未曾接到。此外于七月接军政部何部长马电云:据周恩来叶剑英函称,敌人与陈总司令长捷信被十八集团军扣获云云,亦有类此之事件。年来敌伪宣传,每有多份散之各地,淆惑听闻,以期售其奸计。今此信此书仿佛仅少数人所得见者,恐系汉奸捏造,故意播弄是非,乱人耳目,以遂其瓦解抗战力量,破坏抗战大业之阴谋,实属罪大恶极,用特告知全军,俾明真象,而遏乱萌。

八月二十日

朝会讲话:革命干部的条件:一、钱买不动。二、官诱不动。三、手枪炸弹威吓不动。

八月二十九日

朝会讲话:目前积极方面的行政有二事:组训人民是完成民众武力,计划经济是实行分配工作,加大生产。

八月三十日

朝会讲话:处家治国皆应克勤克俭,但不可过事节省致妨碍发展,不知俭省的错误。

九月一日

国与国生存竞争之时,不敢露一点空隙为人所乘。书告本战区民众:一、热心帮助军队。二、踊跃参加国民兵团。三、竭力参加农工业生产。

九月五日

古语有云:言无实不祥。今天说好听话不实做者,是现代人的罪人,提倡事务技术,打击说空话而不实做的人。

九月九日

朝会讲话:认识是属于内部的智慧,而表现于外边的便是方法。志气是属于内部的把握,而表现于外边的便是人格。精神是潜在的力量,而表现于外边的便是责任心。

九月十一日

贱价买人民食粮而贵卖之者,直接官长纵兵殃民者,必须依法严惩。

九月十三日

对理论研究院民族革命大学暨参谋队学员讲话:革命如割疮去病。前人政治上的错误弊害,使社会蒙受损失,亦须为其补正。补正政治的错误,变痛苦成为幸福,即是革命的意义。

九月十八日

人类所表现的力量,全是由人心上的光明发出来的,有一分黑暗,就减少一分力量。

九月二十三日

政治会议讲话:今后在行政上的村级干部及部队上的连指导员,应确实努力于领导、联系、训练三方面的工作。

九月二十六日

能爱人,能助人,有集体企图,才够革命的同志。

十月二日

政治要能领导起民众来,进步不是左倾,坚定不是顽固。

十月六日

古人说,利不百倍不变法,又说虽十易之不为病,我们处事的原则应该是改之有损则不改,改之有益则必改。

十月七日

革命就是兴利除弊,该兴的利一定要兴,该除的弊一定要除。

十月八日

今日为余五十八岁生辰,答拜寿曰:寿有二义,一在知已过之非,二在努将来之力,知非才能进步,努力始有结果。余深愧两有不逮,故不敢言寿。

对拜寿人员致词：今天大家来拜寿，我很觉着不安，我确实检点，仍觉着我知非的觉悟未增加，补过的功夫反减少。说到人生的结果，去年的所缺，今年是仍然，精神上的我今年仍如去年，身体上的我去年强于今年，如此下去到别世之日只有啊呀一声，此生枉来。我不只对大家惭愧，自己觉的更愧惧。只有从今天起，特别奋勉，使来年之我知非补过及人生结果均较优于今年之我。

对拜寿同志答词：今天同志们为我拜寿，我们不要做为庆贺，应做为促进我们坚定革命志气，加紧革命工作的日子。工作的日子少一年，必须工作的成绩要多一年，方以得抵失，我确实感到自己并没有多大的进步，工作亦没有多大的收获，我们今天应下最大的决心，积极努力健全组织，巩固组织，扩大组织，完成个人的革命人格，养成绝对自己不犯烟、赌、赃、欺，并不容人犯烟、赌、赃、欺的坚决行为。练成三杀四伏瞄准打死不退的铁军。深入群众，得到群众的同情爱戴与信仰，共同完成革命的任务。

生老病死是人生的形式，人生的真意义是在人类中起影响的作用，全人类生活不可须臾离者是公道，故发扬公道，实现公道，巩固公道，为人类中第一紧要的工作。希望抱定十二分的决心为人类主张公道，以保障人类的幸福，如此乃不虚此生。应该兴的利我们皆兴，应该除的弊我们皆除，应该克服的困难我们皆要克服。我们是为全人类谋幸福，为国家民族求生存，只要我们坚定必成功的信念加倍努力，必可完成我们的使命。

十月十二日

对民族革命大学学生及军官讲话：中国人口众多，土地肥沃，物产丰富，更有悠久的文化历史，及中国人特具的聪明才智，故中国对世界的将来，实有举足轻重决定世界最后统一之力量，今后必能为世人所重视。

十月十五日

分组政治讨论会，每日举行，上下意见可以沟通，一方面发挥民主精神，一方面加强集体效用。

十月二十二日

政治会议的成立目的有四：一、整理事务。二、解除困难。三、廓清积弊。四、发动新的事项。

十月二十九日

出席山西光复二十九周年纪念会,主祭革命先烈,发表告同胞书同志书,勉以发扬辛亥革命精神,完成抗战复兴任务。函致各军政官员,发动眷属种粮种菜种棉纺花织布,充实生活物质,自力更生。

十一月三日

领导下级应本二原则:一、替人设想。二、反求诸己。

十一月五日

军中设置经理特派员,负责经理粮服饷项事务,使主管能专心致力于练兵打仗,并防其营私舞弊。

十一月二十三日

制己之欲是大勇,知己之非是大智,成己并能成人是大仁。

十一月二十五日

去私心就能发现光明,一分光明就有一分力量。

十二月一日

手谕军政人员:有益于人类的人是天人共宝,天人共助。有害于人类的人是天人共弃,天人共戮。

十二月十七日

实干、利干、苦干、乐干:实干人都知道,利干的利是元亨利贞的利,不拖泥带水,不由私心而只图你的利不管公共的利。至于苦干,是勉强咬住牙的去做,观念是牺牲的。乐干是兴致勃勃的去做,观念是义务的。

十二月十八日

朝会讲话:分析图解是分析事的利弊,章程领导是规定周密的办法,表格管理是缩千里于咫尺,纳百日于一时。各机关均以此方法计画、督导、实施、考核。

十二月十九日

朝会讲话:干部必备的条件:钱买不动官诱不动手枪炸弹威吓不动的气节,自己负责不犯烟赌赃欺的人格,团结下级情感、解除下级困难、领导下级进步的能力。

十二月二十九日

朝会讲话:过去的教育,只注重空理,没注重实事,因之受的教育愈高,离的实用愈远,这是国贫种弱的主要原因。办教育的人,必须使学生手脑并用,半工半读,培植学生实做的技术,建筑起国家富强文明的基础。则教育为救国家救人类的教育,亦即革命的教育。

民国三十年
（1941年）

一月一日

题阵中日报元旦刊：君子义以为质，礼以行之，逊以出之，信以成之。故做事当以义为始，信为终。

告全战区民众书（节录）

此次抗战是我们中华民族生死存亡关头，也是有史以来最伟大最光荣的战争，胜则永存于世界，成为现代化的新中国，败则永沦为奴隶，陷于万劫不复之境地。世界上最惨痛的事莫过于亡国，世界上最可怜的人莫过于亡国奴，救国须在国未亡之前努力，胜利须从艰苦奋斗中争取。世界上有许多国家因为不努力进步而灭亡，也有许多国家因为努力进步而复兴。今天我们能努力进步，一定能得到最后的胜利，走上复兴的途径。

一月三日

用功如存钱，须日积月累。

一月四日

物是财，人是力，会管物的有财，会管人的有力。

一月六日

告青年干部：感情内敛，理智外发。感情能内敛，才能表现理智的力量。理智能外发，才能变成感情的和毅。

一月八日

山洪有时固能灌溉田地，但有时亦能冲坏庄稼。为政应如泉水，不急不缓，天天如此，不大不小，恰到好处。

一月九日

错有当处者、当教者、当惩者。教有当身教者、当言教者、当弃教者。若处置不适当，非徒无益，且反招损。

一月十日

对国民兵干部训练班讲话：国民兵团是联系军队与人民中间的个中介机关，一方面是替军队训练士兵，一方面是替社会组训民众，使民众军事化。

一月十一日

各机关部队存粮有因潮湿而霉坏者,应负法律上故意损坏公物罪。如系军人身份,应依修正战时军律第十三条第一项第七款处分。凡管理公物者,要事先慎重选择存放的地方,并时加检查,不使损坏。

一月十三日

会客谈：

客：军官如何变成进步的作风,应考虑有效办法。

答：我可和高级干部讨论。

客：你提倡大家每晚自省,自己犯烟、赌、赃、欺没有？自己是否负责任,是走出不进步窝臼的办法。

答：还应该加上不容人犯烟、赌、赃、欺,不容人不负责。

一月十四日

会客谈：

客：军队扰民,行政的贪污与民运的武断,不只是抗战的大障碍,实在是立国的大障碍,长官特别要注意纠正。

答：这同是民族的败类,也是我们国家的耻辱,爱国报国必须振奋精神,自守纪律。

客：但应有彻底有效的管理办法。

答：我们的政治会议,即是集体监察,集体制裁,以求彻底的纠正。

一月十六日

会客谈：

客：趁国难发了财的人,将来抗战胜利了,如何处置。

答：这是国家法律问题,我看趁至抗战胜利以前,他们就要毁灭许多。

客：有势力的毁不了。

答：国家要想立国,必须对贪污有彻底的防止及处理办法才行。

一月十七日

对高级军官讲话：改善士兵生活,解除士兵困难,团结士兵情感。实行新补充、新训练、新管理办法。

一月十八日

事在人为：凡事皆有恰好处，做到恰好处，一切皆可成功。这是人的问题，所以说事在人为。自己的本质上要有做事的热心，勇气，方法。与人接触上要取得人心，知错认错改错，反求诸己。在自成上要有革命的人格，在自强自固上要有无不能的精神，必成功的信念。

一月二十一日

撤收省钞：旧省钞系建设铁道工厂，有四十倍以上的担保品，至于新省钞垫付抗战经费，应由财政部撤收，邱厅长正在重庆与财政部交涉中。未撤收以前已有维持办法，即田赋改征食粮，按七十元一石折收，亦即以粮食为担保。如无改善办法，农人所获几等于白供军用，恐将逃散净尽。

一月二十二日

上午十时半由克难坡赴古贤村，十一时十分到达。

相亲相爱的救国，却不敢相亲相爱的误国。

按中央规定，一个二等兵有四元的主食费，三元的副食费，四元的军饷。现在加了六元的主食费，一元的副食费，总共十八元。但是现在的粮价按四十五元一官石麦子，一个士兵月需吃四斗三升多，合十九元，连吃面都不够，说不到发多少钱。现在与中央交涉，设立军粮局，粮由军粮局发给，一个兵一月可得饷四元。

一月二十三日

古贤村朝会讲话——实行说服行政：一切兴利与除弊的事，必须先彻底说服。如说而不服惩罚他，能得到众人的同情，也是增加行政的威信。

一月二十五日　古贤村

过当之言失效，不及之言罔效。

一月二十六日　八时由古贤村起程返克难坡八时四十分到达

自己的灯点着，才会点他人的灯。自己的热发出，才会传热于他人。

一月二十七日　克难坡

春节致词：过一年，以宇宙说是进化的螺旋线又添了一道，以人类说是惨痛的斗争史上又添了一页，以国家民族说是又过了一年的难关。今年定为进步年，请赵主席多给我们讲说修己的学问，以求健全自己，使能处人得当，处事得当。今天的国事，并非不可为，只要增加修己的学问，能修己以安人，能忍辱以负重，就可克服一切困难，消除一切障碍，渡过国家的难关。愿与大家一齐努力，以求自身的进步，解除人民痛苦，鼓励人民志气，增强人民力量，完成抗战复兴。只要火旺，不怕柴湿。

知止才能处馀，知足才能处困。

遗呈

前次世界大战，重在解决经济问题，此次则重在解决政治问题。德意日三国同盟，第一步在统一苏联以外之欧亚两洲，此计划若成，则德意日与英美苏俨然成对立之势。惟苏联与英美主义不同，势难尽行一致。在此三条战线之下，均以争取我国为有利。因我地大物博人众，地居亚洲中心，若合德意日则统一世界之功可得过半，若合英美可破德意日第一步之企图，若合苏联可防日德之夹击。今后我国在世界政治问题上，日趋重要，我国应一致努力迅求进步。民众政治化，政治与民众相合，得政治表现出民众的力量。政治经济化，物产由政力开发，得由科学发挥物博的效用。建设国防化，人力与物力并进，更由建设的成功，造成普遍的国防，以表现地大的力量。如此，则可作世界大同进程中一重要部分的努力者，绝不可作供他人统一地球之牺牲品。谨呈

总裁蒋

一月二十八日　克难坡

五子(志惠)戒酒，嘱曰：能管住自己，才是大勇。

一月二十九日

能止于源，才能自强不息。

二月六日

人是理欲消长的，所以支配社会的力量也是理欲消长的，故一治一乱为历史的常态，乱是欲性的膨胀，治是理性的表现，乱就是治的胚胎。

二月七日

能发出爱心,自会爱人。

二月十六日

同志会成立三周年告全体同志:每晚检查一日之言行,何对何错,错的必改。集体领导,集体努力,伸张社会公道,增加国家富强文明,达到抗战胜利,完成民族复兴。

二月十九日

朝会讲话:县长是亲民之官,直接管理人民的官,必须能爱民,能为民主张公道,能实行说服行政。团长是亲兵之官,直接管理士兵的官,必须能带兵,能练兵,能打仗,能整饬军纪。

对雁北抗战将士讲话:你们这次由晋北苦战之后,绕道陕北、宁夏、甘肃返回,跋涉数千里,备尝艰苦,如此牺牲奋斗精神,我感觉无限欣喜。抗战到今天,离成功已不远,我们应更加努力,以争取最后的胜利。

二月二十一日

对政工人员讲——理与欲:人性有理有欲,人事上遂亦有对有错,对是理的表现,错是欲的表现。如果人尽是欲性,则强凌弱、众暴寡视为当然,无人能管,谁还来管。如果人纯是理性,皆主张公道,实现公道,则无人需管。皆理皆欲,都不会有政治。但人有理性亦有欲性,人事上亦不能不生弊,需要政治防弊去弊,此即政治的责任。

二月二十二日

对政工人员讲话——仁与义:孔子所谓仁,是包括义而言的,惟仁人能好人,能恶人,这好人即是仁,这恶人即是义。后来孟子分开仁与义,仁就是爱人,义就是制裁人。因为社会上鳏寡孤独、跛癃残疾、无人养活的老弱、无人扶持的疾病、灾祸无人救济,必须赖于政治的扶助,这是仁。因为社会的强凌弱、众暴寡、智诈愚、富欺贫的不平现象,必赖于政治的制裁此横暴,这是义。

二月二十三日

制止人的方法有三:第一、拿上爱人的态度,不反对他的主张,以利害研究其结果,使他自知不利而自动停止其错行为,这便是仁。第二、拿上大家的利害,使知义所不容而制止他的错行为,这便是义。第三、拿上上级的权力压制,使他不敢有错行为,这便是力。

二月二十四日

勉全体政工人员:一、培养内力,检查对错。二、学习处人方法,处事技术。三、由少数的进步,影响到多数的进步。四、改善士兵生活,坚定士兵在营心理,提高士兵技能,加强士兵作战能力,促进士兵文化,增加士兵向上企图。

老吾老以及人之老,是成己成人的爱。兼爱是舍己成人的爱。前者的爱是都爱了,后者的爱是爱无专责。以灯燃灯是内在的力。非威不足以制人,非德不足以服人。

二月二十五日

勉政工人员:我们应国家民族之需要,不敢苟安,挺身而出,担任抗日救国工作,不敢一点自薄,不敢一刻停息,使晋绥军在国家的抗日战线上,表现出良好的成效。

勉汾南工作大队:只有军保护民,民帮助军,军民一体,作战剿匪,人民才能安生。

注:汾南为敌我交错区,坏人乘隙结合为匪,民甚苦之。

二月二十八日

官僚是误国家害民族的,革命干部是救国家强民族的,二者有天渊之别。

三月一日

组织纯粹是义务的,向国家民族的利益上努力。如果把组织认成权利的,向自身的利益上努力,组织就成了万恶的。个人或少数为害尚小,多数人组织起来为恶则害尤大。

三月三日

主官任性,一言丧邦。

三月六日

朝会讲话:今后要集中力量于军队人民的工作上,将行政的效力达到乡村中,军队的效力达到兵棚中。

注:先生久即注重村政,提倡村本政治,并勉行政人员曰:"政治不到民间乃是苟且,施政不得民心终是枉然。"

三月八日

不容部下犯罪是义,预防部下犯错是仁,做官长必须仁义具备。

三月十日

耻不若人是进步的唯一动力。

三月十二日

题磊胜门

取各国之长而长之　鉴各国之短而去之

三月十三日

组织是表现效用的,物的组织是表现物的效用。棉花纺成线,是个组织,表现了棉花的效用。线织成布,又是个组织,表现了线的效用。线比棉花的效用大,布比线的效用大。组织起来与未组织起来的效用是不能比拟的。今日抗战建国,需要用心肝、有廉耻、有勇气、有恒心、自动深入的人,才能胜任。

三月十八日

说假话,说话不算话,是大耻辱。

三月二十二日

勉县级行政人员:视民如伤,深入村中,指导人民,从万难之中解除人民的痛苦。

三月二十三日

随不上地球自转的表是废表,跟不上时代进步的人是废人。

四月二日

朝会讲话:警觉,迅速,负责,自动,深入,彻底,是我们的工作精神。

记梦二则:

余梦中忽闻声,余老祖也。余曰:老祖仙也,余人也,仙人不可轻遇,请避之。老祖曰:余告汝抗战前途。余曰:闻佳音,不能不喜,闻恶音,不能不忧,喜忧皆于前途无益而有损,余不敢闻。老祖曰:善哉。

余梦在都中赴宴,坐四十一号,介公忽到台上舞毕,请余继之,遂出场,余登台向众道:余不习舞,余可以歌导舞。初歌风萧萧兮易水寒,歌至寒,声为之战,众赞之。歌毕众请续之,继歌大风歌至云飞扬时,手如飞燕,至威加海内兮归故乡时,挺胸重足而行,众鼓掌,至安得猛士兮守四方时,撒手而表悔意,众默然,梦遂醒。

四月三日

村本政治——是把政治的工作放在村里,把政治的效用表现在村里。政治的基础在村里,所以施政的标准,必须针对乡村的客观环境,民众的客观需要。

四月九日

政信不立,失去政治的生命。

四月十四日

军政人员要做人民向心的工作,绝对不做离心的工作。

四月十九日

孙子说:带兵要智、信、仁、勇、严具备,能做到信的,尤其可贵。

四月二十二日

朝会讲话:分配事的人,一定要告知事的目的,作的目标。承办事的人必须要先问清楚事的目的,定出目标,寻着起首处,虑到落点处。

四月二十四日

欲国之存在,必须运用民力。欲运用民力,必须建立政信。

四月二十五日

苛待部下,不特为人道所不许,抑为军法所不容。苛待士兵,不特破坏兵役前途,且将崩溃抗战基础。

四月二十九日

政治的生命就是政信。孔子说,宁去兵亦不去食,宁去食亦不去信。因有食无兵还可以有兵,有信无食还可以有食,若无信则有食不得食,有兵不能用。实行村本政治,连本军队,是进步的政治设施。

五月五日

病之彰明较著者,人人得而诛之,其害小。丧失政信,离散人心,足以危害全局者,而人反不知责备,其害大。

五月六日

以物表心的精神运用,应重在预防困难。预防是智慧,克服是力量。

五月八日

首脑部人员应先建立的精神是，实行村本政治、连本军队。政治的目的，在国家之富强文明、人的生活幸福。村是精神物质事项的实行者，也是政治福利的享受者，舍村而言政理是玄虚，舍村而言政事是画饼。连是军队的重要单位，带兵练兵战斗训练，均须在连中完成。希望司令部省政府先行建立此精神。

五月二十五日

为干部暑期进步讨论会撰洪炉歌

高山大河　化日薰风
俯仰天地　何始何终
谋国不预　人物皆空
克难洪炉　人才是宗
万能干部　陶冶其中
人格气节　革命先锋
精神整体　合作分工
组织领导　决议是从
自动彻底　职务惟忠
抗战胜利　复兴成功

六月三日

革命者的五条件：一、健全革命人格——自己不犯烟赌赃欺，不容人犯烟赌赃欺，自己负责，不容人不负责。二、坚定革命气节——官诱不动，钱买不动，手枪炸弹威吓不动。三、加强革命能力——达成上级的意志，匡救上级的不逮。得到同志的同情，争取同级的协助。团结下级的情感，解除下级的困难，督促下级努力，领导下级进步。四、增进革命智慧——得窍利干。五、养成革命器度——和蔼、谦虚、坚强、刚毅。

六月十六日　克难坡

处事要识得事的本末，找见事的起止。

六月二十日

做事必须先定目的,再选择途径、方法,然后运用技能,方可一分努力收一分效。

六月二十二日

栽者培之,倾者覆之,栽培倾覆,全在自己。

六月二十三日

审定事,要先依母理,决定该做不该做,再以理衡量能不能做。事的母理就是事的所为处,也就是为什么。子理是事的可能处,也就是存在于现实事物中的可能性。母理是适应需要的妥当性,子理是完成需要的适当性。

六月三十日

政治权力在发扬人之理性,制裁人之欲性,排除人类之罪恶,保障人类之幸福。

七月二日

朝会讲话:人一生最损失的是错,一错就是两个损失。如说错话,自己失去说话的效用,且引起人的反感,自己精神上丢人,且损失事的成果。做事顶好是不错,错了应赶紧认错改错,尚可补救。否则一错变两错,错是一错,不认错又是一错。希以无错改错自勉勉人。

警觉锐敏,对外以防奸诈。诚笃忠信,对内以求团结。

七月三日

对暑期进步讨论会讲话——释迅速:迅速但不可草率,本质上要锐敏,思考要得窍,见事要透彻,处事要扼要,方法上要执节,要脱利。段落分的合宜,就是执节。消除可能的障碍,才是脱利。怎样执节?人与物关系的事是要在力的有效界限内分段。人与人与物关系的事是要不超过力的效限、情的兴趣分段,如此就能执节。怎样脱利?人与物关系的事是要得器,要适性。人与人与物关系的事要顺性,要避刺。可以说执节就是不过量,脱利就是不惹麻烦。将自己作事的经验分析清楚,接受已往的教训,作为今后作事迅速的蓄力。

七月五日

朝会讲话:公务员必须要以爱民的心理,为民的态度,处理政事。以净白的心理,实行主张公道的权能,扶助好人,制裁坏人,完成政治的任务。

七月七日

对暑期进步讨论会讲话——释负责:负责的意思甚为宏大,就万物上看统有个责任,犬守夜,鸡司晨,均是负责任。古人说:不诚无物,负责就是诚。儒家的真理,就是负责任,如孔子喂牛喂羊喂的肥壮,管账管的得当,伊尹是圣之任者,周公的一沐三握发,一饭三吐哺,禹王治水,八年在外,三过其门而不入,禹思天下有溺者,犹己溺之也,稷思天下有饥者,犹己饥之也,以及武侯的鞠躬尽瘁,死而后已,这都是负责的行为。所以说,儒家合了造化的功能。秦统一六国后,以后认中国就是天下,以为无敌国外患,所以不需要政治负责任,且怕人负责取得人心,夺他的江山,将负责的文化和真理毁灭净尽。我们要恢复我们负责的精神,作甚务甚,作甚成甚。如不负责尚不引为耻辱,则这个人虽活着也是个躯壳。

为克难坡望河亭题联

裘带偶登临看黄河澎湃直下龙门走石扬波淘不尽千古英雄人物
风云莽辽阔正胡马纵横欲窥壶口抽刀断水誓收复万里破碎河山

横额
北天一柱

七月二十日　克难坡

今天的村本政治,第一在努力选拔村政指导员及村级干部;第二在选拔良好负责的区级干部;第三在改良官僚式的县政府,变成竖系部分主官负责的县政府。

七月二十一日　克难坡

出席朝会讲话:凡事有恰好处。无论大小事,都须寻见恰好处。做到恰好处,就是有一人收一人的效,花一钱收一钱的效,过一时收一时的效。

七月二十二日

物有窍,事有窍。处物得物窍,可举重若轻;处事得事窍,可迎刃而解。

七月二十三日

道理即是生活,工作即是财富,存在即是真理,需要即是合法。

七月二十四日　克难坡

出席朝会讲话:打击三种旧习染

中国有三种习染,就是学术的习染,也就是老庄学说的习染,以八股取士的习染,及以官职笼络才智的习染。这三种习染,都是自秦始皇统一天下,以中国为世界,认为无敌国外患,以对内为目的造成的。老庄的学说,是玩世的,旁观的,结果是破坏责任心的。以后二千年中,以八股之文取士,又是使人将心思用到理上说理,而不在事上说理、物上说则。二千年的大一统的遗毒,以官爵笼络豪杰,怕人负责,得了民心,鼓励人不负责,以巩固其统治权。所以,我国一百年前就该维新,而没有维新,终于今日受人欺凌,就是三种习染的结果。因此,公务员都养成自己不负责,且怕别人负责,更以不负责为清高。习染所至,遂形成了不做事的公务员是好的,作事的是坏的。我们现在一般的公务员,只能说而不做,统是这个根子种下的。今日,这三个习染虽有所改变,但未脱离开。这三个习染要是去不尽,国家富强文明的力量不会能迅速的发展。

七月二十五日　克难坡

一、政信:政是政治,信是信用。政治与人民约定的事,如法令规章有关于人民精神物质与时间兴趣者,不违反就是政信。

二、政效:政是政治,效是效用。政治上所施为的事,其收获就是政效。这政效是指政治本身而言,不关乎执行事的人。属于发动人的责任,如下令做军服,在产棉地织布地收获多,不产棉地不会织布地收获少。

三、政能:政是政治,能是能力。政能,就是执行事的人的能力。同一时间、同一工具、同一资料完成事的效果大,就是能力大,效果小,就是能力小,纯属于执行事的人的方面。

四、政品:政是政治,品是品质。政治上做的一件事,合乎政治本身的健壮,政治对象的幸福,这就是有政品,纯属于政治的本身方面。如前清的捐官办法,即是不适于政治本身的健壮,如前清的开放烟禁,就是不适于政治对象的幸福。

五、政格:政是政治,格是人格。政是很有品,而为政的人没有人格,影响了政治,是纯属于为政的人的方面。

六、政义:政是政治,义是道理。合乎政治本身之责任、客观对象之幸福者,即为政义。政义在政治上是高于一切,不受其他政治条件之拘束。

七、政律:政是政治,律是规律。政治横竖间之关系,一切皆有规定,一切皆依规定,破坏规律者就是破坏政律。

八、政风:政是政治,风是风尚。公务人员之生活行为造成之风尚,就叫政风。良好行为造成良好风尚,不良行为就叫不良风尚。

七月二十六日　克难坡

利干就是自己不为自己前途上造障碍。

七月二十七日　克难坡

村本政治之任务,在加大村的机能,以达成美满人生幸福之政治目的。

七月二十八日　克难坡

管事,主观方须定有步骤,客观方须使知次序。有步骤,则行者知所先后;知次序,则受者易于适从。

七月二十九日　克难坡

什么是个干部？接受革命的使命,努力革命的工作,完成革命的任务的,就是干部。

七月三十日　克难坡

出席朝会讲话:公务员必须要尽职忠职

国家民族有一必须办的事,即设有一职。任这一职的人,就是负完成这一事的责。尽心竭力的负起责来,自动的深入的彻底的完成这一件事,这就叫尽职。以自己的生命,保障职务的成功,这就叫忠于职务。

七月三十一日

出席朝会讲话：

(一)要做到没有一个贪污胡来的干部。抗战以来,给村级干部露下一贪污胡来的空子。从今以后,要严厉的教育防范惩办,做到村干部没有一个贪污胡来的人。(二)做革命的人应尽力事务工作。富强文明,皆发动于政务,而完成于事务。以后做革命的人,应尽力事务工作,努力事务技术。(三)在工作中学习,在工作中训练。训练干部,应在日常工作中训练,学习也要在日常工作中学习。我们今后希望各干部自己在工作中学习,上级在工作中指导他学习。如此学习下的,才是实在的、适用的。

八月一日　克难坡

进步的动力有两种：一种是成功的企图，一种是耻不若人的精神。

八月二日　克难坡

革命须你自己作。你自己不作，就是你不革命。他人革命是他人的成绩，不能成了你的成绩。

八月三日　克难坡

不得社会的信任，不能生活，不得政治的信任，不能讲理，不得长官的信任，不能做事。

八月四日　克难坡

出席朝会讲话：妇女工作今后努力的目标，现时国家富强的两个基本条件，就是造产与增人。造产是发展国家财富，增人是充实国家人力。

八月五日　克难坡

民运是现代化政治的唯一要素。

八月六日　克难坡

发动民众使之兴利，是使民众做了政治的化身。发动民众使之除弊，是使民众做了政治的武器。

八月七日　克难坡

士兵运动是走现代化军队的一个途径。

八月八日　克难坡

能纠正上级的错误，就是辅助上级。

八月九日　克难坡

什么是自爆？就是自己不好好干，还不以自己不好好干为不对。

八月十日　克难坡

什么叫自弃？就是甘心不如人，且不以为耻。

八月十一日　克难坡

出席朝会讲话：痛除习染，改正习惯，以心用事。习惯本身是无仁义、无廉耻、无理智、无是非，所以，由习惯支配下的行为，也是无仁义、无廉耻、无理智、无是非的麻木行为。

出席政治会议：政治是革命的，教育是做人的。自己能修正自己，是做人的;干涉他人不修正他自己,是革命的。一个革命的干部,必须自己修正了自己,更能教训、纠正、打击别人,如此才是真正的帮助、爱护、成全他。

八月十二日　克难坡

虚心的选拔干部,热心的教育干部,忍心的淘汰干部。

八月十三日　克难坡

热心和耻不若人,是自动的原动力。

八月十四日　克难坡

热心爱国的道德,是立国的依据;耻不若人的勇气,是进步图存的原动力。

八月十五日　克难坡

努力就有前途。不怕没前途,只怕不努力。谁努力,谁就有前途,谁努力,谁就能成功。

八月十六日　克难坡

一个国家民族欲图生存,必须适时的教育人民处事的技能,更须不断的改进,以增加工作的效率,保证国家民族的独立生存。

八月十七日　克难坡

要人民守的法令,人民不知,犯了惩罚,人心不服。以后必须责成村公所传达。

八月十八日　克难坡

各国的富强文明,不是由少数发动事的人造成的,是多数执行事的人能问清目的,自动的完成事的人造成的。

八月十九日　克难坡

革命的干部,是重在做,不重在说。

八月二十日　克难坡

政治是革命的,教育是做人的。自己能修正自己,是做人的;干涉他人不修正他自己,是革命的。

八月二十一日　克难坡

出席朝会讲话:革命的干部组织起来,一齐努力铲除坏公务员。国家想好,非政治好不可;政治想好,非除了坏公务员不可。除坏公务员,今天非革命的干部组织起来一齐努力不可。革命的精神,单纯的就是一个不容人坏。

八月二十二日　克难坡

解放妇女的束缚,提高妇女的地位,必须先增加他的能力,使他生活不靠人,增加他的责任,使他生活不消极。

八月二十三日　克难坡

复暑进会会员陈世杰函

八月二十二日函悉。你建议中的五到是到什么?如五到皆到恰好处,就行;如五到尚未到恰好处,就不行。所谓其至尔力也,其中非尔力也。你所说的到,可谓之至,不是中。恰好处的中,是识见与努力皆到,才能做到恰好处。

八月二十四日　克难坡

错,就本身上说是平等的,就身份上说是愈大愈丢人,就职务上说是愈高坏的事愈大。

八月二十五日　克难坡

坚韧,沉着,敏捷,勇敢,为军人必具的四种武德。

八月二十六日　克难坡

这就能成为现代化的国家:主官,负起领导的责任来;承办人,变成部分的主官执行人。研清是为什么,作什么,负责自动的想出方法,深入彻底的指示、督促、纠正、检查的完成什么。

一机关实行竖系的部分主官,竖系的各级机关实行层层节制,此为政治方面够了。再有了革命的群众性,实行横的不容人不,则百病可除,百利可兴,就完成现代化的国家了。

出席暑进会闭会典礼训话:在抗战的前线,应在国家法律范围之内,实行下列三种处分:一、在国家民族立场上,有不若无、不堪教育者处死刑。二、知悔而堪教育者,带罪图功。三、能知错认错改错者,在群众面前认过。

八月二十七日　克难坡

得病是由于生活上的错误,只要生活上没错误,就不会得病,所以预防最为要紧。

八月二十八日　克难坡

一个革命的干部,必须以国家民族的利益和自己事业的成功为前提,必须是自动自发作甚务甚。是自己负责不容人不负责的,是不断求进步的。

八月二十九日　克难坡

我们的军队,第一必须先要做到军能保民的地步。军能保民,民才能助军。

八月三十日　克难坡

必须要有热心、有人格、有志气、能牺牲的人,才可作军人。

八月三十一日　克难坡

军人是国运的决定者,人民幸福的保障者,社会公道的维护者。

九月一日　克难坡

实干就是不苟且,不敷衍,不空谈,脚踏实地实事求是的将自己应做的事,一针一线的彻始彻终的圆满完成。这是革命军人必具的精神。

九月二日　克难坡

练兵,是练士兵的战斗智识,战斗技能,战斗方法,战斗精神。

九月三日　克难坡

训练兵只有两个字:一个是勤,一个是窍。勤字便是指有心人,能下辛苦;窍字便是说有方法,能善督教。

九月四日　克难坡

一刻不停息的努力,是革命干部的门面。无此门面的人,就失掉革命的资格。

九月五日　克难坡

绝食一日。

某同志检举欺的电报

外间有识人士佥称,无人不欺钧座。斯言固有过当。多数人为欺,似有其因。个人之欺易察,多数为欺难明。个人之欺,为忠直之士所不欲为;多数为欺,虽有忠直之士,只有袖手而已。试问训军三载,进步几何?善政屡颁,收效几何?观其报告,井井有理;考其事实,口号标语。我方前有大敌,后有叛逆,不禁为我前途悲也!职冒死直陈,伏乞垂察。职叩。铣印。

批：高干、执各委员会，大家应绝食一日而自省。

与暑进会四期全体会员代表刘西舟等谈话：

代表：司令长官、主席，领导反欺运动，躬亲绝食，聆悉之余，不胜惶愧。会员等痛加反省。此种欺的罪恶，确系会员等所犯，今以最大决心，自即日起，做到自己不犯，不容人犯，并以赤诚之心，推代表六人前来晋谒，恳请垂念国家，即刻进餐，珍重钧躯，以安众心为祷。

长官：你们行为上的过失，就是我领导上的不够，我已有决心领导大家绝食。

代表：长官的身体健康，关系国家至钜，岂可忽视。

长官：如果欺病不除，我身体健康有何用处！希回去转告大家，去欺病为重，我身体健康为轻，不应抛重就轻。

代表：长官如此，我们何以自处？

长官：你们今后坚决的自己不欺，不容人欺，足以自处。

主席：这话明白了。你们回去转告大家，以长官之绝食一日，换得我们全体之不欺，亦多足矣！

反欺自省绝食誓语：我誓不欺你们，亦不容你们欺我。我们今日共定信约：一、自誓要坚决遵守。二、讨论的办法要彻底做到。

九月七日　克难坡

组织的工作要深入到乡村里，基础要建立在乡村里，必使我们的政权不存在时，尚能保存十分之一以上户数同志奋斗。

九月八日　克难坡

出席朝会讲话：实行竖系的部分主官，建立室中心、科重责的制度。

九月九日　克难坡

说甚是甚能得到信字，做甚务甚能得到任字。

九月十日　克难坡

出席朝会讲话：拿上私欲做事，是习染；拿上道理作事，是经验。会做事的有习染，不如不会做事的莫习染来的有效。

九月十一日　克难坡

规定制度的效用,就是明是非,别优劣。明是非是从事上说,别优劣是从人上说。

曾文正公曰:制度以外无学问,用人以外无经济。是很对的话。

九月十二日　克难坡

朝会讲话:特支部应规定连系办法,实现政务与组织的连环作用。效力增大就是进步,就是工作效用达到最高点。

九月十三日　克难坡

目的要明了,理由要简单。

朝会讲话:要拿自己的经验发明,表现自己人生精神的代价。

九月十四日　克难坡

朝会讲话:自己的努力,是自己的前途。保持革命的场所,保持革命的人民,保持革命的力量。

九月十五日　克难坡

说甚是甚,做甚务甚以作事。不容人不,能使人能以革命。

坚定革命志气,担负革命任务,要保持革命的场所。革命的人民,革命的力量,靠自己的努力改造现实。

九月十六日　克难坡

朝会讲话:习惯是私心用事做成的,经验是公心用事做成的。

九月十七日　克难坡

顶大的工作效用是进步的目标,离开工作效用就无所谓进步。

九月十八日　克难坡

出席朝会讲话:整体精神

整体是个企图,且是个政治企图。整体精神是规范个别功能,使之符合上企图的整体。整体企图即是自身在环境上当时的尽头企图。尽头云者,如射箭,力尽而止,非无空间,是力到尽头。如某国谋统一地球,不是统一地球之后再无企图,是他的当时的企图只能到统一地球。企图的整体要有根据,整体的企图计划,要有企图上的制度,要有企图上的教育,要有企图上的分工。如我们以复兴为企图的整体,须有复兴的计划。复兴的计划,一定是由民族革命而到国防复兴的制度；一定是机会共同、义务平等、劳享合一的加大生产制度。企图上的教育，一定是改进成人教育，以谋精神物质之即时增加，增进科学的教育，以图物质之逐渐发达。企图上的分工，一定是本民族革命与国防一贯所需，由目前而将来适当分工，必使所需者质量时不过不及的齐一的完成。齐一之意，是说在时间上是满效的，类如经过的期间，何时需用，亦不因他部分未完而致所完成者亦无所用。此整体精神之解释也。

九月十九日　克难坡

村干部是完成村工作的依据。县干部应以全力放在选训村干部的工作上。

九月二十日　克难坡

一切事坏均坏于私心用事。其缘故，私心在外包围公心所致。欲事不坏，非公心用事不可；欲公心用事，非以公心突破私心的包围，反包围了私心不为功。

九月二十一日　克难坡

远大要与目前兼顾。

九月二十四日　克难坡

除真实的兴利除弊之外，别无革命。

九月二十八日　克难坡

对军事干部短训班毕课训词：以心管兵，兵服；以心带兵，兵感。瞄准打，死不退，是军队的骨子；不作俘虏，是民族的灵魂。

九月二十九日　克难坡

手谕各教育训练机关：学问

什么叫学问？学是自己学，问是不懂的问人。学问两字合起来是个名词。这个名词是代表的个内力。某人有学问没学问，就是说某人有内力没内力。什么是内力？智仁勇三者相称，才是内力。什么是智仁勇？古人说："好学近乎智，力行近乎仁，知耻近乎勇。"辨别是知，热忱是仁，敢为是勇。三者相称，始能表现功效。

十月一日　克难坡

《村本政治》半月刊是代我的讲话的、面谕的，代省府命令的，代你们面报的，一定要说到那里做到那里。

十月二日　克难坡

朝会讲话:今后公刊物的作法

今后首脑部出得四种刊物《村本政治》、《连本军队》、《革命生活》、《革命动力》,都须改正说高深空泛的理论,集中力量完成努力于深入彻底的指示作法,不登一篇空论的文章。每期刊登的事不重多,即是一本只说一件事,亦未尝不可,是要详详细细、明明白白规定出作法来,使外边工作人员能遵循上实做。

十月三日　克难坡

不容部下犯罪是义,预防部下犯罪是仁。做长官必须仁义俱备。

十月六日　克难坡

中秋节对拜节人员训词:秋月最光明,十五的月亮最圆满。我们要照此努力,个人成为最光明最圆满的,工作成为最光明最圆满的,国家成为最光明最圆满的。希望大家努力做到。

十月七日　克难坡

对执行部全体同志训话:不革命的隔阂病,是怕人不是革命的,不敢以革命行为绳之。我们的同志要尽去此病,凡人皆以革命行为绳之。

十月八日　克难坡

题《村本政治》,指示半月刊创刊号:必去的一病,必进的一步

今日必去的一病,就是不负责的官僚作风。遇事敷衍了事,做坏了毫不害羞,上级亦得过且过,概不责备惩罚,更坏的还要袒护。这种亡国病,国家富强文明全被这些腐败官僚断送干净,一点也没有了。这病不去,只有做亡国奴。自身做人的犬马奴隶,妻女供人玩弄。我革命的干部,应当痛除此病,并痛除此等腐败官僚。

今日必进的一步,就是自己必须说甚是甚,做甚务甚,以做一事问清楚目的,负责自动的想上法子,深入彻底的完成事。这就是救国的条件。革命的干部,必须如此,自己如此,拉上旁人如此。

十月九日　克难坡

如人的动力,是耻不若人的勇气。

十月十日　克难坡

手谕督训课:纪律万能,教育万能。只要执行纪律,实行教育,无不能成之

十月十八日　克难坡

手谕政务会议：缮写人对稿件看出错误，代拟稿人将封面上修正，是为起稿人改错，是补过行为。未将里面亦改正，是为人补过未做彻底，是他补过之功未做圆满。他并无过。很明显的因他的修正是减少了公文的错误，并未增加了公文的错误。减少了他人的错误是功，未增加错误是无过。此事是起稿人的错误。起稿人不知道移了住地是错的有因，但错即应有负责人。他不知道移地方一节，如系他应能知道而不知道，是他的错误，如系某人应该教他知道而莫有教他知道，是某人的错误。错了应该找见错的负责人，予以惩处，不应将为人补过未做彻底的人，不论其功而反责其过。政务会议应本此切实考较，作为以后处事的根据，并以此教人。对受惩者予以安慰，并找出应使起稿人知道移了地方而未使其知道的错，是谁负其责，予以惩戒，才够个适当的处理。

十月二十日　克难坡

今天的村本政治，第一在努力选拔村政指导员及村干部；第二在选拔良好负责的区级干部；第三在改良官僚式的县政府，变成竖系部分主官负责的县政府。

十月二十一日　克难坡

不怕远，只要有道路；不怕高，只要有阶梯。持之以恒，假以时日，总可到达。

十月二十五日　克难坡

革命是有目标的，且是自动精神的效果作用，也就是完成人生结果的必要工作。

十月二十七日　克难坡

五九生辰答拜寿

自寿为的是寿世，不能寿世何敢自寿。我每到生日，常思古人愈老愈进步，所谓三十而立，四十而不惑，以至于七十而从心所欲不逾矩。感到自己身体是一年衰一年，内力却不是一年增一年，对人生结果上反添一种悲观。继思克服此悲观，只有加倍努力，既知生之日愈短，更须努之力愈大，以免此生无成。愿与同人共勉之。

答拜寿:今天大家来与我祝寿,我以为无祝的价值。我切知道今年今日之我,仍如去年今日之日错误是一样多。我深感到知错难,认错尤难,改错更难。错的根源是习染。习染成性,支配行为。欲改错,先改习染所成之性。古人说,山难移,性难改。我深感领导大家革命,改不了致错之习性,永不能改了错。身体一年不如一年,错误是一年仍旧一年,减少革命的功效,耽误自己人生的结果,可悲孰甚!况今日国家民族在危急存亡之际,国亡了不只生命财产无保障,即廉耻道义亦不许我有。当此努力救国之时,更当尽去习染,痛改错误,增加我们的工作效率。今天大家来祝寿,使我心愈不安。愿与诸同人共勉,去习改错,以增强我们救国力量,报答国家民族。

十月二十八日　克难坡

纪律不好的军队,就是自杀。

十月二十九日　克难坡

强大净白是非人的中心力量,是革命的原力。

十月三十日　克难坡

带住兵才算有兵,练好兵才能打仗。

十月三十一日　克难坡

作战要主动,主动才有战术;兵力要集积,集积才有力量。

十一月一日　克难坡

组织力量无穷大,人心力量无穷大。

十一月二日　克难坡

军队如车,人民如路,是普通军官的认识;人民是弓,军队是箭,是革命军官的认识。

十一月三日　克难坡

机关所重部分主官,机构所贵层层负责。

十一月四日　克难坡

拿上军保民,换得军助民。

十一月五日　克难坡

告各县长:

现在的县长,以人说,是比较革命的,以事说,并不见多大的进步。这原因可以说是：

一、你不会教育人，你不会指挥人。所谓"工欲善其事，必先利其器"，帮助你的人不够，你的革命精神也是空的。

二、你不会注意事，你抓不住县上的根本事。甲、如选拔村政指导员及村级干部。乙、不注意村级干部的贪污，并防范检查村级干部的贪污。丙、村公款的滥费。丁、负担的不公道。戊、兵役抽拔的不公道。己、支应兵差的不公道。

你不会注意事，施政上寻不见要处，所谓本末倒置，费力大而成功小。

三、你不会处理事。你县上发生的重要事或上级交你办的事，你不能召集上、指挥上有关人员，详细讨论，加以指示，你一律委诸他人是轻重倒置，你当然也是费力大而收效小。你们虽有革命的热情，但也要学会处理事的技能，你的革命热情方能表现到事实上来。

今后你们对此一段话，切实要熟读熟记并力行，不要辜负了地球的自转与你的人生结果，贻误了人民的幸福、国家的生存，成一个四面对不起。

十一月六日　克难坡

革命时显功能的，且是对人群欲积累而成妨碍人生的危势，显铲除的功能。非有革命能力，不易成功。

十一月九日

上午十时半由克难坡启程十一时半至古县。

十一月十日　古县村

服从与自动是相成的，警觉与周到是相成的。

十一月十三日　古县村

凡办一件事，切忌以办了事为了事，要以完成某事的效用为了事。

十一月十四日　古县村

能使人能，就是鼓励人，刺激人，强制人。鼓励之法为嘉勉多数人竞赛；刺激之法为刺以羞耻，刺以落后；强制之法为限期完成，限期报告。

十一月十五日　古县村

自己改善，外边打击，就是内外夹攻的教育法。

十一月十六日　古县村

一半由外向内的教，一半由内向外的育，教在人，育在己。

十一月十七日　古县村

育非有革命的热情和耻不若人的心不可。

十一月十八日　古县村

说革命易,做革命难。

十一月十九日　古县村

军队如车,人心是路。不认识人心的力量无量大,得不到人的同情与帮助,军事的基础上就没有无量大的力量。

十一月二十日　古县村

对青年军官教导团第三期学员毕业训词:民众如弓,军队如箭,弓愈强,箭的穿力始愈大。

十一月二十一日　古县村

忠于职务含的两个意思:一个是自己尽上力量办好,一个是还要匡救上级的不逮。

十一月二十二日　古县村

劳动就个人说是人生的结果,就生活上说是生活的依据。当劳动时而不劳动的人,就人生上说是没结果,就生活上说是没依据,就人格上说是个懒人。

十一月二十三日　古县村劳动是共同生活上必要的条件。

十一月二十四日　古县村

如何爱国:一、要有强壮的身体。二、要有爱国的热心。三、做一个说甚是甚、做甚务甚的好国民。四、扶助好官好绅好人,铲除坏官坏绅坏人。五、要遵守法令。六、要尽当兵纳税受教育的义务。

十一月二十五日　古县村

教育是给人添志气、添知识能力的。以当父兄的说,应当教他的子弟受四年的国民教育,添他的志气知识能力;以国家说,必须是有志气有知识有能力的国民,才能帮助国家的富强文明。

十一月二十六日　古县村

谁说甚是甚,大家信谁;谁做甚务甚,大家用谁。谁说甚不是甚,大家不信谁;谁做甚不务甚,大家不用谁。信谁,用谁,谁有好结果;不信谁,不用谁,谁没下场。

十一月二十七日　古县村

为政必须公道持平,不稍伪私,才能取得人民同情,达到得窍利干。

十一月二十八日　古县村

对青干校全体员生训话:革命是头等事业,故必须头等人材才能做。

十一月二十九日　古县村

情与理是对称的,但是相成的。

十一月三十日　古县村

善得人之同情者,不只要反应人的同情,是要先拿上自己的同情,换得他人的同情。

十二月一日　下午四时半由吉县启程,五时半至克难坡

十二月二日　克难坡

出席执行部全体会议席上:训练办好,能陶冶人材;训练办不好,则反能糟蹋人材。做工作要先估量效用。革命目的是不变的。路线是达成目的的,策略是顺利路线的。

十二月三日

互爱即是自爱,互助即是自助。

十二月四日　克难坡

传递经验,改造经验,愈传递效用愈大,愈改造本质愈正确。

十二月五日　克难坡

再告各县长:

一、做一个县长必须父母其心,公仆其身。

二、做一个县长必须要减少怨声,并且要耐的住怨声。

十二月六日

肃清村干部的贪污,要本上嫉恶如仇的原则。如同猫见了老鼠,鹰见了兔子,不思忆的、无回避的用全力去捕他。

以策略补助路线。路线是根据主张所决定的,途径是行政的方针。譬如我们的路线是民族革命到社会革命,不论到任何时期都是不变的。策略是为了实现主张达到路线所取的方策,是行政的手段。譬如我们目前的策略是争取敌伪,实行突击外交,是随人地时而变的。所以有不变的路线,没有不变得策略。

策略固然是依据路线而定的,但路线上发生了障碍,必须以策略来补助。二者相辅而行,才能消极的求得生存,积极的达到目的。我们的干部必须能人人了解了此,认识了此,方不为谣诼所眩惑,更不会因为变动策略而惊扰。这可作为你们认识教育上的主要课材。你们要将此意彻底的传达到每一个干部身上。

十二月七日　克难坡

有革命的心志,且须有革命的方法。拿革命的辛苦,方能表革命的事实。

十二月八日　克难坡

出席秘书组第一期训练班开学典礼:组织功能,表于政治;组织威信,树立社会。欲做革命的事业,必领先树立起革命的人生观来。

十二月十三日　克难坡

带兵官的生活与士兵隔离,就是情感与士兵隔离。

十二月十四日　克难坡

带兵官想要练好兵,须要有热心,有辛苦,有技术。

十二月十五日　克难坡

出席扩大洪炉训练第一期开学典礼:顶好的话,顶高的理,只说不作无益,不从小处作起亦无益。要想完成铁军,必须成为海中的孤岛,即不但自己努力做好,更要努力防人染你坏。

十二月十六日　克难坡

出席执行部全体会议席上一分的高尚,要一分的谨慎。

十二月十七日　克难坡

有一分习染,在进步上便多一分障碍,工作上减少一分效用。

十二月十八日　克难坡

革命的军队,离不开群众。

十二月十九日　克难坡

朝会讲话:不负责与不用心相关连。外边不负责的表现,就是内里不用心的结果。

十二月二十日　克难坡

强壮的身体,才有强大的精神。

十二月二十一日　克难坡

出席政治领导小组会议席上：公文不简要。下级不看公文，是今日行政上的一病。今后改进，精神上要使公务员绝对负责，实行竖系部分主官的办法。方法上要：一、改良公文格式。二、改良公文方式，规定好传达法，回应法，处理法。三、变文章式的公文为写条款的公文，即去空理的公文为列举事实的公文。

十二月二十二日　克难坡

操场上多出一身汗，战场上少流一滴血。

十二月二十三日　克难坡

情与理是对称的，但是相成的。以自己的情度他人的情，就是理。

十二月二十四日　克难坡

耻不若人的志气，可以吸尽天下人的精神，供自己的滋养。

十二月二十五日　克难坡

善得人的同情，不只要反应人的同情，是要先拿上自己的同情换得他人的同情。

十二月二十六日　克难坡

出席通讯干部训练团第四期毕业典礼训话

人身有二力量，头等是与人共事的力量，二等是与物共事的力量。前者是道德，后者是技术。你若无革命的企图，则拿上你的二等力量，淹没了你的头等力量的效用，就是你的技术只供给你的生活。你若有了革命的企图，则拿上你的二等力量，辅助了你的头等力量的效用，就是你的技术完成了你的精神。

十二月二十七日　克难坡

检查是以事为目标，再涉及人；考察是以人为目标，再涉及事。

对内要驯如羊，对外要猛如虎。

十二月二十八日　克难坡

用人时，不费力考虑使职能相称，领导工作时一定误事。

十二月二十九日　克难坡

不够的人说法愈多，愈糊涂的人愈难共事。

十二月三十日　克难坡

用下不行的人，愈嫌领导的不够。

民国三十一年
（1942年）

一月一日　克难坡

上午七时半出席庆祝元旦大会对团拜人员训话：耻不若人的内力，是一个世界精神的消化力。

上午九时二十分由克难坡起程游马粪滩。十一时五十分返回。

吾五十以前爱水，五十以后爱山。

人临大河之滨，不禁有来者何从，去者何往，悠悠古今之感。

鹤峰先生与余诀别书中有云：我已变为厉鬼矣！你是夹河而战，但我之灵魂一定助你。今竟验其语。

颁三十一年元旦告同志书：今年定为实干年。我们必须铲除空谈，足踏实地，走上实干的路子。

颁三十一年元旦告全战区同胞书：一、人人生产，人人劳动。二、人人爱国，人人救国。三、树立耻不若人的志气及不做俘虏的精神。

手谕公务员：公务员在本身职务上问甚不知甚，是其本身及上级的莫大耻辱。

解释三十一年中心口号：一、不实干，就是不进步。二、不能不容人不，就是不革命。三、有钱就要反革命。四、抗战上说痛苦，就是不爱国。五、扰害人民的军队，等于土匪。六、不关心人民利益的行政人员，就是民贼。七、敷衍塞责，不深入彻底的组工，就是新官僚。

一月二日　克难坡

出席民族革命大学第五期毕业学生集训开学典礼，致训词：学习时期是吸收时期，工作时期是表现时期。

一月三日　克难坡

凡做一事不苟且，不敷衍，不空谈，脚踏实地，实事求是，将自己应做的事，一针一线，彻始彻终的圆满完成，就是实干。

事不努力终费力。

一月四日　克难坡

家长是为人之亲的，训育是为人之师的。为人之亲固不易，为人之师更难。

一月五日　克难坡

对民大第五期毕业学生集训训话：革命的干部，一方面须培养内力，管住自己的行为,一方面须具有聪明,能辨清是非。

一月六日　克难坡

对扩大洪炉训练委员会军事训练班训话:一个好营长,对上要成为团长外边的帮手,成为团长的化身;对下要帮助连长的不够,保证连长的够。

一月七日　克难坡

对基干同志训话:纪律上讲仁慈是罪恶。

一月八日　克难坡

以身教人,人从;以言教人,人违;以行管人,人服;以言管人,人违。

一月九日　克难坡

以心解心是佛,以心解人是儒,以心解物是术。

姑息之错比作恶之错还大。

一月十日　克难坡

纪律万能,有什么纪律,用人的什么即有什么。

一月十一日　克难坡

书赠胡总司令宗南:力凭理壮,理凭力伸,培力讲理,为国之务。民赖军保,军赖民助,和民治军,抗战之基。

治国有序,曰存国,曰建国,曰立国,曰安国。各有其道,乖之则颠国。无魂无以存国,无经无以建国,无豫无以立国,无信无以安国。

一月十二日　克难坡

和蔼可以洽人,非和蔼无以接和蔼,双方和蔼才能真融洽。谦虚可以利事,非谦虚无以换谦虚,双方谦虚才能真顺利。

一月十三日　克难坡

革命政治一贯的目标是,以多数同志的意志,用政权兴利除弊,发展人力物力,建立公道森严、富强文明的国家。

一月十四日　克难坡

有事务技术而无政治主张,成了生活的劳动,结果就是个生活;有政治主张而无事务技术,成了空谈的主张,结果就是个空谈。

一月十五日　克难坡

坚强可以克难,非克难无以胜环境。环境胜,方能表现自身的功能。刚毅可以消邪,非消邪无以树正义。正义树,方能发挥人类的大仁。

一月十六日　克难坡

无信则无政。

一月十七日　克难坡

纪律万能。

今天与大家说说纪律万能。耻不若人是个人进步的动力,纪律是团体进步的动力。有要求什么的纪律,一定能有做到什么的结果。纪律是规律人的,也是帮助人的。你不好能规律你好,你不够能帮助你够,你怕死能使你不怕死,你没勇气能帮助你有勇气,你没有自管的内力能帮助你自管。这万能如小说中的聚宝盆一样,你缺什么他能给你什么。

我们从今以后,大家再不许说什么不够,没办法。什么不够,从纪律中求之。但万能的纪律不在遵守者,在执行者。不守纪律之害固然大,但不执行纪律之害比不守纪律之害还更大。所谓姑息养奸,妇人之仁误事,皆为执行纪律者大罪恶。在我们团体中应以此为大戒。

以后打击不执行纪律者更比打击犯纪律者更严厉。信义为执行纪律之圆满道理,所谓铁面无情、义不容苟、信不可失等等话,实为执行纪律者百分之百的条件。今后我们一定对犯罪者予以相当之处分,就是犯了什么纪律,一定要以什么纪律来惩处,丝毫不容亏损。

此次七十三师营长党金堂等四人之执行纪律,我们是万分的痛心。我们爱同志之心很重,但我们爱纪律更重我们爱同志之心,只好在执行纪律之后表现,在执行纪律前不敢丝毫亏损其纪律。我愿意大家喊几句口号:一、纪律万能,什么不够向纪律求。二、不执行纪律之害比犯纪律之罪还大。三、姑息养奸妇人之仁,是执行纪律的大障碍。四、铁面无情是纪律的护符。五、爱同志的心重,爱纪律的心更重。六、爱同志须在执行纪律之后,教同志要在犯纪律之前。七、我们要无情的打击不执行纪律的人。

一月十八日

执行纪律法义:纪律万能。所有一切的不够,皆能拿上纪律使之够,所有一切的不能,皆能拿上纪律使之能,所有一切的不要,皆能拿上纪律铲除净尽。唯损害纪律万能的是姑息与宽纵,故失掉义的宽纵与姑息的仁慈,为执行纪律之大障碍,亦即执行纪律者之大脆弱。此所以不执行纪律之害,较之犯纪律之害为尤大。

一、凡任性、懦怯、敷衍、取巧等一切不良行为,均须以纪律铲除。

二、耻不若人的进步动力,须以纪律培植之。

三、规律的生活,实干的工作,均须在纪律中成就。

四、说甚是甚,做甚务甚,不容人不,能使人能,须凭纪律作规范。

五、革命人格,革命气节,革命能力,革命智慧,革命器度,必须在纪律中陶冶。

六、树立组织权威,表现组织效用,完成为民爱民主张公道的政治效用与建立县基能村本政治之政治功能,均须以纪律为凭依。

七、攻灭敌、守歼敌的铁军,作战效果必须凭纪律收获。

八、申号训令,六十讲话,我们组织工作必作到的目标,与组织起来的组织领导,均须以纪律完成。

九、凡各个任务完成必须以纪律为保证。

今后凡我同志,对不能完成任务者,均须本爱纪律胜于爱个人之理智,抛弃姑息与宽纵,以铁面无情的大义,以爱人以德的仁慈,执行纪律增补,不够的使之够,不能的使之能,不要的使之去,以保证革命大业的完成。

一月十九日　克难坡

出席政治会议席上纪律要严,但不许错。

一月二十日　克难坡

下午六时会见胡总司令宗南。

铁军委员的任务很简单,责任上是不得上级的命令不副署退却的命令,效用上是诱导实行命令。

一月二十一日　克难坡

下午会见胡总司令宗南。

姑息的仁慈是执行纪律的最大障碍,铁面无情的大义是做事成功的保证。

一月二十二日　克难坡

坚强而不和蔼则坚强易碎,和蔼而不坚强则和蔼易流。刚毅而不谦虚则刚毅易折,谦虚而不刚毅则谦虚易伪。

一月二十三日　克难坡

今天必须将游击运动战改为阵地攻防战。游击运动战是为打死敌人而找地方，阵地攻防战是为保卫地方而打死敌人。

一月二十四日　克难坡

朝会讲话：战斗精神。突击团此次出去，必须目标要显明，说法要简单，做的要切实。这就是切实告他们说，今天我们要改变游击运动战，实行阵地攻防战，死守硬攻，并实行铁军委员制度，不得上级的命令不副署退却的命令，一定要拿上瞄准打，死不退，不做俘虏，来保证达成攻灭敌、守歼敌的效果。

一月二十五日　克难坡

手谕全体公务员：照章应做到的照章做到，是承办者的责任；如照章做到还过不去，是我的责任。

一月二十六日　克难坡

题赠温子瑞麟：头等主张才能网罗头等人材。

一月二十七日　克难坡

环境是困难人的，也是成就人的，全在自己。自己使他困难，就是困难人的；自己使他成就，就是成就人的。

一月二十八日　克难坡

勿埋怨困难的环境，反为环境所困；要迎接困难的环境，幸为困难所成。

一月三十一日　克难坡

因病休养，停止办公。

二月一日　克难坡

休养中。

二月二日　克难坡

休养中。

二月三日　克难坡

休养中。

二月五日

手批建议电报

现在进步的团体均有高强的作风，无论文武，人人能战，个个敢战，散则三五寻敌，聚则合力攻坚。我文武领军衣领给养者二十余万，而能战者仅十余万，此实不够个进步的团体，应将四十五岁以上的人除外，其余一切人员皆战斗化。云云。朝会报告，由执行部发动四首脑部筹划办理。

二月六日　克难坡

离开做说理，就是文化水准；就上理说做，就是政治水准。

放低阅读及使用文字技能的文化水准，提高不容人不能使人能的政治水准。

乡村中会处理日常事件的能手，就是革命政治上的能手；但讲堂上说的精彩的能手，却未必是革命政治上的能手。

出席决干会议席上维护组织纪律，实现纪律万能。发挥组织功能，提高政治效率。

二月八日　克难坡

非组织不能发生力量。组民组兵，为政治之基础。

二月九日　克难坡

纪律是帮助人的意思，也就是不容人不的表现。

二月十日　克难坡

争时间是成功的第一条件。

二月十一日　克难坡

病中感怀

一病缠身万事休，光阴虚度古人忧。今生尚的几多日，岁月何堪似此流。

二月十二日　克难坡

对基干大会预备会议全体基干同志训话：所贵乎组织的地方，就是以强大净白是非人的中心力量，造成森严的环境，是愈严厉愈净白。

二月十三日　克难坡

革命的事功,必须革命的精神与革命的事务相合,始能有效。必须做甚务甚,做甚学甚,做甚会甚,做甚成甚。警觉的防范,迅速的处理,负责自动的想出方法来,深入彻底的完成事,这才能精神物质要甚有甚。

二月十四日　克难坡

基干同志第一次全体会议联欢席上训词:今天是联欢,欢什么？欢的是人类强大净白是非人力量之一部分的集体,聚集团结在一块,表现出绝大的光。

二月十五日　克难坡

春节赠各同志:我们爱护同志要十分尽力,但须在犯纪律之前。

二月十六日　克难坡

基干同志第一次全体会议开幕词:摧毁一切的障碍,克服一切的困难,领导广大的群众,巩固革命的场所,奠定复兴的基础,保障最后的成功。革命没有谁能不能的道理。能与不能所差无几。哥伦布发现新大陆是世界上的顶成功者,如差一点即是世界上的顶失败者。

提灯会上训词:表现整体秩序,发扬前途光明,活泼欢游。

二月十七日　克难坡

以恐怖与欺骗的手段拿起民众,是一时的、勉强的,是失掉政治意义的。我们绝对不取。我们是要说服强制的,大义真诚的,公道仁爱的拿起民众来。以压制的放任的手段拿起士兵来,我们也绝对不取。我们是要拿上人情统驭,合理管理,赏罚严明,甘苦与共,主义团结,政治领导拿起士兵来。

二月十八日　克难坡

基干同志必须以实干为领导,以实干为模楷。

二月十九日　克难坡

古人将严与宽比之火与水。火性烈,人多避之,故人受火之害小;水性柔,人多近之,故人受水之害大。

二月二十日　克难坡

基干同志第一次全体会议闭幕席上决心自述:无论如何危难,绝不放弃领导你们革命的任务。口号:我们今后必定共同进步,共同实干,共同保证我们的存在与发展及最后的成功。我们共同注意身体的健康,共同保持精神的愉快。

二月二十一日　克难坡

精神没时间、空间,人生的意义就是改换精神。

二月二十二日　克难坡

以处物之力,辅助表现处人、处事之力。

二月二十三日　克难坡

勿为邪说所惑,勿为顽固所囿。

二月二十四日　克难坡

革命的精神可与人类相辉,并可与地球相始终。

二月二十八日　克难坡

对视察人员训词:一个好视察员,必须表现三等效用:第一等效用是凭识见,第二等效用是凭权威,第三等效用是凭技术。

三月五日　克难坡

军人及公务员妨碍村本政治,应严定重罪。

三月八日　克难坡

欲在世界上使人看得起必须具备下列五条件:一、有耻不若人的民族心力。二、有为公牺牲的民族精神。三、有做甚务甚的民族人格。四、有改进事物的民族创造力。五、有清洁与健壮的民族卫生常识。

三月九日　克难坡

革命是力量,革命的力量是胚胎于革命的种子。

三月十日　克难坡

告组政军各级干部:怕人民的不谅解,甚于怕长官的不谅解,一事不敢忽略;去村中的坏人,等于去疮痍的腐肉,一人不敢放松。

三月十四日　克难坡

出席朝会讲话,勉首脑部公务员:人必有所志,志甚专甚,以表现此生的功能;人应有所作,作甚务甚,以表现人生的效果。

三月十五日　克难坡

精兵简政。

三月十六日　克难坡

家属处人处事驭下守则:

甲、处人：一、不轻易接受人的礼物，不专听人的誉言。二、不说傲慢话，使人难堪；不说戏笑话，惹人轻视。三、不该自己应承的事，切不要轻易应承。

乙、处事：一、不叫到的地方不要到，不叫做的事不要做。二、不该自己作主的事，要请示了再办。三、有关各方的事，该接头的接头，该请示的请示。四、自己听到见到感到的事，该建议的建议，该报告的报告。五、临事要三思，事有行不通，先反求诸己。

丙、驭下：一、用人要合情合理，不要以地位强人做不应做的事。二、自己能做了的事要自己做。三、不要时常认为自己的对，不要过分责备人的不对。四、用人要舍短取长，不要专挑剔别人的短处，掩没人的长处。五、教导人要态度端方，言语恳切，方法适宜。六、不要当众责人，不要过分责人，不要任性的纵人。

三月十七日　克难坡

实行精密分工，效用竞赛。

三月十八日　克难坡

坚决淘汰。

三月十九日　克难坡

三月二十日　克难坡

勿使人材展不开抱负。

三月二十一日　克难坡

规定目前基本工作：一、人人立一改进事物的志。二、用上大家的力量。三、建立间据点。四、建立村政堡垒。目前效用工作：一、去村五弊。二、改善兵差。三、解除部队困难。四、做到增种十亩地，增纺五斤花。

三月二十二日　克难坡

手谕首脑部全体公务员：凡我同志，均应立一改进事物之志。使无一事一物负责改进的人，则不足治矣。人民幸福也才有着落。自谕至之日起，由组政军教各级主官，领导各机关人员，均立一志，以尽天职。

三月二十三日　克难坡

手谕：如何减少自己的损害，增加敌人的损害，为战斗指挥人之神圣条件。责成营长领导全营各铁军小组，讨论七日，每营由营长定一人做一颗谷子，每星期上午将研究所得，报告全营官长，再由全营官长补充决定，分别教训士兵。

三月二十四日　克难坡

不间断努力的人,终有结果。

三月二十五日　克难坡

历史上的成功者,不是凭的才干,是凭的笃实。

三月二十六日　克难坡

打胜仗就是首脑部的神圣任务。

三月二十七日　克难坡

前方将士拚命流血,首脑部人员拚命研究,协助打胜仗。

三月二十八日　克难坡

政治上除弊,急于兴利。

解除人民的困难,集中改善兵差;解除士兵的困难,集中加大生产。

三月二十九日　克难坡

立国十要解释:

一、国魂:不作俘虏。爱国热忱与见义勇为的真精神,表现最确实莫过于不作俘虏。义之所在,慷慨以赴,毫无躲闪,毫无假借,且在立国最确实最紧要的战场上表现之。全民能此,真乃国魂。

二、国本:人各守信。信为人与人关系的最要条件,亦为政治表现效用之唯一要素。无信义则人与人之关系无以建立,政治之效用无以表现。故信为政治生命立国根本,必须人各守信,立国始有根本。

三、国基:公道森严。公道为社会恶毒之堤防,亦为人类幸福之保障。必须公道森严,使任何势力均不能犯立国之基础,始能巩固。

四、国运:耻不若人。国运之隆替全视国民之进步与否。耻为进步动力,能耻不若人,一定如人,国运自可长保隆盛。

五、国力:负责自动。国力是精神物质的总和,皆须由国人负责自动的努力而来。人人负责,人人自动,做甚务甚,做甚的当然成甚。精神物质要甚有甚,国力自然充实。

六、国风:互助互管。互助是仁,互管是义。能使人能是互助,不容人不是互管。互助互管基于人类的爱,唯此种风尚始能表现人的特具与人与人的真情。

七、国宝:深谋远虑。立国必须有百年大计,三五十年的国策,五年十年的计划。此均须未雨绸缪,方能适合前途之演变。故深谋远虑之人,实为国宝。

八、国命:适时政治。政治是国家的生命,有适时的政治,始能适应环境的需要,保证国命之永存。环观国之衰亡,皆由于政治之腐败与落后。故必须有适时的政治,始能保证国命永存。

九、国光:人皆立志。国光基于国事之般般进步。人人立一改进事物之志,志甚专甚。事无巨细,物无大小,均经过国人心志之专精改进创造发明,使无一不改进之事。故人皆立志实为莫大之国光。

十、国粹:成己成人。中国文化结果处在成人成己,亦即文化中之最高尚最踏实者。此语为吾国之国粹,国人当发扬而光大之。

四月八日　克难坡

中国文化是仁与义,处常重仁,处变重义。义有感情之义,是小康;有理智之义,是大同。

今天以前是为达革命的目的而保全,保全时最怕苟安。今后是为求革命成功而牺牲,牺牲时期最怕规避。

四月九日　克难坡

能保全时,不敢为虚骄俗欲所策动,而作无益之牺牲;当牺牲时,亦不可为规避爱惜所包围,而陷失机之噬脐。

四月十日　克难坡

处人要重情感,处事要全凭理智。

四月十一日　克难坡

世界那有要命的革命党。

四月十二日　克难坡

不要命是革命者的本质,至革命的成功,全在一针、一线、一点、一滴、一时不放松的努力革命事业。

四月十三日　克难坡

古人以为王公设险以守其国,我们今日则设险以守晋西。深沟高垒是死险,人是活险。必须以人险配合上地险,才是真险。

四月十四日　克难坡

规定的合理—不合理无以实现;讲解的明白—不明白不易遵从;领导的彻

底—不彻底无以完成。

四月十五日　克难坡

革命首重干部,干部全凭企图。一个革命的干部,不只是要临时的慷慨牺牲,是要经常的努力效忠。企图不至绝望,不肯一时停息,至企图绝望而自杀,亦出于不自己,绝非以自杀而达企图。

四月十六日　克难坡

行政如虎,组织如山,统一民众必须作到虎去山还在。故统一民众,必须由组织作。

四月十七日　克难坡

秘密性上要作到咫尺千里。

四月十八日　克难坡

敌叛夹击是意中事。革命的武力,无论什么情况之下,亦不许有丝毫考虑。

四月十九日　克难坡

干部有改进能力能小成,有创造能力能大成。

四月二十日　克难坡

已落雨,正耕种时期,应尽量减少差务,使人民耕种。全体干部均当留意。

四月二十一日　吉县

军人有牺牲的精神能小成,有杀敌的技术能大成。

四月二十二日　吉县

革命的干部,世界上不须有比革命还爱重的,不须有比不革命还惧怕的。

四月二十三日　吉县

蛟龙能力虽大,离开水等于死物;干部能力虽大,离开民众等于死物;军官能力虽大,离开士兵等于死物。

四月二十四日　吉县

拿上发动完成令做的事,是新的途径;只是令做而不发动,是旧的作法。新能存在,旧必灭亡,不能发动的一定灭亡。自今后,组政军教迅速上发动的路。

四月二十五日　吉县

政治运用要充分坚定自己立场,军事行动要充分发动士兵情绪。

四月二十六日　吉县

碉堡是个显著的,敌人不轻受其害。要在碉堡附近有伏兵的办法,与碉堡相辅而行。各团应作为加强杀敌做一个研究。研究时团政会人员加铁委及附近营长研究之。

四月二十七日　吉县

令做含强制性,是被动的,脆弱的;发动含说服性,是主动的,韧强的。发动不是废弃令做的事,是保证圆满完成令做的事。

四月二十八日　吉县

发动四要诀是:利用机会,布置环境,把握火候,鼓舞情绪。

四月二十九日　吉县

拿报仇者不的口号,团结有志报仇的民众。我组政军教各级干部,应时刻努力,发觉争取。

四月三十日　吉县

从嗜欲中拉出干部来,才够个领导者。

五月一日　吉县

革命的干部得罪人民,比专制时代得罪皇帝还要怕,才能成功;革命的军队得罪人民,比专制时代得罪皇帝还要怕,才能打胜仗。

五月十二日　克难坡

白花是社会上的好汉子,军人是国家的好汉子。

五月十三日　克难坡

革命干部以受教训为收获,官僚以受教训为丢人。

五月十四日　克难坡

处理事应勿推诿,勿顾虑,大胆的细心的负责的努力。向适宜上处理的不错是能力,怕错是谨慎。因怕错而推诿不处理是自私心重,是革命之心弱。此非革命干部所应有的行为。

五月十五日　克难坡

今天政治应本抗战上之需要,及人民生活、生产上切实有效处努力。

五月十六日　克难坡

午对选练部队狙击组训话:此次选练部队狙击组的目的,是要使敌人对我攻击开始之前,先受到很大损失,攻击中,后方连络上受到绝大的障碍,增援上受到极大的困难,攻击失败后更遭蒙极大的损失,甚至于歼灭之也。就是敌人漫山遍野的来,我漫山遍野的打,我站在明处,敌人站在暗处,我以藏伏打他行进暴露的部队。如以极小的个跳蚤,咬到极大个人身上不怕找不到目标。跳蚤咬人,咬了以后更易移避。人民是我们的,道路我们又熟悉,是抵抗外力来侵略的最有效办法。但须有革命企图、牺牲精神与良好的射击技能、英锐自动的干部担任,方能有效。

五月十七日　克难坡

生活、生产、战斗合一,方能保护人民生命财产。最好每间发动一狙击组。

五月十八日　克难坡

政治用民力、民财,用的合理有效,就是政治的能力。

五月十九日　克难坡

工事会议席上训话:构筑工事应有蝇子不许飞进来,与地球共始终的存心。

五月二十日　克难坡

为政最怕好高、好奇与讨好。好高人探不上,好奇不切实际,讨好难以继续,皆非为政之道。

五月二十一日　克难坡

出席朝会训话:世界上最危险的事,莫过于自己作不到以为他人也作不到。

五月二十二日　克难坡

朝会训话:不周延不彻底的规定,等于没规定。手续要减少,公文要简单,指示要明白。闭门造车,难以合套。

五月二十三日　克难坡

朝会训话:人生就是为成就。精神与事物配合恰当就是德性,离开事物以外即无所谓德性。没心的人,不能表现人的效用;心坏的人,是表现了反效用,变成恶毒。

出席保护军食民食会议:有克服困难的意志,困难即成了进步的帮助;无克服困难的意志,被难困住,困难即成了消灭意志的恶魔。

五月二十五日　克难坡

发表《亚盟宣言》

统一世界的人类企图业已发动。有以主义谋统一者，有以经济谋统一者，或偏激，或迂远，均不易实现。惟有以洲同盟达成世界统一，平易顺适。

世界名为五洲，实足论者只亚、欧、美三洲。美洲人口仅二万万六千余万，欧洲亦不过四万万七千五百余万，我亚洲则有十万万余万。洲统一达成之日，世界统一亦可预定。

亚洲之国，日本为先进，中国、印度为大国。东亚问题之中心是中、日、印三国，若能使中国人无顾忌的合作，使印度人反对侵略的口号变为欢迎扶助独立的口号，东亚统一有过半矣。有谋以中、印为洲中心者，微日本固是造洲之内争，如只恃日本之强，而不能融洽中、印，亦必使中、印另外援，亚洲统一亦势必破坏。

先进之日本应以亚洲各国所需者扶助各国，得各国之同情，统一之基可建。若以日本之所需向各国强索，仇敌之心伏，何能上统一之路？

东方文化重成己成人，弱小民族尤需王道之推行。力凭理壮，理凭力伸，无理之力必折，无理之力不伸。日本锐意维新，六七十年力有相当之积蓄，凭日本之力为亚洲民族伸理，亚洲民族岂徒乐从，极所深盼。

统一之法，应以善养人。古人云："以善服人，未有能服人者也；以善养人，然后能服天下。"况以强服人乎！亚洲民族弱，半陷于沦亡，感奴隶压迫之痛苦矣。以拯救之心唤起同情，岂亚洲为然，即以世界论，争城争地，数年一小战，数十年一大战，胜败兴衰轮替无定。胜种败之因，兴启衰之端，所谓胜败兴衰徒增人类之惨史耳！

今应结合各国民族之优秀者，组织亚洲民族革命同志会（或解放同志会或自强同志会），协谋亚洲民族之解放，并建立亚洲民族大同盟，简称为"亚盟"。盟定公约，盟中设监察委员，由各国元首充之；并设执行委员，由各国民选之。盟本外交一致、内政自理之旨，执行同盟各国有无相通、长短互助之事，由自存而达到共存，以共存保障自存；由自荣而达到共荣，以共荣增进自荣。如此非特中、印不感到侵略之危惧，其他同洲各国可欣然而来，和平统一可以完成，在人类可减少轮替惨杀。亚洲如此，他洲亦必起而仿效，使全球尽息干戈，以天下为公,成世界大同,岂徒亚洲之幸,亦世界之福也。日本人士其有意乎?

五月二十六日　克难坡

出席朝会训话:政治是军事之母,好军事非从政治上出来不可。故对政治强的国家,愈打胜仗愈没办法。创意发明为制胜之本。势力虽大,顽固守旧必败;势力虽小,创意发明必胜。

五月二十七日　克难坡

作战一切皆是损失,惟有经验与发现人才是宝贵的收获。

五月三十日　克难坡

守点阵地要坚固,攻击阵地要严密,沟为我有。

六月一日　克难坡

军队如鱼,人民如水;鱼若离水,必定枯死。不打斥候,不发空枪,是狙击人员必具的条件。

六月二日　克难坡

公务员的轻率办事致失政信,等于政治生命的自杀,是亡国史上的罪人。

六月三日　克难坡

朝会讲话:今日公务员的通病是无职业恒产之心,以为是种捎带职务,应通改。

六月四日　克难坡

打胜仗是由一件件的小事作的好积成的。

六月五日　克难坡

对国民兵团督导员训练班训话:建立:一、核心线(分内外核线)。二、奸敌线。三、生活线。

出席铁军委员会议席上训话:军队的决心够,人民的了解够,可以言抗战。违反人情的处置,是愈处理愈错误多,愈走不通。彻底打破资格制度,以工作成绩,能力大小,决定提拔任用干部。

六月八日　克难坡

孟子说的"以善服人〈者〉,未有能服人者也,以善养人,然后能服天下"。就是说,只你自己好,不足以使人服,必须由你的好使人感到于他有益,他才能服你。这是教育干部最好的一段话。

六月九日　克难坡

愈打仗愈要小心谨慎,否则胜启败之端。

六月十日　克难坡

偷懒腐败的军人是自杀,危害国家。

六月十一日　克难坡

作战必须打击敌人的增援,增援自己的部队。

军长用三个师,师长用三个团,团长用三个营作战,为实行自己的计划,必然原则布置工事,练习作战。临时指挥,万不可团长任一营,师长任一团,军长任一师的作战必失败的办法。无计划,无布置,无指挥。自己丢人,损害了部下,危害了国家。

六月十二日　克难坡

善用脑筋方是将官。

六月十三日　克难坡

朝会讲话:据沦陷区传来消息,五月间日本《朝日新闻》刊载该报特派记者守山纪述苏德上月卡尔科夫、伊斯姆间大会战详情,并述及德法马奇诺防线攻防战之往事,谓:有苏军大部被包围于一十里圆圈内,全数被歼灭。各国记者初均认为,苏军在毁灭之前,一定要有有理性的投降交涉,而苏军竟不肯出此,至于被歼。此种精神,各国记者均甚惊讶。在各地所见俘虏之法兵,关于伊等自身之战争已经完了,未致战死,认为是侥幸,故常带笑容。所遇苏军俘虏均面如土色,与中国俘虏同,均非投降之俘虏,而为失去抵抗力后,遭受强迫之俘虏。云云。

我们听了这段消息,知道头等民族是宁死不作俘虏,二等民族是耻做俘虏,三等民族是尽到任务靦颜俘虏。我们细细分析分析,这三等民族在战场上抵抗敌人的力量各为若干。宁死不作俘虏的这等民族,不只是战场上以抵抗力量大,是准备作战用的力量就大,盖其脑筋中只有打死敌人是自己的活路,此外皆是死路。假定以宁死不作俘虏之抵抗力量为百分,耻作俘虏之抵抗力量至多打三十分,尽到任务靦颜而甘作俘虏的力量则可能打五分。百分的等于钢,三十分的等于石,五分的等于土。土不能与石较,石不能与钢比,不在其数量多少,其质度不够故也。立国于今世界应向何方努力,知此则甚明白。我民族被俘者面如土色之精神系祖宗遗留,非今的人有所贡献。今后应集中全国心力,努力由耻作俘虏进而为宁死不作俘虏,如苏联之进步。帝俄之时亦如法兵之甘作俘虏,不数十年进于耻作俘虏,今则行将进而宁死不作俘虏,实为我国今同全国唯一努力之目标。我二战区全体干部,必须竭尽心力,致力于此,在最短期间猛速进步而完成之。是为至要。

决定核心区、歼敌区、生活区,分别设险守土,三个月完成之。第一是人险。一定要用人民。欲用之,须唤醒,尚须施有形无形的强制。第二是用土地的险。要十分的以至于十二分的筑工。第三是阵险。即分开守点阵地与攻击阵地。守点阵地是正,攻击阵地是奇,以达守歼敌的目的。守点阵地达守的目的,攻击阵地达歼敌目的。守点阵地的工事布置,本一敌不让来,歼敌阵地的工事布置,本一敌不让回的最高企图。

六月十四日　克难坡

对洪训会国民兵团督导员训练班学员举行授枪典礼训词:这枪是你成功的凭藉,杀敌的利器,生命的保障。平时要好好的擦拭保存,操作演习,战时才能得心应手,一弹一敌。

六月十五日　克难坡

军人打败仗是平生第一不幸事:丢人,损命,犯法。事在人为,胜败由己。

六月十六日　克难坡

军人应日夜不停息的把心和身,用在消磨败仗取得胜仗上努力准备。谁平时准备的多,谁战时丢的人少,危险小。

六月十七日　克难坡

今后是非常时期,应以非常方法唤醒民众,用民力鼓民奋斗,在掩护人民收粮的同时,争取人民。我们掩护,敌人势必烧杀,趁敌人的烧杀,我们要号召人民起来抗战。李自成是到处杀老弱妇孺,烧其房屋粮食,令壮丁随之为匪,尚打倒明朝。敌人烧杀我们,正是我们号召抗战的良机。失此机者,李自成不若也。

铁委会议上:报仇的人民易得,报仇的军官难得;报仇的人民易作,报仇的政治难作。巩固人民抗战的心理,领导鼓励报仇的干部。

六月十八日　克难坡

革命全凭多数的群众。桀纣之形成即由于拒人千里之外。首脑部办公事应痛改此风。不会打敌人的增援,增援自己的部队,是革命军人奇耻大辱。

六月二十一日　克难坡

病。

革命干部必须有雄厚的资本,始能完成伟大的革命事业。

六月二十二日　克难坡

休养。

六月二十三日　克难坡

休养。

六月二十四日　克难坡

休养。

手令:敌人挟战必胜、攻必克的武力,来灭亡我国,我们不能以比武的方式抵御敌人的侵略,只能以增大代价的方式,使敌感到不够本而停止。如交易,卖主抬高货价,使买主感到不上算而停止交易。但欲如此,必须如苏联守列宁格勒,军民不分,誓死与城共存亡,来守晋西。我们今后亦不分军民,不论男女,一齐从事杀敌,使生活、生产、战斗打成一块,以守晋西,定可成功。凡我干部均当本此努力,至要至要。

六月二十五日　克难坡

休养中。

六月二十七日　克难坡

轻笑损严,轻怒损威。

七月二日　克难坡

七七抗战五周年题民族革命半月刊:生产生活战斗合一,是政治上抗战复兴的唯一途径。

七月四日

发表华灵庙二十四壮士殉国经过。壮士系以自身之死,换得国家民族某一事之胜利与成功。

七月六日

七六朝训：精兵澈政。

七月七日

发表对追悼革命根据地大保卫战阵亡将士王师长凤山等大会悼词：有建军的精神，何患军不建；有立国的精神，何患国不立。

七月八日

革命干部见弊必须尽除，见错必须纠正，勿待指示，勿稍顾虑。

七月九日

发表公祭抗战阵亡特殊功勋将士讲词：冒万难而救援，历千辛而支持，不惜自己之牺牲，求得全盘战况之好转与其他友军之脱险，而自己果决的成仁者，谓之特殊功勋。

七月十日

朝会讲话：有权人卡制人，为自古亡国病。抄七、十手谕（播字24号）。

七月十一日

以君子待人，以小人防人，才是为政之道。

七月十二日

人类幸福，全由于负责自动所造成；不幸福，亦由于不负责不自动所招来。

七月十三日

见公共之利而不自动的做，见公共之害而不自动的除的人，即为心死。尤其是负责任的人，不能负责、自动、深入彻底的完成其责任，为心死之甚者也。

七月十四日

书奖骡夫状元曹有年；人有反应，畜无反应。爱畜难于爱人。苛畜易于苛人。

七月十五日

看情面就是十足的官僚习气。

七月十六日

战工讨论会议席上今后的首脑部，要走上无为而治的路子。小康时代，不能行大同。强盗场合，不能说施舍。

七月十七日

中庸即圣贤之道,故离开中庸之聪明才智,则为奸邪乱贼。才智愈大,造恶愈多。皆为人类之蟊贼!中是竖的,庸是横的。非正不能中,非平不能庸。中是愈细愈难,庸是愈平愈难。粗中粗庸易,细中细庸难。

七月二十日

技术是革命资本。技术上的成功,就是人生的结果。

题华灵庙甘四壮士纪念册:立国种子。

七月二十一日

朝会讲话:盖国于天地必有与立。与立的就是正义与力量。力量就是精神、物质与技术三者之平均总和,均须平均发达。否则,所缺者即所短,所短即致败之因。

七月二十二日

七・二二手令:今后战争之胜败固在军事,但军事的根子在人民。领导人民是全凭村干部。欲求军事之胜利,非有坚强之村干部不可。

七月二十三日

移风在奖良。

七月二十四日

有干部即有政权。

七月二十五日

人人立一改进事物之志,为民族潜伏之内力,国家存在之基力与万事改进的动力。此而不立,国无以建。

八月十五日　克难坡

当国误国之罪,在刑法上应当比什么罪条也重,因为国家受的损害最大。故在立国的法宪上,应有长久有效防范当国者误国之办法。

八月二十一日　克难坡

鹅毛扫泰山,扫一扫,亦要小一小,但无益。医病如此,作战如此,治国亦如此。

八月二十四日

对在克铁军同志训话:我们的组织,在战场上实在表现了很大的力量,尤其自宋家庄、华灵庙。黄花峪、康宁堡等战事之后,我们充分表现了铁军的效能。这统是我们同志们努力的结果。不想净化战役我英勇官兵的战斗下,出了几个懦种,高级官竟然拿出缴械投降的条件来,引起我有脸面有人格同志的不满,羞与为伍,愤而自杀,遂将我铁军的名誉毁尽了。他们平素是爱钱的,可证明爱钱的人没有不怕死的,怕死了,临时就不能装懦。今后我们同志应努力两事:

一、平时一齐努力,铲除爱钱的人。不只是我们同志中不要爱钱的人,我们军队中就不要爱钱的人。

二、临时打死倡议投降的人,不管阶级高低,谁倡议投降,无论何人。均可将他打死,不只是无过,而且是有功的。

我听说他们当场不要脸的说:"存在就是真理",以投降图存在。他们不懂得存在是指立场与主义而言。今日投降了人,既失了主义,又失了立场,可谓精神与身体是死亡净尽,尚何有存在之足言,真是不要脸之至。他们的不要脸无人格,是我的用人不当,我尤其觉着对不起不愿意同他们投降而自杀的官兵。因上级的人坏,逼迫的下级不愿意同坏而自杀。这是用人不当的大罪过。今后当切实建立组织用人、组织考查、组织负责的办法。希望全体同志共同努力!

九月十三日　克难坡

处人先要认人皆比己要强,至低亦与己一样,凡己耻于为不屑为者,人亦不肯为。审清之后,人果不若己,以高人一头,让人一步处之。

高人一头,才能管人;让人一步,才能教人。

九月二十六日　克难坡

认错、改错与饰错、执错,其损益不知多大。一方生则成功成业,死则留名留芳;一方生则活路日窄,死则遗臭子孙,且不身罹法网及能善终者几希矣!

十一月七日　克难坡

未病防病易,有病去病难;未错防错易,已错补错难。

十一月十八日

法是全体,爱法当甚于爱个人。立法要严,行法当宽,但不得纵。

民国三十二年

（1943年）

七月七日　克难坡

恕道是最便宜的道,再没有比替人想想于自己适宜的。

八月三日　克难坡

道理在里边不算,必须表现出来;在口上不算,必须到行上。

八月四日　克难坡

无所谓大,积小成大;无所谓难,积易克难。

民国三十三年

(1944年)

六月二十三日　吉县

题愧别室

彭别赤手理南阳,路逢遗物须送还。国权重寄三十载,何难何易愧无颜。

七月七日　吉县

为利己而犯法是盗贼。为利他而尽职是圣贤。

七月十八日　克难坡

人类中只有推亲自己的父母子女的心,亲他人的父母子女的一件事,所谓事功在此,道德在此,人生的结果亦在此。其余一切事,皆为圆满完成此而已。

十一月二十六日　吉县

什么是仁?

一、仁的本质——当理而无私的理性种子,亦即是中。二、仁的效用——亲亲、仁民、爱物,为人类谋幸福,替造化表功能。

十二月二十七日　吉县

救火不如防火,防火不如去火。救火有损失,防火须时时小心,去火是一了百了。但防火难,去火尤难。儒家的学问根本是去火。

疯狗咬人,与他奋斗是下策;喂肉哄他是中策;避开他是上策;变成铁腿任他咬是超策。

人与人的过不去,是变方凑成的。如系一方,无所谓过,更无所谓过不去。

"义以为质,礼以行之,逊以出之,信以成之",才够一个行政的常胜军,也是处人的无敌的个法子,也就是人性的真理。

反求诸己,才能化险为夷。

民国三十六年

(1947年)

一月一日

戊戌立宪,万世帝王。丙午立宪,国破家亡。立国不敢失时。适时放火亦理长,落后点灯亦理短,为政不敢违时。

语均一(财政厅长王平):你说,国是国,钧座是钧座,与其同流,何若得失任之。我以为洁身自好者,为作官可,为救国则不可,况今日祸患重重,若不保护,山西人民将陷于何境。

一月三日

种子是静的,静是动的动力。

三月十九日

与城固制造厂李厂长谈,告以你在城固和地方上处事要能取得人的同情,不作使人看不起的事。人在世上有两件事,一是成己,一是成物。成己是叫人说自己的好,成物是叫人感自己的好。切勿占人的便宜,物质上占人的便宜,是道理上亏负了人,口头上占人的便宜,是心理上亏负了人,所得者小,所失者大。不过吃亏要吃到明处,不可糊涂吃亏,人占了便宜,还要骂为糊涂无知。

三月二十一日

嘴能哄了人,心不能哄了人,所谓心劳日拙。

四月十四日

县长考试,任典试委员长,入闱时,众议当此政事繁而军事多,入闱恐贻误政治上之民生与军事上之胜利,典试条例有于必要时变通之,典试委员长可去点名一次,将来定榜一次以兼顾之。余答曰:政治军事固要紧,乃常事也,典试特事也,作一事合于时否,是在事之本身,任其事者,当尽其事,且典试大事也,县长重任也,不可忽略。设一电话专线,由试场通中和斋,重要话可以电话连系,重要文电可包送,门上备有一孔传递之。

四月十五日

县长考试,九时许点名毕,尚有三十六名未到,典委某请开试,余曰:公布点名至十时,有十时来者,如我拒而不纳,则错在我,应到十时开试。十时前果有人续来,典委某以幸未开试,否则,无以对来人。

县长考试试题圈定后,典委问"为政不在多言顾力行何如耳"与近来号召的下情多说是否冲突? 余答曰:不只不冲突,下情多说是力行上彻底的作法。

问:为政不在多言,何谓多言？答曰:当作事而只说不作是多言,如只言赏罚而不实行赏罚,只言救济而不实行救济者,始贬之以不在多言。不言赏罚而行赏罚,不言救济而行救济,是不言之愆也。不告知人民何者赏何者罚而行赏罚,古人所谓罔民也。古人所谓为政不在多言,顾力行何如耳,乃不在多言,不是不要多言,恐言而不行也。如三令五申者,即力行之前端。至于我们之下情多说,是为唤起民众,言即是行也。无事实无以言,言事实即是彻底的行,所以给人民说征粮如何,征丁如何,征税如何,开渠如何,言其事之所当为与事之如何为,如此多说,即彻底力行其政也。况今日是改变目的方向,变旧行新,不言,何以改,何以新。

四月十七日

巡视县长考试第一试场,见有带帽者,问知患感冒,乃许可。不可不先问明白而不许可,且典试委员更不可说出无效的话。若令人脱帽,人以感冒而答之,则所言壁矣。

四月十八日

典试委员云:此次典试题出的易,阅卷者评分又偏于高,县长为政治的重心,将来政治民生恐亦受其损,可否以口试挹注之。余曰:题目易,分数高,错在明处,且是宽的错,若以口挹注,错在暗处,且是刻的错,以后者之错补前者之错,是一个错变为两错。将来以训练补救之,在正面补错,错可减少,以反面补错,错反加多。

副官处胡课长请为复兴楼题字,答曰:复兴楼为抗战时日人所建,乃国耻也,何书为,以窃之乎？以后称为复兴楼可也,不题字以为国耻之纪念。

副官处胡课长请将复兴楼前日人石刻之建楼纪载取消,答曰:去其建楼纪载,何外强中干也,素耻辱留乎耻辱,尚可以励来兹。

孙参事国策因急于通电话,即舍正路由试场之绳栏越而过之,谕曰:绳栏闲其心也,何可急则越之。古者划地为牢,君子必守之,若以其力能则犯之,虽城墙铁栅亦可越而过之,则国不堪其乱矣。

有艳装女子从试场门前而过,感曰:愈文明的人服色愈素淡,愈落后的人服色愈花丽。

四月二十日

与刘队长有泰谈冲锋战法,余言未止,意亦未尽,彼争言遂诫之曰,听我说话是增加你的知识,说你的话是欲向我逞能,为逞能而塞知,损失莫大,何其不虚心也。满招损,谦受益,应力戒之。

散步庭院中,感曰:艳花快残,才人寿短。

四月三十日

郭星符报告新闻毕,祭曲清斋兄,临行时,母命曰:老矣累矣,祭之可,勿哭。余曰:遵命。祭时见其子孙,不禁泪下,返告母曰:未哭,不由泪下。母曰:落泪当然,我不去,知衰老,不堪伤感矣。

九月二十七日

世界之公理,寓于机器中,机器转动,烟囱冒烟,始有理可讲,否则,无讲理之权。灭理凭力固非治道,但无力亦不能讲理,亦为当然,故为国必须培力讲理。

十月二十二日

强人作不如勉人作,勉人作不如教人自动作。

十一月六日

白天在稠人广众中,人很不容易露丑。为政能使是非公开,用上众人的眼耳口批评,就成了白天,谁敢为非。

十一月二十六日

有人以到四川未登峨嵋到南京未游西湖为我惜者,余改古人语一句答之曰"天地由我造,山湖何足游"。余一生所到之地,不知有何名胜,凡不与余人生效果之收获上有关者,余脑中很少印象。

十一月二十七日

星符说,现在人把造乱归根于领袖欲之作祟。我说:领袖欲是造物所付与者,不能使人没有,应归咎于政治上为领袖欲漏下作祟的空子。《易》曰:负且乘,致寇至。政治上必须把握住头等的作法,始能使头等的人才不离开政权。若是二等作法,头等人才即要离开站在政权的反面,站在反面之后,初是批评,渐是抨击,三即反对。由言语的反对,就要引起行动的反对,最后政治上常受头等人才领导的二三等人才,要跟上脱难政权的头等人才成为反对政治的人,所谓众叛亲离,亡不可救矣。今天欲治安,不能在减低人之领袖欲上用力,要在提高政治领导上用力。

十一月二十八日

帝权时代是弱不敌强,今则民主是寡不敌众。帝权时代帝王利用聪明才智之士鱼肉平民,今共党用平民报复富贵,此皆失中所致,无往不复。

十二月八日

错路上跑的愈快,错的愈远。

十二月二十一日

破除烦恼须无我,经过艰难好作人。

民国三十七年
（1948年）

二月二十七日

阎竹圃先生年九十一岁,近托志伋侄转送来茄楠香念珠一串,带玉牌玉珠各一,台湾产凉席一件,并说:他年已九十一,因感于维护他的恩,送此物以图补报。按茄楠香带玉念珠是一贵重异物,我向来对珠玉等物惮于保存,凉席虽系日用之物,但我自老年以来,即不需要,所以我即说,按他送来的情意说,是不可却,但就我的需用上说,却是不可留。志伋说:璧还了似乎太屈他送的情意。我说:情意固不可却,但物不可留,留下害处太多。第一是保存的坏了,咱还得生点气。第二是保存的丢了,咱还得费点气,与保存者发许多嗔。第三是留给子孙能生不和气之因。第四是在乱世还能因此招杀身之祸。家人有云:留此物使殉葬如何?余曰:徒招劫墓。志伋又曰:却之屈情,受之不利,将如何?余曰:将此二物照像留作纪念,即不致屈人之情意,告侍从秘书写封信,原物交还其子,作传家之宝可也。

三月十九日

国民大会代表温寿泉函请竞选副总统,复以"我在山西近四十年,不应在此危亡至急之时为自己的便利而离开山西。此时如离开,何以对国,何以对省,更何以对自己。今日是救亡,选举能辅助蒋主席者始能救亡,何人为宜,蒋主席始知之"。

三月二十二日

客问:是否竞选总统?

答:不。

客问:是否竞选副总统?

答:不。

客问:你支持谁作总统?

答:谁能领导国家,我们应支持谁。

客问:你支持谁作副总统?

答:谁能帮助总统,我们应支持谁。

三月二十五日

会李宗仁代表时曰:若没有人民,即没有兵源,美元、美械、美兵均无用。欲有人民,先要是非平等,生活平等,劳动平等,牺牲平等。

四月十八日

志敏志惠出门训示：出门在外，举目无亲。

一、不敢有病。有了病，治疗上无人主病，保养上少人照料，精神上少人安慰，以上三者是比之于在家的困难。欲无病少病，必须要生活规律。第一是吃饭不乱吃，尤其到夏天，水果汽水等冷食要有节制，肉食美食绝对不吃饱。第二要早起早睡。第三要忌受风感冒。不过感冒之原因，除传染者外，皆系有了积食所致，应当是觉着肚中有了存食，就服清导等剂，可防感冒。第四要讲卫生，就是多吸取新鲜空气，多晒太阳，多运动。第五要防传染病。第六要不生气，无论有什么感触，总要认成他是伤身的，且是外来的，心中绝不使之常受刺激，要本过去即算了的存心。

二、不敢丢人。因为在外边丢人，很难得到人的原谅，在家里有错，是三分减成二分，在外边有错，是三分就成了四分，欲无错：第一存心不占人的便宜。第二存心不对不起人。第三存心记人的好不记人的坏。第四嘴不要强，不只不骂人，而且不碰人。第五每晚自己睡觉时，要检讨自己，修正自己。每周星期六晚，家人检讨家人，家人修正家人。第六待人要宽厚，总要使人常常感自己的厚道。第七责备人不可过分，人有十分错只责备人九分，人有九分好可要夸奖到十分上。

三、要进步。我负山西责任时，你祖父说我，要知道你要负这么大的责任，我一定教你背几回炭，掏几回厕所，你才知道生活的困难和工作的艰苦，处理民事才有标准。你们生在衙门里，长在衙门里，不只不知生活的困难工作的艰苦，未碰过钉，未捱过骂，反是受人的推崇和恭维，完全同一般平民的精神环境脱离了，这可以说是你们做人做事进步上的一大障碍，也是你们前途上的一大损失。你们必须要知道，这个障碍与损失，要痛加改勉，去了这个障碍，补起这个损失，作自己进步的助力，将来成个为国家社会人类做事的人，表现人生效用。

四、你二哥只有树榕，你们要亲他比自己的儿女还要重，你们应该拿上桑园寄子的心理对树榕，并且要指导他学习进步做人，要常常培植他，指导他。将来结婚时，要选一个有志的人，不在乎他有势有才有钱，是要重在有志，有志胜于一切。

五、志惠要本同志结婚的目标,物色一个诚朴有为的女士结婚,万勿为痴情与美感所迷惑,致累终身。英雄豪杰首要在结婚上表现,且妻为伴侣,得之很能帮助自己,否则亦能毁灭自己。

总之你们要想成个有出息的人,必须处人要常常替人想,管事要常常替事想,存心要事事怕人耻笑。你们要能本此三个原则做人、做事、自处,一定能成个有前途的人。

最后我告诉你们十六个字,就是"轻财重义,讷言敏行,俭己厚人,恭己恕人"。以此十六个字作你们一生的进步目标。此家训你们要每星期六晚读一回,作为你们做人做事成就的个检点。

五月十二日

欢宴首都记者访问团长陆铿等,讲述平民经济与兵农合一措施。

七月五日

地政部次长汤惠荪、农民银行处长黄通访晋考察兵农合一,并称:"最钦佩阎主任说到就能做到,国民政府二十多年来说到未能做到,如做到则不是今天的状态,因对地主及收买土地均有很多的困难,兵农合一已行十之七八了。三民主义的真精神可以说是在山西,别的地方说的多做的太少,对山西知而即行,非常钦佩。"

七月二十二日

蒋总统抵并巡视,并召集高级军政官员会议。

九月二十八日

会见罗马教廷驻华公使黎培理,请教宗发起为世界和平而祈祷。

十二月二十八日

飞南京述职,谒蒋总统,向立法、监察两院全体委员提出报告。

民国三十八年
（1949年）

一月一日

由南京返太原。

二月十七日

二月十四日由太原至青岛,翌日以上海至南京,与各空运机构及国防、财政、交通、粮食、联勤等部洽商加强供应及空运空投。十七日赴奉化与蒋总裁详谈,二十日返太原。

三月二十九日

李代总统电召赴京"商决党国大事",晚八时抵南京。四月十一日于奉化蒋总裁云:"太原固重要,太原是国家一隅,若国家不保,太原亦无法保存,望你多留南京,做团结工作。"十二日返京,参加和谈会议,李代总统亦一再嘱多留京。

四月十八日

中国国民党中央执监委员及政治委员会委员于广州联席会议,电邀赴穗,同谋挽救危亡。

四月二十日

千疮百孔危急之病人,医之须先保命,再说医病,今日之困难已到最后关头,若不团结,即自行失败。

原来到南京,预定五日返回太原。总裁说:太原是一隅,若国家不保,太原亦无法保存,希你多留南京,做团结工作。答:对中央太生疏。总裁说:中央你生疏,才无成见,你的话大家容易接受。李代总统亦一再留多住南京,各方希望做团结工作,勿以太原为重。同时在穗中委电邀赴穗一行。至四月十九日太原飞机场即不能降落,当时接太原梁代主席化之电称:请勿再图返省,解救危急只有大量空军,希望能使飞虎队用国家空军名义大量出动。

四月二十一日

复接梁代主席化之电话,匪军增加炮兵部队甚多,恐城陷在即,目前已经应处理之人及事,处理完毕,职一定尊命集体自杀,并本尸体不见敌人面之昭示,一切准备妥当。复接阎慧卿电话云:一定遵命率家人自杀,并焚其家屋,请勿为念。

四月二十二日

由京至泸,以无线电话,继续指挥作战,并勉励全体文武干部,成功是国家人民的需要，成仁是自己的收获，所愧者不能与大家共同牺牲，惟我一定要对得起大家。

四月二十三日

十点后，与太原连络中断，于连络中断之前，太原表示：一定巷战到底。

四月二十四日

太原失守。又接在穗中委全体电促速往穗，共商国事，原拟先飞溪口再飞穗，后因机场不易降落，改定先行飞穗。

四月二十六日

由沪到穗，经多方接头，以欲团结必须先请李代总统来穗。

五月三日

由穗飞桂林，以真诚之心情，恳挚之言辞，与李代总统谈，请早日莅穗，安慰人民，交代历史。成败是常事，我们应本人定胜天之旨，至低亦应尽人事听天命。如代总统不莅穗，失败后无以交代国人。代总统允考虑一晚，明日再作决定。

五月四日

晨代总统莅住室，拟写一备忘录。余以备忘录内容如何，虽尚不知，但觉此系外交词令，纸片上一问一答，中间人不易为力。

午间复谒代总统，拿出一谈话纪录，认为刺激性太大，尽力打消，未蒙允纳，提议修改，亦坚决不认，自己不得已声明，我来看代总统，系以私人资格来的，无可交代的对象，后居正先生说明李文范先生是代表党部，应由他带回。

临行时不得已分别向白长官健生、黄主席旭初附耳低言谓：兄等考虑后果，并说明以前的失败蒋总统负责，今后的失败是代总统负责。白长官说再尽一度努力，盖白长官健生、黄主席旭初、李主任品仙均主张代总统来穗。

当日返穗，过珠江桥有感而赋曰：钢骨水泥兮合则坚牢，劳燕分飞兮孤鸣嘹嘹，大川利涉兮赖此宏桥。

五月七日

四日由桂林返穗后，由何院长将谈话纪录送上海，蒋总裁复函，何院长召集元老会议，仍主张我同朱家骅、陈济棠再飞桂林，迎李代总统。当时我说，去一定去，但感此行可能撕破最后的一页历史，特别有感于怀，当请何院长代为电达汉口白长官,务请同时到桂林,借重周旋。

即日飞抵桂林机场后,李代总统、白长官均在机场迎迓,李代总统欲同车回城,当时特请白长官同车,盖欲在车中说明总裁之函,免发生误会。上车后,即说明代总统要求六事,总裁已承认五事半,不过发点牢骚,尤其对兄有所责备。总裁是我们的党魁,当发点牢骚,今已承认五事半,对我们发牢骚,比不发牢骚还觉得安心。对你的责备,不免你受些冤屈,你一定能不介意。白长官健生说:党魁对同志,长官对部下,不要说责备,就是骂一顿,亦无碍,骂的对不对,我们也不介怀。

到代总统官邸后,先向在场的左右说明六条已承认五条半,不过发点牢骚,并说发牢骚较应允不发牢骚还好。李代总统阅毕总裁函后,稍加思索,即应允明日一同赴穗,大家均表非常愉快,遂即电话告知何院长,明日午前十时起飞,请准备欢迎。

午后心中无事,驱车游风洞山、独秀峰,感地理上说桂林山水甲天下,两次飞桂,果见山势特别俊秀,陪从欲请写数字刻石留念,遂于此时题书"跟不上地球自转的表是废表,跟不上时代进步的人是废人"。

五月八日

上午十时,与李代总统同机赴穗。

六月十三日

于广州就任中华民国行政院院长兼国防部部长,副院长朱家骅,秘书长贾景德,内政部长李汉魂,外交部长胡适(叶公超代),财政部长徐堪,经济部长刘航琛,交通部长端木杰,教育部长杭立武,司法行政部长张知本,蒙藏委员会委员长关吉玉,侨务委员会委员长戴愧生,政务委员吴铁城、徐永昌、陈立夫、万鸿图、王师曾。

六月十六日

到穗之初,见多人,其所言所为,皆有助于共,谁肯打匪,毁谤谁,谁不能打匪,袒护谁,谁可靠,不用谁,谁不可靠,重用谁。感到由首至脚,皆为双料共产党,继思脚共也尚可,首共也何能?遂哑然自笑,但不解其故。久之,乃知为私之一字所造成。盖由私所发出来之言行,皆利于个人及小圈子,而不利于整体;不利于整体,即利于自己的敌人。利于敌人,即谓之曰:双料敌人,亦甚允宜。古人说:乐其所以亡,此话是就君主时代之君言,矜其所以亡,则党主之多数政治之现象也。总之,病与命相连之后,不治,病必致命,治,须病命皆去,真所谓虽有善者,亦无如之何矣。

六月十八日

午前报告施政方针,加大省县职权案,拟提至行政院院会。代总统问:这几天处理的国事如何?我说:"束手无策,坐以待毙"八字,是描写历史的陈绩,我以为尽合此八字;我们今日一切无数字,一切无专责,认识纷歧,主张各异,军事影响了财政,财政累倒了金融,金融减低了收入,财政又影响了军事,及一切庶政,中央地方一切脱节,指挥不灵,解款扣留,要款无度,军队命令不行,作战无法部署,整理无法执行,总裁未来,非常会议政策未定,处事无法贯彻,真感到束手无策,坐以待毙。锡山既蒙倚畀,不惜一切牺牲,不顾一切障碍,勇往向前,总要对得起代总统及立委,对得起党。但牺牲要站在岗位上牺牲,不能等于一兵一卒之牺牲,亦不能等于一将一领之牺牲。欧美新风,身体为作事之资本,锡山不能轻于自杀,东洋死难之道德,有立国之需要,但亦不能以自杀傲人,必须谋其事之所当为,尽其力之所能为,不成而后自杀,方能对得起国人,交代了历史。此段话对国务会议及全体阁员复述之。

六月二十日

向中央党部常务委员会报告保卫华南之决心与计划,及当前各项问题。

六月二十一日

下令全面封锁沦陷区港口,自六月二十六日起实行。

六月二十四日

北伐成功,国民党可能有五百年的基业,到穗以来,始知国事日非,由于党内有派系争,有小组织争,有地域争,地域有南北争,西北争,东北争,东南争,有学派争,有留学国派系争。争起来无理由的说人坏,无理由的说己好。不说事怎么做,只说人怎么用。掌权之后,不惜无理的违法,擅自批款要款,监察委员指名算出,安款支出较正式开支多。自私上眼小如豆,妄为上胆大如天。养成此风,纯系是非颠倒。处个人之恩怨应宽,处国家之纲纪应严。已过国家毫无纲纪,个人毫无忌惮。部分高级人员保命护财,早接新朝以冀幸免,成了乐其所以亡的局面,虽有善者,亦无如之何矣,以致造成今日不可收拾的境地。知其不可为而为之,深感痛苦。

茶会招待监察委员,报告行政措施,请予指正。

六月二十五日

(一)在两大夹缝中处事,胆小如豆的错误,结果是胆大如天的祸害。

(二)久医去病,集损成疾。

七月一日

健谈亡国感——健谈之养成,不是做实事养成的,且不是自修自责养成的。因之健谈的精神作用,在自矜自用,精神是浮的。愈健谈的人,愈不乐于做实事,多系以说代做,所以到广州来,很有健谈亡国之感。

七月四日

出席中央党部及粤穗省市党部联合纪念周,作就职之首次施政报告。

七月十六日

拟定保卫华南西北大陆作战方略,缮呈蒋总裁及李代总统。

七月十七日

在黄埔面谒蒋总裁后,复将报告要点即日缮呈。(总裁十四日由台抵穗)

七月十八日

将台湾保卫案及海南岛保卫案送呈蒋总裁。

七月二十日

中央党部非常委员会,总裁亲自主持,通过扭转时局方案。

七月二十七日

金银的作用,包括人的全部份,士农工商,男女老幼贵贱贤愚,凡需要生活者,皆与它有关系;也可以说包括人欲的全部份,生活日用品之需要者想省,营业者想赚,投机倒把者想成暴富,无论生活的,储蓄的,正当营业的,不正当营业的,直接间接均与它的作用有关系。因此成了无边无底之海,无论何人也踏不住底子,摸不住边子,万不敢轻于变更。即需变更,亦应极力避免直接的法子变更,应用转弯法、间接法。

八月一日

中间赤诚匡济,但不从井救人,亦不卷入漩涡,更不意气偾事。

八月三日

（一）非常委员会第二次会议对保卫华南西北案原则通过，标题改为反共救国实施方案，并将全案文字本以主义对主义之精神整理修正后，送由行政院交主管部依据全案原则，分别为因时因地切实有效之实施。

（二）行政院第八十次会议通过处理西藏地方当局迫使中央驻藏人员撤退案。

八月四日

缮具我们目前危机之简单说明及处理意见。

八月五日

行政院第八十一次院会提出报告，奉李代总统令通缉程潜归案究办，并决定对陈明仁撤职通缉，任命黄杰为湖南省主席。

八月十日

在反侵略大同盟常委会讲"对美国白皮书之观感"。

八月十二日

八月五日美国国务发表"中美关系白皮书"，拟就对白皮书意见送请非常委员会研究，经与会各委员提出意见三点。后于八月十六日政府对美国白皮书发表郑重声明。

八月十九日

今日院会提出新疆撤兵案，主撤者认为不撤久则溃变，撤则增兵内地，有补于军事。不主撤者谓边疆与内地人心不同，撤兵即须连带的将政治撤退，即系抛弃领土，将来很难恢复。且新疆四百万人民中，汉民二十万，回民二十万，余皆为新疆原有各民族，撤兵以后，这四十万人很难存在，必遭惨杀，但撤兵须汽车五百辆，需时八个月，方能撤回，经费除已拨二百万外，尚需六百万。据说，实际上在那里成家的人很多，撤回来亦不过两三万人。会议中撤否未决，众议我考虑两日后，自行决定，不必提会。我以为考虑无用，必须尽两日会见知新疆情形者，了解事实后决定。

八月十八日

今日中国是病命相连。不治病，病必致命。治病，须病命同去。

行政院会议提出新疆撤守问题案，众议此事关系太大，撤守即是放弃国土,超出一般行政院会议职责之上,不便讨论,应由院长考虑后与代总统暨总裁秘密审慎决定处理之。经我两日来考察了解结果,得到三种方案,但均与新疆军事当局陶峙岳司令主张绝对相反,陶之意,无论撤与不撤,必须与苏联签署协定,使苏联强占三区为合理化,此实等于签署卖国条约,撤与不撤,均不能签。于是派大员国防部次长秦德纯、蒙藏委员会副委员长周昆田,前往与当地负责人慎密研商拟处。为集思广益,妥商规划,于本晚七时,除秦、周二位外,并邀请内政部长李汉魂、前国防部长徐永昌、国府参军长刘士毅、政院秘书长贾景德便餐磋商,十一时散会。决定由秦、周携带方案,明日先飞西安,再飞哈密,转赴迪化。

八月二十日

(一)与人答辩,人感到辩驳的对,与被驳的人有益。如辩驳的不对,被驳的说明驳的不对的理由,使辩驳的人觉悟了驳的不对,与辩驳的人有益。驳了人,被驳者不明白驳的对不对,只感到受驳,使之再不敢言,此对驳者与被驳者,均无好处。古人有可与言而不与之言,是失人,不可与言而与之言,是失言。对两有益的人而不驳,是失人,对两无益的人驳之,是失言。应不失人,亦不失言。但单纯的是或非的事,可与言的人多。似是而非、似非而是的事,不可与言的人多。故答辩要审人,并要审事。

(二)义无反顾的事,是从人定胜天的观点发出来的。尽人事而听天命,脑筋中有一半的松懈。知其不可为而为,亦不够个饱满的精神。只有人定能胜天的精神,才能饱满无缺。

(三)李代总统问,贪污成风,列举数大员贪污巨款,将如何查明严办,李并云:恐办不胜办。余答:由办到克复不胜其办。李复云:我们应当不顾一切。余曰:前曾向蒋总裁言,为国牺牲一切不惜,若为贪污者作傀儡,敢告不敏,代总统有闻,即交,山必严办也。

八月二十一日

青海兵团、宁夏兵团、陇南兵团与西安绥靖主任胡宗南,在西北作战方面指挥上不统一,致有误战机减低战斗效率,为统一并加强,决定设立国防部长西北战区指挥所,派大员前往指挥,并决定派前国防部长徐永昌任指挥。徐预定明日前往,遂与秦德纯、周昆田同行。

八月二十二日

甘肃主席马鸿逵任命之经过,最初一方为郭寄峤争留任,郭马不相容,欲分城驻节,此主张太不成事体。另一方为留任省主席马亦不同情。多数立委为马鸿逵争,而马长官步芳亦有自兼之意。四争相持不下,情势严重。一日立委代表九人来访,希望以责任内阁之权能处理。余答:我譬如一开汽车者,你们为坐汽车者,你们希望我快达目的地,我何尝不愿,不过我要注意到路上障碍,顾虑翻车。翻车后不只车坏人伤,且亦达不到目的地。余言罢,立委九人齐声响应曰:我们清楚了,不再催。国事无公道、无是非到极点了,余遂循立委之意见任命马鸿逵为甘肃省主席,盖立委无私见,其他争执者,则所抱各有不同也。

八月二十六日

(一)我感到现在各种会议多呈下列现象:一、背诵图书目录的会议。二、老鼠会议。三、小孩说故事会议。四、逞能会议。五、报复会议。六、矜功会议。七、泄愤会议。遂致发言多离开议题,决议多不依据发言,演至儿戏加深,仇恨加大,造成分奔的恶果。这种会议真是煞人情绪,增人厌心,白度时间,滥费人力,此一端即造成灭亡而有余,真令人不知何者结成此果。古人说:无主乃乱,制度使然,抑领导失当所致,令人不解。

(二)有耻的风尚中,无耻的人易受打击。若欲得到帮助,须化无耻为有耻。若在无耻的恶风中,有耻的人亦感到无地自容。真是率仁率暴民皆从之,云能遮日,从暴之后善者亦无可如何。

(三)诞词知其无聊。

(四)固执己见与固执成见,比固执私见坏事还要大。因私见与无耻相连,人易察觉而打击,人之成见、己见与主张相连,易得人原谅,故其坏事之力量,较私见为大。

(五)健谈亡国,此感在未到广州前,心脑中毫无此观念。来到广州之后,虽感到诐词淫词不适理国,但亦说不出一个名词来,一日忽然感出健谈亡国四字。但何以造成此习尚,思索多日,未得端倪,或为革命尚说,以说动人之遗风乎。

八月二十七日

主持孔子二千五百年诞辰纪念典礼,并讲"孔子与东方文化——中与仁"。

八月三十日

台湾大学校长傅斯年函,请销辞意,奋志匡复。函复以国家为前提,个人得失,非所计及。

九月四日

李代总统希望辞兼国防部长,以白崇禧接替,未表同意。

九月五日

致徐政务委员永昌函:兄昨晚之言,关系国运隆替,睡醒后颇觉萦系。我意:不只我兼国防部长必灭亡,换人或灭亡或不灭亡,我愿意辞。即使我兼亦亡,或是我兼或可不亡,换人亦或可不亡,我亦愿辞。假如我兼亡的慢,换人亡的快,我就不辞。我认今天我们是病与命相连在一块,治病必致命,不治病必丧命,若不设法使病命分离,恐无下手之法。今欲转危为安,必须变各是其是,各非其非,为同是其是,同非其非,方能意志集中,力量集中。按今日我们的自身,由人上说,易于各是其是,各非其非,若从事上说,无人不愿国家好,定能同是其是,同非其非。应决定何利必兴,何弊必除,规定进度,实行考核,作为我们首脑部救国约法,共同遵守,完成者奖励,遗误者严惩,则意志集中,力量集中,向挽救危亡目标迈进,未始不可有为。此致次宸兄

问:你是个政治家,不是政治领袖,无政治资本,日见孤立,甚或受辱,未免太苦,又如何能久,应当组织点政治资本,以资抵御。

答曰:素孤立行乎孤立,不安孤立,连个侮辱亦得不到。安于侮辱,则侮辱者仰面唾天。若人唾我一脸,我唾人一脸,有何不吃亏?原谅人是高人一头,互唾是一丘之貉,被人原谅是低人一头。

九月八日

入耳与否均相宜,入耳与否何不宜,国家大事开会议,矜能夸识等儿戏。

九月十二日

邱昌谓说:要快争取时间,把欧阳市长换了。我说:公路以外的大石块、深坎坷,可以不顾;若公路上有大石块、深坎坷,仍不顾而驶快车,可能把车颠覆。西北事之解决慢,也就是公路上大石块及深坎坷太多,我何尝不愿意快。今天大家提出的事,就叫我今天解决,就叫快,但我不能不有所顾虑,且大家今天说的事是两条路:一条路为剿匪而要主席兼市长,为剿匪需要甚作甚是很对,我

们以什么理由说非主席兼市长不能剿匪,若提出来没理由,院会上不易通过。一条路是说欧阳市长不好,有贪污情形,果如此,内政部长可举出事实提院会,我定依法惩处。我不能以代总统交付提出院会。李部长(汉魂)说:院长可以毅然处理,不必多顾虑。我说:我们今天政出多门,人人是主人,哪一个人也可以命令行政院长,为他个人作他企图的事。他说:那有是非在。我说:我大胆在扭转时局案中说,我们今日无是非,无公道,无赏罚,所以把国事闹到这样地步。他说:没是非,请院长主张是非。我说:无是非场合,主张是非,我也感到无地自容。以后我说,代总统以后有事,可叫我单独谈。

九月十九日

本日对国防部人事评判会指示人事公开两条件:一、去感情,用理智。二、将所选之人事绩公开。用人之不公,上下均有,惟下级少而上级多,故须下提上核。以上核防止下私,以下提防止上私。

九月二十三日

到广州以后,感到理智无所用处,如四川太阳无所照处一样。

九月廿七日

政出多门,人人可作主人,遂致事事不能举办,好恶我自为之,责任我自负之。

九月三十日

国家需要不去,应即不去。国家不需要留时,自应不留。去留应以国家需要不需要决定。与国家有益,虽手枪吓我,我也不辞。与国家有害,虽万人挽我,我亦不留。

十月一日

请人原谅者,低人一著。原谅人者,高人一著。

十月二日

吴礼卿(忠信)问我,蒋李之争,究应怎样办。我答:讲亦悔,不讲亦悔。此事关键非干部所当主张,应由最高领袖自决之,因此事无论怎样办,均有咎戾,故主张怎样办均难见谅于将来,故须由最高领袖决之。不接受辞兼"国防部长"之要求,有破裂之可能。接受辞兼"国防部长"之要求,有毁灭之顾虑。接受而毁灭,为众怨所归。不接受而破裂,亦为众怨所归。吴又说两害权行,取其轻,如何？我说两害取其轻,当然。但一害已知,一害未知,无从比较,如何定取舍。

十月四日

会见立法委员梁栋时,梁说:希望"院长"能长作蒋李之桥梁,使蒋李能密切合作,现在有人说"院长"一面倒了,究竟如何？我说:在组阁之前,对蒋李曾提出四句话:"中间赤诚匡济,但不从井救人,亦不卷入漩涡,更不意气偾事。"我一切处置均以国家为前提,我也意料到到一时期,一定有一方或两方感到不痛快,对我不满意。但我绝不偏倚,绝不作那一方面之屏护。举例言之,如有人提议保卫台湾,我想台湾为中国领土,自应保卫,但非为蒋而保卫台湾。又如有人提议保卫西南大陆,我想西南大陆为我们反共基地,一定应保卫,但保卫西南亦非为李。我只问心为国,什么批评,我也能接受,我也不感觉痛苦,因既作中间,当然就有不说之话。

十月五日

本日非常会议时,因有军事处理,约定十二点会商,请准早退席。美援讨论结论,由叶部长转告。关于美援事,张岳军问我,我说:"谨防塞翁得马。"

十月六日

应敌人之需要而施为是忠于敌人,忠于敌人之人,其失败一定是出人意表。抗战胜利之后,政治上之施为,有忠于共党之措施,故失败亦为人意料所不及。

某方之人为主谋而害主,某方之人为己谋而害主,前者可医,后者难治。

十月十日

闻誉不矜,闻毁不怒,能容为大,能忍为涵。有忍其乃有济,不善未尝不知。天下惟至公能成大业,世界无一事可以骄人。苦哉将士,来者勿忘。

十一月十一日

偕"财政部"部长关吉玉由穗飞台北,谒蒋总裁。

十月十三日

李"代总统"由穗飞桂林,"行政院"各首长由穗迁重庆。

十月十五日

偕关部长由台北飞重庆,宣布政府正式在重庆办公。

十月十六日

　　加大地方权责案,如在前三个月实行,可以为国帑节省一亿多支出,可以为国家增加一百万军队,不想今日提出"行政院"院会讨论,尚有人反对,殊觉惋惜。

十月十八日

　　出席陪都各界欢迎政府迁渝大会,声明以人定胜天之决心,走民众路线,以求挽救,并以七天时间,听取各界意见,博采众议,以定施为。

十月二十一日

　　对"行政院"全体职员讲:用民强于用兵,教民强于教兵。

　　李"代总统"莅访,晤谈一小时。

十月二十八日

　　没有新的环境,办新的政事,如同到英国对英国人说中国话。

十月二十九日

　　六秩晋七诞辰,与贾秘书长景德、徐政务委员永昌餐叙中云:徐说我知其不可为而为是宁武子之愚。我说:他是假愚,我是真愚,既入地狱,只好安于入地狱。

　　理智如清水,感情若颜色。理感混成人,作人费周折。

十一月十一日

　　两电蒋总裁,请早日莅渝。(蒋总裁十四日抵渝)

十一月十二日　　重庆市

　　国父诞辰纪念大会,追述在东京亲聆解释"平均地权"情形。

十一月二十日

　　李"代总统"在香港入太和医院,声明治病期间,中枢军政事宜,已电阎"院长"负责照常进行。

十一月二十一日

　　有人向我说:你应组织力量,救西南,救西北。我说:古人说,素什么行乎什么,我现在素无力,行亦无力,我不主张组织力量。

十一月二十五日

　　与美参议员诺兰会谈。

十一月二十八日

政府由重庆迁至成都。

十二月三日

在成都讨论"总统"复职问题,我说,复职很需要,国家不可无元首,惟应注意争同情,杜口实,杜法争。介公问:如何争同情?答:重用健生(白崇禧)。问:如何重用?答:给健生"行政院长"兼"国防部长",并将用人权、指挥权及动用库存金银外汇权全给他。问:怕有何口实?答:德公如不同意,他可认复职是抢夺,更进而恶言加复职以篡位。问:有何法争?答:将来国大开会时李"代总统"可能提出复职是不合法。问:如何杜口实?答:德公请复职,即可杜口实。问:如何杜法争?答:国大代表有法定人数,以合法手续请复职,即可杜法争。当场有人同情者,有认成顾虑太多而迟缓者,未决。后议定再派人赴港谒李挽留。

电请李"代总统"力疾莅蓉,挽救危局。

以大度量容人是德,以谦道处人是吉,人之一生当向容与谦上继续不断的做功夫。

总裁对吴忠信说:"阎先生为我们保持生命线,我们要全力支持。"所谓保持生命线,可由我隔断蒋李间的隔阂与冲突。又由袁守谦间接转话,总裁命令黄埔军官一致服从我的命令,以支持我主持的作战内阁一切措施,如有需要他们对军官代我解释发动的事,直接的告诉他,他们转达下去。

十二月五日

李"代总统"由香港赴美,电嘱"对中枢军政仍照常进行,重大决策随时与仁电商,仍希就兄职权范围处理一切"。

十二月八日

由成都飞台北,晚七时招待记者,宣告政府移台办公。

一九五〇年

一月一日

上午十时于台北市中山堂主持"中央府院部"会团拜，程序中列有向主席行一鞠躬礼，我向邱昌渭（"总统府"秘书长）说：我今天代表"代总统"主持典礼，但不敢接受"代总统"应受的礼，请取销此一程序，我也作团拜的一分子。会中并致献辞。

梁次楣（上栋监察委员）问，何不据电依宪法代表"总统"职权？答：宪法规定"总统"因故不能视事时，由"副总统"代行其职权。"总统"、"副总统"均不能视事时，由"行政院院长"代行其职权。这条文的焦点是什么，是"不能视事"，且必须有不能视事的故，才能代理。李"代总统"赴美后，邱秘书长曾请我代行"总统"职权，签署命令，我说，必须解释清楚不能视事及故是什么，我不敢违宪，但我亦不敢不经确定而冒然代行"总统"职权。

一月二日

今日次宸说，代人受过，不应当再继续下去，应拿出一个作法来，能行则作，不行则辞。答：拿上作法以决定去留，有要挟之嫌，且我承长"行政院"，因当时情况险恶，我若不作缓冲，当时即直接冲突，不只为敌所趁，且遗历史上无穷之臭，我乃不顾一切而长"政院"。今则团结工作已告一段落，应以"扭转时局无方，寸土必争无术，说未足以服人，办未足以济艰"而辞之。况今日拿一作法亦不能再有所望，扭转时局方案及变一着差满盘输为一着胜满盘赢者，前既难行，今何可期。次宸、均一然之。

一月三日

王世杰来谈中美外交问题。经济部长刘航琛面报在香港处理一切经过及引人误会之原因，答：只要你对得起国家，我就要对得起你。

会见李梦锐、秦修好、魏汝霖、房栋等，勉以各就本位负责尽职，儒者推崇伊尹，因其圣之任者也，政治建设及人类幸福，纯粹是责任问题。

一月四日

"行政院"迁入介寿馆办公。前任台湾财政厅长严家淦来云："院长"现在不发表新的经济部部长以维持刘航琛的情绪，很好，"院长"真是不以自己的权力为重，以国事为重。答：我是看刘部长回来的措施如何，只要他对得起国家，我也一定要对得起他。

傅有任(前山西外语学校校长,热爱中华中道文化,取名卫中)由东京来函,拟创立进化心理学派,达到生活的成功。复请发扬东方文化,研究救人救世。

一月五日

对交通部人员讲话:兼理交通部部长,因端木(杰)部长有病留港,乃由"院长"兼理。转败为胜须走民众路。培养干部,加强交通建设。

会见台湾省财政厅厅长任显群,谈维持台币币值时云:对内须作到收支平衡,由你努力,对外须作到进出口平衡,由我努力。晚,召集"财政部"、中央信托局、台湾省财政厅等有关机关,讨论收支平衡问题。

美国"总统"杜鲁门声明:依开罗会议、波茨坦宣言,台湾应归还中国,并继续经济援华。

一月六日

蒋总裁莅"院长"办公室,研究整理党务、对美外交、今后作法等问题,答:

一、关于党务,就现在的加以整理无大效。另起炉灶,总裁太费力。组织一个反共大同盟,乃是个外围组织,不够个党。

二、杜鲁门一月五日声明,一般人不满意,我认为那个声明还是照我们的备忘录,不过他走了一个巧路,聘用人员不由他派,由我们请,军援不由他配,由我们购。

三、今后的作法,保卫台湾应有个够的计划,收复大陆的政治如何、经济如何、民众如何,应有个政策。总裁说,请作个计划。

一月八日

答监察委员曹德宣、赵季勋、刘巨全、梁上栋、曹启文、王冠吾等问:

一、我这个内阁组织之时,完全是为了团结,我当时即说,如果没有强心剂,我即作强心剂,我作团结上的强心剂内阁,当然我只有把焦点拿出来,我对阁员人选,即主张"外交部"由我提,"国防部"蒋总裁与李"代总统"同意后定,其馀全由"代总统"定。以后"国防部"不能取得协议,只好我兼。"外交部长"不就,我即找人代理。如此内阁,施政难,奖惩更难。

二、保卫四川的方法,意见分歧。我令王主席实行加大地方职权、走民众路线,有人一再阻止他。总裁在成都要我提出保卫方案,我拟出实行耕者有其田发动民众自卫案,院会中阁员纷纷反对,未通过作罢。公路上的大石头、大坎坷,使我们用人施政皆感为难。我是开车的,公路上大石头、大坎坷,如不顾虑,可能翻车伤客,就不如慢慢的开。

三、重庆、成都疏运经过情形。

四、财政收入是支出的十分之一强,支出大部分是军费,已开始整理,虽很不易,我仍尽量努力中。

五、贵院检举、纠弹,是国家的需要,希望不客气的提出,使行政减少错误,以保障其迅速进步。

一月九日

谒蒋总裁,报告财政状况并请示处理原则。会白长官崇禧,讨论国际情势。黄少谷来,谈解决台湾省政府人事问题。

邓委员健侯等来谈国内政治情形,答曰:目前政治上的是非甚难辨别,许多似是而非的道理,很能使人混淆,领导的人,更须审慎。今天只要把民众组织起来,则是非易明,公道可彰,且可由民力制裁坏的,鼓励好的。

一月十日

与台湾省政府主席吴国桢谈台湾省政府人事问题。会见美国芝加哥论坛报记者席孟思、生活杂志记者麦登。晚,与郭澄、刘子英等谈:杜鲁门"总统"欲实行"生产偿付制"以解决生产滞销的作法,并以解决今后的世界问题,须剥削病及恐慌病一并解决。

一月十一日

问:民主政治之下,争负责即是争服务,无权位无以表现服务之机,孔子所以有手无斧柯之叹,邱吉尔领导保守党竞选,即使失败,亦不失为政治家。

答曰:《易》云,知至至之,知终终之。龙德而隐,不易乎世,不成乎名,遯世无闷,乐行忧违,确乎其不可拔,汝意云何。

会见云南"立法委员"沈沅、山东"立法委员"刘振东,答问曰:我们的失败,不是兵力不够,是政略不够。如我们对二百万日本精兵,能守住西南半壁,而不能对抗装备甚差的三万共军,即是明证。共党以其主义、政策、政略组织起民众,造成面的战略,以明击暗、以大吃小的战术,是超历史的作法。我们改变循历史的作法,加上民众的力量,方能致胜。

会见吴主席国桢、黄秘书长少谷、关部长吉玉、驻联合国盛帮办岳。

一月十二日

访晤张资政岳军，会见刘次长咏尧、安徽国大代表胡锺吾。与胡代表探讨失败的因素及转败为胜的作法。

一月十三日

会见台北市长游弥坚、立法委员蔡培火、监察委员陈岚峰，谈保卫台湾及省政府人事问题。会见万福麟，谈东北来台干部储备训练事。

一月十五日

"行政院"秘书徐卓草拟"改革政治大纲"，提示：古人说：生民有欲，无主乃乱，主有三种，一是君主，一是党主，一是民主。君主不必说，苏联的一党及英国的多党是党主，瑞士是民主，美国介乎民主党主之间，将来要走上民主。我们中国是无主，君主已废，民主未建立起来，党主也未做到，因之，各是其是，各非其非，各谋其利，各避其害，国家力量支解无馀。政治的责任，是完成个生的衣食住行及家庭的互助互爱，群生的安全保障及物质的发达，精神的优化。

欢迎美巡回大使吉赛普，并会谈中美合作问题。

报纸有"以七年之病，求三年之艾，以三期肺病责医不治"慰阎内阁者，余曰：此系宽恕之辞，人言之可，自处则不应如此想以逃避责任。

一月十七日

会见台湾籍国大代表、立法委员、监察委员、省参议会秘书长郑品聪等六人时答曰：保卫台湾是国家的责任，也是台湾的需要，对省府人事问题，我一定要在台湾人民的利益及能安慰台湾人民与确保台湾的目标上努力。

会见财政部长关吉玉，研究下年度预算及如何弥补预算赤字作到收支平衡。

一月十八日

立法委员覃勤、江一平等来称："院长"处事困难是很不少的，"院长"在国际上声誉甚著，在历史上是已成功，今应大刀阔斧无所顾忌的施政，有功必赏，有过必罚，人才必用，非才不用。答曰：我以前曾与李"代总统"谈过，在于国家有利的目标上，我们可以讲朋友，如果在朋友关系与国家利益相抵触时，我只有为国家。如我在于国家民族有益，我一定要在下去，这是我的志趣，也是我负责的目标。先生的话,对朋友期望是很对的,但事实上是很难的,今天"行政院"与"立法院"一样,须经院会通过的才能施行,已过有所谓议而不决决而不行的讽刺语,今天几乎成为议而不决亦不可得,我当照先生的期望加大努力。

一月十九日

招待各报记者时,答复一般政务,并表示,美国吉赛普大使对我国很关切。李"代总统"近未来电,中枢希望"代总统"康复后,早日返国主持国事。

一月二十日

赴阳明山与蒋总裁商谈国事,同进午餐。

一月二十一日

近日凡事益感困难,预知此后更甚,赴贾秘书长景德寓,并约徐政务委员永昌同进晚餐并商谈。

一月二十二日

总裁决定实行点名发饷,核实军额,转达之后,陈诚长官怒而不服。答曰:你那是廉洁自持的愤话,军额庞大,收入仅及十分之一强,如不撙节开支,将崩溃不在军事而在财政,始释然。

一月二十三日

与蒋总裁商"行政院"改组之人选及对日政策。谈及台湾省政府改组,用有民众基础的人,惹起纠纷,答曰:北方有两句话说:"儿要自养,谷要自种",我们一定要走民众路线,组织民众,以党为核心,方能正道而无流弊,若用他人组织起来的民众,终不可靠。

一月二十五日

"行政院"会议,讨论挽救局势,紧缩机构,健全人事,下年度预算,结果隔靴搔痒,浮浅牢骚,未能上路。

一月二十六日

四川立监委二十馀人来,神态气忿,语气蛮悍,质问此次"行政院"各部会改组,何以四川无一人参加。婉答曰:人事变更,由非常委员会决议,我自己在此事上,绝无界限的观念与成见。我任"行政院"长之初,曾有人对我说,军中的悍将,政中的流氓,社会的土棍,无人能替你制服,很难免受他们的侮辱,我答以我今天负责,是以国家的需要为前提,如果我认为对国家无益,谁也不能强留,对国家有益,谁也不能强去,我既为国家负责,对无理之遇自不能顾忌,但有害于国家的地域界限,我脑中亦不存在。

一月二十八日

谕知"行政院"秘书长及各组室主官,准备交接,无论大小人员,绝不再委派一人,有如所谓"起身炮"。

一月二十九日

客云:四川立法委员为经济部长刘航琛调动事,向"院长"强词争论,颇受四川纯正有识之士的批评,建议将此事予以发表。

答曰:不可发表,只有扬人之善,不可扬人之恶,原谅人的人高人一头,受人原谅是低人一头,我不能和他们一样。

一月三十日

客云:国民党应明白表示是代表什么阶级。

答曰:如说代表什么阶级就错了,应该是代表造化的。本来人就是代表造化,邵子说:"身在天地后,心在天地先。天地由我造,其馀安足言。"造化生人以后,将其造化性赋之于人,说到革命,就是代造化发挥效用的,革命的主张,也应该是代表造化的。

会前江苏省主席王懋功、中央委员焦易堂、国大代表裴鸣宇、薛岳之代表谢玉裁等。

一月三十一日

郭澄等来谈党务,答曰:国民党辛亥革命推翻满清,是民族革命的胜利。打倒袁世凯称帝与北洋军阀,是民权革命的胜利。今日民生革命国民党未实行,被共产党拿起来,使国民党失去存在的根据。这可说明能适应时代需要,表现革命效用者,一定成功,否则自难存在。

二月一日

辞卸兼任"国防部长"一职,由"参谋总长"顾祝同兼代。交接典礼中表示:希望对我不客气的提出批评,以前是我说你们的不够,是我帮助你们,今天你们批评我,是你们帮助我。

做梦幻想的人,愿意自欺,并愿意人欺,不求真理,使其得以放心安寝,这是不可药救的危险状况。

二月二日

安徽立法委员刘启瑞来谈整饬纪纲及提高工作效率事,答曰:一切改革须大家认识上大转变,方能有效,我不断的在和大家努力,以改变环境,如禁绝走私及奢侈品入境一事,即是如此。

有人曾和我说,望与刘航琛部长能够一致,答曰:这不是人事问题,是认识问题,认识不一致时,极好的朋友,也会反对你。

二月三日

武委员誓彭(西林)云:改革党务,有人主张将总裁制改为主席制,将总裁的决定权改为交付议决及否决权。

答曰:一个组织领导的方式,一是"地天泰",大家尽量表示意见,领导者最后说服决定。二是"天火同人",大家表示意见后,一致赞同对的意见。三是"天地否",是最不好的,大家各是其是,各非其非,对错不明,是非不分。

武委员请解释"是非平等"。

答曰:现在有一件事即得不到"是非平等",今天讨论主计处的问题,我说明主计处自我到"行政院"以来,已节省过五千万元,该处设十八个人,每月开支不过九百元,按其工作效用,极有保留的必要,结果未获通过,国家必受损失。我和主计处负责人从不相识,客观上尚不至认成我是偏私。

二月四日

赴阳明山谒蒋总裁。程天放由美返国来谈,答曰:应该认识一致,目标一致,行动一致,实现三民主义。

二月五日

耿代表禹堂云:国事重于省事,担任"行政院长"较在太原成仁效用大。

答曰:我第三次到溪口时,介公向我说,省事小,国事大,万勿回并,我俩同德邻共挽危局,是最理想的。他送我上飞机时,恳切的说,务请以国事为重,我故未能早回,但我回意未绝。广东全体中委欲我到广州一行,原拟到广州一行后,即返太原,但尚未起行,而太原机场即不能降落,我回意始断。今恐个人之义失,而国事无为,我觉得有偏于感情。

二月七日

与耿代表禹堂谈史事。

问:你说司马德操、诸葛孔明,一隐一出,孰对?

耿答:孔明如不出,刘备的蜀权必难成立。

曰:蜀权不建,魏早统一耳,恐即无三国之一段历史,就曹、刘、孙的英雄说,少了许多演影,就人民说可减少许多涂炭,我对孔明、德操的出处,孰对孰不对,难下定论。

耿云:就汉室的大义说,我觉得是孔明对。

曰:汉室的大义是竖的,是绘,就横的大义上说,民宁是素,《论语》所谓绘事后素。耿思而未言。

继曰:善政宁民为民生所需,竖义亦不过为巩固其横义而已。假使武侯不出,你看他个人的学问上能有何等的成就?

耿答:看他的木牛流马,可能有科学的开端,再看他的祭东风,可能有数学上的成就。

曰:他的杖八十则亲问,仁与任的内力很够,真是圣贤的苗子,他如开堂讲学,可能继孟轲而发扬圣道。

二月八日

王平(均一)"财政部"次长问:怎样作元首才能长治久安?

答:思想站在时代之前边,适应需要,勿为时代所抛弃。理论站在环境的中间,不断的改造环境,勿为环境所枷锁。知人善任,一眼瞅住民生,以教养民行内政,培力讲理办外交。

王问:何谓知人?何谓善任?

答:知人是知其才之长短,古人说,知之者不如好之者,好之者不如乐之者。知其所知,更须知其所好,知其所乐。善任是量其器,用其所长,弃其所短。知人善任,虽知之而后任之,惟用其所知,尚须时加勉励。用其所好,则不需勉励,亦能自动。用其所乐,不只其能自动,而且能精一。舜举皋陶,汤举伊尹,而不仁者远。文王师尚父而王,齐恒相管仲而霸,汉以三杰而兴,蜀以诸亮而治,贞观以房杜开基,明皇以姚宋称盛,宋以寇准断大事,元以楚材肇弘规,明置王守仁于南赣而宸濠以平,清任曾国藩总湘军而洪杨告定,即如现代罗斯福与马艾二帅、邱吉尔,皆拔之下僚,知人善任者也。元首最忌自用,自用即不能用人,且自用之后,贤者避而能者藏,必被急功好利者类聚群分的包围。

问：为什么元首自用就能被急功好利者包围？

答：自用之后，处理皆成事实，贤能失效，急功好利者有机可趁，必类聚群分争取权位，誉此毁彼，互相倾轧，使元首所闻皆成反是非，反功过的，虽不见不闻而知的睿智者，亦难逃其蔽，终致莫衷一是而百事皆废矣。

问：何以自用之后则贤者避而能者藏？

答：自用之后，黜陟赏罚均直接处理，尊而不亲者塞其言，亲而不尊者长其势，浸润之谮，危言之耸，能使元首心不安息，陷于事事不能自主，事事须与包围者谋。且进言者不是涉及元首，即是涉及卑将，官吏有毁誉人之嫌而动辄得咎，人则惮于进言，愈使贤者缄默，能者束手。元首耳闻即闭，遂成恩怨难分，是非难明，赏罚不明。虽有赏罚，亦难得其当。虽有施为，亦为一废百。到此地步，贤者避而能者藏，则国事不可为矣。

又问：何谓以教养民？

答：人以生为原则，生须养的适宜，但养须自养，古人所谓博施于民，尧舜其犹病诸。自养的适宜必须由教育人民上得之。

又问：得些什么？

答：互助互爱的精神，主张公道的毅力，人生观的正确与生产的技术，生活的常识。

二月九日

黄少谷（总裁办公室秘书长）来，谈总辞职事，力主到草山与蒋总裁加以检讨。答：人事国事，惟命是从，自身出处，应由自主。

王平（均一，"财政部"次长）、刘杰（子英，"立法委员"）、邓励豪（"立法委员"）、郭澄（镜秋，"国大代表"）、卢学礼（芷复，"行政院"参事）等来谈，芷复云："国民大会"代表全国联谊会，非法定机关，且所谓违法误国，另有所指，何必因此小题大做，而提出总辞职，动摇人心。"代总统"出国就医，"总统"主持无人，向谁辞？答：有"总统府"则向"总统府"辞，你们说小题大做，那也比胙肉不至题大。浸润之谮，虽智者亦难逃，处事应见机而行，失机之后，则进退维谷。在此认识不一、作风不同之下，为则难通，不为则遗误，于我于国均无所益。在今日需我团结缓冲之工作已告一段落，我前在广州时，因府中迫要国防部长，我曾向"代总统"说：健生出任"国防部长"为时尚早，诚恐提出之后，发生纠纷，我公必更感难处。至我个人,有益于国家时,我绝不轻辞,到我去留无关时,我必退让贤路云云。此其时也,再作下去,何以自解,我意已决,不必再论。镜秋说是不是于后世有以小节而失国务之嫌?答:需要为而能为则为,不需为而不能为则去,今既为之无益,自当以去,在我何憾之有,对世人何讥之虑。芷复说:君主时代,尚是匹夫有责,今民主时代,应不顾一切,能为亦为,不能为亦为,"院长"向言人定胜天,公山弗扰,以费畔召,子欲往,佛肸以中牟畔,佛肸召,子欲往,况今在位,何可轻退。答:在野在位,出处不同,孔子为鲁司寇,不脱冕而行,孔子在野,佛肸公山弗扰畔,召,欲往。孔子在野可以作那样想,我则在位,即不能那样想。人定胜天,是有条件的,必须环境上无枷锁,计划上无障碍,干部能自由选训,不是空言人定就能胜天。禹堂云:"院长"向以介公之言是从,介公既不赞成辞,何不纳之。答:国家用人行政,听从介公可也,自身的出处,当自作主。励豪云:介公向来尊重"院长",自不难言听计从。答:亲而不尊者易进言,尊而不亲者难解释,尊者说对,也只能一次两次,亲者浸润能十次百次,听者如无主见,建议亦终归无效,此例历史上很不少。

镜秋云:记得在成都时,有人向你说,你无政治资本,你是个政治家,不是个政治领袖,军中的悍将,政治上的流氓,社会上的劣绅、土豪,均敢侮辱你。你对元老要员,你又不买他们的账,致日见孤立,如何能久,且亦未免太苦痛。答:不只是孤立受辱,而且已受到结伙的排斥。

镜秋说:有人建议你组织政治资本,以资抵御,长官不愿。与大家拉拢拉拢,如何?答:素侮辱行乎侮辱,素孤立行乎孤立,素排斥行乎排斥。不安侮辱、孤立、排斥,连个侮辱、孤立、排斥也得不到。均一云:那太吃亏了。答:安于侮辱,是侮辱者仰面唾天,如不安于侮辱,人唾我一脸,我唾人一脸,是不是更吃亏。原谅人的人是高人一头,与人互争是一丘之貉,被人原谅是低人一头。禹堂云:如此与其受侮辱、何不去位?答:国家需我一日,我一日不去位,如不需我时,我自然即去,我之去留,以国家需不需为根据,我岂能作一红脸汉,因外来之横逆,置国家之利害不顾,即拂袖而去。前在重庆时,有以李"代总统"出国为不顾大局,亦劝我因之宣布辞职,给他放下。我说,他不顾大局,我亦不顾小局,将何以对人民,我何可因李"代总统"不见谅于国人,我亦不见谅于后世乎。

今日不闻而知不见而知的,但是元首却不能知,就是对上元首是尽量恭维,择其所向而言,背则嘲笑备至,为首岂不难哉。今天在领导上,可有两种方式:一个如次陇(赵戴文)任主席时,他曾对我说:我们两人无论如何一致,但处理事上,绝对有出入,反要加多交叉而减少效用,不如由你处理,我注意当失及人的真伪,可变交叉为重叠。一个是用提纲挈领,执简驭繁的方式,我感到在太原时,能在组织会议上公开检讨批评,可使欲欺者不能欺,亦不敢欺,在众目之下,自亦不易受欺。

均一云:"院长"在渝时,曾有感怀云:"投石甚难水不溅,大喇嘛秤待世贤",我以为水不溅、秤不辨轻重,则成死寂,是小乘法,而非大乘法。答:小乘大乘是佛法,我姑不辨,小乘即不是死寂,因溅连个小乘也不够。均一云:是不是水之体不溅,水之用溅?答:你把溅字看的太好了,这溅不溅,不是理智上的话,是感情上的话,感情冲动谓之溅。孟子所谓其横逆由是也,于禽兽有何难焉,这是不溅的理解,还不够个不溅的自然,这无所谓体用,体用是从理智方面说。

均一不言,继答:一怒而安天下,不是溅,那才是体用。以人为体,以安为用,且不能不溅,不能不为轻重所动,你即不能自主自由,人来小侮你即小怒,人来大侮你即大怒,你的喜怒操之于人,不只是你的喜怒操之于人,人以拼命来,你即以拼命去,不要说大乘小乘,喜怒失掉了自由,生命失掉了自主。克伐怨欲不行焉谓之小乘,亦可。寂然不动,感而遂通,谓之大乘,亦未为不可。

二月十日

蒋总裁嘱贾秘书长煜如及徐政务委员次宸转达:请阎"院长"万不可轻言辞职,因之动摇人心,"国大"之询,系我与德邻及伯川三人均有,所谓违法误国,不是说伯川,请他万无误会。

刘子英云:舆论批评你是孤掌难鸣,故一切方案不能实施。

答:只要有权,孤掌很易变成不孤掌。

问:责任内阁的阁揆能说无权乎?

答:阁揆等于驾辕的骡子,绊住腿以后,寸步难行。

问:为何绊腿?

答:因车主行车的意念尚未到。

问:车已套齐,行车的意念何以未到?

答:有所待也。

问:有所待也,抑有所虑也?

答:我不知。

王均一问:"院长"常说:认识一致,行动一致,才能有所施为,如何能使认识一致行动一致?

答:有用人权,有赏罚权,就能说有人听,作有人从,能听就能认识一致,能从就能行动一致。

郭镜秋云:外间批评"院长"组阁以来,说的多、作的少,对此感想如何?

答:说还未说够,如何能作。

又问:什么程度叫个说够,说到什么程度才能作。

答:说的认识一致才叫够,行动一致才能作。

又问:何不继续再说,屡说屡作?

答:事务性的政治可作,但无济于事,转变目标的政务,在大陆上尚能说,到台湾后,说亦不能,何况乎作,环境已成不可为,虽有善者,亦无可如之何,况我非善者乎。讨论事必须是善因求果,究果善因,重在求其故。《孟子》说:苟求其故,千岁之日至,可坐而致也。若舍因求果,终无是处。

二月十二日

贾秘书长云:总裁办公室秘书长黄少谷电话,报载"院长"昨未到院,亦未会客,是否倦勤的表现?

答:我昨因身体不适及防空演习,只会客,未到院。我在交卸的前一刻,亦必照常任事,我向来以令尹子文勉人,岂能不自勉。

嗣黄少谷、郑彦棻、贾秘书长来商大局。

方闻(彦光,"行政院"参事)问:"院长"大喊人定胜天,今何不抱定斯旨,不顾一切猛速行之,以挽危局。

答:人定胜天,第一要有权力,第二要有时间,第三要有人才,第四人与物的藏蓄力要够,第五国识要够。有此五够,才能人定胜天。

又问:今五者不够,原来是何动机喊出人定胜天的话?

答:原来的动机为指出目标,希望大家向此路上走。

彦光再问:唐太宗于魏徵在世时,从谏如流,魏徵死后,因发现其笔记上有矜识处,遂毁其碑,"院长"对此作如何感想?

答：臣亦不纯，君亦不圣，均不免有英豪气。

彭士弘（毅丞，国大代表）云：为政不得罪于巨室，今党中元老助之虽少效，但阻之甚为有力，何妨多与连系，以减少阻碍。

答：有为则可，在无可为之局势下，连系频繁，徒遭人窥测耳。

又问：欲人听者，必登高一呼，欲人助者，必立位以待，把握不住地位，虽听不显，虽助莫由，手无斧柯，奈龟山何，用之则行，不舍不应藏。

答：谋消寸冰不成、亦可见谅于人，谋消丈冰，难免有不量力之讥，不是义不当辞之事，不能不计成败。

毅丞又问：脸顽与忍耐，从外面看无所分别，全说意志如何，任国家事，不应为浮言所动，伊尹圣之任者，"院长"向极推崇，岂可不效之乎。

答：此不是任不任的话、是能否任的话，余早以身许国，岂能为浮言所动。

芷复问：中兴的前提为何？

答：须易人。

问：何故？

答：不易人难脱窠臼。

问：孔子说：余欲无言，何故？

答：言之无益，即欲无言。

问："院长"在总理纪念周的报告中说"我说的不够"，这是不是与孔子的余欲无言不合？

答：我当位，当言之事，无益亦须言，况改变认识，不言如何能改。

二月十三日

尚代表因培（厚庵）问开会情形，答，讲演式的会议，易形成夸功矜识，泄忿激人，不只时间不经济，议事无结果，且使各方异见益深，造成无公道无是非的局面。

与严廷飏（子言，立法委员）等谈时事，答曰：历史所记载者，真实性只有一半，只读亡国史难知亡国事。关于用人问题，昨会刘航琛部长，对经济问题长谈，知其甚有见地，遂感用人必须因才善用，如用之不当，将事也坏了，人也毁了。关于处事问题，处事标才智标力量绝对不可，标德性也不可，人之与事，如表之与地球，能合上地球自转，才能表现表的效用，否则，于事无补，徒遭其损也。

二月十四日

张锦富（靖安，"国民大会"代表）云：某报批评"院长"既有恋勤意，还是日夜办公，星期日也不休息，还是不倦勤的表示。

答：恋栈与不苟，在外表上看是一样，见仁见智，任人看吧。

水平直线的道路是最理想的，但是很少有。走路是为达目的，施政亦然，走曲线达到目的是对的，若走直线而碰壁，尚何御车足云乎。整饬纪纲的勇气很需要，但艮卦浚恒凶，始求深也。走曲线以达目的，正是避免浚恒凶始求深的缺陷。

情理兼顾为中，方合乎人生之道。舍情言理，为不尽情，舍理言情为不讲理。重理的事当讲理，重情的事当讲情。老不能自养，幼不能自长，为人生之缺憾，养老育幼，理所当然，情亦不可废也。其父攘羊，而子证之，是似是而非。父为子隐，子为父隐，是似非而是。如舜为天子，皋陶为士，瞽瞍杀人，皋陶执之，舜勿得而禁，窃负而逃，亦情理兼顾之也。

二月十七日（农历春节）

王均一问：易经的易字怎样讲？

答：易即移也，如钟表的指针，随地球之转而不停息周而复始恰当的移转，但周而复始不是环式，是螺旋式，横同而竖不同。

问：时针本地球而移，易经的易本什么而移？

答：本天象而移。

问：为什么要本天象而移？

答：在天成象，就要在地成形，在地成形之后，人在这形象中一动一静就有了吉凶悔吝。

问：为何古人作易，易有何用处？

答：孔子说作易者其有忧患乎，是示人在天象地形中如何趋吉避凶。就政治说，是示人在这天象地形中如何裁成辅相，以补造化之不逮。

问：裁成辅相是不是人定胜天？

答：是。不过胜有可能胜的范围，如天将旱，预为掘井开渠，可以胜天之旱，年将饥，预为积谷存粮，可以胜天之饥，胜天亦须有胜的条件，条件够，就能胜，条件不够，就不能胜。

问：人定胜天，与回天意，有何分别？

答：回天意在成象之前，此道理我不知道，人定胜天，是在成象之后。

问：机器发明，生产力加大，以致产品滞销，争占殖民地，惹起两次世界大战，这是不是不能人定胜天所致。

答：不是，这是人为之不臧。这如同涉大河，不用船而徒涉，被水所淹。当使金代值改为物代值的纸币，尽量把工厂仓库的产品移至市场仓库，不只是机器发明无害，反可以加大生产，供人类享受。

我向来讲不上六十而耳顺是何境界，今日醒而未起床时，忽然感到耳顺是没有逆耳之言了，不是说外间没有逆耳之言来，是逆耳之言来亦可以顺听之，必须是耳顺之后，才能投石水不溅，也就是真如镜，也就是大喇嘛的秤。

禹堂问：坤卦第二爻不习无不利，如何解？

答：不习就是日日新、月月新即无不利。

问：有解为不时的学习，即无不利者，此解如何？

答：不习无不利的上句是直方大，直方大还须不习，才能无不利。这同《大学》上的在新民是一样的意思，不习是从体说，在新民是从用说，不习无不利，也等于说时中无错误。

问：什么是时中？

答：处事须中，中须配合上时空之所当然。这如同钟表上的时针，配合上地球的自转，不与地球自转相适合亦无效。如地球是正午，时表乃一点乃两点，则表示不出效用，反表示出错的反效用来。

又问：如此历史的经验无用乎？

答：有用处，但不能死板的用，历史是螺旋式的演变，竖的道理上能成一线，可以取历史的经验，横的交点上，不是环式的，与历史不同。同样的君臣，同样的军事，同样的饥荒，今古不同，可以采历史上之义，不能照历史上之陈迹而施为。

二月十九日

均一问：子在齐闻韶，三月不知肉味。韶乐与知味，有何关系？

答：知味是人的感觉，乐亦能调节人的感觉，故亦能停止人的感觉，但须治乐者的程度与听乐者的程度所高不多，方能调节或停止。韶为舜的乐，可以说舜治韶乐时，舜之圣境高出于孔子在齐听乐时之程度，但所差不多，故听之而即将味觉停止。

问：孔子的圣境那时是个什么程度？

答：这话难言，是个什么程度不易说。但断定尚不到舜作乐时之程度，可以说佛家说贪嗔痴是人的三个恶性感，去了贪嗔痴，可能而耳顺，因逆耳之言亦不感刺激，到味觉停止之后，才能从心所欲不逾矩。

子英问：何以处困？

答：知足可以处困。

问：何以处馀？

答：知止可以处馀。

问：何以处患难？

答：行其素，素患难行乎患难，即可以处患难。

问：何谓知足？何谓知止？

答：知足是守分，知止是留馀地。

问：如此说知足知止岂不太消极么，失掉了进取性，与事在人为及伊尹圣之任的道理不合？

答：知足知止，是指自处而言，你所说的事在人为及伊尹圣之任，是指当事而言，所谓当仁不让，是说义务，知足知止，是说权利，权利当让，义务当尽。

子英问：何以处毁谤？

答：毁谤之来当辩则辩之，不当辩则受之，因毁谤人者，是仰面唾天自呸之耳。当辩者辩明固好，但切不可用报复的方式，因你报复人，就成了人唾你一脸，你唾人一脸，反使毁谤者得其计。

均一问：何以施政？

答：民之所利为之，但为之先须说服之，为之时须导引之。民之所害去之，但去之先须解释之，去之时须贯彻之。

问：何谓民之所利？何谓民之所害？

答：人以生为最高原则，适生者为民之所利，反此则为民之所害。生有物质之生，精神之生。生的方式，有个生、有群生。个生是衣食住用行及养老畜幼，群生是保安、救济、互助、互爱及进化。

问：保安是些什么事？

答：就一国说，强凌弱，众暴寡，富欺贫，智诈愚。就国与国说，方以类聚，物以群分，兼弱攻昧，取乱侮亡，皆须政治为之防。

问：救济包括些什么事？

答：老不能自养，少不能自长，为人生之缺憾，有父母的儿女、有儿女的父母，皆可以个生养畜。无父母的儿女，无儿女的父母，须政治来养畜之。加之以灾害疾病，更须政治预防之，救济之。

又问：何谓互爱互助及进化？

答：互爱是仁，互助是义，人之超于禽兽者，就是具有理性，但人之欲性亦大于禽兽，禽兽少自相惨杀，人则不然。发展人之理性遏制人之欲性，全凭政治。互助互爱是理性的表现，应以教育提倡，并加以规范。至于进化，为物质文明以加大其个生，巩固其群生。方法文明以经济其工作、加大其效率。精神文明，使人类生活之规律与造化生人之规律相同，得到优裕安乐，人尽其才，地尽其利。

理有千万对是个一，道有千万走是个一，器有千万用是个一。

子英问：以德报怨，以直报怨孰是？

答：以德报怨，无以报德，以直报怨，只好对其毁谤有所说明可耳。如此次成都撤退，有毁谤我为带黄金者，我只说明是因昆明、西康通行银元，不通行纸币，故带银元备用，不可因人之毁谤我亦揭他人之短而毁谤。

毅丞问：今日的乱，全因大家私心用事，今后欲治，非去大家的私心不可。

答：私心是与生俱来的，欲使人人去之不可能，只能规范其私心不能用事。如轨道规范火车，政治上建立起是非人的中心力量，私心即不能表现。只须领导政治上没有私心，在他人即不敢私心用事。

毅丞问："院长"在扩大纪念周施政报告上说，今日须一百八十度的大转弯，什么叫一百八十度的大转弯？

答：夏天的皮袄，冬天的扇子，经济平等热潮下的资本主义，民主高潮下的政治改进，与汽车渡海的军事战略，均须一百八十度的大转弯。

二月二十日

洪兰友来云：时机迫切，应不顾一切请蒋总裁复职，领导国家而应时局的需要，"院长"有何意见？

答：总裁的出处，关系国基，谋始亦当慎终也。总裁复职是国家今日之需要，为台湾人士一致之要求，惟今日国势陷于飘摇，国基应奠于磐石之安，我可以先同你说，抗战前我到南京，总裁着我领导开的八个会议，一个是专讨论和战问题，与会的有九个人，有主张焦土抗战的，多数人主张糖包政策。

洪问：何谓糖包政策？

答：早年从福建出来一只载糖的船，船后有一鲨鱼欲吞此船，船夫搬一包糖掷之，鲨鱼食后又赶上来，船夫再掷一包，掷了半船糖包，此船即到浙江海岸，故得半船之保全。其意说，日本并吞中国，割一省再割一省以待国际间之转变，企图保全半壁河山。大家本此决议，让我交代总裁，当时我说我不去交代，我们的决策，如是国家与元首之利害一致，我们好说，若走此糖包政策，开始难免国人反对政府，最后我们也无把握绝对能保持半壁河山，将因割让而懈军心，激民怨，将使总裁无以交代国人，无以交代历史。后来他们交代总裁后，总裁对我说，我们决定焦土政策可以，但我们前面抗战，后面有人叛变，将如何？我说：委员长不可估计的人太高，也不可以估计的人太低，谁敢违犯了国家民族的利益，作利敌之行为，得罪国人，在历史上遗万世之臭。如有此省份，我可单身飞往，能说服了是国家之福，否则我即不返。当时张汉卿知道我领导的这个和战会议主张纷歧，他曾找我到楼上说，我给你作一个秘密报告，听说有主张割地议和的，我们预备了一百个人，一百个炸弹，对主和者将尽杀之。我说：汉卿，你今日为公为私，主张很得人的谅解，因和则东三省去矣，不过，我告诉你，我的主张和战，均以国家之利害为目标，假如国家利于和，主和的人还怕炸弹么？总裁遂决定焦土抗战。今日国基建立在宪法上，我前在重庆的三句话："争同情，杜口实，杜法争"。时至今日，争同情是说不起了，杜口实，德公不让，我们也无法，只有杜法争。欲杜法争，顶好"立法院"可以修正"国民大会组织法"，修正之后，以足够法定的人数开国大会议，决议"总统"复职，即不会有法争。

洪云：恐代表们有所刁难。

答：舍此则无路可走，且无论如何刁难，他们焉能不通过。至于刁难，我们大家可以设法消除。

洪云：冒然复职难免将来是一场诉讼。

下午，非常委员会举行会议，讨论"总统"复职有关事项。

二月二十一日

台北市长吴三连来请教，嘱以民之所需而为之，民之所病而去之。

负政治责任者，左右不敢有庸人，更不敢有小人，小人害事，庸人误事。

均一云：星期日，有听佛经者，有听圣经者，听佛经者少，听圣经者多。

答：耶稣教是众人之学，佛教是鬼神之学，儒学是兼人神而有之。但在人道上说，耶稣教遍于人为之中，教化一般人之效大。佛学高出于人道之上，不适于人道，鬼神学之效大。儒学是为政之学，领导人者学之效大。

子英问：易经乾卦，大人者与天地合其德，与日月合其明，与四时合其序，与鬼神合其吉凶，何谓大人？怎样才能合？

答：大人是指在地位的人说，无论是有国家地位，有社会地位，有管人权，有处事权，及有领导资格者，均可谓之大人。这合的四句话，你骤闻之感觉玄妙，但实体之，亦甚平常。所谓大人者与天地合其德，天地之大德曰生，自己的思维要合乎人生，并且要尽其人生。尽其人生就是使人不因缺憾而死，就是考终命。所谓考终命，就是尽了人生机能而死之谓。但欲使人考终命，必须使人物质与精神生活上不感到有缺憾。有了缺憾就要有致死之疾病，而不能考终命。

问：物质上如何能使人生活无缺憾？

答：第一，去剥削制度，生活需要的物质均须由人的劳动而来，剥削人的劳动所得就是剥削人的生活。第二，须教人生产技术，使人的劳动得到应当的收获，应就物的功能，使物的效用供给了人生之需要。使人有卫生之常识，医药之进步，疾病灾害之预防与治疗，聋哑残废之救济，使人各得其生。在精神方面，由各亲其亲，各子其子，推而广之，共亲其亲，共子其子，表现互助、互爱。有共同的是非，共同的道义，尽去强凌弱、众暴寡、富欺贫、智诈愚的强暴行为。如此存心，如此修养，如此施为，就是与天地合其德。

又问：何谓与日月合其明？

答：明之功用甚大，光天化日之下，人不敢为白羞人恶之事，日月之明，容光必照，所谓大人者，对事能有是非之明，是者是之，非者非之，自是自非之，并使人皆是之皆非之，在政治及社会中，建立起是非人的中心力量，作民主的依据，使是者长非者消，表现出公道自在人心之造化功能，此所谓与日月合其明。

问：何谓与四时合其序？

答：四时是春夏秋冬，有宽严弛张之用，大人者其施为应就时代及环境所要求，与人生幸福之所需要，一宽一严，一弛一张，宽严弛张，适其环境之所需要，此即所谓与四时合其序。

问：何谓与鬼神合其吉凶？

答：鬼神者主天运者，人生有欲，欲是动的，动则有吉凶，吉则从其吉，凶则安其凶，此即所谓与鬼神合其吉凶。

问：吉则从其吉，凶则安其凶，与趋吉避凶之道理，是否不合？

答：趋吉避凶是指人的行为而言。从其吉，安其凶，是指环境而言。人的行为能趋能避者，趋之避之，即正所谓从其吉、安其凶也。若不能趋，不能避，而强趋强避之，亦无益，且在强趋强避之行为上，能减少其吉增大其凶。不当趋不当避者，强趋强避之，损了你的义，毁灭了你的人生结果，使因利失义。孔子厄于陈蔡，子路愠见曰："君子亦有穷乎？"孔子答曰："君子固穷，小人穷斯滥矣。"孟子说："生我所欲也，义亦我所欲也，二者不可得兼，舍生而取义者也。"这同是安其凶。知命者不立于岩墙之下，这即是避其凶。能如此则所谓先天而天弗违，后天而奉天时，天且弗违，而况于人乎，况于鬼神乎。

问：鬼神究竟有没有？宗教家说有，科学家说没有，"院长"认为孰对？

答：鬼神有没有，与人事无关，人当尽人力，当为者为之，不当为者止之，鬼神与人何加乎。人的施为能如时钟与地球之自转相符，有鬼神亦等于无鬼神，如所为皆非，终遭不测，无鬼神亦等于有鬼神。你何必问有鬼神无鬼神，只求其自身之所为，不愧于自身之理性可耳。

二月二十三日

均一、子言、子英、孙慧西（立法委员）、王竹咸（立法委员）、武西林（誓彭，立法委员）、霍济光（"国大"代表）等座谈，答曰：

孟子的其横逆由是也，是费力的水不溅，不是自然的水不溅。费力的水不溅不保险，如横逆之冲激力胜过自己之把持力时，就要反击。但自然的水不溅，须无溅性方可，亦如其有燃性的物体，火力弱可以拒燃，火力强则被引燃。若是无燃性的物体，火力强亦不会引燃。故人的修养，必须成了大喇嘛秤，方能不为秤物之轻重所感应。人亦须去尽我的观念，方能不受刺来所激动。

欧美各国是由规范人行为的宗教，加上新的科学，故有体有用。我国是废弃了儒者指导规范人行为的儒学，学习科学未能得到实用，成为体用均无。欧美各级学校均有宗教修养，我们今日至低限度应在中学以上增加中国的儒学，分别浅深，以至于专科大学，更应设一中国文化学院培植阐发中国文化，使之随时代的指导人的精神与思想，如钟表的指针，和地球的自转一样的供献在动的宇宙中。

我们中国人向来说外国道理和中国不同，外国偏于责人，中国是尚责己，外国是尚权利，中国是尚义务。昨日有一美国记者与我详谈中，我感到中外的基本观念相同，不至如向来中国人对外国人的认识。他对认过自责，甚表同情，对坚决负责和不成功便成仁的道理，尤为推重。可见人的基本理性，世界皆同。至社会的习染，不只一国与一国不同，即一个时代与一个时代亦不同。我们的人在外国走马看花的住几年，尤其是学生时代，能知其表而不易知其里。

二月二十四日

与子英等谈政事，答：国事与省事不同，省事是循法令的，易处。国事是造法令的，难处之事，应用分析图解处之，横不碍其他，竖不碍将来，并防实行途中的漏洞。

欲完成之三件事：一、拟订人事总则，使人对如何处理似是而非、似非而是、似利而害、似害而利的日常生活事项，能正确辨别，适当处理。惟所涉甚广，须三年完成。二、解释名词，以免语言行为之纠纷。因名词含义不清，致认识不同，行为不同，纠纷丛生。此须多人进行，一年完成。三、拟订公民须知，使民主宪政中的人民，知其所应知，行其所应行。余如有暇，尚拟尽力为之，达成多年之宿愿，以贡献于国家。

二月二十五日

毅丞云：民主之下争负责即是争表现，无权无位无表现服务之机会，孔子所以有手无斧柯奈龟山何之叹，邱吉尔领导保守党竞选虽失败，仍不失为英国的大政治家。

答：邱领有大政党，有争的势，争到亦有为的力，若夫无势无力者，当以乾卦一爻处之，（一爻文曰：龙德而隐者也，不易乎世，不成乎名，遯世无闷，不见是而无闷，乐则行之，忧则违之，确乎其不可拔，潜龙也。）处今日之事，应以乾卦一爻加上大过的"独立不惧，遁世无闷"，处之，方能不为颠簸所卷。

毅丞云：乾卦五爻，飞龙在天，同声相应，同气相求，水流湿，火就燥，云从龙，风从虎，圣人作而万物睹，本乎天者亲上，本乎地者亲下，则各从其类也，在位者当如此。

答：势与力不在名位，是说实际，实际是潜龙，不敢作飞龙之想。

毅丞说：社会之希望亦不当过却。

答：希望与实际不符，结果是个失望而怨望，难免不智之讥。

数人座谈孔子之徒与老子之徒同在一河渡人，孔子之徒是被渡者给多少钱收多少，不争亦不拒，老子之徒是拒不受酬，此即孔老之别，众多以老子之徒为好，并问孰是？

答：老子之徒好而不中，因受之可以了被渡者之情，不受反使被渡者心常不安，不能忘其好，在渡人的名上更要个不受报酬之名，在自己一名得二名，在被渡者一亏成二亏，是智者之行，为利己名而不能安他之心。鹤峰（张培梅）在民初率军出石家庄伐复辟之逆，归时对欢迎者避而不见，秘密下车而返，我责其不当。他说成功不居。我说：你这是为其不居，是以不受，你是要在成功之名上还要要个不居功之名，但你要想迎你的人心中作何感想。此即所谓智者过之，你为将可为帅不可，假使我今日亦如此处，则城中的人失其兴，鼓善励功，亦失其据，我愿大家学仁益智、以智成仁以为政。盖用仁成功是成功，失败也是成功。用智成功是成功，失败是失败。智仁勇三字，是仁为体，智为用，勇以成之。离开仁的勇是术，离开智的勇是暴，勇以显智，智以成仁。

贾秘书长（煜如）云：孟子说，可以死，可以无死，死伤勇。蒋亦可以说是可以退，可以不退，退伤任。

答：可以死，可以无死，死伤勇，是就主观说。至于进退，主观者半，客观者半，不能纯就主观而论。

二月二十六日

靖安持中国新闻报告后，致贾秘书长一函："煜如：张参事持《中国新闻》七卷九期,以其不是善意的批评,乃是恶意的捏造,有乖事实,请示如何答辩。我能不辩,才敢从政,责在惮恶禁非,自不能不拒要辞托,在鼓励言论自由之今日,若辩则不胜其辩,何堪从政。不管他是善意的批评,或恶意的侮骂,均当有则视为医病剂,无则视为防疫针,各自检点可耳。"

子言云:今日自由无界限,报章杂志是非分歧,更有对人专事污辱者,于热心作事的人影响甚大。

答:处污辱之来,应如红炉点雪,污辱者则成仰面唾天,若报复则成互唾,反把对方之自呸换为互呸,不智之甚者也。

子言谈立委待遇问题时云:可以与,可以无与,与伤惠,是不是不与亦伤惠?

答:就主观上说,是不与伤惠,就客观上受者而言,与之是益之抑是损之,如是损之,则与伤惠。

子言又问:孟子说蹶者趋者是气也,而反动其心,这动的是生理的心,不是道理的心,对否?

答:我亦作如斯感。

二月二十七日

晚读史而有感曰:"君被小人包围之后,君对利国之臣必厌恶之。君被权臣控制之后,贤臣必被排斥。君被通敌者左右之后,支持国政者必被驱除。君被谋叛者窃权之后,忠君者必被罪之。君所致此者,不外昏与欲。昏君尚可设法,欲君投其所欲,则无可挽救。处此境遇,贵戚之臣可以死挽救,如比干,箕子,庶臣则明哲保身可耳。"

请李"代总统"(宗仁)命驾回台,电曰:即到华盛顿顾大使。

二月二十八日

均一云:"院长"早年志在立言,九一八后志在立功,太原成仁未遂,组阁扭转无功,今志在立德,但尚未达水到渠成瓜熟自落之境,吾辈应学益,以助其成。

客云:为元首者,对自己权责之事,应自己本义之所在,求是非利害,不敢独断,但亦不可集合部属而问。问则均不肯当众违之,小人反附而和之,以曲解奉迎而奉迎之,其害大矣,必陷罪乱,自己是非,国家是乱,应与诤友直士单独谋之,乃能得其正,"院长"以为如何?

答:然。

与次宸(曾任"国防部长"、"总统"府资政之徐永昌)曰:我愿大家学仁勿学智以为政。学仁,成功是成功,失败亦是成功。学智,则成功是成功,失败即失败。

次宸曰:立功不成,志于立德,立德先立言。

余曰:尚未到水到渠成瓜熟自落的境界。后以此告煜如(曾任考试院"院长"、"总统"府资政之贾景德),煜如曰:武子之愚,确是不算高明,孔子之栖栖皇皇,到处碰壁而不休,那才是高明之愚,仁者当如是也,武子可算是个智者。钧座向来重"仁"次"智",以孔子为仁,老子为智,智者仅善自身,仁者方能善人,我愿钧座学孔不重老。

三月一日

上午十时参加介寿馆举行之"总统"复职典礼。

"行政院"临时院会通过总辞职案,即日向蒋"总统"联名请辞者:副"院长"朱家骅,政务委员张群、吴铁城、陈立夫、黄少谷、万鸿图、王师曾、刘航琛,"内政部长"谷正纲,"外交部长"叶公超,"国防部长"顾祝同,"财政部长"关吉玉,"教育部长"杭立武,"司法行政部长"张知本,"经济部长"严家淦,"交通部长"陈良,"蒙藏委员会委员长"周昆田,"侨务委员会委员长"戴愧生。

与禹堂等座谈,答问如次:趋利避害,凡动物皆有不可思议之能力,惟人则能害有所不避,利有所不趋,以义为之。若人亦趋利避害,即失掉了理性,与动物相等,不贵乎为人矣。

贤者主事,能者办事。政府事得到人民之谅解,人民事得到政府之许可。前者是天火同人,后者为地天泰。地天泰是真正的民主,天火同人是真正的民康。

凡得之不以其道者,去之亦难合理。弃之不顾其责者,来之亦难合宜。

过去我看报不愿看誉词,愿看谤词。因誉词对我虽不至于因之增满,但亦不能使我增愧。谤词我永不感到刺激,反可增我的谨慎,有则可为医病剂,无亦可为防疫针。近年来亦愿看誉词,誉词正确可以坚定当时施为之继续,誉词期望可以成为将来施为之目标。

三月二日

蒋"总统"上午莅"院长"办公室会谈。

客云:"院长"明日将去"立法院"作施政报告,"立法院"已过之质询,有态度失诚者,有言语横暴者,有范围以外发言故意闹哄者,使施政报告者不能不答,答则甚难。

答:"行政院"依宪法第五十七条之规定对"立法院"负责,立法委员对"行政院"施政报告的质询,应该严格,至故意闹哄者,是我国民主之幼稚,勿与之辩,置之可耳。

三月三日

赴"立法院"作施政报告,并听取委员之质询,会议决定"院长"之总答复,可以书面行之。

三月六日

"东南军政长官"陈诚(辞修)来云:"院长"坚辞再三,现在总裁要我出来,自感担任一部分工作,尚可努力作为,如总揽国政,至感不足,尤其我的修养,更为惶恐。

答:今天的国事,是一个历史性的责任,国家需要你负起责任来,保住台湾,同时也是保了国家仅留的人才文物,台湾人民对你治台的印象一般均佳,你对军事、经济二事均有基础,我与少谷(黄)谈过此话,盼你以舍我莫属的负责精神,出来任事,在自己虽然是多费点力,多为点难,而实际是适应国家的历史的需要。你比别人可加一半效力,请勿逊让。我赞成你如孟子舍我其谁的来作,自己不辞劳苦,与大家群策群力,定有可为。

晚,与贾秘书长、徐政务委员座谈,徐委员云:"总统"将提名陈诚继任"行政院",征求"立法院"同意。陈诚之新阁如获通过,公可遂其愿;如通不过,蒋公之情绪不良,可能如其所宣两次下野。公欲去不得事小,限于无政府事大。公将如何处之,应有所考虑。

答:两位有何意见?

贾秘书长思之良久,云:如通不过,"院长"可提陈诚为副"院长",通过"中常会",即可任命,不必再通过"立法院",任命之后,令陈代理院务,亦可达介公提陈之目的,按宪法副"院长"可代四十日,届时再提院通过,想不为难。

答：煜如之言甚好，我正筹思，如通不过成为僵局内部分裂，介公生气，遗笑大方，我惟望通过，如通不过，即照此办。

徐云：此举要快，一得到通不过之迅息，即往草山见蒋公，一面安慰蒋公，一面提出办法，否则恐蒋公一忿而他往，则不好挽回。

答：此为一难关，有你两人之主张即好过去，最可虑心者，为华府杜（鲁门）、马（歇尔）、艾（奇逊）、李（宗仁）在做什么，令人不能安心，可能出想不到之难题。

慧西云：现在世界上主义繁多，党派林立，且各是各的路线，究竟孰对，使人莫衷一是。

答：惟有实行节制资本及钱币革命，则将社会上的剥削病与恐慌病，一下全治了。作到此后，社会上一切的文明，就全成了幸福，人类的生活水准，较现在可提高十倍，国与国、人与人的关系，也全成了善意。

子清（解，立法委员）云：战争恐仍不能避免。

答：再有战争也不是为本国的恐慌不得不抢夺殖民地而战，是有蹂躏世界的野心者发展野心的战争。亦如有疯狂病而违法者多，无疯狂病而违法者甚少。

西樵（梁上椿）云：钱币革命如何作，法币是不是钱币革命？

答：法币没有脱离国库，不够个钱币革命，故可以抗战，不足以建设，实行物产证券，就可以达成钱币革命的任务。

三月十日

"国大"代表"全国联谊会"郭鸿群、刘宜廷等四人来，以"全联会"拟为"院长"举行茶话，表示敬佩及惜别。

答：交卸"行政院长"之后，应于静中闭门思过，对贵会茶话之盛意，敬表辞谢。

三月十二日

客来云：有谓知其可为而为之是智者，知其不可为而为之是仁者，"院长"担任阁揆，既是智者，原不应担任，若是仁者，今不该辞职，既任于前，又辞于后，岂非陷于不仁不智之境地。

答：我不敢说我够智与仁，但我情愿不智，不愿不仁。因我担任阁揆，也不是认成可为而为的,是作一度缓冲,免在大陆上破裂。我今日的不为,我知民众路线走不成,军政路线须上下贯彻,我今日辞,亦是为国谋,而不是为己谋。需要任而任,不需要任而不任,皆以国为前提,我若以己为前提,你可说我是不仁不智。

三月十四日

与"行政院"全体职员举行茶话会,请指出九个月中之错误及不当,作自己闭门思过之资料。并对同仁在艰危困难中之协助辛劳表示感谢。

毅丞云:庄子南华经"绝圣弃智,大盗乃止。擿玉毁珠,小盗不起。焚符破玺而民朴鄙,剖斗折衡而民不争,殚残天下之圣法而民始可与论议。擢乱六律,铄绝竽瑟,塞瞽旷之耳,而天下始人含其聪矣。灭文章,散五彩,胶离珠之目,而天下始人含其明矣。毁绝钩绳而弃规矩,攦工倕之指,而天下始人含其巧矣"。

答:无珠宝而不争珠宝,不是不争,是无所争。有珠宝而不争,是自己心上无珠宝,才足为奇。老年不争是去了争的心,不是无争。少年不争是心上化了争的欲,才是不争。学佛者不争世,是出世而不争世,但是另有所争,为争成佛,不足为奇。入世而不争,才是真正的不粘不脱。人不污辱你,你不和人争,不是不争,是无争。人污辱你,你不和争,才是不争。

"总统"晚宴卸任阁员,前往阳明山参加宴会,"总统"先与晤谈。

三月十五日

交卸"行政院",于介寿馆举行交接典礼。

三月十六日

开始撰写《世界和平与世界大战》。梦见国父孙中山先生,并呼"三民主义必实现,世界大同必成功"。

三月二十日

卜瑞智来访,答:哄人是现在好,不哄人是将来好,智者是图将来好,小聪明的人是求现在好,国家应教育人不哄人,鼓励人不哄人,禁止人哄人。但禁止人哄人,应予被哄的人以告诉之权利,亦赋予举发哄人的人的义务。不举发哄人的人是容哄,容哄是损世。法庭应正确热心的惩罚哄人的人是责任,亦是义务。不惩罚是不尽责,不热心是不尽义务。

三月二十三日

禹堂来谈,答:处事以使"好人感、坏人愧"为原则。

三月二十八日

与子志惠讲孔孟成就学问的六步功夫:"吾十有五而志于学,三十而立,四十而不惑,五十而知天命,六十而耳顺,七十而从心所欲、不喻矩"。"可欲之谓善,有诸之谓信,充实之谓美,充实而有光辉之谓大,大而化之之谓圣,圣而不可知之之谓神"。

四月三日

与没眼的人说看,与没耳的说听,与不懂道理的人说道理,最易生气。没必要时不说,有必要时说,亦应用法语的方法。如用巽与的方法,他的答覆易使你生气,你要想不生气,必须你的存心有眼等于没眼,有耳等于没耳,有道理等于没道理,使有等于无,才能不受有的害,表现有的用。什么也是如此,不只是耳目道理如此。

四月八日

与前甘肃建设厅长朱镜宙谈佛学:

朱:我本是学佛的,拟请赐教。

阎:我对佛学亦未深研究,不过我对佛家应无所住而生其心,我早年在太原省政府内的进山上建了两个洞,一个叫居仁洞,一个叫随缘洞。在居仁洞上我写了个"无适也,无莫也,义之与比"。在随缘洞上我写了个"应无所住而生其心"。儒家的道是中道,佛家的道是高道,但高出中道以上去了。不过我对无适也,无莫也,义之与比,应无所住而生其心,认成是同样的功夫。

朱:应无所住而生其心的上边,还有不住色生心,不住声、香、味、触、法生心,应无所住而生其心。

阎:这无所住而生其心,应生什么心?

朱:六祖告明上座说,不思善,不思恶,那时才是明上座的本来面目,要生不思善不思恶的心。

阎:我们五台上有一个大喇嘛,他是代表西藏活佛住五台山的喇嘛,在清朝时,他的权威很大,收人民所交草或料的秤,钩物的钩子提秤的环子是在一个孔子里,无论多么重的物也能称不上一斤一两,我把他这种比方在人的感觉上,如果能使外间的货色名利喜笑怒骂,均不足以刺激自己,亦即无所住。我早年到北京,见有一个胡同口,写的真如镜三字,将之比做生其心,来个什么,照个什么。我今天听了你解这生其心,我认成是以心解心,不是以心处事,又动了我儒佛之区别的心了。

朱:你的区别在那里?

阎:佛学的高,高到极点,但离开了人生。

朱:何以见得?

阎:释迦牟尼舍国王而不做,就是看的人类的强凌弱、众暴寡、富欺贫、智诈愚而不做,就是置人类之悲惨而不顾,较之孔子的栖栖皇皇,就是离开了人生。

我自己未学佛,我有一个朋友叫赵次陇(戴文)。

朱:我认识,他作过"监察院"院长。

阎:我劝他学儒,他劝我学佛,始终未能说服。但我是儒不深知,佛更不晓。

四月九日

与贾资政煜如、徐资政次宸座谈,论及亡国史,说到明朝,贾云:李自成讨伐庄烈帝的檄文有两句名言曰:"君非甚闇,孤立而炀蔽恒多。臣尽行私,比党而公忠绝少。"答:容臣私就是君的闇,容臣尽私就是君的甚闇,且君到了孤立的地步。其原因,不是君不明,就是君内多欲。不明是不认识贤不肖,多欲是不敢辨别贤不肖。无论不认识贤不肖,或不敢辨别贤不肖,就不能知人善任,失了作君的唯一道理,焉能不为群臣所炀蔽。世人多说明朝的亡国,君非亡国之君,臣皆亡国之臣,我不能为庄烈帝宽恕。臣由君用,亡国之臣从谁来的。自来历史上亡国之君,有是无能而亡的,有是有能而有私欲,被小人奉迎、私欲掩蔽了君的能而亡的,在君则有别,在亡国则一也。

四月十日

与念文(王怀明,山西省议会议长)、均一同车,念文云:中国人很聪明,然何事也办不好,其病何在? 答:"高谈阔论,争权夺利"八个字可概括之。

四月十一日

与星如(杨爱源,战略顾问、前第二战区副司令长官)。

念文座谈,念文问:如何处逆?

答:化险为夷,化阻为助,化毁为誉,是处逆的好办法。

问:如何能化?

答:使逆的人夜叉进来,菩萨出去,就能化险为夷;怒的进来,笑的出去,就能化阻为助;误解进来,瞭解出去,就能化毁为誉。

问:怎样能叫他这样的进来,那样的出去?

答:智者不惑,仁者不忧,勇者不惧。自己预先作事不只不要糊涂作对不住人的事,逆来了你不要忧愁,也不要惧怕,你避开他那糊涂处,你对他的明白处,当安慰的安慰,当道歉的道歉,当说明的说明,就能使他这样的进来,那样的出去。如果他糊涂,你也糊涂,以湖涂激糊涂,不只是化不了险,化不了阻,化不了毁,反要增加自己的险,增加自己的阻,增加自己的毁。人在世上不利全是自招的,但是利也是自成的。

问:自己有了错,又当如何处?

答:只有认错。能认错也能化险为夷,化阻为助,化毁为誉。知错、认错、改错的人,就是智仁勇。为人最怕有了错不认错、不改错,还要讳错、饰错、执错。错是损,讳错是蓄损,饰错是增损,执错是固损。讳错是事损,饰错是名损,执错是身损,人生在世,处人处事,顶好是不错,有错赶紧认错、改错,万不可讳错、饰错,更不可执错。执错就是错到底,损到头。

四月二十三日

答阎太保问:静动因果。

一、你说万有统是动的,没有静的。你又说宇宙是无边际的。不管他宇宙是无边际,不是无边际,你总认有一个无边际的。这个无边际的如要是动的,就是有边际的,既是无边际就不是动的。今天的科学证明的地球是动的,是绕太阳而动的,如果你说太阳就是不动的,作了地球动的动力,就在科学上可以证明自有静的,才有了动的,且静是动的动力。如说太阳只是动的,太阳是轴动的,我问这轴动又是根据的什么。假使还根据的是动的,那动的又根据的什么。最后总有个不动的作了动的动力,才能有万有的动。可以说,静是一,静是动的动力。动是万,动是静的产物。

二、你说我说的种子是因,收获是果,收获又可以作因,那不是因果循环了么?

父生下子,子对父说,永远是子,父对子永远是父。子生下孙,孙对子永远是子,子对孙永远是父。一粒谷子是因,一穗谷子是果。一穗谷子的一千粒谷子再作了因,生下千穗谷子时,就是这一千粒谷子的果。这因果是截然不可混的。

三、至于你说的以石头击破玻璃的那个因果是互易的,你那话等于离开点说线。你要就玻璃破碎上说因果,石击是因,玻璃破碎是果。你要就玻璃阻石头上说因果,玻璃是因,石头是果。你再就人摔石头上说因果,人力是因,石头动是果。几何学上的两点是因,一线是果。说甲乙两点所生出的线,一定甲乙两点是因,生出的线是果。你要丙丁戊己生出的线与甲乙两点说,不是因果,那你是离开点说线的,这是离开因果说因果,当然你说不成因果。

四月二十五日

会客谈:由心中发出,从根本谈起。

客问:我感到现在许多人,每谈不在一块,不只是谈道理谈不到一块,就是谈时局亦谈不到一块。

答:由花上说树,叶子上说树,枝子上说树,干子上说树,根子上说树,均非树的全体。从耳里听进去的、眼里看进去的说道理,进去的不同,各说各有理,永远说不清楚。由种子上说树,就是树的全体。拿上一颗桃核子说桃树,拿上一颗杏核子说杏树,一定不会说这核子是有叶而没有枝,只有干而没有根。不和从眼里进去的人谈道理,要和从心中内发出的人谈道理。不和从梢末上认识时局的谈时局,要和从根本上认识时局的人谈时局,方能希望谈在一块。

问:学就是从耳里眼里进去的,你这话是不是和孔子说的吾尝终日不食、终夜不寝以思,无益,不如学也的话相反?

答:孔子所谓之学,就是孔子告诉他的儿子伯鱼所说的,学诗乎,不学诗无以言,学礼乎,不学礼无以立的话。是人的应用之学,不是人的认识之学。他绝不会拿上学了解朝闻道夕死可矣,也不会拿上学完成他的七十而从心所欲不逾矩,更不能拿上学做到毋意毋必毋固毋我。顶高学上一个君子学道则爱人,小人学道则易使。你听了这君子小人的话,不免认为有点不平等,不过他说的这个君子小人,是指立法的管人的就是君子,守法的被人管的就是小人。

四月二十六日

不可治的病有三种:一种是病不能治,一种是病人自己生活上不能改的地方与治病的方术不并容不能治，一种是病人的环境与治病的途径不一致不能治。前者是病人的困难，后二者是医生的困难，医国亦然。

四月二十七日

有欲必有嗔。自己之欲被阻时，即时动嗔人的念。余觉着余欲上尚未去尽，故嗔仍在，不过念将起时，即能觉着要不得。

余五十年前求学之时，几乎是时夕动嗔。四十年前为政之初，亦是日日动嗔。三十年前经验较多，碰壁亦多，虽然改之但亦不见多。二十年前挫败之后，静修七个月之久，洗涮不少，但亦常感嗔之痛苦。近十年来，每日在战争中助人不少，战争之胜败，关系国家民族之存亡，自身之生死，时时有这大关系在身，等于严师严父在侧，千钧万钧压身，不敢一时放纵。因之贪嗔嫉等恶性，去得不少。尤其近四年，支持晋省战事，其危急无一日无之，其困难无一时解尽，终日不食、终夜不眠者为常事，在此等境遇之下，心身痛苦，亦心身之成就，于去一切恶性上，收功不少。自担任阁揆九个月中，更觉环境威严，如万锋来刺，千刃迫身，尽自己的智仁勇来应付，仍感动辄得咎，时时谨慎收敛，还感畏惧，自身馀留之恶性更受到洗涮，当然感到轻快。自以扫荡无馀矣。实则不然，欲少阻者亦少，但有欲则不能避阻，遇阻仍然动嗔之念。余故有以上之叙述。老则离死不远，去不尽恶性，死不能无愧。只有赶紧去之，以求得个死。

台湾省府委员颜钦贤与台湾工矿公司七星煤矿矿长杨金章来谈台湾经济改善问题。

答：经济的本身是个揣不上底子，摸不上边子的事，经济的目标，是要人尽其力，地尽其利，今整理台湾经济，有两个途径：一是一件一件归纳法，就是农如何，工如何，商如何，生产销售物资供应如何配合，如何调剂，何者须提倡，何者须限制，但恐各走了各的目标，不易收效。再一个途径是演绎法，以期作到减低物价，提高民生。其难关，第一是清经济的底，就要涉及制度问题，不然经济的基础等于是海市蜃楼。第二是交易问题，工厂的工与职，工厂与工厂，工厂与政府的关系问题。所以真正解决台湾的经济问题很难，归纳法是走不通，演绎法是牵涉太大。所以总裁和我说要我整理此事，我未接受。我曾建议陈"院长"在"行政院"设一经济研究会，研究整理台湾经济。

颜委员之父国年先生于日据时代到山西考察矿业，曾云：台湾人民负担较山西重，但受教育则有限制，亡国之后，负担多少也与人民幸福无关，任人压制矣。

答均一问：持盈保泰。

问：怎样持盈保泰？

答：去有去矜去伐。有其善，丧厥善；矜其能，丧厥功。汝唯不伐，天下莫与汝争功；汝唯不矜，天下莫与汝争能。不有、不矜、不伐，就能持盈保泰。

问：怎样能不有、不矜、不伐？

答：有若无，实若虚，就能不有、不矜、不伐。

问：怎样能无，怎样能虚？

答：你自己不宝贵你的善、你的功、你的能，就能无，就能虚。

问：怎样能不宝贵自己的善、功、能？

答：认成这善、功、能是个平常，你就可以不宝贵他。

问：怎样能认成是平常？

答：你把那认成是你作人应有的义务，就可以认成是平常。

问：怎样能认成是人生应有的义务？

答：这需要光明消黑暗的办法。

问：怎样以光明消黑暗？

答：光明是固有的，去了遮光明的，就消了黑暗。

问：怎样的去？

答：就良师，接良友，看光明的书，读光明的文，借他人的光明去自己的黑暗，不停息的借，不停息的去，一定能去尽。

四月二十九日

晋籍学生范济生来见，嘱"身体上不得病，精神上不丢人"。

四月三十日

斗争是环境决定意志者胜。讲理是意志改造环境者高。

五月三日

答客问：孟子与齐宣王之言，是否不民主？

问：孟子和齐宣王说：左右皆曰贤，未可也。诸大夫皆曰贤，未可也。国人皆曰贤，然后察之。见贤焉，然后用之。左右皆曰不可，勿听。诸大夫皆曰不可，勿听。国人皆曰不可,然后察之。见不可焉,然后去之。左右皆曰可杀,勿听。诸大夫皆曰可杀,勿听。国人皆曰可杀,然后察之。见可杀焉,然后杀之。这是不是不民主。

答:这话正是加强民主。因是非的事,人皆明白,众人皆曰可,即可听从。若似是而非、似非而是的事,一般人即不易知,在君主时代众皆曰可还要察。

五月八日

我处世只责备一个人,我读书只羡慕一个人。

五月十三日

子英问:何以作不如思,思不如学。

答:作是立言,就自己方面说,是现有的表现,就社会方面说,是传仁种的工作,但对于自己的进步是无帮助的。思是以自己的智仁勇化自己的蔽,不能加智仁勇的力量。学是借他人的智仁勇补自己的智仁勇。所以说,作不如思,思不如学。顶好是学而后思,思而后学,思学并用,如同开车,一方面加火力,一方面加机油,以减少阻力加大进行的速度。可以说,学是收获,思是效用,作是收获效用的传种。

五月十四日

答客问:槁木死灰与生龙活虎。

问:什么叫槁木死灰的生龙活虎? 是不是大喇嘛的秤是槁木死灰以处横逆,二喇嘛的秤是生龙活虎以处是非?

答:对,但处是非,不如真如镜,是个什么,反映个什么。

问:如果反过来说,生龙活虎的槁木死灰,是不是拿上二喇嘛的秤处横逆,大喇嘛的秤处是非,自己的利害上,是锱铢必较,事理的是非上,反是蛮悍不顾。

答:对。

问:如何把生龙活虎的槁木死灰变成槁木死灰的生龙活虎?

答:学,并要专心的学,且要从处人处事的实地上学,觉着不对就改。改的标准是恕,先以恕道规范自己,再以红炉点雪消化横逆,则庶几乎可将生龙活虎的槁木死灰变成槁木死灰的生龙活虎。

问:这境界够不够孔子的七十而从心所欲不逾矩?

答：这不是智者就能做到，七十而从心所欲不逾矩必须是仁者，且须仁种成熟之后才能作到。

问：是不是六十的耳顺？

答：不如说这是他四十而不惑的境地为恰当。

问：仁者智者怎样分别。孔子曾说过，仁者安仁，智者利仁。安仁以爱人为心安，利仁是以利仁为顺利。安仁是为人的，利仁是为己的，请把这安仁利仁在处事上分析的说说。

答：成功而谦是安仁，成功而不居是利仁。成功是个名，不居功又是个名，这就是智者。以直报怨，就是安仁。以德报怨，就是利仁。接受对方的怨，是一个名，报之以德又是一个名，一怨而得两名，此正所谓智者过之，贤者过之。所谓过，就是过了中道。过了中道的不好处，是可来不可往。人可以这样对我，我不可以这样对人。等于一出之路，能往不能返，在人道上走不通。

五月二十日

答客问：一字可以兴国。

问：有一字可以兴国、一字可以亡国的道理吗？

答：昔定公问于孔子说：一言可以兴邦有诸？孔子对他说：言不可以若是其几也，人之言曰，为君难，为臣不易，如知为君之难也，不几乎一言而兴邦乎。定公又问，一言而丧邦，有诸？孔子对他又说，言不可以若是其几也，人之言曰，予无乐乎为君，唯其言而莫予违也，如其善而莫之违也，不亦善乎，如不善而莫之违也，不几乎一言而丧邦乎。你今天问我一字兴国、一字亡国，我也说兴亡的道理，不能以一字之简单言之，我勉强给你说，为国以公，则兴；为国以私，则亡。公则可以纳忠言受直谏，圣贤合道，豪杰献能，官员守法，人民安康，百废俱举，百病皆除，庶政修明，邻国钦佩，国内虽有狡悍之民，亦不敢起造乱之心，国外虽有野心之邻，亦不敢动侵略之念，群策群力，上下一心，应民生之需要施政，随时代之要求变法，观世界之大势蓄力，察环境之缓急设防；如此，则国必兴，但根本为一公字。私则忠言触忌，直谏招尤，圣贤隐伏，豪杰谋逞，势必结伙营私，各是其是，各非其非，各利其利，各私其私，明争暗斗，互相倾轧，肢解国家之政权，置国家危亡于不顾，置人民利害而不管，官员贪暴，人民痛苦，百事皆废，百病皆生，庶政废弛，邻国轻视，国内狡悍之民，乘时造乱，国外野心之邦，借机侵略,如此则国欲不亡,而不可得,但根本为一私字。

五月二十八日

完成《世界和平与世界大战》一书,希望实现消除矛盾根本和平的世界大同。

六月二十日

厚菴问:六祖说:"不思善、不思恶的那个时候,是明上座的本来面目。"不思恶可以,不思善是否对?

答:不懂佛,不能以佛理答你,就儒理说,思恶等于明镜上抹黑,思善也是明镜上贴金,金与黑虽有光暗之别,但其蔽照则一。孔子释《易》说:"无思也,无为也,寂然不动,感而遂通天下之故,非天下之至神其孰能与于此。"必须无思无为,始能寂然不动。寂然不动,始能感而遂通。六祖的本来面目,就是寂然不动。思善思恶皆是本来面目加上的蔽。

六月二十三日

身欲要去,心欲要用。

六月二十五日

开始撰述《大同之路》。全书共十章:现世界不安和的根因,不安的现象,安和世界必须走上大同之路,大同之路,大同理论,大同主义,大同形态,大同国际,走上大同之路对联合国的期望,结语。结语中云:"大同之景象为:贤者在位,能者在职。信以立己,义以制事。民无机诈,官无私谋。强不得以逞雄,弱不至于受屈。人皆和爱,暴乱不兴。国皆礼让,干戈不作。以孝报恩,老得其养。以恕处人,人得其和。各尽所能,各得所值,以享有励劳动。各俭所用,各输所馀,以慈惠救残缺。科学公有,人才公用,生产无限量。货畅其流,物尽其用,消费得美满。人人有工作,人人有生活。以工作保障生活,以生活管理行为,做到没愚人、没闲人、没穷人、没坏人,一直到废止刑法,变政治为文化,化制度为习俗,庶几人类安和,世界大同。此为大同之景象,亦为大同之目的。"(四十年六月正中书局出版)

七月一日

客问:所谓不辞劳怨,劳是替人为,替人为的原则如何?

答:替人尽义务常人欢喜,替人享权利常人不欢喜。替人尽义务,君子不欢喜。替人享权利,君子可能不烦恼。常人喻于利,君子喻于义。因为替君子尽义务,是伤了君子的义,替君子享权利是伤了替者的义。伤了君子的义君子不喜欢。伤了替者的义君子可能不烦恼。

七月九日

复尚厚菴函——人应当怎样

你屡言:"你的思想近于佛,你可把佛学涉猎涉猎,可能有帮助。"我答说:我的思想,是不是近于佛,因我未学佛,我尚不知。我感到佛理易懂,佛书难解。我以为佛学的书,太刻入了,亦太多了,可能是名词掩了义,说法掩了理。岁月易逝,我应当做的事,即时赶快的做,还是做不完,我何敢舍了我应做的事,再在自己心上贴金。我说佛理易懂,亦是就我自己的估量,究竟易懂不易懂,不敢确定。

我可以说说我的认识,我认为有个思不到,想不通,说不明的那个什么。他是无始终的,无边际的,且是不动的,不变的,我姑且把他名之为真。这个真中,有个大空。大空之中,有星辰日月,大地山河。这许多星辰日月,大地山河,是有数的,抑是无数的?我说不来。这星辰日月,大地山河,是有始终的,是有边际的,是动的,是变的,这是说他的现象。由此现象上表现出万物的万有来。这万物的万有,是由种子形成的;这种子是由真来的。万物各有各的种子,但其来历则是一个。这一个来历的万有的种子,合起来就是真的全体。种子是从真来的,真是不可思议的,所以种子亦是不可思议的。这万物之中,各具有真的一体,惟人是具有真的全体的。因人所具的是真的全体,故成为真的种子;所以人就是收获真的,亦是归还真的。所有一切一切的动与变,均是为收获真而变而动的;亦就是这一切一切的万有,共同负的个收获真以归还真的责任,其所以动,其所以变,亦是为收获真以归还真而动而变的。如织机的机梭,是为收获布而动的;一往一来,有一往一来之效。日月的机梭,是为收获真而动的;一往一来,有一往一来之功。不识机织者,认机梭是徒劳往返;不识宇宙者,认日月是徒劳往返。机布之完成有期,收获真之完成亦有期。一关一闭,一明一昧,其为宇宙之大昼夜乎。人是渺小的,在大空中,如同大海中之一滴水;人生是短暂的,在大昼夜中,不过大时间之一刹那。然人在大空之中,大昼夜之间,完成收获真的责任以归还真;是此一渺小,一刹那,可放乎大空之外,超乎大昼夜之长,与真为一。亦是无边际的,无始终的,非渺小的,非短暂的,不动的,不变的。即动与变,亦是洒洒然而动,游游然而变。是乃不动之动,不变之变,既不受烦恼所拘,亦不为快乐所兴。自由自在,其为真之真乎。

故人之生也,不当遗弃渺小,空过刹那;应以此渺小,在此刹那间收获真,以得到非渺小,非刹那。但真与物为一体,原来是个一,成了种子还是个一,演变成万有,仍然是个一。从一方面看,物不是真;从另一方面看,真即在物中。物由真来,物原具于真中。真以物寄,真即存于物内,欲收获真以归还真,即离不开物。若离开物,即无所谓真。如同一粒谷的质,不是谷的种子,但若离开谷的质,亦即无谷的种子。谷的质是由谷的种子来,种子即具有谷的质,种子亦即存于谷的质中。故人生之目的,是爱己、成己、化己。人生之任务,是爱物、成物、化物。化物而尽其性,是人之责任;物性之不易尽,是物之本然。尽不到此责任,是人的欠缺。所以从烦恼上说,不能不以为原来的这回事为多事;从快乐上说,这多事正为没事。化物以成物,是收获真上的事,做这化物以成物的工,是人的责任上的事。事是事,做是做,事要等于无事,做要等于无做;故不必烦恼,亦无须快乐。烦恼是违物,快乐是离真。既原来有这么回事,自己又做了这么样人,就只有一个做。但做要等于不做,成要等于无成。还要在做等于不做上得到做,成等于无成上得到成。所以人只有日不暇给的,做那成己成人以收获真的事。做多少,就算多少,就有多少。且成人多少,就是成己多少,成己成人是一件事。生与死,亦是一件事;生时做到多少,死时获得多少。生时做的是物,死时获的亦是物;生时做的是真,死时获的亦是真。所以人生,勿重了成己,轻了成人;勿重了物,轻了真;勿重了生,轻了死。应当是生到老,忙到老,做到老,学到老。为什么生?为什么忙?做什么?学什么?是人生的个问题。但人生是有欲的,欲有二种:一为身欲,一为心欲。身欲是杀己杀人的,心欲是成己成人的;身欲不可不去,心欲不可不用。为这个生,为这个忙;做这个,学这个。去身欲是格物,用心欲是明明德于天下。

格是正的意思,含有正其不正的功能,这格字是由名词来的,在名词上说格是规格,将名词变为动词,即是将不合于规格的,使之合于规格。物是事的意思,中国的成己成人,与成己成物通用,人于自身以外,与其他的人或物发生关系时皆为事;故格物即为正事,使人与人和人与物关系的事,均入于规格而得其正。事有三种:一种是属于人与人关系的,一种是属于人与物关系的,一种是属于人与人与物关系的。此三种事,无论那一种,均有两个含义。属于人与人关系的事,含有一情一理:报恩是情,推恕是理。然情与理并非二致,他人之情,即是自己之理;尽他人之情,即是明自己之理。如李密请养是情,准其请养是理。属于人与物关系的事,含有一用一效:物得其用是用,用得其当是效。如燃炭烧水是用,热力之大小与锅炉之距离相适是效。亦必须效用合一,方合物则。属于人与人与物关系的事,在人方面是情理,在物方面是效用。如办一工厂,在人方面是尽情合理,在物方面是效用适当。送人礼品,是以物表情理;物的效用,即成为人的情理。格物不是在外面穷万物之理。物理是具体的,万物各有各的理,穷之不易尽,即穷之尽,亦只能了解了物,仅属于知识。亦不是内面离开了物,格心之非。心即是真,真本无非,亦无须格。事有事理,物有物则,人有人情。理是理路,理路是个公式,可往可来,我可以施诸人,人亦可以施诸我。则是法则,法则是抽象的,以其法则处其物,使之合乎用而显其效。情是情理,处人、尽人之情,以明己之理;推己之情,以全人之理;己所不欲,勿施于人,是情理兼备。一理一则一情,可以适用于事事物物人人。且则与理与情是现成的;心本是明的,心明亦是现成的。这两个现成一直接,即内外相合。故格物是合内外之道,不是单向外,穷万物之理,亦不是单向内,格心之非。

究竟所谓格物者,何为物?如何格?人心有染的性能,是与生俱来的。因染粘习,因习成蔽,这就是物。格物,就是化习净染以去蔽。化习是第一步工夫,净染是第二步工夫,均须内外交攻;内是自己的明,外是事理物则与人情。由内向外,是以自己的明,处事处物处人;由外向内,是就事理物则人情的反应。这处理出去与反应回来,如与真不合就是蔽;内外交攻,就是攻蔽。攻蔽就是化习净染,化习是外功,净染是内功。习化则明不蔽,净染则涅不缁。孔子对子路说:"不曰坚乎,磨而不磷;不曰白乎,涅而不缁。"以形容真,可谓尽致。习化染净,则可显真现明,使自己的明与事理物则人情相合,就是格物的完成。格物的标准,就是使人与人关系上的事,不伤人之情与理;人与物关系上的事,不损物之用与效;人与人与物关系上的事,不伤情理与效用。然人各有各的染性,其浓淡各有不同,所染的习,其厚薄亦不同。故格物要抱的自己紧紧的,由处理事物人情的反应上,有什么物当格就格;若离开了自身说格物,即无物可格。所以格物的过程,必须是以觉悟开始,以力行建基,以持续完成。然觉悟难,力行尤难,持续更难;必须智以觉悟,仁以力行,勇以持续,三者合力,始能完成物格。否则习能蔽真,真蔽则真性不显,习反成性。一切应事接物处人,均以习处;愈处愈熟,处愈熟习愈厚。古人说"后生可畏",就是说他习薄,"四十五十而无闻焉斯亦不足畏",是谓习已成性。习成之后自动的觉悟很难,或是受惩创或是逢痛苦,或是被管教,或是遭责难,必须加上外力始能觉悟。这亦是说习薄的人,若是习厚的人,愈年长其习愈固,觉悟亦愈难。因之世道愈坏,人类的悲惨亦愈多。到此时必须有圣智出,假政权以行天罚,革故鼎新,除恶生善,以救人类。此所以一治一乱之所由兴。但此一治一乱,不是造化之安排,乃是人事之不逮。假使政权常能保持以仁育人,以中衡事,以忠尽己,以恕处人,以公处利害,以平处劳享,一治永治,何乱之有。此言习染成性,难以觉悟,并演出祸变。但只要有力之人启发人心,觉悟亦不难。孟子说:"待文王而后兴者凡民也;若夫豪杰之士,虽无文王犹兴"。人各有心,心即是真,真是公理,无差别,无人我,是一本,是一体;只要启发起人心来,觉悟亦甚易。至力行是种性的能力,种性的能力是无限量的,持续是继动的能力,推动此种性的能力,继续不断的发展。这觉悟是智的启迪,力行是仁的萌芽,持续是勇的自强。物格是智仁勇三达德的产物,非具备此三德,不能达成物格的目的。故格物必须由知善的觉悟而立志,由立志而力行;力行是得善而固执之。由固执而博学,审问,慎思,明辨,笃行;加上持续的学之弗能弗措,问之弗知弗措,思之弗得弗措,辨之弗明弗措,行之弗笃弗措;以至于人一己百,人十己千,始能物格。

　　以上我说了格物的工夫,至于完成这个工夫的途径,就是思与学。思是用自己的明,以明自己,如钻木取火;学是用他人之明,以明自己,如借灯燃灯。学是吸收,思是消化。无论吸收与消化,均须凭自己上达的热忱。上达二字,可以浅解,亦可以深解;浅解是人事,深解是真理。人事的上达,是作人作事的向上;真理的上达,是人生任务的交代。孔子说:"莫我知也夫!"子贡说:"何为其莫知子也?"孔子说:"不怨天,不尤人,下学而上达,知我者其天乎!"这就是真理的交代。但无论人事与真理,均须凭上达的热忱。这上达的热忱,亦是智仁勇三达德的产物。好学近乎智,力行近乎仁,知耻近乎勇。上达必须由知耻开端,人若无耻,即无上达的热忱,放辟邪侈,无所不为,逐利争名,损己害人,不知所耻,为之熟而耻尽,耻尽热忱之根绝,不可救药。知耻为上达的动机,有此动机,然后才能走上学与思的途径。学思必须并用,孔子说:"吾尝终日不食,终夜不寝以思,无益,不如学也。"又说:"学而不思则罔,思而不学则殆。"吸收而不消化是罔然。不借他人之明,证自己之思,恐思走了错路,陷入危殆。学思互用,正确了自己的意念,格物方有把握。这是说了化习净染。至防染防习,是人类最要紧的事。与其染浓习厚,而净而化,不如染淡习薄为愈。所以儒者从"君子之道造端乎夫妇"说起,讲胎教、贵家教、重择乡(孟母三迁),慎交友(无友不如己者,益者三友,损者三友),尊良师、尚圣治,此皆淡染防习之道。能淡染防习,较之染浓习厚而再去之,不只易为,且在人类中可免多少伤害。

　　以上是说途径,还需要有做法,做法必须是把握现实。现实是自己的身欲与外界的人与物接触时,就其反应上,用自己的明来纠正其不正处。这个纠正,就是化习净染。纠正的次数愈多,化与净的功效亦愈大。这做法是些什么？以儒家的学术，说到言行上，均是这个做法。但其做法，有由内向外的，有由外向内的，亦有内外交攻的。由内向外的：如九容、五仁、四箴，恕道之"己所不欲，勿施于人"。由外向内的：如九思、三戒、三省。内外交攻的，分为先外而后内的，与先内而后外的。先外而后内的：如挈矩之道，如"我不欲人之加诸我也，吾亦欲无加诸人"。先内而后外的：如"爱人不亲反其仁，治人不治反其知，礼人不答反其敬"。就反应上修正自己，行有不得，反求诸己，莫怨乎外，怨外是枉然，反添了怨的遮蔽；不只是无益于化习浮染，反是浓染厚习。由内向外，由外向内，是自己的工夫；内外交攻，是反应的修正。就反应上修正自己，最为确实。至于动念为行为之根据，能在动念上修正，尤可使言行从根本上得其当。但在动念上修正，必须到习薄染淡时，方可得之。至于礼乐，亦是去习净染上一件重要事。礼得其适，可以节染；乐得其适，可以调染。节染调染，均能脱习。所谓适，是适于各人之感受量，过乎其量，则不能接受；不及其量，则不起作用，礼乐之过与不及，皆成形式；成了形式，则失调节之作用。凡此诸端，皆是人的言行与心思上，朝夕不离的事。就自己一日中现实的言行心思，抱的紧紧的，格自己的物；去尽了身欲，用上了心欲，明明德于天下。为这个生，为这个忙，学成这个，做到这个；完成了真的种子，收获真以归还真。人应当这样，其庶几乎，可以为人矣。

今日吾人，应该日不暇给的做些什么？由重心轻物，转为重物轻心，两个极端，使心物分离。心不能正物用，物不能表心效。反成心为物化，物掩心用；以心逐物，物长人欲；人欲横流，理性不展。致人多机心，群多私谋；各谋其利，各委其害；各图其私，各废其公；互斗其心，以他人作自己的刍狗；互逐其利，以他国满自己的欲壑。强凌弱，众暴寡，富欺贫，智诈愚。使科学为人类之祸害，愈发明，杀人愈狠；使智识为残人之利器，愈高明，毁人愈工。人的劳动，不获其全享；人的生活，不得其快愉。人尽其力以祸人，地尽其利以祸世，是吾人之所忧者。忧之当如何？应当医救。医救之道，端在启发人心上慈惠之德性，树立世界上主张公道之力量。有此德性，有此力量，教之管之。使人皆互亲，仇恨不结;国皆礼让,争夺不兴。去生产之剥削,杜国际之侵略;科学公有,愈发达人类的享受愈多;人才公用,愈高明社会的进化愈速。人尽其力以福人,地尽其力以福世;使人与人间,国与国间,得到正常关系。进世界于大同,登人类于安和,使人尽从收获真以归还真上做生活。"大明始终",亦能体会着,"不习无不利",亦能说得来。"无思无为,寂然不动,感而遂通天下之故",成为自己的现象。"唯天下至诚为能尽其性;能尽其性,则能尽人之性;能尽人之性,则能尽物之性;能尽物之性,则可以赞天地之化育;可以赞天地之化育,则可以与天地参"的这回事,亦就成为自己做,自己成,自己的事。

世语说:"当值者昏,旁观者明",当值者是以身欲处事,旁观者是以心欲判事。人能格净身欲,用上心欲,处当值之事,亦能如旁观。但去了身欲,并不是没有视听。视色仍辨色,然等于色盲眼,色与视欲,不生关系;听声仍辨声,然等于无耳鼓,声与听欲,不生关系;其他身欲,如最强烈之饮食男女,亦莫不如此。惟其如此,故能处情逆物诱之事,如大喇嘛的秤,逆与物无论多大,亦不反应。处他人利害之事,如二喇嘛的秤,毫厘必辨。处他人是非之事,若大明镜,本来是什么,照个什么。投石而水不溅,涅色而染不沾,身欲如同净水,心欲如同生龙;净水则不蔽明,生龙则不违机。庶几可以生,可以死。生则当值如旁观,游然自得自主,处事如明镜,洒然自由自乐。得志以行于世,有为等于无为;不得志以达其道,无为等于有为。死可以无息而久,久则悠远、博厚、高明、无疆。此为吾人所当急之者!君其向往否?

一九五〇年七月九日述于台北

附:大喇嘛的秤与二喇嘛的秤

大喇嘛的秤——前清入关后,为笼络西藏、蒙古活佛的人,所以在五台山上为大喇嘛、二喇嘛盖了许多寺院。大喇嘛很有势力,最初他们到某一地,地方官还要跪着迎接,被他们用马鞭打落顶子者很多,足见其声势的显赫。当时五台的县知事名骆长华者,他有一天走到街上,逢见一个老百姓鞭挞驴很厉害,就问他说:"你为甚么这样打驴?"老百姓说:"我背了一背草,大喇嘛还给我称下一斤,它驮了一驮草,连一斤也没称下,它还不如我,养它做甚?所以我气得打它。"老百姓的话,固然有点故意刺激他,但骆知事知道事非无因,就留心多方调查,知道大喇嘛的秤,是秤钩与提绳在一个孔子里,所以称多么重的东西,秤杆也不动的,于是骆知事就在巡抚跟前参他,但参了多少次,巡抚也不敢如何。后来骆知事立下志,非参倒他不做官,就把他告到朝廷那里,最后清廷下旨才把他惩处了,并且为给他留体面,特给他个穿靴的夹杠处分。普通犯人是不穿靴子夹杠刑,实际上穿靴子夹杠受刑更痛苦。

我以为人生也要如大喇嘛的秤,称多少东西亦没有分量,亦就是外面如何大的刺激,动摇不了自己。这就是我常说的"官诱不动,钱买不动,手枪炸弹威吓不动"。因为官能诱动你,你的命就在官手里;钱能买动你,你的命就在钱手里;手枪炸弹能威吓动你,你的节操就被手枪炸弹破坏了。所以世上的东西,不论甚么只要能波动你,你就不够个大喇嘛的秤。秤钩与提绳距离大,则少有刺激亦必反应;秤钩与提绳距离小,则小刺激不反应,大刺激亦要反应。既然反应,则是自己的祸福利害,自己没有把握,仍随外来的刺激而决定。人生能如大喇嘛的秤,处理刺激,无论多大的横逆利诱威胁侮辱之来,亦均不为所动,才是自由、自主、自动、自乐的生活。这是指处理刺激而言,至若辨别是非利害,即须用二喇嘛的秤,始能毫厘分明。

二喇嘛的秤——大喇嘛受处分之后,二喇嘛提出一个声明说:"如命我继任大喇嘛位,我的秤杆无限长,我的秤钩与提绳之距离无限长,虽毫厘之物,亦能得出轻重来。"这是二喇嘛的思想。辨别人我的利害,人我的是非,应当如这二喇嘛的秤。

七月十日

水池泄而不溢易,塞而不溢难。民情疏而不溃易,堵而不溃难。

七月十五日

人应当谋其事之所当为,尽其力之所能为,心身合一以了身。致其知之所当知,行其行之所当行,知行合一以了心。心身皆了,则成中的种能,以此种能收获中归还中,则不虚此生。

七月二十五日

真理是神圣,人情是万能。神圣是无上,万能是无违。本上真理,依据人情,无论思想言行不招怨,即所谓君子有终身之忧,无一朝之患。孔子厄于陈蔡,是环境使然,不是自招的。

七月二十八日

自满的人难与谈真理。自毁的人难以听良言。

七月二十九日

色盲眼者谈五色,是主观的想象,不是客观的事实。

八月十二日

由台北市丽水街八号移居阳明山公馆里九邻八十一号,后改为台北市士林区永公路二四五巷三四弄二七三号,其地为废耕之茶园,杂草及胸,道路坎坷,无电灯电话,饮用山泉,距山仔后公路步行三十分钟,建筑茅屋,从事著述,人以"菁山草庐"名之。台风一年数至,草庐时受损坏,遂就地取材,建石屋数间,命名为种能洞。并有种能洞命名记曰:"我到台湾,因不耐炎热与暴风雨侵袭,建茅屋于金山(又名菁山)山麓。移居以来,想起内地冬暖夏凉不怕风雨的窑洞,我问台湾同胞,台湾为什么没有窑洞?他们说:窑洞有三个缺点:一潮湿,二空气不流通,三怕地震,适合于北方,不适合于台湾。这三个缺点,经研究全可补救,使用洋灰就防住了潮湿,开前后窗户可使空气流通,至于地震,窑洞与楼房性质一样,是看建筑上设施如何,我遂决定建筑一所窑洞。台湾房屋,中国式、日本式、西洋式都有,特取三式所长,融合为一,为台湾同胞作试验。此窑命名为种能洞,因我向以种能观察宇宙,为配合我的宇宙观而名之。"

九月八日

宇宙是一个大宇宙,人人均是一个小宇宙。就宇宙全体说,是要化万象为本体,不使本体随万象而流转。就人的全性说,是要净惹性显本性,不使本性随惹性而施为。

九月十四日

人生的归宿，有两个途径：一是反宇宙的演变，作宇宙演变的敌人；一是成全宇宙的演变，作宇宙演变的孝子。前者认断不了生根不可死，摆不开生趣不可生，是避染断惹，不涅不缁。后者认净不了生根不可死，善不了生趣不可生，是化习净惹，涅而不缁。人具宇宙的全成，应作宇宙演变的孝子，裁其过处，辅相其不够处，以成全其演变。

十月二十日

问：二次革命及民初山西处境？

答：民国元年（公历一九一二）七月，广东都督胡汉民来电说："近得京友确报：中央现主极端集权，实行军民分治，收军权财权暨一切重大政权，悉褫中央，惧各省都督之反对，则大借债，以操纵之，虽失权于外人，亦在所不惜。此后救济之法，惟有联络东北各省反对力争，或可补救一二。"旋接江西都督李烈钧电，亦同此意，并力主应以地方监督政府，不使政府操纵地方，以免失权外人，复陷专制。我当时对他们的主张深表同情，于是很快复电赞同，并说："地方分权，古今通义，征诸历史，根据甚深。且中国省界之大，动逾千里，非东瀛府县西欧州郡所可比拟，即授以各国地方行政之权，尚觉轻重失当，遑论集权中央。况当建设时代，伏莽未靖，军政民政其权不容分属，宜授各省都督以行政特权，限以年数，使其厉行整理，因循玩愒，届期不举者，严加惩处，使政府与地方互相维持，互相监督，庶政府之野心不萌，而各省亦不至逾权越限。俟国基巩固，然后徐图集权，尚未为晚。"

这一联电力争的行动，李烈钧同志和我曾广为联络，经过一个多月的努力，明白复电给我不表赞同的，只有四川都督胡景伊，积极表示赞同的，则有湖南都督谭延闿，江苏都督程德全，奉天都督赵尔巽。我初以奉天赵都督老成望重，由其领衔入告，较有裨益，李烈钧同志亦表同意，嗣经我驰电相询，赵君不愿领衔，乃推广东胡都督主稿，由江苏程都督领衔电京。

奉天都督赵尔巽本是满清重臣，曾经做过山西的巡抚，当宣统退位前，他是东三省总督，其力量几与袁世凯相埒。袁世凯深知不释赵之兵权，即难实现迫清帝退位，而国政自为之迷梦，所以经过颇费周折的运用，卒至撤销了东三省总督，而任赵为保安会长，才公开其倒清之举动。赵之所以参加我们反中央集权的行动,我之所以提议推赵领衔,皆以此为前因。江苏都督程德全在赵尔巽任东三省总督时,曾任奉天与黑龙江巡抚,其后调任江苏,民元曾任孙大"总统"之内务总长,对革命颇表同情,是以亦参加我们这一反中央集权的行列。结果这一行动并没有收到预期的效果,反益增中央对地方之疑忌,这是二次革命以前的一件事,也可以说是二次革命的前因。

民国二年(一九一三年)二月正式国会成立。国民党籍议员占了最多的席次,政府国会之间,果能真诚合作,则国家即已步入宪政坦途,乃不幸三月二十日本党代理事长宋教仁先生被刺于上海车站,接着四月二十六日政府未经国会同意,又与五国银行团签立了二千五百万英镑的大借款合同。于是国会哗然,张继首以参议院议长资格通电反对借款。乃至众议院选出汤化龙为议长,政府始将大借款案咨请国会备案,此时汤化龙虽合共和、统一、民主三党为进步党(黎元洪为该党理事长),以与国民党抗衡,并未能使国会通过此案。同时各省军民长官并纷电责难,而江西都督李烈钧,广东都督胡汉民,安徽都督柏文蔚,反对尤烈。本党对此问题之态度颇不一致,中山先生主张兴师讨伐,黄兴先生主张循法律途径而解决。中山先生之主张系一秉为党国之大义,而黄兴先生之主张亦系基于保全革命力量之苦心。武昌黎元洪副"总统"为平息政治风潮,提出宋案划归法律,静候法庭解决,借款予以追认,而审计用途,颇获多数省份的赞同。衡诸当时本党同志所能掌握之武力,实不足以与袁军抗衡,审时度势,我遂一面联合各省呼吁和平,一面连电黎副"总统"请其迅速领衔调处,云南都督蔡锷,陕西都督张凤翙亦与我采相同之行动。

结果黎副总统之调处未见端倪,而袁总统于六月九日至七月一日先后下令罢黜李烈钧、胡汉民、柏文蔚三督,且遣李纯驰兵扼驻九江,赴赣之师又源源出动。斯时复值俄人嗾使库伦内犯,绥、晋首当其冲。我于忧愤之馀,特于七月七日上袁总统这样一个电报:

> 北京大"总统"钧鉴:窃锡山本一介武夫,罔知大计,滥竽民国,毫无建白。自宋案发生,适逢借款成立,人心摇动,讹言四起,忧国之士每虑南北水火,演成分裂之势。锡山窃以为中国之患不在南而在东,南北虽兄弟阋墙,可以理喻,满蒙为强邻虎视,必以力争。溯武昌起

义,各省响应,我大"总统"置身于两疑之地,忧深虑远,统筹兼顾,津京秩序得以保持,近卫师团翕然听从,亲贵财产不尽落于外人之手。驯至清帝退位,民国告成,兵家所谓全国为上,我大"总统"有焉。当事之方急,克强(黄兴)诸公驰驱战地,危在疆场,而我大"总统"侧身京师,愠于群小,其谋国也同,处忧患也亦同,今以一事之误会,意见之微异,酿成国室之争,但略予疏通,即可涣然冰释。而环观全球,外患丛集,积薪厝火,危不可言。东邻野心,早暗视满洲为已有,彼胜俄之后,犹不敢据领之者,实因俄有以牵之也,不得已与仇俄协约,意在平分。更有迫日本以不容缓图者,即美国巴拿马运河开通是也。菲律宾虽属美之领土,实在日本势力范围之中,而日所以不敢取之者,以与俄战后之元气未复耳。美国亦知其终难和平解决,甚欲乘其元气未复之时与之一战,惟因巴拿马运河未通,大西洋军舰运输不便,故迟迟未发。日本亦深知巴拿马运河开通之后,彼在东亚势力美必出而干涉,乘此运河未通,则攫我满土,愈不容缓,特无隙可乘耳。今宗社党盘据东省,与日人以可乘之隙,而日人乘机以接济之,南北风潮叠起,又与宗社党以可乘之隙,而日人又从中推助之。日政府非求好于南,而意实在满也。若堕其奸术,则瓜分立召。东而满洲将成朝鲜之续,西而新甘一带多系升允(清陕甘总督)党羽,倘出而号召,扰乱堪虞,北则蒙古煽动,中俄协约将成泡影。西藏喇嘛久蓄叛志,英人野心,其欲逐逐,而内地好事喜乱之徒,难保不乘机窃发。加之我国会匪遍地,群盗满山,教堂林立,洋商麕集,一旦溃决,外人之生命财产将何以保持,势必惹起列强干涉,国之不国瞬息间耳。言念及此,实堪痛心! 推其由来,皆因木腐虫生,疑忌之一念所致。伏思黎副"总统"倡义武昌,力维大局,我大"总统"与孙黄诸公缔造民国,艰苦备尝,推其初心,无非救国,而经营年馀,险象环生,堂堂神州,傥不亡于满清,而亡于民国诸公之手,则天下后世将谓我大"总统"何? 今者三督解职,足征无他,望我大"总统"开诚布公,敦请孙黄二公入都,共图国事,破除党见,一致进行,则内忧潜消,外患自灭。其亡其亡,系于苞桑。民国幸甚! 中国幸甚! 山西都督阎锡山叩阳印。"

本来李烈钧对袁已有"遵令免官"的覆电,胡汉民亦有"请援赴藏方略"的表示(胡免粤督后,被任为西藏宣抚使),袁若不再相逼太甚,尚有策商馀地。而袁军向李烈钧等横施压力,李纯部先在九江发动攻势,李烈钧乃于七月十二日在江西湖口宣布独立。不数日,黄兴响应于南京,陈其美响应于上海,安徽柏文蔚、广东陈炯明、福建许崇智、四川尹昌衡、湖南谭延闿亦先后独立,纷纷组织讨袁军,实行二次革命。长江流域独武昌黎副"总统"与浙江都督朱瑞宣布保守中立。中山先生特发表宣告,促请袁氏辞职,以息战祸。袁氏对中山先生的劝告置若罔闻,且用兵益急。结果因民军部署未周,且与袁军相较,众寡悬殊,不一月间遭到了全面的失败。

在这段时期中,中山先生深知山西处于北洋势力包围之中,形格势禁,呼应为难,特秘密派人告我沉默勿言,以保持北方之革命据点,俟南军北上,再与陕西会合,进攻北京。我刚奉到此指示不久,陕西都督张凤翙给我一个电报说:彼已与我联名拍发一电,反对李烈钧等行动。我当覆电责询其故,张答覆说我:此举孙(指中山先生)可谅解。我才知道我所得到中山先生的指示,他亦得到了,以故未得我之同意而出此。这时李烈钧亦有电给我,表示不满,因李与我在士官学校同屋而居交情甚笃,故他对此颇觉意外,经我覆电解释,他才知道这原是一种未曾得他同意亦未曾得我同意的苦肉计。盖当时北方诸省除我与张凤翙外,馀皆为袁氏基本势力范围,张氏此举,亦可谓为保存北方仅有革命力量的一种权术。

二次革命失败之后,袁氏乘势要求国会正式选举总统,制定宪法。国会参众两院于十月五日联合举行宪法会议,即日先行通过总统选举法,次日就进行总统、副总统的选举,第一、二两次投票,袁氏皆未及法定四分之三的多数,在第三次投票中,始以得票过半数当选,而黎元洪同时当选为副总统。《天坛宪草》因仍主责任内阁制,未能为袁氏所接受。国会尚在议宪过程中,袁氏于十一月四日假国民党以主谋二次革命之罪名,而下令解散,并取消参众两院国民党籍议员四百三十八人之资格。十二日又下令取消各省议会中之国民党籍议员。

至是,国会参众两院悉以不足法定人数,不能开会,各省议会亦成瘫痪状态,袁氏乃令组政治会议,研究解散国会及修改《中华民国临时约法》两大问题。政治会议先于民国三年(公历一九一四年)一月十日呈请袁氏解散国会,次又议定《约法会议组织条例》,由袁氏于一月二十六日公布。约法会议于三月十八日开会,从事于修改《临时约法》的工作,由袁氏于五月一日将修订后的《中华民国约法》公布。这一约法完全采总统制,国务卿与各部总长均为大总统之僚属,立法院议员由人民选举,参政院参政由大总统任命。六月二十日袁氏召集参政院开会,二十九日又命令参政院代行立法院职权。在此制度下的中国,不只是高度的中央集权,而且是极度的总统集权了。自然军民彻底分治,褫军权于中央的宿意,更要积极的求其速达了。

山西是民国伊始就实行军民分治的省份,省行政首长为民政长。山西首任民政长为湖北周渤,其后为山西神池之谷如墉,河曲之赵渊,繁峙之陈钰,其间我曾兼任一度,但为时甚暂。民政长之下,分设内务、财政、教育、实业各司,以分掌各项政事。全省按河东、冀宁、雁门、归绥四道区,分置河东、中路、北路、归绥四观察使(民国二年底将归绥亦并入北路观察使范围内),以理察吏安民诸事。

省行政各司改厅最早者为财政部门,初改为国税厅,嗣又改称财政厅,均归中央直辖,而受省监督。这也就是显明的实行中央集权,将财税权收归中央的举措。山西在国税厅时期,厅长为袁永廉,我曾记得有一次民政长陈钰不同意他的整个国税计画,即欲愤而回京。我问了他的计画以后,同他说:"你的计划实在不错,但你应计算计算,实行起来,恐怕卷房要占半个太原城。"他从此自知难以实行而不再坚持其计画,一场风波方告平息。国税厅改财政厅后,第一任厅长为李祖平。我祖父青云公民国三年(公历一九一四年)逝世,袁总统即派李氏代表致祭,因为当时财政厅长是在省的唯一中央官吏。

袁氏为进一步完成中央集权,曾欲废省存道,使道与中央成为直接关系。这一计画实施的初步,就是于民国三年五月二十三日明令撤销各省民政长,改设巡按使,并改各道观察使为道尹。巡按使虽然在事实上是接替了原来的民政长,但在名分上则不是行政官,而是监察官,特于委派之时,由中央分别明令赋以监督财政与监督司法之权耳。此制行之既久,即可逐渐做到废省存道。

山西第一任巡按使金永是一个旗人,其人相当骄悍,是袁特别派来山西消灭民军势力的。金永到晋,初任内务司长,但一般人皆知其必主省政无疑,果于改制伊始,即实现之。当时中央为分各省都督之军权,命各巡按使成立警备部队,此令一下,金永在晋即积极成立警备队,其数初为七营,继并不断增加,形成对我的甚大威胁。

中央集权的另一措施,就是撤销民政长制之同时,亦撤销各省都督之制,无论中央与地方将领,均授以将军或上将军官职。在中央者上冠一"威"字,驻地方者上冠一"武"字,驻东三省者,则上冠以"镇安"二字,并分左右将军。中央将领威字之上,并人各冠以不同之一字,如段祺瑞为"建威上将军",蔡锷为"昭威将军"是。地方将领武字之上,亦并分别冠以各该省军事要地之地名中的一个字,如我当时的官职即改为"同武将军督理山西军务"。山东都督则改为"泰武将军督理山东军务",其他各省亦然。我的同武将军的同字,是取了山西重镇大同的一个同字,山东泰武将军的泰字,是取了山东重镇泰安的一个泰字。为什么山西不取太原之名,山东不取济南之名呢?这一字之差,其用意是很深远的,那就是将来要让山西将军移节大同,山东将军移节泰安,以军政分地贯彻军政分治。这时,北京特地设立了一个将军府,为军事将领之大本营。名义上各省将军之本职亦皆在将军府,督理某省军务只是一种兼职,袁氏于民国三年六月三十日的命令中即有谓"出则膺阃寄,入则总师屯"的话。其所以改行这一制度,就是要逐渐的将军权完全收归中央。

民初中国外交上首先遭遇的一件大事,就是俄蒙条约。俄国处心积虑,图我外蒙,历有年所,清宣统三年,外蒙各地受俄国胁持,已纷纷独立,逐我官吏,驱我军队,俄使并曾向清廷提出蒙人自治与中国不得在外蒙驻兵,不得向外蒙移民之条件,清廷未予承认。民国元年,中国政府正拟进兵外蒙,维护我领土主权之完整,乃俄使照会:若中国进兵,俄当干涉,进而于十一月八日迳以俄蒙条约通知我外交部,公然将俄使前向清廷所提条件定入条约,俄国扶助蒙古编练军队,且在蒙古享有特权,政府虽严词拒绝,亦属无效。

我当时认为俄国乘我民国新建,力量未充,夺我主权,攫我领土,吾人断不能坐视我版图内之一部,不亡于前清专制之时,而亡于民国告成之日,无论外交折冲能否有效,均应以武力为其后援。否则侵略者将得陇望蜀,内蒙亦恐继入俄手。特于十一月十三日电请中央准我亲率马兵一独立旅,步兵一混成旅,屯驻包头,相机进攻,万一事机决裂,即占据内蒙各盟旗,然后进窥库伦。这一电报中，特别说明："蒙疆系我完全领土，征伐自有主权。内蒙既固，则兵力财力胥为我有，俄虽狡猾，然为我国兵力所及之地，当亦无词以难。即或派兵暗助，亦属鞭长莫及。如此筹计，我既有最后之设备，彼亦将知难而退。"政府终以种种顾虑，不敢决征蒙之策，只循外交路线与俄使进行谈判。

延至民国二年五月，俄国果嗾使外蒙军分东西两路大举内犯，晋军驻包头之刘（廷森）旅，驻大同之陈旅，首先接战，连电告急。我以北门锁钥，关系重要，又于五月二十七日电请亲带一混成旅前赴战地，亲督迎战。中央以省防重，坐镇不可无人为词，命我派孔庚师长带队应援。孔师长率部兼程北上，与绥远将军张绍曾部及我刘陈两旅协力堵击，敌势始渐顿挫。

已而因政府对边防军事无整个决策，外交总长陆徵祥与俄使所商条件又为参议院所否决，敌恃俄援，进犯益急，朔边各省，岌岌可危。一直延至熊希龄在进步党的拥戴下入组所谓"名流内阁"，孙宝琦继长外交，与俄使重开谈判，缔结中俄条约五款，外蒙军方退，边患方息，而中国之对外蒙，从此亦只剩宗主权的虚名了。

民国三、四年间（公历一九一四——一九一五年）是中国最沉静的时期，亦是袁世凯势力最盛的时期。各省都督（后为将军）之籍隶国民党者，仅仅剩下我一个人，只有临深履薄，以冀保持此一革命潜力。那时国民党经过二次革命失败与袁氏一再摧残之后，组织颇为涣散。中山先生为重振革命精神，于三年七月改组国民党为中华革命党，设总部于东京，并分遣同志回国策进党务，以图革命之再举。斯时，袁氏力迫清除革命党人，我对来晋同志力保他们身分的秘密，并曾托他们报告中山先生说：我当多方设法保持此一仅存之革命据点，至来晋同志，我决加意保护。中山先生曾嘱我与陈其美先生多取连系。

三年七月欧战爆发，中国宣布中立，日本乘间攻占青岛，进兵山东，并于四年一月十八日提出二十一条件，举国闻之，咸表愤慨。然日本于五月七日提出最后通牒之后，袁"总统"于九日接受，并于二十五日与日本正式签订了丧权辱国的中日协约。本来日本久已蓄意侵华，我在日本留学时，日本小学中即以"我ガ满洲"教其学生。民国建立以来，欺侮中国的帝国主义者，更以日俄英三国为首，日俄两国暗订秘密协定，划分日本之势力范围为内蒙与南满，俄国之势力范围为外蒙与北满，英国对此亦予承认，以换取其在西藏自由行动之密契。这种种侵略行为的加诸中国,一言以蔽之,乃国人勇于对内,不图自强,有以使然。"弱国无外交",实在是值得我们警惕的。

我于四年二月应袁总统之召赴京述战,此时正是日本提出二十一条件不久之时,我见总统秘书长梁士诒时,梁对我说:总统准备三年后打日本,著我主财政,唐质夫(字在礼)主军事。"我复询诸唐,一如梁言。我对梁、唐都说:"兄等应该劝阻,不可将总统促居炉火。"他们虽同情我的看法,但他们以为内里的人不好说话,最好由外边的人说。我当时并不是不同意抗御外侮,认为打日本须有能打胜的力量,否则轻言实足以招损。

我见袁总统时,曾特地向他陈述:我们应以备战而止战,以强兵而睦邻,万一因国家权利不得已而决裂,须切实有战胜他国之把握。战胜之要,不外完全之物质与良好之精神,前者可操战胜权十分之三,后者可操战胜权十分之七。所谓完全之物质,极重要者厥为二事:一为军械制造之进步,一为征兵制度之实行。尤其征兵一事,今世大陆诸国容有征兵而不强之国,断无不征兵而能强之国,盖非此不足明养一兵、暗收十兵之效,以故百政可缓,惟此为急。至实行手续则不妨渐进,且不难在军政机关之举措,而难在民政机关之筹备。民政筹备必须配合国民教育之普及,国民实业之发达,地方警察之健全,地方自治之实行,官吏职任之专一等。所谓良好之精神,就是要养成最后五分钟之精神。此精神由人民忍苦耐劳之体力与舍生就义之心理合组而成,此二者之锻炼在军中,其所以能受此锻炼之素养,则在民政。民政方面如何完成此良好之精神?一在国民武德教育,一在社会尊军风尚。精神物质,兼营共进,军力方可日强,国力方可日固,无论攻守,始能操必胜之左券。他听了之后,嘱我写一文件提出。我回晋后即本我的主张写了一个军事问答,送呈采择。

我此次晋京见袁为第三次。在我第一次晋京见袁时,他一见面就把我想要对他说的话他先说了,然后问我还有什么话,使人再无可言。他这样做的用意,无非是为使人佩服他处事的才智,实则被见的人会感到他是玩弄政治的手段,缺乏谋国的诚意。我辞出之后,谷如墉、贾书堂等几位老先生问我对袁的印象如何?我说:英雄有馀,治国不足。后来听到有人说袁氏内衣有很多口袋,分装内外各方重要资料,对谒他的文武大员,在见面以前,就会从这些资料中预猜要说些什么。由我的亲身体验中,这话亦不无可信之处。

民初，山西有一个大国民日报，有一天的社论为"袁世凯阎锡山厥罪维均"，不几天接到北京总统府秘书长梁士诒的一封公函说：奉谕着将山西大国民日报查封。我答覆他说：此报日日骂我，今更以大总统与我并骂。如仅骂大总统，我当遵命查封。我少年当政，此报不断骂我，可以使我自警，更可借以警惕推翻满清有功人员，盖不少有功人员不免因恃功而骄，不守秩序，武断乡曲，若无此报，彼等更无忌惮，请转禀大总统鉴谅！

附：孙中山先生于太原训示六则

一、建设时代要比破坏时代加倍牺牲

民国元年（一九一二年）九月十九日上午十时在太原各界欢迎会演讲

今天兄弟初次到晋，蒙诸君欢迎，实深感激！

去岁武昌起义，不半载竟告成功，此实山西之力，阎君百川之功，不惟山西人当感戴阎君，即十八行省亦当致谢。何也？广东为革命之原初省分，然屡次失败，满清政府防卫甚严，不能稍有施展，其他可想而知。使非山西起义，断绝南北交通，天下事未可知也。然古今来破坏甚易，而建设甚难，今日五族共和，天下一家，建设方法非各省联络一气，同舟共济，万不足以建稳固之基础。况共和虽已成立，而列强尚未承认，危险之状，纷至沓来，是全在我四万万同胞，奋勇直前，不避险阻，不争意见，不尚权利，不分畛域，方可以达到真正共和之目的。

溯自前清入关以来，其第一政策，即以破坏团体为目的，故令各省自为风气，不相统一，久之遂成为一种习惯。厥后留学日多，省界之见，渐渐融化。而又日受外人之激刺，始知团沙之势，不足以恃，于是联络一气，共策进行，始能有今日之良好结果。兄弟甚望我同志坚持此志，不少变更。盖中国现在时势，尚在危险时代，如各自为谋，不以国家为前提，无论外人虎视眈眈，瓜分之祸，危在眉睫，即使人不我谋，而离心离德，亦难有成。是中国欲建巩固之国家，非大众一心，群策群力，不足以杜外人之觊觎。然此种境遇，非从心理入手不可。必人

人将旧有思想全行消除,换入一副崭新思想方能成功。即如政治革命种族革命,皆系共和未成以前之名词。今民国成立,目的已达,须将此种旧思想扫除净尽,才可以谋建设。

盖今是共和时代,与专制不同,从前皆依政府,今日所赖者国民。故今日责任,不在政府而在国民。必要我四万万同胞一齐努力,方可以造成共和自由幸福。且今日幸福虽人人皆知,而幸福真谛,究竟尚未达到,此时不过有幸福之希望而已。但既有此希望,即须以此为目的,务必达到而后可享真正幸福。所以当建设时代,还要牺牲个人,为大家谋幸福。譬如破坏时代,要牺牲性命,今日建设,也要牺牲,且要比从前牺牲加倍。如不能牺牲性命,不能牺牲权利,则真正自由之幸福即万万不能到。所以兄弟今日甚望大家努力前进,勿谓破坏时代须牺牲性命权利,建设时代即可不必。此是兄弟今日之希望,我同胞其加勉之!

(《民立报》民国元年九月二十八日)

二、吾人必牺牲目前小利以求将来之幸福

民国元年(一九一二年)九月十九日在太原商学界欢宴会演讲

前在日本之时,尝与现任都督阎君谋画,令阎君于南部各省起义时,须在晋省遥应。此所以去年晋省闻风响应,一面鼓励各省进行,一面牵掣满兵南下,而使革命之迅疾告成也。革命虽成,而吾侪不能暇豫以处,天下事往往破坏易,而建设难。今日最要之事,乃各省当统一是也。晋省于民军起义之际,即立此好榜样,则今于令中国重行建立之事业,亦当为各省模范,庶民国数月以来,外患迭生,险象阴伏,消灭于无形。各省急当消灭意见,联合为一。推各省意见之深,大约系有奸人从中播弄,以阻各省之联合以图遂其阴谋。留学海外之学生,对于中国早具一种理想,如能以各民族合而为一,则可称雄地球。故归国后咸宣扬此说之真理。凡在旧政府所蕴之心理,处今时代,悉当屏除。革命非即能使中国富强也,不过借此过渡,以达彼岸。吾人必牺牲

目前私利,而求将来之幸福。

(《民立报》民国元年九月二十一日)

三、当前急务在实行民生主义
民国元年(一九一二年)九月十九日在山西同盟会演讲

兄弟此次到山西,承诸同志欢迎,感谢无已。民国成功,乃吾人良心所创造,同盟会不得居功,然同盟会固尝提倡于前。现破坏告终,建设之事较破坏尤难且大,非合大多数人才,同负此责不可。故近已联合各党,并为一国民党。因各党政见与同盟会大致相同,政纲第一条,国家平民政策,即实行民生主义手段。得此最强健之政党,建设不难完全进行。是同盟会即国民党,山西自今日起,亦可改为国民党。

我辈所抱三大主义,为民族、民权、民生。今五族共和,建立民国,民族、民权两层已经达到目的。今日所急则在民生一层,从不暇讲此,今则不可再缓。因现在世界上机器发明,资本家可不劳而代千万人之力,以致全国财货尽归其手。彼恃其财力,不惟足以压制本国,其魔力并可及于外国。即如正太路,以一机器之力,而使无数骡马全归无用,其明征也。实业发达,世界财力悉归少数资本家之掌握,一般平民全被其压制,是与专制政府何异?吾辈因不甘一种民族压制,故有民族革命;因不甘政治不平等,故有民权革命;今坐视资本家压制平民,而不为之所急,岂得谓之平等乎?在昔欧美革命之初,机器未发明,民生主义尚非所急。今机器盛行,我国此次革命成功后,若不预为防范,将来社会上必生种种不平等。迨至欧美资本专制已成而始为之计,则其难不啻倍蓰。美国大"总统"某氏,曾恶资本家专制,以大"总统"之力抵制之,卒未有效。其专制较政府专制为尤烈,良堪危惧。我国何可不预为防之?譬如人身预讲卫生之术,则病不生,若至病生始言救治,其苦难有不堪言者。民生主义即卫生主义也。惟今日讲民生主义,可以不用革命手段,只须预为防范而已。此其与欧美不同处,但机会却不可失。

昔吾党宣言有平均地权一层,即为民生主义第一件事。此事做不到,民生主义即不能实行。吾人非地不生活,而地又为人人所共有,故必地权平均,而吾人始能平等。地为百货之源,物莫不由地生者。土地、人力、资本(即机器)为营业三大要素,而土地为尤重。平均之法,人多误会为计口授田,若古井田之法,则大不然。此在未开化时代尚可行之,而在今日绝不适用。今平均地权有一最善、最简之法,即按价收税而已。盖同一土地而因异其所在,其价值遂大相悬殊。在专制时代,按地征税,今则按价征税。价重者税亦重,所负担并不加重,而价轻者税亦轻,得享平均之利益,至公平也。且繁盛之区所得重大之地价,非由地而生,实因交通种种发达而得此结果,则此功劳当归社会,不当归地主明矣。上海市地前值数十元,今忽涨至数十万元不等,此利益岂市人所当享有?岂一地主不劳而可坐致耶?故重价之地必完重价之税,始得为平均也。建设最大者莫如交通事业,交通既便,广东、山西数日可达。然于铁路未成以前,须预筹平均地权之法,而后于民生有利益。因铁路所至地价必增,有地者得利,无地者死,受害多矣。资本家得以贱价购地,垄断其利,穷民又何利之有?故乘此革命大变动之际,土地必须有换契之举,政府可藉调查地价,布告全国,实行地价税法。其地价多寡由所有者自为拟定,将来政府公用征收,即按所报之价而付与之。地主惧异日收买之吃亏,自不肯以多报少。而既按地价征税,亦必不肯虚报重价,致目前重其负担。如此,则所报地价不患不公平矣。

至土地国有一层,亦非尽土地而归之国家也,谓收其交通繁盛之地而有之耳。美国纽约地租,每年美金四万万,俱归地主私有。中国将来发达,全国得二十个纽约,亦未可知。既为民国,则国家所有亦吾人民所有,亦何惮而不为之。以中外资本为全国铁路,四十年后尽收为国有,每年可得十五万万,此按二十万里铁路计划而言。美国土地较小于吾国,铁路至八十万里,吾国将来铁路尚不止此,在吾辈毅力何如耳。现在中国之困,只在一穷字。数年后民生主义大行,铁路、矿产及各种实业俱能发达,彼时将忧财无用处,又何患穷哉!所谓教育费、养老费皆可由政府代为人民谋之,夫然后吾党革命主义始为圆满达到,中华民国在世界上将为一安乐国,岂非大快事哉!

(北京《民主报》民国元年九月二十三日)

四、山西赞助共和之功
民国元年(一九一二年)九月十九日在太原阎都督欢宴会演讲

武昌起义,山西首先响应,须首推山西阎都督之力为最。今非享福之时,尚须苦心建设十年后,方可言享福。文捐弃一己权利,为谋四万万同胞幸福。

(《民主报》民国元年九月二十一日)

五、军人的责任即在国防
民国元年(一九一二年)九月二十日在山西军界欢迎会演讲

去岁革命成功,全赖军人之力,方今维持民国,亦须赖我军人。军人责任即在国防一方面,因二十世纪立国于地球上者,群雄争逐,未能至于大同时代,非兵力强盛不能立国。是立国之根本,即在军人。今幸与山西军界同人相见一堂,愿与诸君研究现在列强之大势。兵法曰"知己知彼,百战百胜"。军人既负国防责任,对外责任即不能不研究。外国之大势,英、德、法、美虽强,势力尚未能完全及于东方,其与我国国境毗连者厥惟日、俄。日本有二百万陆军,战时可出兵一百万,俄国有五百万陆军,战时可出兵三百万。近者两国连络,对于蒙、满颇具野心,已视为其国之范围地,甚为可虑。量我兵力不及两国之强,一时颇难抵抗。但日本人口不过五千万,俄国人口不过一万万三千万,合两国人口不足两万万。今我民国有四万万人,兵数不过百万。夫兵之原素为人,中国如此众多原素,将来练数百万兵决非难事。即以现势而论,如能筹备完善,以客我形势论,尚可抵抗两国。在政府方面,原可以外交消祸患于无形,然非兵力完足,不能为外交之后盾。此等责任,即在诸君身上。

今日告诸君有两事:第一存心,即军人当存一与国存亡之心。即我辈军人不愿中华民国亡,中华民国就可以不亡。诸君人人皆能以国家存亡为一己之存亡,何忧外患!第二学问,中国在前清时代,对于日、法战后所以失败者,在军事学问之不足。即以日、俄战后论,辽阳、奉天之役,俄兵实三倍于日兵,独因组织不完全,预备不周到,不能一致行动,卒至失败。所以军学最要,所以兵不在多,如能组织完全,预备周到,则可以百万人敌三百万人而有馀。

……此次到山西,见山西煤铁甲于天下。方今为铁钢世界,有铁有钢可以自制武器,即能争雄于世界。兄弟拟在山西设一大炼钢厂,造制最新武器,以供全国扩张武备之用,要求军界诸君赞成。

(北京《民主报》民国元年九月二十六日)

六、共和国体与专制国体不同
民国元年(一九一二年)九月二十日在山西实业界学界及各党派欢迎会演讲

兄弟此次来晋,受各界欢迎,得与吾晋父老兄弟欢聚一区,兄弟极荣耀、极喜欢的,兄弟略说数语为诸君告。

中华民国的国家与前清的国家不同,共和国体与专制国体不同。中华民国的国家是吾四万万同胞的国家,前清的国家是满洲一人的国家;共和国体荣辱是吾同胞荣辱,专制政体荣辱是君主一人的荣辱。在前清专制之下,吾同胞无一人脱离奴界;在共和民国之下,无一人能隶于奴界。以多数国民受压制于一人之下,是世界上最不平等最不自由的事。兄弟宗旨首先推倒专制,建设共和,实行民族、民权、民生三主义。今专制推倒,共和成立,是吾同胞由奴界一跃而登之主人地位,民族、民权主义已达目的。惟民生主义尚在萌芽,吾同胞各享国家权利,要各负国民责任,各尽国民义务。吾国土地如此之大,人民如此之多,物产如此之富,何至于如此之贫!推原其由,实因前清专制政体,人民无权利,遂无义务的思想,无自由平等的幸福,自甘暴弃责任,毫无竞争之性,进取之性。此实吾国民至于贫弱之一大原因也。

(北京《民主报》民国元年九月二十六日)

问:袁世凯称帝经过及观感?

答:民国三年(一九一四年)修改约法以后,袁世凯事实上已成为终身总统,且继承人亦由他自己提出,实在想不出他还有什么称帝的必要。就当时的蛛丝马迹观之,促成袁世凯称帝的,有五种人:一为袁氏长子克定,意在获立太子,膺承大统。一为清朝的旧僚,意在尔公尔侯,谋求子孙荣爵。一为满清的亲臣,意在促袁失败,以作复清之地步。一为副总统黎元洪之羽翼,意在陷袁不义,冀黎得以继任总统。一为日、英、俄三国,意在促中国于分崩离析,永陷贫弱落后之境地,以保持其在中国之利益与东亚之霸权及瓜分中国的阴谋。当时见他的有关的这些人,都是以劝进帝制的话包围他,我曾对有些熟朋友说:你们是要将大总统促居炉火。可以说怂恿帝制的人,很少是主张关系,大多数是为富贵利禄所驱,或者是另有别图。其中最足使袁动心的因素,是日本强力主张改行帝制。这多少因素将袁毁了,但说到底,总不能不怨袁认识不够,判断不够。

至袁氏帝制失败之主因,一则是违背了时代的潮流,激起愤怒的民气。一则是他的亲信诸老"怏怏非少主臣",谁亦不愿再做袁克定的臣属。

袁氏帝制运动期间,全国起义省份除山西之外均已消灭,山西成了旧军阀的眼中钉,报告袁氏山西必反,威吓之函电日有数起,劝导之来人连袂不绝,最后袁氏特派他的一个侄子常川驻晋,监视我的行动,及至帝制失败,始由太原离去。此人酷嗜赌博,日夜打牌,一反袁氏指赌博为"牧猪奴戏"之谕示,我曾打算令警察将其查扣送京,谷如墉、刘笃敬等几位乡老力劝我投鼠应该忌器,方始作罢。

在这一段时期中,全国民军势力均被袁氏摧毁,为什么我未被罢黜呢?就我的了解:第一,当他的帝制运动开始的前夕,我的部队已被裁编至一个旅和两个独立团,全部不到七千人,而他的心腹巡按使金永的警备队已有十一个营,其力量足堪与我抗衡。第二,山西在他北洋军队四面包围之中,与东南沿海各省不同,不可能对他作恶意的反抗,只好善意劝告。第三,对我不罢黜,尚可以作一个保全民军省份的幌子,使不深知内情的人还认为他有兼容并蓄的度量。第四,使我的革命同志对我发生误解,以为我已放弃了革命立场。在这种情况下,反对无益,徒足招损,故我始终一本中山先生所示以保持北方革命据点为重的原则,对袁氏虚与委蛇。四年九月奉天上将军段芝贵领衔致袁请速正帝位的电文中,列有我的名字,我未表反对,十二月袁封爵的命令,封我为一等侯,我亦未曾辞爵。

帝制运动最热闹的时候是民国四年(公历一九一五年)的后半年,八月古德诺的民主不适于中国论在《亚细亚报》发表后,杨度、孙毓筠、严复、刘师培、李燮和、胡瑛等所谓六君子,即组成筹安会,大为鼓吹君主立宪,此为帝制运动的正式开始。杨度是个反对满清的人,他在日本时曾有两句名诗:"仗剑西望泪滂沱,胡运炎炎可奈何!"但他是一向主张君主立宪的。远在筹安会成立之前三月,他就撰有《君宪救国论》。刘师培是个左倾学者,他参与筹安会,并非主动,他有一次曾到山西,但始终未劝我赞成帝制,因他与我的警务处长南桂馨私交甚笃,经南介绍,我对他谈话较为恳切。我曾告诉他说:"今日大势所趋,世界各国均向民主途径转变,中国民主力量虽尚在萌芽时期,但亦是日长一日,诸君子出谋筹安,固有苦衷,然逆势亦当顾虑。"他对我这话未表赞成,亦未表反对。
(古德诺,美籍顾问)

筹安会幕后操纵者主要为袁之长子克定。袁克定为实现继承帝位的迷梦,曾特地为他父亲专印了一份伪版《顺天时报》,内容与一般人看的《顺天时报》迥异,其中臆造了多少劝进拥戴帝制的消息,以坚他父亲称帝之意。

据了解内幕的人说:与袁克定暗中同谋者,除杨度之外,另一要角为梁士诒。因民国三年徐世昌出任国务卿后,袁世凯曾应徐之请免去梁秘书长之职务,另设内吏长以代替之。同一时间,袁又成立了一个平政院,颇似现在的行政法院,平政院中有一个肃政厅,内设若干肃政使,如同清朝的御使,肃政厅于民国四年提出一个五路大贪污的弹劾案,梁为交通系领袖,此案与其关系颇大。梁此时正处于最尴尬地位,为转移视线,乃出奇制胜,劝进帝制。初劝袁未之答,继通过袁克定劝之,袁亦无表示,最后以极迷信的话语袁氏谓:袁氏先氏历代相承都没有能活到五十九岁的(是时袁氏已五十七岁),应以绝大喜事相冲,袁方首肯。于是美籍顾问古德诺之民主不适于中国论与日籍顾问有贺长雄之日本立宪而强的论调相继发表,筹安会宣告成立,梁氏亦于九月十九日组成全国请愿联合会,向参政院举行所谓"变更国体"总请愿。

此外当时怂恿帝制最明朗而积极之文武大员,各省疆吏以奉天上将军段芝贵为首,中枢大员以内务总长朱启钤为首。段芝贵胁持各省通电请袁速正大位于前,又复联合东北首长孟恩远、王揖唐、朱庆澜、张作霖等力谏中央讨伐唐、蔡于后。朱启钤密电各方策商帝制于前,又复主持所谓登极大典筹备于后。这一段时期,我所收到有关帝制的电报中,除统率办事处者外,即以段芝贵与朱启钤领衔者为最多。

统率办事处是在袁氏亲自主持下发纵指挥全国军队的机构,他成立这一机构,理论上是为了负起"大"总统"统率全国陆海军"(当时中国尚无空军)的责任,实际上这一机构不只代替参谋部全部职权,而且亦代替了陆军部的大部职权,兼任参谋总长的黎元洪对此虽无计较之心,而号称北洋三杰之一的陆军总长段祺瑞则不能没有不快之意。加之袁克定编练模范团与怂恿帝制之举积极配合,段乃由不到部办公而请假养疴,而正式辞职。

统率办事处的要角陈宧,是黎参谋总长的次长,袁对之倚畀特殊。民国四年二月袁为安定西南,命陈以会办四川军务名义,率李炳之、余祯祥、冯玉祥三旅入川,六月间准四川将军胡景伊入觐,陈继其任。陈宧于离京赴川前同三旅长谒袁辞行谢恩,一见面就向袁曲膝叩首,袁惊异着说:"现在国家共和,不可如此。"陈以最谄媚的言词说:"元首虽以大"总统"自居,而全国官民则皆奉为皇帝,元首一日不实行帝制,臣此去即一日不复返。"迨至袁氏称帝失败,陈始则致袁江(五月三)电请其退位,继则通电与袁断绝个人关系。说者谓袁氏之死,受陈宧刺激最大,亦不能谓无无稽。

于袁氏称帝意犹未坚之时,其亲私怂恿之术,可谓无所不用其极。有一次他的左右曾买通他的身边侍从,在他清晨未醒时,将他最喜爱之玉杯抛至地上,打得粉碎。袁醒询其故,这位侍从说:刚才擦拭桌椅时,看见床上躺着的不是大"总统",是一条龙,我大吃一惊,就把玉杯摔破了。袁给以巨款,令其回籍,并坚嘱不得以此语人。

长江巡阅使张勋是口口声声不忘旧朝的一个满清旧臣,同时亦是赞成袁氏帝制之死硬派，由于他自己和他的军队一直保留着头上的辫子，不肯剪去，所以袁氏始终对他有"帝其所帝，非吾所谓帝也"的顾忌，为此他曾明白通电表明他矢志拥袁的心迹。但在帝制运动白热化的时候，张勋突然电请袁氏效舜禹之对唐虞，勿废宣统帝号，维持清室优待，于是袁氏原拟封溥仪为懿德亲王，君臣互易之举，乃不得已而中止。

袁氏决意称帝之后，奉命代行立法职权之参政院遂决议选举国民代表，解决国体问题。民国四年十月间，各省国会代表先后选出，北京办理国民会议事务局乃规定十月廿八日起至十一月廿日止，为分省决定国体投票日期，票面悉印"君主立宪"四字，投票时赞成者写赞成二字，反对者写反对二字。投票结果，代表人数一九九三名，赞成票亦为一九九三张。接着由国民代表推戴袁氏为中华民国大皇帝，并委托参政院为国民代表大会总代表，恭请大皇帝正位。十二月十二日袁氏下令承认帝制，并于同月三十一日明令改民国五年为洪宪元年。

日本原本怂恿帝制最力，袁氏受其影响亦最深，比及国体投票正式进行之时，乃一反以前态度，英、俄亦复如此，其心叵测，概可想见。日本皇室为怂恿袁世凯积极称帝，曾向袁示意，日本的施为向以中国为嚆矢，中国的民主实足以动摇日本皇室万世一系之基础。今日劝中国恢复帝制，不仅为中国，抑且为日本，中国如废共和而行帝制，日本以帝国而扶助帝国，自属名正言顺，当可共存共荣。若仍续行共和，自非日本帝国所愿，今后一切，难望援手。北京统率办事处给我们的世（十月卅一日）电中曾说："大隈首相屡次宣言谓：'中国宜改国体，如内无乱事，日本决无可干涉之理。'又对我陆驻使（陆宗舆）密谈：请中国安心做去，日必帮忙。英使朱尔典，因主座谦抑曾面谒劝进。俄使于十三日接政府训令复电称：俄愿即行承认。大隈于十八、二十日演说，亦谓：中国改革，不致内乱。外交方面颇称顺适。不意日本新外交大臣石井到任，意欲见好于野心派，主张托词中国上海长江一带恐有内乱，以好意劝告中国暂缓改变。"旋该处江（十一月三日）电说：日本代理公使小幡西吉约同英公使、俄公使于十月二十八日（国体投票开始之日）赴外交部，劝告将实行帝制之计画暂为延期。此时袁氏及其左右势将骑虎，自然不会接受。由此我深深感到当国不去满足自身欲望的贪心，不只要惹国内的不容，并且要受国际的愚弄。平心而论，不能说袁世凯不是聪明一生，糊涂一时，致成身败名裂。

袁氏称帝,其亲近诸老如徐世昌、段祺瑞、冯国璋、王士珍均不表同情。徐世昌时为国务卿,在一次会议中,袁氏对帝制问题问到他时,他背向后仰,默而无言。段祺瑞于辞去陆军总长后,居家养疴,据说袁曾给他派了一个厨师,他不只不敢用这个厨师为他做饭,连他如夫人亦不敢用,每餐均由其原配夫人亲自烹饪。王士珍虽然继段为陆军总长,实则当时陆军部的职权大部为统率办事处所代替,陆军部已成了一个闲散机关,故王亦闭门不出,以避烦扰。冯国璋是与英国公使朱尔典同被袁氏亲口宣称为拥护帝制者,但从其嗣后行为观之,则大不然。

民国四年六月间冯与梁启超相偕晋京。冯谒袁时,谈及南方对帝制的传言,叩询袁的真意,袁曾对他说:"我现在的地位与皇帝有何分别,所贵为皇帝者,无非为子孙计耳!我的大儿子身有残疾,二儿子想做名士,三儿子不达时务,其余都还年幼,岂能付以天下重任?何况帝王家从无善果,我即为子孙计,亦不能贻害他们。"冯说:"不过到天与人归的时候,大总统虽谦让为怀,也恐怕不能推掉。"袁正颜厉色的说:"这是什么话!我有一个孩子在伦敦求学,我已叫他在英国购置薄产,倘有人相逼太甚,我就把那里做我的菟裘,不问国事了。"冯出而告段说:"你放心好了,大总统绝不会做皇帝。"冯将此话告梁,梁听了说:"我亦相信他不会那么傻。"但冯南下不久,筹安会忽然大肆活动起来,因此冯十分怀恨袁对他不能推诚相见。这只是举冯之一例,徐、段、王当亦有相类的感受,以袁氏之聪明,也当然深知他们都希望继承总统,不希望实行帝制,故对实行帝制的话,未公开前,对他们有些保留。但越是这样,起的反作用越大。所以我认为袁氏帝制之覆灭,除讨袁之革命力量为外在因素外,其亲近诸老之"怏怏非少主臣",实为一大内在因素,而此二因素又隐约间不无彼此响应之关系。

当蔡锷悄然潜离北京,返归云南的时候,中华革命党总部亦正派李烈钧等到达云南,策动唐继尧起义讨袁。唐继尧通电讨袁之前,曾电南京冯国璋,以察其意,冯覆电说:"国璋老矣,国事全在诸君。"唐接获此电,方于十二月廿五日成立护国军,宣布起义。蔡锷率师北进,与对方曹锟、张敬尧军战于四川、重庆、泸县、宜宾之间,一则后方弹药不济,一则曹、张军顽强抵抗,蔡军因粮弹不济,已入困境,因其参谋长与张敬尧有旧,乃派其前往试谋停战,张彼时亦不愿打到底,因打到底,袁即成功了,蔡提出停战,正合张意,乃允其请,但提出袁倒之后,蔡须出面拥段,以此密契为停战之条件。起初蔡不愿承认,后经人劝说段之出处并非一拥可定,何必斤斤计较于此,蔡始权予承认。比至袁氏薨折,蔡锷果与张敬尧等联名拍发庚电,主张由段出任总统,以挽危局。

从这两件事可以说明冯、段当时之心情与对袁氏帝制之影响。若不是冯有暗示,蔡、李等到云南亦难迅速举起义旗。若不是段不同情帝制,唐、蔡等举起义旗,亦难保不遭挫败。我所以获知此种内幕,是因为李烈钧、唐继尧均与我为日本士官学校同期同学,且一向过从甚密,这些情形,他们与我有多次的电报往返。

蔡锷原虽为立宪党,且与梁启超有师生之谊,但其在日本时即对革命深表同情。我与蔡氏相识甚浅,而相知颇深,他居京期间,曾力示堕落,以图避祸。当他离京前不久,特托士官同学(我的参谋长)李敏之携何绍基所书绣屏四幅、绣联一付赠我。联之上联为"雅量风清兼日月",下联为"高情涧碧与山红"。我问李敏之说:"松坡(蔡锷字)还说什么没有?"李答:"没有。"我说:"你不要将此事告人。"李问我何故?我说:"将来再说。"比至蔡已离京,我才告李敏之说:"松坡以屏联赠我而无言,我就知道他已决定离开北京,当时不让你告别人说,是怕机警的人识透其意,密奏袁知,致他不能成行。"

云南将军唐继尧、巡按使任可澄,与蔡锷、戴戡(与蔡同时返滇者)通电讨袁之后,各方反应颇不一致,有的驰电诘责,有的奏请申讨,有的策商调处,其态度最缓和,持论最谨慎者,为南京宣武上将军冯国璋,他反对多所电责,更反对轻言讨伐,其沁电中曾谓:"倘诘责之文电纷驰,则观听之惶惑易起。"又谓:"倘讨不能行,行不能果,中外耳目所属,或且群致猜疑,窃恐扰攘之忧,将不在一方面而在全局,再四审度,关系非轻。"而冯所反对的,正是以朱启钤为首的大典筹备处指示各省一致主张的。

推冯国璋领衔忠告,策商调处之议,原系陕西将军陆建章最早提出的。紧接着贵州护军使刘显世(唐、任、蔡、戴讨袁通电原曾列刘之名),一面否认唐通电渠曾列名,一面表示赞同陆议,以维和平。我当即驰电各方,对陆刘之议表示赞同。旋贵州巡按使龙建章等又主张国体重大,应再召集国民会议公决。如无怂恿帝制者不知悔悟,对刘显世、龙建章之建议公然指斥,而外间疆吏如徐州巡按使张勋,广东上将军龙济光,湖北上将军王占元,安徽将军倪嗣冲等尤多昧于时势,与段芝贵等同持讨伐主张,并促冯国璋主稿电京,冯在此情势下,亦只好在表现上一反其初衷了。

云南起义以后的三数月间,醉心帝制者流,仍在力促袁氏早日登极,而袁氏则慑于国内外之趋势,徘徊未敢出此。果然护国军经过三个月的苦战,李烈钧所部在滇、桂交界处击败滇军龙济光,广西上将军陆荣廷应约宣布独立,贵州方面亦公开继滇而起,袁氏方于三月二十二日明令撤销帝制,然仍恋栈大总统,而不肯引退。说者谓袁氏能以撤销帝制,尚未执错到底,然撤销帝制后,犹不肯放弃总统,可谓不识进退,我认为这是至当的批评。

袁氏撤销帝制之后,滇、黔复提出总统退位的请求,接着广东上将军龙济光在革命军势力的胁迫下宣布独立,浙江将军朱瑞在军民的事变中突告失踪,冯国璋乃于四月十八日提出八项条件,以图息争。这八项条件是:(一)袁大总统仍居其位,实行责任内阁制度。(二)慎选议员,开设国会。(三)明定宪法,宪法未定以前,适用民国元年约法。(四)惩办祸首。(五)各省及中央军队须以全国军队按次编号,不分畛域。(六)去冬之各省将军、巡按使悉仍其旧。(七)滇事后派赴川湘方面北军全行撤回。(八)开赦党人。据冯的巧电中说:这八项条件未向各省电问以前,他已秘密商得黎元洪、徐世昌、段祺瑞、王士珍以及蔡锷的同意,于是大多数省份均复电表示赞成。正在策商期间,北京以段祺瑞为国务卿的所谓责任政府于四月廿三日宣布组成,而蔡、唐诸君又驰电坚持请袁退位,冯乃对原条件略加修正,要在使袁暂负维持责任,迅筹国会锐进办法,一俟国会开幕,即行退职。冯电甫行发出,四川将军陈宧与川边镇守使刘锐恒亦相继电请袁氏退位。此时,冯国璋、张勋、倪嗣冲联名邀请各省包括南军滇、黔、桂、粤各省选派代表赴南京开会,商决大计,徐世昌、段祺瑞、王士珍亦有电赞同此举,我乃派崔秘书廷献代表前往。

南京会议于五月十七日开始,因袁氏曾电冯、张、倪表示自愿退位,嘱与各省妥筹善后办法,于是首先讨论的就是总统退位问题,南军代表主即退,张、倪派主不退,冯派主缓退。商讨未获定论,而独立省份日益增多。此时除滇、黔、桂三省外,广东龙济光,浙江屈映光(将军朱瑞失踪被举为都督),已于四月间形式上宣布独立,陕西陈树藩(驱走陆建章者),四川陈宧,湖南汤芗铭亦于五月间先后宣布独立。张、倪坚主以南京全体会议名义挽留袁氏,因冯不愿出此,会议迄无结果,而袁氏于六月六日因病逝世。冯在这一阶段的手法,有相当收获,那就是因此造成袁死黎继,他取得副总统地位的有利情势。

袁氏所派的山西巡按使金永有一次曾开了一个已过曾参加革命者的名单,内有谷思慎、续桐溪、弓富魁等卅馀人,咨我扣捕,交他审讯,我于扣捕以前都密告他们跑开了,以是金永对我深表不满。到了袁氏帝制运动末期,金永犹以他的十一营警备队的既有力量为未足,又请准中央在东三省招募胡匪,以壮其势,我对他这种不惜扰民以逞的举措,一再电京反对,此批胡匪方未来晋。金永对袁氏曾上了一个很厉害的奏折,详叙我在山西不利于袁之种种措施,其结论大意为:北方最不安于袁政者,为山西之民军势力,若不消灭山西民军势力,则我将配合反袁军事,由平绥路进攻北京,欲消灭山西民军势力,非将我撤职,无以为济。此奏折到袁氏手中时,袁已病笃,卧床而阅,未及看完,奏折即掉于地下。当时徐世昌、段祺瑞在袁病侧,劝其病愈后再为处理,袁氏从此即一病不起。此段事系段亲自告我者,当不为虚。段并曾对我说:如果项城那时看完这个奏折,一定要撤你职,下令讨伐你。

我事后想到一件事的因果关系,种下什么因,即要结什么果。袁世凯改行帝制有因,国人起而推翻帝制亦有因。辛亥革命推倒满清统治,由于同盟会自身力量不够,借重了满族疆吏力量,其结果即种下汉人皇帝之因。幸而中国文化是民本文化,孟子所说"民为贵,社稷次之,君为轻"的道理深入人心,民主很合乎民本的心理,故一经变君主为民主,绝大多数的人谁亦不愿再倒退回君主的窠臼,以故袁氏称帝卒遭到全国人民的唾弃。

十一月十七日

中国政治的病根在那里?——对陆军大学学生讲话

诸位要我说中国政治的病根在那里?政治是说制度与设施,设施是适应环境的处理,这环境的处理是说不完的,且历史家多有批评。若说病根,应从制度上说,从制度上说应从历史说起。

中国的政治制度,在演变上有两个病成为政治设施的病根:一为君位变传贤为传子,将政权变公为私;一为废井田制,将土地公有变为土地私有。

自传贤的制度变为传子之后,将增进人类幸福的政治设施,变为人类悲惨的表演。自传子之后，主政者以保持一家的尊荣为施政的主旨。善焉者虽有为民之政，亦是为己而施；即是以为己为因，为民为果，使政治之因果倒置。一家之子孙，何能世世皆贤，恶焉者继君位则残民以逞。故自传子以来，无不是善其初而恶其终。

我尝读中国史，尧舜帝位传贤，以天下为公，一公一切皆公，是以当时人民之安和，几乎无以形容。自禹传子之后，以天下为家，一私一切皆私。历代开国之君，虽有豪俊，递传之君，非暴即昏，非庸即柔；或好大喜功，或孤君寡后。暴君则残贤害能，昏君则听谗杀忠，庸君则妒贤忌能，柔君则抛贤弃能。好大喜功之君，则逞雄树敌，兵戎相接，白骨遍野，民不聊生。孤君寡后，即奸臣弄权而窃国，权臣专政而欺君，君子知难而隐退，小人乘隙而幸进。故历代政治少福民之举，官员多祸国之具。夏有桀，商有纣，周有幽厉，皆为家天下之遗毒。继周而秦，非独传子，且谋子孙帝王万世之业，焚书坑儒，以愚人民。汉、唐、元、明、清，感秦之失，虽改秦之做法，实仍师秦之意旨；防贤妒能，乖学愚民。秦行之以暴，而后秦者行之以柔，实皆以贤能为君室之敌。虽有贤者，生时妒之，死后尊之。虽有能者，用时贵之，用罢杀之。演成中国四千年之悲惨历史，几无一册非此等悲惨之纪载。

汉之文景，唐之贞观，清之康乾，皆政治史上昙花之一现，仅差强人意耳；与尊贤用能之传贤圣制的心理，根本不同。馀皆贤能罹祸，谗奸得位，苛政逆施，民不聊生，有心人不忍卒读，读之亦未尝不切齿流涕掩卷而叹息不置也。传子之毒，浸中国人民深矣。

尧舜为中国之圣君，读历史者，无不倾心于尧舜，亦不能不责备于尧舜，责其未为后世人类设想也。假使尧舜当时定一宪章，帝位必须传贤，坚禁传子，如有违者，人人得而诛之，辅弼之大臣，如有假权力施谄媚而成全传子者，人人得而杀之。将此宪章，公布于民，并作为国民之教材，建立人民反传子的信力，奠定传贤的基础，则不止中国四千年前，即可实现真正之民主共和，其影响于世界民主共和的实现，亦可提早几千年矣。

其次则不能不责备于禹，传贤之圣制，禹当继而保之，子贤更当防之；假使禹有传子之禁令，亦可不至由禹破坏此圣制。

孟子答万章之问，以当时人民同情启而不同情益。证之史书，益之功绩甚大，而启则少有所举，吾人以为传启是权力所致，不是贤不贤之所由；况且万章问时曾说："人有言，至于禹而德衰，不传于贤而传于子。"孟子距禹一千七百馀年，民间尚传此话，此实为民意之所向。

孟子说或因传子之势已成，挽之不易，故不欲再发其论。我虽不敢批评大贤，但假使孟子亦继孔子之叹而叹之，孟子以下之各代儒者，亦相继而叹之，传贤之公未尝不可挽回；即使不易挽回，尚可寄之于人类希求的理想中，不至使后世之学者，反误孔子大同之说为后人伪造，其违背于圣人之旨者，深且戾也。

我读史，至夷齐叩马而谏，我以为此段历史，有所失真。"以暴易暴，而不知其非"为夷齐谏之本旨。盖见其本者，不会言其末，明其真者，不肯道其伪。孟子谓："闻诛一夫纣矣，未闻弑君也。"夷齐岂能以不孝不忠责之武王，置纣之残杀人民而不顾，尚何求仁得仁之足言乎！

夷齐叩马而谏，盖讽之也；讽其勿蹈传子之故辙，冀其用兵之初，即布传贤之令，昭示国人，以复圣制，为用兵之旨，国人闻之何等畅悦，其所谏者在此。否则武王圣人也，纣暴君也，以圣人易暴君，何可谓之以暴易暴。夷齐亦圣人也，岂不辨此。盖以其若传子，不过以桀易纣，将以纣易幽厉而已，谓之以暴易暴，方为恰当。

夷齐之谏，不是说汤不如桀，武不如纣，是说若传子，禹等于桀，汤等于纣，武亦等于幽厉。然传子之制，禹汤共传四十五代，经过一千馀年，至周更有不可易之势，夷齐此谏，虽太公之贤未肯实告，避嫌也，历史亦未敢实书，避忌也。

可以说传贤之制，尧舜行之，禹受之，孔子叹其废，夷齐谏其复，此外不只无大同之识者，反有将大同诬为伪造，此皆趋焰附势之流，不知政治之真谛，不明人欲之可惧。自传子以来，虽贤能亦皆生活于残酷之中，不自知其惨痛，深可慨也。

自废井田制土地公有变为私有之后，将天然供人生产之土地，变为地主剥削劳动者之工具，既夺佃雇农之产物，复灭佃雇农之人口，其残且酷，亦谓至极。

孟子对井田之废弛，叹息不置。自秦废除井田制后，后世之君相学儒，亦不少谋恢复井田之人。井田时代之农人，可养八口之家，井田废后之佃雇农，因土地私有，被地主剥削，仅能养四口之人。我所以说佃雇农既被夺其产物，复被灭其人口。一方面不劳而获,骄奢淫佚;一方面终岁勤劳而无立锥之地;惹起佃雇农对地主之不平,发生生活之矛盾,由矛盾而斗争。但此为制度,虽由矛盾而斗争,其痛苦亦是不能解决不能停止不能忍受的。这不能解决不能停止不能忍受的痛苦,变成一种疯狂的行为,即成为社会上造乱的空隙。

注:阎伯川于民国二十年三月十四日、二十三年八月九日、二十五年十月二十六日、三十六年四月十四日,先后论传贤及井田,并有纪载,可资参阅。

以上中国历史上演变的两大病根,使政治的设施,均建立在这病根上,乖戾了一切的政治设施,毁灭了人类之幸福,残害了人类的生存,但这两个病根,不只中国为然,世界各国皆然。按说世界各国政治,均多民主,传子之病象已去,我以为传子之病根仍在。结党的竞选,仍是贤能求人民,不是人民求贤能,仍是部分的民主共和,不是全面的民主共和。

至于资本家剥削劳动者,已为今日世界工业发达的国家重大的问题;这个问题,较之地主剥削佃雇农,尤为严重。因土地的生产工具,属于天然,不易增减,农田的产物,是人生的必需品,不能停止的,且土地可零星使用,可以产生自耕农。工业机器的生产工具,属于人造的产物,所产生的产品,亦多系人生的次要品,易于停止,且工业生产工具,不易零星使用,不易产生劳资合一的工厂。故政治环境以工业国家较落后国家亦复杂而严重。

今日的政治病根,世界相同,所以形成现世界人与人间国与国间的种种矛盾,由矛盾而斗争、战争,成为今日人类毁灭的前夕。欲去此病根,政治制度上须实行人民求贤能的直接选举,经济上须去除地主剥削佃雇农与资本家剥削劳动者的剥削制度。政治之病根去后,一切制度皆能公平合理,政治上一切设施,皆是成己成人,自无强凌弱、众暴寡、富欺贫、智诈愚一切的不良现象。政权与人民无矛盾,政治与民需相统一,当然政治易施而政效易见。

吾人生存于现世界,科学发达,交通便利,距离缩短,往来频繁,今日之全世界,等于已过的一国;欲某一国之幸福,须着眼于世界之大同。欲实现大同,必须政治经济双方并进。政治上去阶级之不平,使人各平等,实现身份的大同。经济上去剥削的不平,使劳享一致,实现经济的大同。国际上,大国小国强国弱国间去武力的侵略。工业发达与工业落后的国家间去经济的侵略,实现区域的大同。使强弱相安,众寡相融,贫富相扶,智愚相助,无矛盾,无斗争,无战争,以完成安和的大同世界,此为今日全世界人类之所希求。

不然,人与人间、国与国间,矛盾仍存,由矛盾而斗争战争。已过两次大战,已足恐怖人心,三次、四次以及无数次的大战,当无杜绝之把握。加以科学助杀人的武器,人类势必毁灭在恶风暴雨疯狂的斗争战争的漩涡中。

今日的世界,是人类毁灭的前夕,亦是人类安和的前夕。饥者易为食,渴者易为饮,世界人类久苦于斗争战争的威胁。事在人为,具有领导世界的能力者,登高一呼,全世界的科学家、哲学家、宗教家、工业家以及被剥削、被榨取、被侵略的百分之八十以上的劳动者,一定能风起云涌,欢心鼓舞,响应这个号召,安和的走上大同之路,则为人类安和的前夕。若仍循矛盾,而疯斗争战争,即成为人类毁灭的前夕。

然欲实现大同,必须有大同的人,有大同的认识,建立大同的思想,创造大同的主义,组织大同的国际,循着大同的步骤,走上大同的途径,建立大同的政府,推行大同的政治、经济、文化、教育,完成大同的好景。

因此,我说今日中国政治的病根,亦是世界政治的病根,必须去除这政治上的两大病根,才能化斗争战争为互助,登人类于安和,促世界于大同。今日若不走上大同,不只是对不起古人,且对不起今人,更对不起时代,必为时代所抛弃。实现大同,此其时矣,机不可失。愿具有领导时代的国家与领导时代的人,有所选择,当为而不为,则成为时代的罪人。此就我之感想,以答诸君之问。

十二月十二日

不高傲容易不谦虚难,高傲是自损,谦虚是自益,自益仍是利己。

十二月三十一日

对本半世纪之感想与今后之展望

今日为本半世纪最终之一日,亦为后半世纪开始之前夕。我虽生于十九世纪的后半世纪,但我初入社会为本世纪之开始,当时我正十八岁。五十年来,世界经两次大战,人类饱受浩劫,时至今日,世界仍在动乱不安中。追怀往事,展望未来,使我动无限之感慨。

本半世纪接受了十九世纪科学之成就,继续发明进步,增大科学能力,吾人对此甚为兴奋。但当时政治家未审慎于初,未将私人资本变为国家资本以发达生产,因之加深生产的矛盾,发展到国际的矛盾,使今日进步的科学成为毁灭人类的工具。致此错误的责任,不在科学家,是在政治家。

人类的幸福,全在政治的设施,而当时的政治家,未在解除矛盾上努力,反被矛盾所席卷。所谓席卷,即是因资本剥削下的产物为无购买力的产物,科学愈发达,这无购买力的产物随之愈加多,即是工人失业的恐慌性愈随之而加深。当时的政治家,挽救自己政权的崩溃,遂不能不变生产的矛盾为市场的矛盾,演出殖民地政策与经济侵略政策,争夺市场,解决生产的矛盾,以巩固自己的政权。这即是将国内的矛盾延为国际的矛盾,将斗争的矛盾延为战争的矛盾,最后将经济的恐慌病延为主义的恐怖病,至今日已成为祸害人类的前夕,这是我对本世纪的感想。

我的展望,是愿将本半世纪毁灭的前夕,变为安和人类的开始。人事全在人,只要有领导世界的资格者,领导安和,全世界即能得到安和。政治与人民亦如同农夫与禾苗,种瓜得瓜,种豆得豆。今日有领导资格者提出安和世界的大同主义,领导世人走向大同,取消生产上的矛盾,即无市场上的矛盾,亦无国与国的矛盾。然后唤起百分之八十的劳动者,安慰了哲学家、科学家、教育家、宗教家;使哲学家认为大同是人类关系的真理,科学家认为大同是科学公有,教育家认为大同是人才公用,宗教家认为大同合乎人类的慈悲。跟上来的是人类幸福的伙伴,不跟上来的是时代的落伍者,反对者是人类幸福的仇敌。如此可将前半世纪斗争的毁灭,变为后半世纪大同的肇兴,这就是我的展望。

图书在版编目（CIP）数据

阎锡山日记 / 阎锡山著. —太原：三晋出版社，2011.11（2025.6重印）

ISBN 978-7-5457-0374-0

Ⅰ.①阎… Ⅱ.①阎… Ⅲ.①阎锡山（1883~1960）- 日记 Ⅳ.①K827=72

中国版本图书馆CIP数据核字（2011）第182135号

阎锡山日记

著　　者：	阎锡山
责任编辑：	张继红　冯　岩
责任印制：	李佳音　王立峰
出 版 者：	山西出版传媒集团·三晋出版社
地　　址：	太原市建设南路21号
电　　话：	0351-4956036（总编室）
	0351-4922203（印制部）
经 销 者：	新华书店
承 印 者：	山西人民印刷有限责任公司
开　　本：	720mm×1020mm　1/16
印　　张：	37.75
字　　数：	900千字
印　　数：	16001-21000册
版　　次：	2012年1月　第1版
印　　次：	2025年6月　第4次印刷
书　　号：	ISBN 978-7-5457-0374-0
定　　价：	68.00元

如有印装质量问题，请与本社发行部联系　电话：0351-4922268